iyi ki k

TİMAŞ YAYINLARI
İstanbul 2013

timas.com.tr

OSMANLI VE MODERN TÜRKİYE

-Araştırmalar-

Halil İnalcık

TİMAŞ YAYINLARI | 3195
Osmanlı Tarihi Dizisi | 86

PROJE EDİTÖRÜ
Adem Koçal

EDİTÖR
Tuğçe İnceoğlu

KAPAK TASARIMI
Ravza Kızıltuğ

1. BASKI
Eylül 2013, İstanbul

ISBN
ISBN 978-605-08-1192-6

9 786050 811926

TİMAŞ YAYINLARI
Cağaloğlu, Alemdar Mahallesi,
Alayköşkü Caddesi, No: 5, Fatih/İstanbul
Telefon: (0212) 511 24 24 Faks: (0212) 512 40 00
P.K. 50 Sirkeci / İstanbul

timas.com.tr
timas@timas.com.tr
facebook.com/timasyayingrubu
twitter.com/timasyayingrubu

Kültür Bakanlığı Yayıncılık
Sertifika No: 12364

BASKI VE CİLT
Neşe Matbaacılık A.Ş.
Akçaburgaz Mah.
Mehmet Kopuz Cad. No: 17
Esenyurt/İstanbul
Telefon: (0212) 886 83 30
Matbaa Sertifika No: 22861

OSMANLI VE MODERN TÜRKİYE
-Araştırmalar-

Halil İnalcık

TİMAŞ

HALİL İNALCIK

Halil İnalcık, Ankara DTCF ve Siyasal Bilgiler fakültelerinde 1942-1972 arasında tarih hocalığı yaptıktan sonra 1972-1986 dönemlerinde Chicago Üniversitesi'nde profesör olarak görev almıştır. 1993'te Bilkent Üniversite Tarih Bölümü'nü kurmuş olup burada Osmanlı Tarihi üzerine dersler vermektedir. 28 kitap ve 400'e yakın makalenin yazarı olan İnalcık'ın, İngilizce yayınlanmış olan *The Ottoman Empire-The Classical Age (Osmanlı İmparatorluğu-Klasik Dönem)* ve *An Economic and Social History of Ottoman Empire (Osmanlı İmparatorluğu'nun Ekonomik ve Sosyal Tarihi)* adlı eserleri Yunanca, Arapça ve Lehçeye çevrilmiş bulunmaktadır. Osmanlı Tarihi alanında önde gelen pek çok akademisyene hocalık yapan Halil İnalcık'ı Türkiye, ABD, İngiltere, Sırbistan ve Arnavutluk Akademileri üye seçmiş olup ayrıca şimdiye kadar 18 üniversite fahri doktorluk tevcih etmiştir. Türk bilimini dünya ölçüsünde temsil eden İstanbul doğumlu tarihçimiz bugün 98. yaşını idrak etmektedir.

Yayınevimizdeki Diğer Eserleri

Kuruluş ve İmparatorluk Sürecinde Osmanlı-Devlet, Kanun, Diplomasi

Osmanlılar-Fütühat, İmparatorluk, Avrupa İle İlişkiler

İçindekiler

I. BÖLÜM / OSMANLI

TÜRKLER VE BALKANLAR 9

OSMANLI TOPLUM YAPISININ EVRİMİ 42

AHÎLİK, TOPLUM VE DEVLET 70

ÇİFT-HANE SİSTEMİ VE
KÖYLÜNÜN VERGİLENDİRİLMESİ 81

DEVLET TEŞKİLATINDA KUL SİSTEMİ 97

OSMANLI'DA İSTATİSTİK
METODU KULLANILDI MI?:
TAHRİR SİSTEMİ 113

OSMANLI PARA VE EKONOMİ TARİHİNE TOPLU
BİR BAKIŞ 119

VAKIF MEDENİYETİ 155

II. BÖLÜM / YAKIN TARİH

ATATÜRK VE ATATÜRKÇÜLÜK 161

TÜRKİYE VE AVRUPA:
DÜN VE BUGÜN 208

ZİYA GÖKALP:
YÜZYILA DAMGASINI VURAN DÜŞÜNÜR 236

III. BÖLÜM / TARİHÇİLİĞİMİZ

FRANSIZ *ANNALES* EKOLÜ VE
TÜRK TARİHÇİLİĞİ 269

TARİHYAZIMININ RÖNESANSI / TAŞKIN TAKIŞ 284

HALİL İNALCIK'IN TÜRKİYE'NİN SOSYAL VE
EKONOMİK TARİHÇİLİĞİNDEKİ
YERİ / ÖZER ERGENÇ 315

İNDEKS 321

I. BÖLÜM
OSMANLI

TÜRKLER VE BALKANLAR*

I. KUZEYDEN GELEN TÜRKLER

Balkanlar tarihi, Türk tarihinin ayrılmaz bir parçasıdır. *Balkan* kelimesi dahi, *sıradağ* veya *dağlık* anlamına gelen Türkçe bir sözcüktür. Güvenilir tarih kaynaklarına göre, Balkan Yarımadası VI. yüzyıldan başlayarak Türk kavimlerinin gelip yerleştiği bir yurt olmuştur. Doğudan, Asya içinden, Kuzey Karadeniz step bölgesi yolu üzerinden birbiri ardından gelen atlı göçebe Türk kavimleri, ya burada Dac, Trak ve Slav aslından yerli halkla karışmış, ortadan kaybolmuş (XI. yüzyılda Oğuz aslından Peçenekler ve Uzlar gibi); yahut askerî egemen sınıf olarak Kuzey-Doğu Balkanlarda güçlü devletler kurmuşlardır. Bu sonuncular arasında, bir Türk boyu olan Kutrigurların VII. yüzyılda kurmuş olduğu Bulgar Hanlığı özellikle anımsanmalıdır.

Bulgarların Dobruca'da bıraktıkları kitabelerde, hükümdar "Han" unvanı ile anılır ve Oniki Hayvanlı Türk Takvimi kullanılır. Bulgar Hanları IX.-XI. yüzyıllarda (1018'e kadar) Balkanlarda Bizans İmparatorluğu'nun yerini almıştır. XIII. ve XIV. yüzyıllarda, yine Bulgaristan'da, Kıpçak/Kuman aslından Slavlaşmış Terteri ve Şişman hanedanları hâkim oldu.

Osmanlı Türkleri Balkanlara girmeden önce, XII.-XIV. yüzyıllarda Kıpçak/Kumanların bölgedeki üstün tarihî rolü yeterince

---

* *BAL-TAM Türklük Bilgisi*, Sayı: 3.

vurgulanmamıştır. Özellikle, Dobruca'dan Akkerman'a kadar step bölgesinde yerleşmiş ve Hıristiyanlığa geçmiş Kıpçak/Kumanlar çeşitli hanedanlar kurmuşlardır. Bunlardan bir grup, XIV. yüzyılın ikinci yarısında Dobruca-Varna bölgesinde bir beylik kurmuştur (Merkezi Kalliakra); Dobroviç ve bir Kuman adı taşıyan kardeşi Çolpan'ın Dobruca Beyliği, 1388'de I. Murad'ı metbû tanımış, 1393'te I. Bayezid bu beyliği Osmanlı ülkesine katmıştır.

Özetle, Deli-Orman ve Varna'dan Tuna'ya kadar giden bölge daha Osmanlılardan önce gerçek bir Türk yerleşim alanı olmuştur.

II. ANADOLU TÜRKLERİ BALKANLARDA

Türklerin güneyden, Anadolu'dan gelip Balkanlara yerleşmesinin tarihi 1260'lara kadar gider. Kuzey Karadeniz bölgesinden gelen Türk orukları, zamanla Hıristiyanlığı kabul edip yerli Slavlarla karıştıkları hâlde, Anadolu'dan gelen Müslüman Türkler kendi din ve kültürlerini korumayı başarmışlardır. İlk yerleşme, 1261'de Moğollardan kaçıp Bizans'a sığınan Selçuklu Sultanı İzzeddîn Keykâvus'la gerçekleşmiştir.

Moğol idaresinden kaçan otuz-kırk Türkmen obası, kutsal kişi Sarı Saltuk Baba ile İzzeddîn Keykâvus'un yanına gelmiş ve Bizans imparatoru tarafından Kuzey Dobruca'ya yerleştirilmiştir (1263). Başlangıçta, Müslüman Altın-Ordu emîri güçlü Nogay'ın himayesi altına giren bu Anadolu Türkmen grubu, burada Baba Saltuk kasabası ile başka kasabalar kurmuşlardır. 1332'de buradan geçen İbn Battuta, Baba kasabasını "Türklerin oturduğu bir şehir" olarak anar. Nogay ölünce (1300) yerine geçen putperest Moğol hanları zamanında Türkmenlerin bir kısmı Anadolu'ya geri dönmek için göç etmişler (1301); kalanlar ise yerli Kumanlar arasında Hıristiyanlığı kabul etmişlerdir. Bunlar, "Keykâvus'un halkı" anlamına gelen *Gagavuz* adıyla günümüze kadar gelmişlerdir ve bugün kendi siyasi varlıklarını tanıtmaya çalışmaktadırlar. Dil araştırmaları Gagavuzların Anadolu lehçesini konuştuklarını ortaya koymuştur.

Anadolu'dan Balkanlara gelip yerleşmiş ilk Müslüman velisi olarak Baba Saltuk'un kişiliği etrafında menkıbeler türemiş ve sonra bu rivayetler, Cem Sultan emriyle, Rumeli Türklerinin büyük destanı *Saltuknâme* adıyla Ebu'l-Hayr Rumî tarafından toplanmıştır.[1] Bu büyük destanda Sarı Saltuk, Balkanları İslâmiyet'e ve Türklere açan büyük bir veli-gazi olarak kutlanmaktadır. 1484'te Osmanlı Sultanı II. Bayezid, Boğdan seferinde Dobruca'ya geldiğinde onun kabri üzerinde bir türbe yaptırmış, vakıflar adamış, böylece Rumeli gazilerinin gönlünü almak istemiştir. Baba-Dağı kasabası, kuzeye karşı yüzyıllarca gazi, yörük ve akıncıların hareket üssü olmuştur. Bugün yıkık türbesi, çöken imparatorluğun hazin bir simgesi gibi metrûk durmaktadır.

Bu giriş yazısında, Osmanlı Türklerinin Balkan fütuhatını anlatmak, kısa bir biçimde de olsa mümkün değildir. Ancak, bu fütuhatın sebep ve koşullarını objektif bir yaklaşımla incelemek tarihçinin ödevidir; biz burada arşiv belgeleri ışığında bu koşulları inceleyen yeni araştırmaların sonuçlarını özetleyeceğiz.

Sarı Saltuk Türkmenlerinden sonra, Balkanlara Anadolu'dan yapılan Türk akınları Karesi Beyliği kurulduktan sonra başlar. Bu akınlar sonucu yerleşme olmamıştır. Çanakkale Boğazı yerleşimi zorlaştıran başlıca engeldi; geçen küçük kuvvetler, yerli güçler tarafından sarılma ve yok edilme tehlikesiyle karşı karşıya kalıyordu. Bu akın önderlerinden Ece Halil ve İshak burada anılmaya değer. Onlar, Bizans imparatoruna isyan eden Katalan-Almugavar ücretli asker kumpanyasıyla iş birliği yaparak, Frankların Atina Dukalığı'na kadar gitmiş (1311), Atina'da Katalan egemenliğini sağlayan meydan savaşında önemli rol oynamışlardır. Osmanlılar, 1352'de Cinbi'de (Tsympe) bir köprübaşı kuruncaya kadar, öte yakaya böyle birçok Türk akıncı birliği geçmiş; bunlardan bir kısmı Balkanlı devletlerin hizmetine ücretli asker olarak girmiş, bir kısmı da yağmadan sonra

1 P. Wittek, "Yazıdji oghlu on Christian Turks...", *Bulletin of the School of Oriental and African Studies*, Londra; *Saltuknâme*, Fahir İz (Ed.), *Saltuknâme* I-VII, Harvard University Printed Office, 1976, ABD.

Anadolu'ya dönmüştür. O zamanlar Rumeli'de güvenilir bir müttefik bulmadan akın yapmak tehlikeli bir macera idi. Bu yeni taktiği en başarılı bir biçimde kullanan Aydınoğlu Umur Bey olmuştur.[2] O, Bizans tahtı için Trakya'da çarpışan Yani Cantacuzenus'un ittifakını sağlayarak, 1340'larda 300 gemiyi bulan donanmasıyla İzmir'den Balkanların her tarafına akınlar düzenlemeyi başardı. Bu akınlarda Dobruca ve Arnavutluk'a kadar gitti. Bizans, onu durdurmak için Batı Hıristiyan âlemini harekete geçirmekten başka çare bulamadı. Nihayet 1344'te Batı Haçlıları İzmir Kalesi'ni alıp onun denize çıkmasını önlediler. O zaman Batı Anadolu'dan gelen gaziler, Balkanlara geçmek için Çanakkale Boğazı'na yöneldiler. O tarihte Osmanlılar Karesi'de yerleşmiş bulunuyorlardı. Osmanlı ülkesi böylece, Anadolu gazilerini Balkanlara sevk eden başlıca hareket üssü hâlini aldı. Orhan'ın bu uc'ta yerleşen oğlu Süleyman Paşa (ölümü 1357), Cantacuzenus'un müttefiki olarak defalarca Trakya'ya geçti ve sonunda 1352'de Cantacuzenus'un kışlamak için ona teslim ettiği Cinbi Kalesi'nde yerleşip kaldı. Gelibolu Yarımadası'nda en önemli stratejik noktayı, Bolayır'ı zapt etti ve Anadolu'dan süratle geçirdiği Türkmenleri, güneye ve batıya doğru akın yapmak üzere orada örgütledi. İki yıl sonra, 1354 yılı Mart ayında şiddetli bir yer sarsıntısında surları yıkılan önemli Gelibolu Kalesi'ni ele geçirdi. Böylece Balkan fütuhatı başlamış oldu.[3]

Balkanlardaki ilk Osmanlı harekât üsleri Bolayır ve Gelibolu'dur. Haçlılar ve Bizans, Gelibolu'yu 1366-1376 arasında Osmanlılardan geri aldılar. Bununla beraber Osmanlılar, bu dönemde de Balkanlarda Bulgaristan ve Makedonya içlerine doğru egemenliklerini genişletmeyi başardılar. Bu faaliyetlerde, özellikle askerî sınır merkezleri, uc'larda yerleşen Evrenuz Gazi, Hacı İlbeyi, Mihaloğlu gibi akıncı beylerinin rolü büyük olmuştur.

---

2 Umur Gazi'nin akınları için bkz. P. Lemerle, *L'emirat d'Aydın, Byzance et l'Occident, recherches sur le geste d'Umur Pacha,* Paris 1957; "The Rise of the Turcoman Maritime Principalities Byzance and Crusades", *Byz. Forschungen,* IX, s. 179-217.

3 "Gelibolu", H. İnalcık, *Encyclopedia of Islam,* 2. edisyon, II, s. 983-987.

III. BALKAN YARIMADASI VE OSMANLI YAYILIŞI

Jeopolitik durumunun sonucu olarak uzun çağlar tarih ve kültür birliği gösteren Balkan Yarımadası tarihî bir bölge olarak güneyde Akdeniz'le sınırlanır. Burada Ege, yüzlerce adasıyla âdeta Balkanlar içindedir, oradan Girit'le Akdeniz'e uzanır (Girit XIII.-XVII. yüzyıllarda Venedik egemenliği altındadır). Batıda Adriyatik Denizi, yahut uzun yüzyıllar Venedik'in savunduğu gibi Venedik Körfezi yer alır, yani Balkanlar dışında kalır; fakat göreceğiz ki Osmanlılar, Dubrovnik, Avlona ve Hercegnovi (Nova) limanlarını geliştirerek, Adriyatik'i Balkan nüfuz alanına sokmaya çalışacaklardır. İyoniyen Adaları ve Korfu, Venedik ile Osmanlılar arasında uzun bir savaşın konusu olmuştur. Nihayet, İtalya kıyılarında Puglia (Otranto) ve Ancona, Osmanlı siyasi ve ekonomik nüfuzu altına girmiştir. Bir Balkan imparatorluğu olarak Osmanlı Devleti, I. Bayezid (1389-1402) döneminden beri Mora'dan Tuna'ya kadar bütün Balkanları kendi egemenlik alanı olarak görmüş ve Dalmaçya, Karadağ, Arnavutluk, Mora, Eğriboz ve Ege Adaları'ndaki Venedik kolonilerini kendi hükmü altına sokmak için yüzyıllar boyu uzun bir mücadeleye girmiştir. Mücadelenin uzun olması, Venedik'in denize, Osmanlı'nın karaya hâkim olmasından ileri gelir. Söz konusu mücadele, 1718'e kadar, uzun bir dönemde adım adım kara devletinin ilerleyişi ile sonuçlanır ve tüm Balkanlar, Ege ve Girit'in de katılımıyla Osmanlı siyasi birliği içine alınır. Nasıl ki, Bizans İmparatorluğu da aynı sınırlar içinde bir Balkan imparatorluğu, daha doğrusu Anadolu-Balkan imparatorluğu hâlinde idi (Fatih Mehmed bu jeopolitik birliği, *Sultânü'l-Berreyn ve Hâkânü'l-Bahreyn*, yani "Anadolu ve Balkanların Sultanı ve Ege ve Karadeniz'in Hakanı" unvanıyla ifade etmiştir). Bu jeopolitik tarihî bölgenin kilit noktası İstanbul, daha doğrusu Çanakkale Boğazı ve İstanbul Boğazı ile birlikte İstanbul olmuştur.

Balkanların kuzey sınırına gelince, Roma döneminden beri Tuna Irmağı, yarımadanın kuzey sınırı olarak belirlenmiştir. Tuna Irmağı, güneyde Boğazlar gibi aşılması güç bir su engeli oluşturuyordu. Bununla beraber Tuna, Karadeniz'e inen başlıca ticaret yolu olduğundan ve iki kıyısı arasında sıkı ticaret bağları bulunduğundan asla aşılmaz bir engel oluşturmamıştır. Tuna berisi Balkanlara egemen olan imparatorluklar, daima Tuna ötesi toprakları kendi kontrolleri altında tutmaya çalışmışlardır. Bu, doğrudan doğruya bir egemenlik olmasa da, kültür ve sosyal yapı bakımından Tuna'nın kuzeyi ve güneyi oldukça önemli farklar göstermiştir. Tuna, özellikle askerî bakımdan asıl Balkanların kuzey sınırı olarak kalmıştır. Balkanların batısına doğru Vidin ve özellikle Belgrad bir kilit noktası rolünü oynamış ve Belgrad'dan sonra Sava Irmağı, Batı Balkanları Syrmia ve Macaristan'dan ayıran bir sınır oluşturmuştur.

Osmanlı İmparatorluğu ile güçlü Macar Krallığı arasında, Sava ve Drava ırmaklarının ortasında Syrmia bir savaş alanı olduğundan boşalmış, harap olmuştu. Nasıl ki, Osmanlılar Tuna ve Sava ötesini kontrol altında tutmak istiyorlarsa, stratejik ve ticari faktörler etkisiyle Macar Krallığı da Tuna'nın berisinde Bosna, Maçva, Sırbistan ve Kuzey Bulgaristan üzerinde nüfuz ve egemenlik kurmaya çalışıyordu. Bu savaş Osmanlıların Eflak, Banat, Erdel ve Macaristan üzerinde egemenliğinin kurulması ile sonuçlandı. 1683-1699'da Habsburglarla savaşından sonra da Tuna ve Sava iki imparatorluk arasında sınır oldu. Osmanlıların *Ungurus'un Kapısı* dedikleri Belgrad Kalesi daima kuzey sınırının kilit noktası olarak kaldı.

Osmanlıların, imparatorluklarını kurarken karşılarında iki büyük gücü, güneyde Venedik, kuzeyde Macaristan'ı bulmaları bir rastlantı değildir ve Balkan jeopolitiğinin değişmez bir sonucudur. Venedik ve Macaristan daima beraber hareket etmişler ve Avrupa'yı, papa yolu ile bu mücadelede Haçlı ideolojisiyle yanlarına almaya çalışmışlardır.

Balkan Yarımadası içinde birtakım stratejik massif dağlık bölgeler, boğaz ve geçitler imparatorluğun kuruluş aşamalarını belirlemiştir. Bu jeopolitik faktör, Balkanlarda Osmanlı yayılış aşamalarını anlamak için temel önemdedir.

Osmanlılar Çanakkale Boğazı'nın Avrupa kıyısına yerleştikten sonra, Edirne'den Enez'e kadar Meriç Irmağı ilk fetih ve yayılış sınırı oldu.

Doğu Trakya ve Edirne alındıktan sonra Evrenuz Gazi, İpsala merkez olmak üzere uc merkezini Batı Trakya'ya karşı kurarken, Hacı İlbeyi ve öteki Karesi gazi beyleri Dimetoka ucunda Uzuncaova-Filibe doğrultusunda gazileri örgütlediler. Kırklareli'nde, kuzeye, Bulgaristan'a karşı Balkan Dağları doğrultusunda bulunan doğu uc gazileri Mihaloğulları kumandası altında idi. Evrenuz Gazi, Serez-Selânik doğrultusunda, Balkanları Yunanistan ve Adriyatik'e bağlayan Antik Via Egnatia doğrultusunda ilerledi. Fakat Rodoplardan kıyıya inen dağ kitlesi önünde, Gümülcine'deki yeni bir uc'ta bir zaman beklemek zorunda kaldı. Serez ve Selânik ovalarına indikten sonra bu iki kuvvetli kale onun daha ileri gitmesini engelledi. Osmanlılar zaptı güç kaleler önünde havale kuleleri yaparak şehri sürekli abluka ile teslime zorlama taktiği uygularlardı. Selânik, ilk kez 1387'de teslim oldu. Evrenuz'un uc'u, ondan sonra biri Teselya, öbürü Vodena-Ohrida doğrultusunda iki uc hâlinde örgütlendi. I. Bayezid döneminde verimli Teselya Ovası'nı ele geçiren Evrenuz'un gazileri Sperchios Vadisi ve ötesinde, Orta Yunanistan massif dağ kitlesi önünde yarım yüzyıl durakladılar. Thermopylde ve Doris-Fokis koridoruna egemen olmadan zengin Thebe Ovası'na ve Atina'ya inmek olanaksızdı. Bu dönemde Evrenuzlular ve sonrasında Turahan Bey ve oğulları, Teselya ucundan Korent berzahına kadar uzanan bölgeye sadece akın düzenlemekle yetiniyorlardı. Berzahta yapılan duvar, gazilerin Mora'ya girmelerini bir kertede engelliyordu. Osmanlılar, Atina ve Mora'yı ancak Fatih Mehmed zamanında, 1458-1460'ta kesin olarak fethedip yerleşebildiler.

İstanbul-Edirne üzerinden Meriç Vadisi boyunca Sofya'ya erişen yol, Balkan Yarımadası'nı çaprazlama kesen anayoldur. Doğu Roma döneminde *İmparatorluk Ordu Yolu* olarak adlandırılan bu yolu, başlangıçtan beri beylerbeyi veya padişah kumandası altındaki Osmanlı orduları Sırbistan, Macaristan ve Orta Avrupa seferlerinde izlemişlerdir. Sofya'dan aynı zamanda batıya Üsküp'e, Arnavutluk ve Bosna'ya giden yollar ayrılır. Bu merkezî yol kavşağı durum ile Sofya, Rumeli beylerbeyilik merkezi olmuştur. Sofya'dan kuzeybatı yönünde Niş'ten Morava Vadisi'ne inmek ve Sırbistan'a varmak için uzun bir boğazdan geçmek gerekir. Geçilmesi tehlikeli olan bu boğaz, Osmanlı kuvvetlerini uzun zaman burada duraklatmıştır. Niş'in zaptı (1386), Osmanlılara, Sırbistan'ı ilk kez vassallık altına alma olasılığını verecektir. Fakat bu stratejik durum Sırbistan'ın 1459'a kadar neden bağımsızlık veya otonomisini sakladığını ve zaman zaman Macar nüfuzu altına girdiğini açıklar.

Niş Geçidi'nden Morava Vadisi'ne inmek, Osmanlıları, Sırbistan'ı ihya eden zengin gümüş madenlerine götürüyordu. O zaman Macaristan ve İtalya'ya (Dubrovnik'ten) ihraç olunan bu Sırp gümüşünü doğuya, Osmanlı ülkesine çevirmek sultanların başlıca amaçlarından biri olacaktır. Zira imparatorluğun kurulmasını sağlayabilecek merkezî büyük bir ordunun beslenmesi, ancak geniş gümüş stokuna sahip bir merkezî hazine ile gerçekleşebilirdi. Kayda değer ki, Batı Balkanlarda Osmanlı egemenliğinin yeniden kuvvet kazandığı bir dönemde, 1436 yılında, II. Murad Sırbistan'ın çıkardığı gümüşü İtalya'ya göndermesini yasaklamıştır. Fatih'in ilk seferlerini bu gümüş maden bölgesine yöneltmesi de bu gerçek ışığında daha iyi anlaşılır.

Makedonya, Arnavutluk ve Bosna'ya giden yolların birleştiği Üsküp, Osmanlı uc beylerinden İshak Bey oğullarının yerleştiği bir merkez olup bu memleketlerin fethinde hareket üssü olmuştur. Kosova'da kazanılan zaferler (1389, 1448, 1688) Osmanlılara Balkan egemenliğini sağlamıştır.

Üsküp'ten bir yol Dibra Boğazı'ndan Kuzey Arnavutluk'a iniyor; yine Üsküp'ten güneye, Makedonya'ya ve kuzeyde Bosna'ya yollar ayrılıyordu. Bosna'nın Osmanlılara tâbiliğini Üsküp uc beyleri sağlamıştır (1429). Güney Bosna'da Hodidjed (sonra Saraybosna) Ovası'nda yerleşen kuvvetler, Fatih döneminde bütün Bosna'nın fethini (1463) hazırlamışlar ve akabinde kasaba Bosna'nın merkezi olarak hızla gelişmiştir. XVI. yüzyılda Saraybosna, Doğu'dan Adriyatik limanlarına, Dubrovnik ve Split'e gelen ticaret kervanlarının merkezi olarak yükselecektir.

IV. BALKANLARDA OSMANLI İMPARATORLUĞU KURULUŞ KOŞULLARI

Osmanlılar, Bizans tahtı için Cantacuzenus ile Andronik arasında çıkan iç savaştan yararlanarak Trakya'da hızla yayıldılar ve 1361'de Edirne'yi ele geçirdiler. Bu bir dönüm noktasıdır. Osmanlı ilerlemeleri, Selânik yönünde, doğuda Dobruca ve ortada ise beylerbeyi kumandasında, Meriç Vadisi boyunca Edirne'den Sofya'ya örgütlendi.

Osmanlıların hızla ilerlemesini kolaylaştıran faktörler arasında, bu tarihte Balkanlarda Osmanlı ilerleyişini durduracak büyük bir devletin olmayışını anımsamak gerekir. Osmanlıların Gelibolu'yu aldıkları sırada Sırp Çarı Stefan Duşan ölmüş (1354), Makedonya'dan Tuna'ya kadar kurduğu imparatorluk küçük devletler ve senyörlükler arasında parçalanmıştı. Keza bu dönemde, Bulgar Çarlığı üç parçaya bölünmüş bulunuyordu. Nihayet Bizans İmparatorluğu bir isimden ibaretti. Bu küçük devletler arasında çetin bir rekabet vardı; komşudan birkaç kasaba almak için her biri dışarıdan yardımcı ve müttefik arıyordu. Macaristan ve Venedik, Balkanlarda egemenliklerini kurmak için bundan yararlanmaya çalışıyorlardı. Osmanlılara gelince, yerli hanedanlar, bu yeni kuvvetten yararlanmak için yarışa girdiler. Osmanlı yardımı, kısa zaman sonra himaye, metbûluk hâline dönüşüyor ve sonunda yerli hanedanın ortadan kaldırılmasıyla ülke Osmanlı egemenliği altına alınıyordu. Örneğin, Karadeniz kıyılarında iki liman, Anchialos ve Mesembria üzerinde Bulgar Krallığı ile Bizans arasındaki savaş uzun zamandır sürüp gidiyordu. Osmanlılar gelince, Bulgar çarı Osmanlılarla Bizans'a karşı ittifak yapmaktan çekinmedi (1366). Bizans da Macaristan'la Bulgaristan'a karşı ittifak yaptı. Osmanlılar, daha bu tarihte, Bulgar müttefiki olarak Tuna sahillerinde göründüler. Bundan beş yıl sonra Bulgar çarı, Osmanlı tâbiliğine girdi. Böylece daha başlangıçta

Osmanlılar, Balkan denge politikasında oynadıkları rol sayesinde egemenliklerini genişlettiler, bunda savaş kadar diplomasi de önemli rol oynadı. 1371'de Çirmen'de Osmanlıların Makedonya Sırp prenslerine ve Bizans'a karşı kazandığı zafer, Balkanlarda Osmanlı üstünlüğünün kesinlikle sağlandığı bir dönüm noktasıdır.[4]

Osmanlı uc kuvvetleri, 1371'de Sırp ordusunu Çirmen'de bir baskınla yok etmişler ve Bizans-Sırp ittifakı sonuçsuz kalmıştı. Çirmen zaferi üzerine Bizans, Bulgaristan ve Makedonya'daki hanedanlar, Osmanlı sultanının tâbiliğini tanımak zorunda kaldılar. Kendisine haraç vermeyi ve ordusuna yardımcı kuvvetlerle katılmayı kabul ettiler. Böylece 1371'de Balkanlarda yeni bir imparatorluk, Osmanlı İmparatorluğu doğmuş oluyordu. Fakat bu imparatorluk, Osmanlı sultanının yüksek egemenliği altında tâbi devletlerden oluşmuş, bugünkü deyimiyle bir devletler topluluğu niteliğinde idi. Bağlar gevşekti. Osmanlı sultanı, yeniçeri ordusu ve akıncı kuvvetleriyle en büyük askerî güç olarak bölge içi barışı koruyor; Macaristan ve Venedik'in bölgede yayılma ve egemenlik kurma girişimlerine karşı çıkıyordu. Balkanlarda tâbi hanedanlar, bu devletlerle ilişki kurdukları, sultana haraç ödemeyerek tâbilikten çıkmaya kalkıştıkları zaman, kendisinin kuvvetleri harekete geçiyordu. Gerçekte Osmanlılar, Balkan imparatorluğunu, merkeziyetçi bir imparatorluk hâline getirmeye çalışıyorlardı. Bu siyaset safha safha gerçekleşti; vassallık dönemini doğrudan ilhak izledi.

Doğrudan doğruya yönetimi altına aldıkları topraklarda Osmanlılar, yerli senyör ailelerinin çoğunu eski feodal topraklarında tımar sahibi olarak bırakıyor, bunun için din değiştirme koşulu aranmıyordu. 1500 yılına kadar Rumeli'de pek çok Hıristiyan tımar sahibi bulunmakta idi. Yani halk gibi yerli aristokrasi de sadece yeni bir hanedanı, Osmanlı hanedanını tanımaktan ve onun hizmetine girmekten başka bir şey yapmıyordu. Henüz ilhak olunmayan

4 Bu noktalar üzerinde bkz. H. İnalcık, "The Ottoman Turks and the Crusades, 1329-1522", K. Setton (Ed.), *A History of the Crusades*, VI: H. Hazard and P. Zacour (Ed.), Madison 1989.

bölgelerde, tâbi despotluk veya senyörlükler kendi aralarındaki anlaşmazlıklar için metbûları sultana başvuruyorlar, taht için hanedan içi çatışmalarda, örneğin Bizans Paleologları, onun kararına baş eğiyorlardı. XIX. yüzyılda Balkan millî devletlerinde tarih yazıcılığı, bu gerçekleri genellikle söz konusu etmemişlerdir ve dahası edemezlerdi. Balkanlı tarihçiler, Osmanlılarla ilk dönemdeki ilişkileri, daima millî direnme, millî uğraşı çerçevesinde görmeye ve yorumlamaya çalışmışlardır. Türk tarihçileri de, çoğu zaman gaza ve fetih literatürü havasında, Osmanlı Devleti'nin Balkanlı karakterini, diplomatik faaliyetlerini, kısaca Balkan realitelerini görmekten uzak kalmışlardır.

V. HOŞGÖRÜ VE KORUMA POLİTİKASI (İSTİMÂLET), MERKEZİYETÇİ-BÜROKRATİK İMPARATORLUĞUN KURULUŞU

Osmanlıların Ortodoks Kilisesi'ne karşı güttükleri politika, imparatorluğun Balkan karakterini kuvvetle yansıtır. İlkin Osmanlılar, İslâm'ın gayrimüslimler için tanıdığı *zimmî* hukukunu en geniş anlamıyla uyguluyorlar, yani onları cizye ödenmesi dışında Müslüman tebaadan ayrı tutmuyor; canlarını, mallarını korumayı Allah'ın bir emri ve devletin başlıca ödevi biliyorlardı. Osmanlı hoşgörüsü, devletin Müslim ve gayrimüslim bütün tebaayı korumayı kendine vazife bilmesi, Osmanlı egemenliğinin hızla yayılmasını sağlayan faktörlerin başında gelir. Bu siyaset, Kur'ân'da *te'lifü'l-kulûb* ve Osmanlı kaynaklarında istimâlet adıyla ifade edilmiştir.

Osmanlı imparatorluk rejimi, din ve ırk ayrılığı gözetmeyen, bütün tebaayı Osmanlı Devleti şemsiyesi altında birleştiren siyasi bir düzendi ve XIX. yüzyılda Bulgarlar, Sırplar, Yunanlar millî bilinçle millî devletler kurmak için ayaklanıncaya kadar, Balkanlılar tarafından böyle kabul edilmişti. Çarigrad'da (İstanbul'da) oturan çarı (sultan), onlar en son adalet ve himaye mercii olarak görüyorlardı. Bir kelime ile Osmanlı İmparatorluğu, Balkanlarda Doğu Roma İmparatorluğu'nun merkeziyetçi imparatorluk rejimini yeniden canlandırmış sayılabilir. Zaten, Fatih'ten bu yana Osmanlı sultanları "Kayser" unvanını da kullanmaya başlamışlar, bu geleneği benimsemişlerdir. Rejimin önemli bir yönü, Doğu Roma İmparatorluğu'nda görüldüğü gibi, devletin küçük köylü aile çiftliğini ve köylü emeğini bilinçli ve sürekli biçimde korumayı bir devlet görevi olarak benimsemesidir. Aslında, geç Roma'da *jugum-caput*, Bizans'ta *Zeugarion* olarak geçen küçük köylü aile çiftliği, Osmanlı *çift-hane*'sinden başka bir şey değildir. 60-150 dönüm arasında değişen bu raiyyet çiftliği, bir çift öküze sahip bir "köylü ailesi" toprak işletmesidir. İmparatorluk siyasi rejiminin ve temel vergi kaynaklarının korunması, bu tip köylü ünitelerinin korunmasına bağlı idi. Nasıl ki, Bizans'ta Makedonya hanedanı imparatorları, eyaletlerde *jynatoi* (güçlülere) karşı "yoksul" köylünün savunucusu ve koruyucuları olarak ortaya çıkmışlarsa, Osmanlı sultanlarının bürokrasisi de daima "reaya fukarasını", "zî-kudret ekâbire" karşı korumuşlardır. Osmanlılar, Balkan fetihlerinde "Toprak ve reaya sultanındır" prensibini ilan ederek, toprağı ve köylü emeğini devlet kontrolü altına geçirmiş; feodal beyleri, voyvoda ve kefalyaları da ya bertaraf etmişler veya tımar rejimi altına sokmuşlardır. Böylece zayıflayan Bizans ve Balkan devletlerinde toprağı ve köylü emeğini kontrolleri altına alan yerel feodaller yerine eski merkezî imparatorluk rejimini ihya etmişlerdir. Bir bakıma bu gelişme, Doğu-Roma İmparatorluğu'nun *bürokratik-merkeziyetçi idaresini yeniden canlandırma*, köylü kitleleri lehine bir çeşit *sosyal devrim* anlamına geliyordu. Balkanlarda Osmanlılara karşı yerli hanedanların karşı koydukları ve Batı Hıristiyanlığına ödünler vererek papa yoluyla Haçlı ordularının yardımını sağladıkları doğrudur. Fakat 1463'te Bosna kralının papaya yazdığı gibi, köylüler bu hanedanları ve feodal beyleri yalnız bırakmışlar, genellikle Osmanlılara karşı onları desteklememişlerdir. Osmanlı egemenliği altında Balkanlarda 1600'lere kadar köylü isyanı nâdir bir olaydır. İslâm'a karşı köylü kitlelerini bir din savaşına sürükleme girişimleri de başarılı olmamıştır. Bunun sebebi açıktır. Osmanlılar, Ortodoks Kilisesi'ne karşı koruyucu bir politika gütmüşler; Ortodoks Kilisesi'nin bütün imtiyazlarını tanımış, kilise hiyerarşisine devlet içinde yer vermişler, manastırların bağışıklık ve ayrıcalıklarını, Osmanlı öncesi devletlerde nasılsa o biçimde bırakmışlardır. 1432 Arnavutluk tımar defterinde[5] metropolitlere tımar verilmiş olduğunu görmek tarihçiler için bir sürpriz olmuştur. Fatih'in Ortodoks Kilisesi hiyerarşisini koruması ve tayin beratında patrikliğin Bizans dönemindeki imtiyazları ile resmî bir makam olarak tanınmış olması bir yenilik değildir. Osmanlılar, başlangıçtan beri Ortodoks Kilisesi'ne karşı bu politikayı güdüyorlardı. Bu tutum imparatorluk rejimi için büyük yarar sağlamıştır. Evvelâ, köylü kitleleri, Müslüman devletinin kendi dinlerini ortadan kaldırmak için gelmediğini, aksine Ortodoks Kilisesi'ni koruduğunu görmüşlerdir. Hâlbuki Macaristan ve Venedik ile Haçlılar, Balkanlarda Katolikliği egemen kılıyorlar, kilise ve manastır vakıflarına el koyuyorlardı.

1396, 1443, 1444 ve 1448'de Balkanları istila eden Haçlı orduları, umdukları gibi Hıristiyan köylülerin toptan ayaklanıp kendilerine katılmalarını boşuna beklediler. Özetle, büyük toprak sahibi feodaller ve hanedanlar gözlerini Batı'ya çevirirken, köylü kitleleri bu toprakları mîrî sistem ile devlet kontrolü altına alan ve angaryaları asgari düzeye indiren yeni rejime karşı bu feodallerin yanında yer almak için bir sebep göremiyorlardı. Balkanlı Marksist tarihçilerin bu husus üzerinde durmaları beklenirken, onlar da milliyetçi tarihçilerin izinden giderek, Osmanlı İmparatorluğu'nu, "geri bir feodalizmi" temsil eden Türk askerî feodallerin sömürü rejimi olarak yorumlamaya devam etmişlerdir.

Osmanlı egemenliğinin Balkanlarda hızla yayılışını ve bir yüzyıl içinde Tuna'dan Fırat'a kadar merkeziyetçi-bürokratik bir imparatorluğun kuruluşunu anlamak için tarihçinin başka bir açıklamaya ihtiyacı yoktur. Osmanlılar, imparatorluklarını kurarken, kitleleri çeken bu uzlaşıcı, koruyucu, hoşgörülü siyaseti bilinçle izliyorlardı.

5 H. İnalcık, "Hicrî 835 Tarihlî Sûret-i Defter-i Sancak-i Arvanid", İndeks: Metropolitan, Ankara 1954.

İlk Osmanlı kroniklerinde birçok fethin bu yolla, yani "istimâletle" yapıldığı vurgulanmıştır.

Burada vurgulanması gereken önemli nokta, Osmanlıların Balkanlarda yalnız köylü kitleleri için değil, kilise ve yerli askerî sınıflar ve büyük arazi sahibi feodaller için de bir uzlaşıcı-çekici istimâlet politikası gütmüş olmalarıdır. Hem köylü hem feodaller karşısında uzlaşma politikasının çelişkili olduğu sanılır. Gerçekte Osmanlılar, karşı koyan ve tehlikeli olan hanedan ve senyörleri tereddütsüz ortadan kaldırmışlar, ancak kendilerine itaat eden ve gelip aralarına katılanları Osmanlı merkeziyetçi tımar sistemi içine alarak Osmanlılaştırmışlardır. Nitekim Osmanlı hanedanına bağlılık, hanedanın simgelediği imparatorluk rejiminin koşullarına uyumluluk demekti.

Öbür taraftan Osmanlı imparatorluk rejimi, büyük köylü kitlelerini ilgilendiren Osmanlı-öncesi kanunları, örf ve âdetleri, vergileri, Osmanlı kanûnnâmelerini içine alarak bu uzlaşıcı politikayı en geniş kapsamıyla uygulamıştır. Böylece, özel hukuku kapsayan İslâm hukuku yanında örfî-sultânî kanunlar, bağımsız bir imparatorluk hukuk sistemi olarak merkeziyetçi bürokratik yönetimin temelini oluşturmuştur. Köylü, kendisini en yakından ilgilendiren vergileme sisteminde de feodal keyfî vergilerin ve angaryaların kalktığını, fakat yüzyıllardır alıştığı temel imparatorluk vergi sisteminin geri geldiğini görüyordu. İşte bütün bunlar, Balkanlarda Osmanlı İmparatorluğu'nun nasıl kurulduğu ve bu siyasi yapının neden beş yüzyıl yaşayabildiğini bize açıklar.[6] Şunu memnuniyetle eklemek gerekir ki, son kırk yıl içinde Osmanlı arşivlerine gelerek çalışan yeni nesil Balkan tarihçileri arasında artık pragmatik-doktriner yaklaşımı bırakarak, Osmanlı imparatorluk rejiminin objektif temellerini incelemeye yönelenler vardır. Bunlar

---

6 Genel olarak bkz. H. İnalcık, "L'empire Ottoman", *Actes du Premier Congres International des Etudes du Sud-Est Europeennes*, III, Sofia 1969, s. 75-104; ikinci baskı: H. İnalcık, *Studies in Ottoman Social and Economic History*, No. II, Variorum Reprints, Londra 1985.

arasında H. Şabanoviç, H. Hadjibegic, A. Suceska, D. Bojanic, N. Todorov, M. Maxim, M. Guboğlu, E. Zachariadou ve A. Balta'yı anmak gerekir.

VI. OSMANLI FÜTÜHATININ SONUÇLARI

Osmanlı istilasının, Balkan tarihinin doğal gelişiminde ani bir kesintiye sebep olduğu ancak bir düzeyde doğrudur. Balkan milletlerinin, kendi millî hanedanlarını ve yönetici sınıflarını kaybettiği doğrudur. Söz konusu devletlerin ortadan kalkışı ile seçkinlerin simgelediği "yüksek kültür" gelişimi de durmuştur. Buna karşılık, Osmanlı döneminde halk kültürü ve kiliseye bağlı sanatlar canlılığını ve gelişimini sürdürmüştür. Öbür yandan Osmanlı kültürünün dilde, sanatlarda, günlük yaşayışta kuvvetli etkisi olmuştur. Yerli halk kültürünün bu şekilde Ortadoğu İslâm kültürü ile temasa gelerek zenginleştiği ileri sürülebilir. Bu kültür etkisinin en açık belgesi Balkan dilleridir. Türkçeden alınmış kültür sözcüklerinin sayısı, bugünkü Balkan dillerinde bile, bölgesine göre 2000-5000 kelime arasında değişmektedir; giyim-kuşam, halk müziği, yeme-içme ve davranışlarda bugün bile Osmanlı mirası göze çarpar bir kertededir.

Yeni rejimin Hıristiyan kitleler için ağır bir farklılık getirdiği tek husus olarak cizye vergisi ileri sürülür.

1528'e doğru Osmanlı Rumelisi'nde gayrimüslimlerin ödediği baş vergiler olan cizye ve ispençelerin toplamı 42 milyon akça veya 764 bin altına yükseliyor, buna karşılık Anadolu'da bu vergiler ancak 3.76 milyon akçaya varıyordu. Bu vergiler genel bütçenin yüzde 8'ini oluşturuyordu. Cizye, çoğu yerde hane başına bir altın veya onun akça karşılığı olarak alınırdı. 1691'den sonra ise kişi başına alınır oldu. Cizye, akçanın enflasyonunu izleyerek 1592'de 160, 1603'te 360 akçaya, nihayet XVII. yüzyıl boyunca da 2 altına kadar yükseldi. Buna cizye toplayanların maişet ve hizmet akçası adıyla yaptıkları ilâveleri de eklemek gerekir. Cizye nakden ödenmesi gereken bir vergi olduğundan, özellikle Balkan köylüsü için ödenmesi güç bir hâle geldi.[7] Balkanlarda, özellikle toprağı verimsiz fakir bölgelerde, Hıristiyanların bu vergiden kurtulmak için toptan İslâmiyet'i kabul ettikleri ileri sürülmüştür. Bununla beraber, Osmanlı hükûmeti reayayı korumak için, bir kasaba veya bölge vergisinin toplu bir miktar üzerinden cemaat reisi tarafından kendi aralarında toplanıp hazineye teslimi metodunu geniş ölçüde uygulamaya başlamıştır. Balkan köylüsünün ödediği öteki vergiler, Müslümanların da ödediği vergilerdir. Özellikle savaş zamanı alınan olağanüstü vergiler (avârız), her iki grup için de beklenmedik ağır vergilerdir ve 1590'dan sonra her yıl alınır olmuştur. Hıristiyan halkın Osmanlı rejimine karşıt olmaya başlaması, eşkıyalığın yaygınlaşması, isyanlar, tüm bu değişen koşulların sonuçlarıdır.

Ömer Lûtfi Barkan, 1520-1535 arasına düşen Osmanlı nüfus ve vergi defterlerine göre bu dönemde Balkanlarda nüfus sayısını hane/aile olarak hesaplamış ve bir haritada Müslüman ve Hıristiyan nüfusu bir arada göstermiştir.[8] Bu haritaya bakılınca, Balkanların doğusunda Müslümanlar kesinlikle çoğunluktadır. Buna karşı Batı Balkanlarda, yani Makedonya, Sırbistan, Arnavutluk ve Bosna'da Müslümanlar o zaman küçük azınlıklar hâlindedir. Bu durum, XVIII. yüzyıldakinden çok farklıdır ve İslâmlaşmanın XVII.-XVIII. yüzyıllarda, yani Osmanlı Devleti'nin çöküş döneminde meydana geldiğini kesinlikle ortaya koymaktadır. XVI. yüzyıl başlarında Doğu Balkanlardaki Müslüman çoğunluğu, Anadolu'dan XIV. ve XV. yüzyıllarda kitle hâlinde gelen sürekli bir göçün sonucudur. Osmanlı Devleti'nin özellikle göçebe grupları zorla Anadolu'dan Rumeli'ye geçirip stratejik yollar boyunca belli bölgelere yerleştirdiğini kaynaklarımız söylüyor. Bu göç ettirme

---

7 Bkz. H. İnalcık, "Djizya", *Encyclopedia of İslam, 2.* edisyon, U, s. 563-566.

8 "Essai sur les donnees statistiques des regislres de recensement dans l'Empire Ottoman au XVe et XVI e siecles", *Journal of Economic and Social History of the Orient*, I (1957); Ö. L. Barkan, "Osmanlı İmparatorluğu'nda bir iskân ve kolonizasyon metodu olarak Sürgünler", *İstanbul Üniversitesi İktisat Fakültesi Mecmuası*, C. XI/I-4, 1949-50, s. 524-569; C. XIII, 1951-52, s. 56-58 ve C. XV, 1953-54, s. 209-237.

ve yerleştirmenin bir nedeni, fethedilen bölgeleri ve anayolları güvenlik altına almak ve uc'larda akıncı kuvvetleri sağlamaktır. Başka bir nedeni, Anadolu'da karışıklık çıkaran ve köylüyü zarara sokan hayvan yetiştirici göçebeleri Rumeli hudut boylarına gönderme siyasetidir. Sebep ne olursa olsun, devletin Rumeli'yi Türkleştirmede öncü bir rol oynadığına kuşku yoktur. Fakat bunun yanında, özellikle XIV. yüzyılda, Rumeli'nin zengin topraklarında yerleşmek amacıyla Anadolu'dan kendiliğinden büyük bir göç hareketi olmuş görünmektedir. Bu göçe katılanlar, çoğunlukla, Batı Anadolu'ya Doğu ve Orta Anadolu'dan Moğol baskısı altında gelip yığılan Türkmen boylarıdır. Öyle görünüyor ki, bizzat Batı Anadolu'da Bizans topraklarının işgali ve Türkmen beyliklerinin ortaya çıkması, bu Türkmen göç hareketinin bir sonucudur. XVI. yüzyıl arşiv kayıtlarına göre, 1520'lerde bile Batı Anadolu'da nüfusun dokuzda birini yörükler oluşturmakta idi. Biteviye doğudan Batı Anadolu'ya göç eden Türkmen göçebeleri bir nüfus baskısına sebep olmakta idi. Yeni otlaklar aramak zorunda olan göçebeler için ise Balkanlar çekici bir alandı.

Köy nüfusunu ayrıntılı veren mufassal tahrir defterlerinde, Doğu Balkanlarda, Varna'dan Tuna'ya kadar uzanan bölgede, yörük köylerini yerli Hıristiyan Bulgar köylerinden ayırt etmek güç değildir. Her şeyden önce aslı Anadolulu Türk köylerinde köy adları, baba-oğul adları, Müslüman-Türk adlarıdır ve bu köyler yerli Hıristiyan-Bulgar köylerine göre genellikle daha ufak ve fakir köylerdir. Bulgar köylerinde de tek tük Müslüman'a rastlıyoruz. Bunların yeni İslâmiyet'i kabul eden yerli Bulgarlar olduğu baba adlarının Abdullah yazılması sebebiyle anlaşılıyor. Genel olarak, Müslüman olan Bulgar yine kendi köyünde yaşıyor.

Istranca dağları, Balkan dağ silsilesi, Deli-Orman ve Dobruca-Kırı'na XIV. yüzyıl sonlarına doğru, özellikle Timur'un Anadolu seferlerinden sonra, yörük gruplarının gelip yayıldığına tanık olmaktayız. Vize'den Tuna'ya, Trakya'dan Selânik bölgesine kadar bu yoğun yörük gruplarını Tayyib Gökbilgin arşiv kayıtlarına göre saptamış bulunmaktadır.[9] Osmanlı Devleti bu yörüklerin önemli bir kısmını askerî hizmetler için örgütlemiştir. 1530'a doğru Rumeli'de bütün yörükler 50 bin aile olarak sayılmıştır. Bunun 35 bini askerî ocaklar hâlinde devletçe örgütlenmiş bulunuyordu. Barkan'ın haritasına bakılırsa, bu tarihe kadar bu sayının çok üstünde yörüğün köylerde yerleştiği, Batı Anadolu'daki gibi yerleşik hayatı seçtiği anlaşılıyor.

İslâmlaşmanın ilk iki yüzyılda çok kısıtlı olduğu cizye defteri kayıtlarıyla da ortaya çıkan bir gerçektir. 1489'da bir yılda Müslüman olmuş 94 hane ve onu izleyen üç yıl içinde yalnız 255 hane hesaplanmıştır.[10] İlk İslâmlaşmalar, Osmanlı ordusunda hizmet edenler, özellikle Hıristiyan tımar sipahileri arasında olmuştur. Osmanlı Devleti'nin özel bazı hizmetler yüklediği gruplar, genellikle Müslümanlar arasında yaşayan veya onlarla sıkı teması olanlar arasında İslâmlaşmalar daha sıktır. Bu dönemde İslâmlaşma, kesinlikle sosyal bir olaydır, sosyal faktörler etkisiyle olmuştur.

Hıristiyan aileler arasından Yeniçeri Ocağı veya sarayda hizmet için toplanan devşirme oğlanlara gelince, bunlar XVII. yüzyıl başlarına kadar yılda ortalama 3000 sayısında idi. Bazı tarihçiler, XVII. yüzyıldan sonra Balkanlarda vuku bulan kitle hâlinde İslâmlaşmaları, cizye miktarının artırılmış olmasına yormaktadırlar. Bu nokta henüz yeterince araştırılmamıştır. İslâm, ihtidada zoru kabul etmez. Çocuk masumdur, yani dinini tayinde bilinç sahibi sayılmaz. Osmanlılar, dünyevi bir amaçla Müslüman olanları *ahriyan* adı altında gerçek Müslümanlardan ayrı tutmuşlardır.

Şehir ve köylerde, Türklerle uzun yüzyıllar beraber yaşama, Osmanlı Devleti'nin kanun ve altyapı kurumlarının etkisi ve nihayet Osmanlı yüksek kültürünün bir prestij-kültür olarak taklidi, Balkan yerli halkı arasında kültürleşmenin başlıca yollarını oluşturmuştur. W. Hasluck, Hıristiyan ve İslâm halk inanışları ve

9 *Rumeli'de Yörükler, Tatarlar ve Evlâd-ı Fâtihân*, İstanbul 1957.

10 Bkz. Ö. L. Barkan, "894 (1488/1489) Yılı Cizve Tahsilâtına ait Muhasebe Bilançoları", *Belgeler* (1964, TTK), I, 1-117.

âdetlerinin her iki toplum üyelerince ne kadar geniş ölçüde paylaşıldığını göstermiştir. Bunda, Bektaşîlik gibi halk dinî tarikatlarının eklektizmi önemli rol oynamıştır. Öbür yandan Rumeli Türkleri, Balkan yerli halklarından tarım, günlük hayat ve sanatta birçok kültür unsurunu almış, böylece zamanla Rumelili ile Anadolulu arasında bir kerte kültür farklılığı ortaya çıkmıştır.

Fakat Balkanlarda ve Avrupa'da bilinmezlikten gelinen başka bir gerçek, XIX. ve XX. yüzyılda Rus istilaları ve yeni millî Balkan devletlerinin baskı ve hatta etnik arındırma hareketleriyle Müslümanların ortadan kaldırılması girişimleridir. Bunun sonucu yüzbinlerce Müslüman, ya soykırıma kurban gitmiş, yahut Türkiye'ye muhacir olarak kaçmak zorunda kalmıştır. Yaklaşık ikiyüz yıldır süregelen ve son korkunç tekrarına Bulgaristan ve Bosna'da tanık olduğumuz dramın belgelerini Bilâl Şimşir yayınlamış bulunmaktadır.[11] Balkanlarda beşyüz yıldır yurt tutmuş Türklerin ve Müslümanların soykırımı karşısında Batı Hıristiyan dünyasının tasvip derecesine varan kayıtsızlığı insanlık tarihi için bir lekedir. "Çadırları ile geldiler, çadırlarını toplayıp gidiyorlar" lafı, XIX. yüzyılda bir Avrupalı devlet adamının ağzından çıkmıştır.[12]

Balkanlılar arasında İslâmlaşma konusu, bugün maalesef güncel önemi olan bir sorun olarak ortaya çıkmıştır.

Anadili Slavca, Arnavutça, Yunanca olan ve Türkçe konuşmayan toplulukların genellikle İslâmlaşmış yerli Hıristiyan halktan oldukları ileri sürülür. Fakat bugün bu insanları Müslüman diye cezalandırmak, Ortaçağlardaki Haçlı soykırımlarını hatırlatan çağdışı bir davranıştır. 1870'te Bosna-Hersek'te çoğunluk olan Osmanlılar böyle bir şey yapmamışlardır.

---

11 Bilâl Şimşir, "Rumeli'den Türk Göçleri", *Belgeler*, 1-3 Cilt, Türk Tarih Kurumu Yayınları, Ankara 1989.

12 *Encyclopedia Britannica*'nın 1911 tarihli 11. baskısında aynen şunlar yazılıdır:

"The five centuries of Turkish rule (1396-1878) form a dark epoch in Bulgarian history. The invaders carried fire and sword through the lands, towns, villages and monasteries were sacked and destroyed and whole districts were converted into desolate wastes" (bkz. "Bulgaria", s. 78).

Osmanlı döneminde İslâmiyet'i kitle hâlinde kabul eden yerli halk, en çok Balkanların batı kısmında, Arnavutluk, Kosova ve Bosna'da bulunur. Rodop dağlık bölgesinde bulunan Pomaklar da bu grup içindedir. Buna karşılık, Balkanların doğu bölümündeki Müslümanların ana dili Türkçedir. Onlar Anadolulu Türklerdir.

VII. TİCARET, YOLLAR VE ŞEHİRLER

Balkanlarda bugünkü yol ve şehir ağı, ana hatları ile Osmanlı döneminde ortaya çıkmıştır. Bugün başlıca Balkan şehirleri ve devlet merkezleri olan Filibe, Tatarpazarcık, Sofya, Belgrad, Sarayova, Üsküp (Skopje), Yenişehir (Larissa), İlbasan, Manastır, Köstence, Rusçuk (Ruse) birer küçük kasaba veya köy iken, Osmanlı döneminde büyük şehirler hâlinde gelişmişlerdir. Osmanlı-öncesi şehirler, örneğin Edirne, Selânik, Niğbolu, Silistre büyük gelişmeler göstermiştir.[13] Yeniden gelişen şehirlerin, Osmanlı yayılışında birbirini izleyen uc bölgelerinde, uc merkezleri olarak kurulduğunu anımsamak gerekir.

Balkanlarda Osmanlı döneminde büyüyen ve gelişen şehirler, başlangıçta idari-askerî merkezler hâlinde iken, zamanla geleneksel Osmanlı el sanatları ve esnafın (başlıca dokumacılık, boyacılık, dericilik) yerleşmesiyle, ticari-sinai merkezler hâline gelmişlerdir. XV. yüzyılda Osmanlıların ticari bakımdan öneminin açık bir kanıtı, Balkanlarda, hatta Osmanlıların yoğun ticari ilişkilere girdikleri Braşov (Erdel) gibi yabancı şehirlerde, Osmanlı gümüş akçasının egemen bir para durumuna gelmesidir. Bu ticaret merkezlerindeki gümrük defterleri ve o bölgelerde keşfedilen akça defineleri bu gerçeği ortaya koymaktadır.[14]

---

13 Bak. N. Todorov, "The Balkan City, 1400-1900", Seattle 1983; Müslüman nüfus için bkz. Aşağıdaki Tablo I.

14 M. Berindei, "L'empire Ottoman et la 'route Moldave' avant la Gonquete de Chilia et de Catatea Alba (1484), *Journal of Turkish Studies,* X, Harvard 1986.

XV. ve XVI. yüzyıl Osmanlı *tahrir* defterleri, bütün Balkan şehirlerinde başlıca el sanatlarının, Osmanlı Bursası'ndakinin aynı çeşitlilik ve örgütlenme biçimini gösterdiğini belgeler. Bir başka deyişle, Batı etkisiyle XIX. yüzyılda temelli yapı değişimi kendini gösterinceye kadar, Balkan şehirleri kuvvetli bir Osmanlı şehir yapısı gösteriyordu.

Öte yandan Osmanlı döneminde, XV. yüzyıl başından itibaren, Balkan-içi ve Balkan-dışı ticaret görülmemiş bir gelişme göstermiştir. Osmanlı öncesi dönemde İtalyanlar, Balkanlardan deri, yün, balmumu, buğday, peynir, bal, iç-yağı, zeytinyağı, şarap gibi hammaddeler, yiyecek maddeleri ve esir satın alırlardı. Yukarıda işaret ettiğimiz gibi, Sırp ve Bosna gümüşü XIII. yüzyıldan beri bir zenginlik kaynağı idi. Osmanlılar geldiklerinde, Bizans paraları yerine İtalyan altın paralarının, yani Venedik ve Floransa altınları ve gümüş *grossi*'lerinin (kuruş) bütün Balkanlarda dolaşımda egemen paralar olduğunu görmüşlerdir. Balkan tarihçilerine göre, Osmanlılar gelince Balkanlarda daha önce gelişmiş ticaret hayatı, şehirleşme ve tarım ekonomisi gerilemiş, Avrupa'dakine eş gelişmeye ayak uyduran bir ileri-feodalizm yerine parazit bir geri-feodalizm rejimi yerleşmiştir. XIII. yüzyılda Pax Mongolica sayesinde kıtalararası ticaretin gelişmesi sonucu, Karadeniz, İstanbul, Balkanlar ve İtalya'nın görülmemiş bir ticari-ekonomik gelişme ve zenginlik dönemine eriştiği doğrudur. Fakat XIV. yüzyıl ortalarında Osmanlılar gelmeden Çin ve Orta Asya ticaret yollarının engellenmesi ve yaşanan büyük veba salgını sonucunda, Levant'ta, Balkanlar ve İtalya'da uzun bir iktisadi bunalımın başladığı da doğrudur. Bu düşüşten Osmanlılar sorumlu değildir. Aksine, Osmanlı İmparatorluğu döneminde Balkanlarda göze çarpar bir iyileşme ve gelişme dönemi başlamıştır.

Tablo I.

1520-1530'da Balkanlarda başlıca şehirlerin nüfusu

(Ö. L. Barkan'a göre)[15]

(Hane olarak)

Şehirler	Müslim	Hıristiyan	Yahudi	Yekûn
Edirne	3338	522	201	4061
Atina	11	2286	-	2297
Saraybosna (Sarajevo)	1024	-	-	1024
Manastır (Monastir)	640	171	34	845
Üsküp (Skopje)	630	200	12	842
Sofya (Sofia)	471	238	-	709
Selânik (Salonika)	1229	989	2645	4863
Serez (Siroz)	671	357	65	1093
Tırhala (Triccala)	301	343	181	825
Yenişehir (Larissa)	693	75	-	768
Niğbolu (Nicopolis)	468	775	-	1243

(Yergiden bağışık nüfus alınmamıştır).

XIX. yüzyılda Balkan tarihçiliğinin büyük öncüsü C. Jirecek ve onu izleyen büyük Rumen tarihçisi N. Jorga (Iorga), Balkanlarda Osmanlı imparatorluk düzeninin, Balkanlar-içi barışı sağlayarak ticaret ve şehirleşmeye yol açtığını belgeleriyle ortaya koymuşlardır. Jirecek aynen der ki: "Türk fetihleri üzerine Dubrovnik ticareti kuşkusuz bir gelişme dönemine girdi... O zamana kadar mevcut

15 Bkz. yukarıda not 9.

küçük devletlerin sınırları ve gümrükler kalktı. Onun yerine Balkanlarda, düşük gümrük tarifesi uygulayan güçlü birleşik bir imparatorluk düzeni geldi."

Balkanların İtalya ve Avrupa ile ticaretinde en işlek limanı hâline gelen Dubrovnik (Raguza) Cumhuriyeti, Macar ve Venedik nüfuzundan çıkarak daha 1433'te Osmanlıların tâbisi oldu. Batı Balkan bölgesi ve Bulgaristan şehirlerindeki Dubrovnik ticaret kolonileri en elverişli koşullarla, (bu arada yüzde 2 gibi aşağı bir gümrük ödeyerek), Venedik'le rekabet eder bir duruma geldiler. Dubrovnikliler, Osmanlı hükûmetine ödedikleri 12.500 altın haraç karşılığında muazzam kazançlar elde ettiler. Dubrovnik Limanı'nın gümrük geliri 1535'te 17.000 altından 1569'da 26.000'e ve 1570'te Osmanlı-Venedik Savaşı sırasında 106.000 altına yükselmiştir.[16] Saraybosna, XVI. yüzyıl ikinci yarısında Batı Balkanların ticari merkezi durumuna yükselmiş, Dubrovnik yerine Venedik'in Split (Spalato) Limanı'nın gelişmesine yardım etmiştir. Dubrovnik ve Bosna'nın gelişmeleri, bütün Balkan Yarımadası için bir gösterge sayılabilir.

Dubrovnik'in refahı, 1460-1520 döneminde Balkan Yarımadası'nı doğudan batıya kesen büyük bir kervan yolunun oluşması ile ilişkilidir. Bu yol, Bursa'ya İran'dan gelen ipeği Floransa'ya ulaştırmakta kullanılıyordu ve sıkı devlet kontrolü altında idi. Aynı zamanda Balkanlardan yün ve deri bu yolla İtalya'ya sevk ediliyordu. Denizde Venedik tekeline karşı Osmanlılar bu yolu geliştirmişlerdi. Osmanlı dönemi için şimdiye dek herhangi olumlu bir hüküm vermekten kaçınan Balkanlı millî tarihçiler, son zamanlarda dikkatlerini ticari-iktisadi gelişmelere çevirmişlerdir. Marksist gelişme teorisine göre sosyalist dönem öncesinde bir burjuva-kapitalist sınıf bulma gereği bunda yararlı bir etki yapmış görünmektedir. Yugoslavya'da J. Tadic, I. Bojic, V. Vinaver; Bulgaristan'da L. Berov,

16 J. Tadic, "Le commerce de Dalmatie â Raguse et la decadence economique de Venise au XVIII siecle", *Aspetti et Causa della Decadenza Economica Veneziana nei XVII, s: Atti,* Venedik 1961, s. 238-274.

S. Panova; Arnavutluk'ta St. Naçi, Z. Shkodra; Yunanistan'da N. Svoronos Osmanlı döneminde ekonomik gelişme ile ilgili önemli araştırmalar yapan tarihçilerdir.

Osmanlı döneminde, Balkan ticaretinin gelişiminde rol oynayan üç ana doğrultudan biri, doğu-batı arasında Edirne-Dubrovnik ve Edirne-Avlona yolu idi. Öteki iki anayol, Erdel'e giden Edirne-Niğbolu-Braşov yolu, üçüncüsü deniz üzerinden İstanbul-Akkerman-Lwow (Lehistan'da doğu ticaret merkezi) yolu idi. Edirne, Balkanların İstanbul ve Bursa ile bağlantısında odak noktasını oluşturan büyük askerî, idari ve ticari bir merkezdi. Doğu malları, yani Bursa ipeklileri, İran ipeği, Hindistan baharat ve boyaları, Anadolu'dan Hamid-eli'nin pamuklu bogasileri, Safranbolu'nun safranı, Ergani'nin ve Küre'nin bakırı ve Kütahya'nın şapı, Edirne ve İstanbul'dan Balkanlara ve kuzeye buradan dağılırdı. Burada vurgulanması gereken bir husus şudur: Osmanlılar, Şam-Halep-Bursa-İstanbul-Akkerman üzerinden Avrupa'ya doğu malları ihracatı için milletlerarası bir ticaret yolu meydana getirmişlerdi. Lehistan'dan Moskova'ya kadar tüm Doğu Avrupa, doğu mallarını bu yoldan almakta idi. Bu yol, Beyrut veya İskenderiye-Venedik arasında horizental Akdeniz ticaret yolu ile rekabet ediyordu. XVI. yüzyılda zaman zaman bu yolla gelen baharat, Lizbon'a gelen baharat miktarını buluyordu. Osmanlı İmparatorluğu'nun, dolayısıyla Balkanların dünya ticaretinin önemli bir bölümü için bir koridor oluşturması, bölgenin XVI. yüzyılda zenginlik ve refahını açıklayan ve önemle belirtilmesi gereken bir husustur.

XVII. yüzyılda imparatorluğun siyasi bunaltı ve ekonomik çöküşü, bunun Balkan köylüsüne etkileri üzerindeki ayrıntıları için okuyucuyu iki araştırmama göndermekle yetinirim.[17] XVIII. yüzyılda Avrupa ile ticaretin görülmemiş bir biçimde büyümesi ve imparatorluk idaresinde merkeziyetçi sistemin bırakılması,

17 "The Ottoman Decline and its Effects upon the Reaya", *Aspects of the Balkans, Continuity and Change,* H. Bimbaum ve S. Vryonis (yayn.), Lahey 1972, s. 338-354; "Military and Fiscal Transformation in the Ottoman Empire, 1600-1700", *Archivum Ottomanicum,* VI (1980), s. 283- 338.

Balkan halklarının geleceği bakımından son derece önemli gelişmelerin kaynağı olmuştur. XVIII. yüzyılda Avrupa pazarının gıda maddelerine verdiği yüksek fiyatlar ve taşımacılığın gelişmesi sonucu, Balkanlarda dış pazar için tarım ürünleri yetiştirmek önem kazandı; özellikle buğday, pamuk, zeytinyağı ihracatında görülen büyük gelişmelerden Hıristiyan köylü payını aldı. Bununla beraber, devlet topraklarını kontrolü altına geçiren âyan ve ağalar, bu gelişmelerden aslan payını almakta idiler. Yeni yükselen bu egemen sınıf, genişleyen tarım toprakları için reaya emeğini alabildiğine sömürme yoluna gitti. Sahile ve limanlara yakın bölgelerde, özellikle Bosna, Kuzey ve Doğu Bulgaristan, Teselya, Makedonya ve Arnavutluk'ta, Balkan köylüsü ve köy knezleriyle toprak sahibi Müslüman ağalar arasında şiddetli bir çekişme başladı.[18] Eyaletlerde eski etkin kontrolünü kaybeden merkezî hükûmet ise bozulan dengeyi düzeltmekte güçsüz bir durumda idi. Öbür taraftan, XVIII. yüzyılda Rusya ve Habsburglarla yaşanan felaket savaşlar sırasında hazineye para ve asker yardımı sağlanması ancak bu âyan ve ağalar vasıtasıyla mümkündü. Bu koşullar altında merkezî hükûmet, onlara ayrıcalıklar tanımak ve toprak ve köylü üzerinde kontrollerini onaylamaktan başka bir şey yapamazdı. XVIII. yüzyıl sonlarında, savaş sonu işsiz kalan ücretli askerler, Kırcaaliler, Arnavutlar, haydut bölükleri hâlinde Balkanları baştan başa tahribe giriştiler. İşte bu genel koşullar altında Balkan köylüsü, milliyetçi aydınlarla, komitecilerle iş birliğine girmekten çekinmedi. XIX. yüzyılda Balkanlarda bu koşulların en kötü biçimde kendini gösterdiği bölgelerde, Kuzeybatı Bulgaristan ve Bosna-Hersek'te daha önce görülmemiş şiddette yaşanan Hıristiyan köylü ayaklanmalarını, temelde, bu sosyal yapı değişikliği hazırlamıştır. Son kırk yılda Marksist Balkanlı tarihçiler üretim ilişkilerindeki bu değişiklikleri esas almaktadırlar.[19] Fakat Balkanlarda, imparatorluğa karşı ayak-

---

18 Bkz. B. McGovvan, *Economic Life in Ottoman Empire*, Cambridge University Press, USA 1982.

19 F. Adanır, "Tradition and Rural Change in Southeastern Europe During Ottoman Rule", University of California Press, 1989, s. 131-176; Chirot (Ed.),

lanmalarda ve Balkan milletlerinin ayrılma ve millî devlet kurma çabalarında öteki faktörleri de unutmamak gerekir.

XVIII. yüzyılın ikinci yarısı, Balkanlarda ticari gelişme-şehirleşme ve bir yerli tüccar sınıfının doğuşuna paralel olarak, Aydınlanma Çağı Avrupası'nın etkisi altında eğitimin gelişmesi ve bir Yunan, Sırp ve Rumen *intelligentsia*sının ortaya çıkışını görmüştür. Avrupa'da Viyana, Venedik, Paris, Cenevre, Leipzig, Odesa gibi büyük şehirlerde XVIII. yüzyıldan beri Rum, Bulgar, Sırp, hatta Türk Osmanlı tebaasından tüccar koloniler meydana çıkmış; İstanbul Rumları, özellikle Fenerli nüfuzlu aileler çocuklarını Avrupa'da tahsile göndermeye başlamışlardı. Böylece, Avrupa Aydınlanma Çağı'nın, özellikle Fransız Büyük Devrimi'ni hazırlayan fikir adımlarının etkisi altında, milletleri için hürriyet isteyen devrimci bir Balkan *intelligentsia*sı vücut bulmuştu. Romanya, Kuzey Bulgaristan, Sırbistan, Arnavutluk özellikle deniz taşımacılığı ile zenginleşmiş; Yunanlar artık ekonomik bakımdan Osmanlı merkezine değil, Avrupa'ya bağlı duruma geldiklerini, Osmanlı İmparatorluğu'ndan ayrılmakla bir şey kaybetmeyeceklerini görmüşlerdi. Osmanlı Devleti, Avrupa ile sıkı ticari ilişkisi olan kendi gayrimüslim tebaasına Avrupa tüccarı adıyla birtakım özel imtiyazlar tanıyarak onları devlete bağlamak girişimlerinde bulundu ise de yararı olmadı. Onlar, konsoloslardan aldıkları belgelerle, bir bakıma, Avrupa devletleri himayesine giriyorlar ve kapitülasyon imtiyazlarından yararlanmayı tercih ediyorlardı. Osmanlı Devleti kendi tüccar tebaasını kaybediyordu.

Bunun yanı sıra, imparatorluğa komşu iki büyük devlet, Avusturya ve Rusya, Balkanlarda kendilerine bağlı uydu devletler yaratmak için diplomasilerini, o işlemezse ordularını harekete geçirmekte yarış hâlinde idiler. İşte XIX. yüzyılda Balkan milletlerinin birbiri ardından imparatorluktan ayrılıp kendi bağımsız devletlerini kur-

---

"Origins of Backwardness in Eastern Europe"; H. İnalcık, *Tanzimat ve Bulgar Meselesi*, Eren Yayınevi, İstanbul 1992; Nikolay Todorov, *The Balkan*, bkz. not 12.

maları, bu ekonomik, sosyal ve düşünsel değişimlerin sonucudur. Şüphesiz bu, önlenmesi olanaksız tarihî bir gelişim idi.

Balkan milletlerinin Rönesans'ı, Osmanlı Türkleri arasında Batılılaşma hareketine iki biçimde etki yapmıştır. İlkin, Osmanlı İmparatorluğu bu milletleri idaresi altında tutmak için reform hareketini hızlandırmış; öbür yandan Batılılaşmış birçok gayrimüslim, Osmanlı idare ve kültür hayatında ön safta yer almıştır. Osmanlı Devleti adına söylenebilecek bir şey varsa, o da bu milletleri beş yüzyıl, yok etmeye çalışmadan, kendi millî varlıklarını, ticaret ve kültürlerini geliştirmelerine elverişli bir ortamı sürdürmüş olmasıdır. 1839'da imparatorluk birlik ve bütünlüğünü korumak için ilan edilen liberal Tanzimat rejimi bu gelişmeyi köstereklememiş, aksine geliştirmiştir. Balkan milletleri arasında her bakımdan en ileride görünen Yunanlar, Osmanlı Devleti'ne karşı bütün Avrupa'nın yaptırım ve baskısı ile 1830'da bağımsız devletlerine kavuştular. Fakat ondan yarım yüzyıl sonra fiilen bağımsız hâle gelen Bulgaristan, Tanzimat dönemi idaresi altında eğitim ve ekonomi bakımından gelişmiş hâliyle, o tarihte Yunanistan'dan daha ileri bir memleket manzarası gösteriyordu. Balkanlı milletler bağımsızlıklarına kavuşunca, tekrar XIV. yüzyıldaki boğuşma sürecine dönmüşlerdir. Yalnız birbirleri ile değil, kendi sınırları içinde beş yüzyıllık bir tarihin yarattığı dinî-etnik grupları hunharca yok etmeye çalışmakla, büyük devletlerin ve blokların planlarına alet olmakla, Birinci Dünya Savaşı'nda görüldüğü gibi, dünya barışını tehdit etmektedirler.

Osmanlı lehine belirlenmesi gereken başka bir nokta, hükûmetin, imparatorluğun birlik ve bütünlüğünü korumak amacıyla 1839-1877 döneminde reformlara inanarak sarılması ve nihayet İslâm dünyasında ve Doğu Avrupa'da ilk anayasa ve parlamento rejimini ilan etmiş olmasıdır (1876). Bugün Türkiye, demokrasi rejiminin kuruluşunda Avrupa'nın eşiğinde önde gelen ülkelerden biri durumunda ise bunu her şeyden önce Tanzimatçıların girişimlerine borçludur. Bu dönemde, Osmanlı reformcularının Balkan milletlerini imparatorluğa bağlamak için ortaya attıkları ideoloji

Osmanlılık'tır; bu hareket imparatorluk fikrine bir içerik vermeye çalışıyordu. Tanzimatçılar, ortak bir Osmanlı vatanı içinde, bütün Balkan Hıristiyan milletlerine Müslümanlarla eşit haklar tanıyor, hatta cizyeyi bile kaldırmayı düşünüyorlardı. Osmanlılılık, millî ayrılık ideolojisine karşı bir imparatorluk veya bugünkü terimi kullanmak caiz ise bir *common-wealth* ideolojisi getiriyordu. Devlet idaresinde ve kanunlar önünde Hıristiyan-Müslüman herkes eşit olacak ve Osmanlı vatanı, bir din veya halkın imparatorluk egemenliği yerine, burada yaşayan milletlerin ortak vatanı olacaktı.

Bu düşünce, Leh devlet adamı Çartoriski tarafından da daha XIX. yüzyılda büyük devletlerin kontrolünü gideren bir rejim olarak açık bir biçimde ifade edilmiştir. *Balkan Birliği* fikri, bugün her zamankinden çok önemini göstermektedir. Tarihî ve dinî yapısını değiştiremeyen Osmanlı İmparatorluğu, tabii böyle bir ideolojiyi gerçekleştirmekten uzaktı. Türkler kendileri, 1923'te millî ve laik bir cumhuriyet kurarak bu fikrin gerçekleşmesi için en elverişli zemini yaratmışlardır inancındayız.

VIII. BALKAN ARAŞTIRMALARI

Balkan tarihinin Balkan milletlerinin el birliğiyle araştırılması için örgütlenme, ilkin 1963 yılında Nicola Jorga'nın yurdunda, Bükreş'te Balkanlı delegelerin bir araya geldiği bir toplantıda kararlaştı. Unesco'nun desteğiyle vücuda gelen örgüt, *Association Internationale des Etudes du Sud-Est Europeen* (AIESEE) dünyada Balkan araştırmaları yapan her devletin üyeliğine açıktır. Yapılan statüye göre üyelik için başvuran memleketlerde önce bir millî komitenin örgütlenmiş olması gerekiyordu. Balkanlı milletlerin merkezî komitede iki oyla temsili, başkanlık, genel sekreterlik ve başka hususlarda Balkan memleketlerinin önceliği, örgütün Balkanlar-arası iş birliği karakterini vurgulamış bulunuyordu. Türkiye, bir Balkan devleti sıfatıyla tabii başından beri bu örgütte aktif bir rol oynadı. Bükreş'teki ilk toplantıda rahmetli Faik Reşit Unat Türkiye'yi temsil etti. Ondan sonra, memleketimizde Balkan araştırmaları millî komitesini örgütleyen Türk Tarih Kurumu adına bu satırları yazan delege gönderildi. *Association*, ilk kongresini 1968'de Sofya'da yaptı. Balkan Araştırmaları, arkeoloji, tarih, etnografya, edebiyat, folklor, sanat tarihi gibi bütün insan bilimleriyle konuyu en kapsamlı biçimde ele alıyordu. Ondan sonraki kongreler, her Balkan memleketinde üç yılda bir sıra ile toplandı. Her Balkan memleketi bir *Balkan Araştırmaları Dergisi* çıkarmaya başladı. Türkiye'de rahmetli Cengiz Orhonlu'nun girişimiyle İstanbul Üniversitesi Edebiyat Fakültesi tarafından *Güneydoğu Avrupa Araştırmaları Dergisi* çıkarıldı ise de onun ölümü ile yayın durdu. Bu dergi, Türkiye'de Balkan araştırmaları üzerinde ilk ve son bilimsel periyodik olmuştur. *Association*'ın başkanlık sırası 1971-1974'te Türkiye'ye geldi. Orhonlu'nun ölümü ve benim Chicago Üniversitesi'ne gitmemden sonra, bu önemli kuruluş ile ilgilenen olmadı, o kadar ki Belgrad'da toplanan kongrede bir tek Türk delege dahi yoktu.

Şunu memnuniyetle belirtmek isterim ki, Türkiye'de bu boşluğu bugün 1985'ten beri Türk-Arap ilişkileri araştırmalarını yapan ve 1992 başında Balkan araştırmalarını da üstlenen "Ortadoğu ve Balkan İncelemeleri Vakfı" doldurmaktadır. Vakıf, Balkanlar konusunda 26 Eylül 1992'de ilk sempozyumunu İstanbul'da düzenlemiştir. Şimdi de *Balkanlar* referans kitabını yayımlamaktadır. Daha sonra İngilizce yıllık dergiler de çıkaracaktır.

Bugün tarihî günler yaşıyoruz. Balkanlarda, yüzyıllarca kader birliği yaptığımız insanları kendi talihlerine bırakamayacağımızı sonunda anlamış bulunuyoruz. Bugün bütün vatandaşlar ve Türk hükûmetleri bu ortak bilinç içindedirler. XX. yüzyılda artık Balkan milletlerinin, Türkiye Cumhuriyeti'ni Osmanlı İmparatorluğu'nun devamı gibi görmemeleri zorunludur. Osmanlı Devleti, belli bir çağın gerçeklerine yanıt vermiş bir tarihtir, geçip gitmiştir. Türkiye Cumhuriyeti, imparatorluktan sonra kurulmuş bir millî devlettir, bir Balkan millî devletidir. Kurulduğundan beri Türkiye Cumhuriyeti hükûmetleri öteki Balkan devletleriyle iş birliği yapmak ve ahenk içinde yaşamak için çaba göstermişlerdir. Osmanlı düşmanlığı,

Türk düşmanlığı biçimine dönüştürülmemelidir. Tarihî olguların saptırılmasıyla bir husumet ve çatışma dünyası yaratmaktan kaçınmak herkesin yararınadır. Anlayış ve iş birliği ruhunu, beş yüzyıllık ortak tarihimizin objektif bir şekilde bilimsel araştırılması ve ortaya çıkan gerçekler getirecektir.

Ortak tarihimiz, İstanbul'da milyonlarca belgeyi içeren Osmanlı Arşivleri'nde yatmaktadır. İlk defa bu arşivlerden onbinlerce belgeyi mikrofilm olarak alan Bosnalı ve Sırp tarihçiler, şimdiye kadar çok değerli incelemeler yayınlamışlardır. Bugün arşivde belgeler hızla tasnif edilip araştırıcıların yararlanmasına sunulmakta, araştırma formaliteleri basitleştirilmekte, her türlü fotokopi olanakları sağlanmaktadır. Bunlara ek olarak yapılması gereken, arşiv binasında veya yakınında Osmanlı arşiv belgelerini hakkıyla okumak ve değerlendirmek için bir uzman grubun belli saatlerde öğretim yaptığı bir arşiv semineri örgütlemektir. Ayrıca araştırıcılar için elverişli koşullarla kalacakları ve birlikte çalışacakları bir misafirhane kurulması, daha çok sayıda Balkanlı gencin İstanbul arşivlerine gelip çalışmalarını teşvik edecektir. Bir kelime ile Balkanların her köşesinden gelecek araştırıcılar, İstanbul'da kendilerini kendi evlerinde hissetmelidir.

EKLER

1

1860-1878'de Rumeli'de Müslüman Nüfusu

(Kaynak: E. Akarlı, "Ottoman Population in Europe in the 19th century", Tez, Wisconsin Üniversitesi, 1970)

Vilayetler	Nüfus
İstanbul	342.200
Edirne	597.100
Tuna	945.60/----------------------

Vilayetler	Nüfus
Sofya	154.200
Selânik	264.800
Yanya	430.500
Manastır	880.600
İşkodra	141.000
Bosna-Hersek	520.000
Girit	48.400
Ege Adaları	80.000
Yekûn	4.404.600

Özetle, bu bölgede 4.5 milyona yakın bir Müslüman nüfusu olup bunun 2 milyonu etnik Türk, 1.300.000'i Arnavut, 600.000'i Boşnak, 400.000'i Çerkez idi.

1831 Osmanlı tahririne göre Rumeli'de nüfusun yüzde % 37.5'i Müslüman'dı. K. Karpat'a göre yüzyılın ikinci yarısında, 1877'ye doğru Müslümanlar bütün nüfusun %30'u ilâ %43'ü arasındadır.

2

1894 Osmanlı Sayımına Göre Nüfus (K. Karpat, s. 155)[20]

Vilayet	Müslüman	Yunan	Ermeni	Bulgar	Yahudi
Edirne	434.366	267.220	16.642	102.245	13.721
Manastır	630.000	228.121	29	-	5.072
Yanya	235.948	286.294	-	-	3.677
İşkodra	330.728	5.913	-	-	2.797 (Katolik)
Girit	74.150	175.000	500	-	200
Adalar	30.809	226.590	83	2	2.956
Çatalca	18.701	35.848	585	5.586	966

20 Kemal H. Karpat, "Ottoman Population, Demographic and Social Characteristics, 1830-1914", Madison, University of Wisconsin Press, 1985.

Selânik	463.000	277.000	1.257	223.000	37.206 (2.311 Katolik)
Kosova	419.390	29.393	-	274.826	1.706 (5.588 Latin)

Bu sayımda Müslüman nüfus Edirne, Manastır, İşkodra, Selânik ve Kosova bölgelerinde çoğunluktadır. Etnik Türk Müslüman nüfus ayrıca gösterilmemiştir.

3
1889'da Rumeli'de Bazı Şehirlerin Nüfusu (Kaynak: Ş. Sami, *Kamûs'ul-a'lâm*, II, 1213)

Selânik	80.000
Edirne	62.000
Prizrin	38.000
İşkodra	36.000
Manastır	35.000
Belgrad	35.000
Yanya	33.000
Şumnu	32.000
Saraybosna	30.000
Rusçuk	26.000
Üsküp	25.000
Yenişehir	21.000
Sofya	20.000

4[21]

Bosna Eyâleti'nin 1870 Yılında Nüfusu
(Kaynak : H. 1287 Bosna Vilayeti Salnamesi)

Vilayet	Müslüman	Ortodoks	Katolik	Yahudi	Çingene[1]	Toplam
Saray	98.921	51.566	24.590	2696	1.903	179.675
İzvornik	178.964	131.471	32.787	354	5.521	349.098
Travnik	122.251	70.547	65.110	441	1.850	260.199
Bihke	127.027	104.343	5.898	0	1.124	238.393
Yenipazar	147.942	85.952	0	112	2.086	236.093
Banaluka	84.061	126.288	40.554	65	1.656	252.623
Hersek	110.964	66.041	51.414	0	1.900	230.319
TOPLAM	870.128	636.208	220.353	3.669	16.041	1.746.399

21 Profesör Justin McCarthy, Bosna nüfusu üzerinde Harvard Üniversitesi'nde 8 Şubat 1993 tarihinde toplanmış olan sempozyumda sunduğu 4 ve 5 numaralı tablolar.

OSMANLI TOPLUM YAPISININ EVRİMİ*

Geleneksel Osmanlı-Türk toplumunun aslî hususiyetlerini, en iyi şekilde, I. Süleyman'ın (1520-1566) saltanat yıllarına dönüp bakarak tasvir edebiliriz. XIX. yüzyıldaki siyasi modernleşmeye tekaddüm eden dönemde, orijinal Osmanlı müesseselerinin az çok bozulmuş şekillerini ve yeni içtimâi-siyasi gelişmelerin bu müesseselerin temelini tehdit edici bir hâl aldığını görürüz. XVI. yüzyıldan sonraki gerileme dönemini idrak eden ıslahatçılar kuşağı, açıkça, I. Süleyman'ın "Altın Çağı"nı yeniden canlandırmanın yollarını aradılar. 1683-1699 arasında Macaristan'da uğranılan mağlubiyetlerin tesiri altında kalan Osmanlı Türkleri, ilk defa Batı'nın üstünlüğünün farkına vardılar; daha sonra yapılan reformlar, önce askerî, bilahare XIX. yüzyılda idari sahada gitgide artan bir şekilde Batı nüfuzundan etkilendi. Devlet ve toplum telakkilerindeki temel bir değişmenin eşlik ettiği kararlı ve kesin modernleşme hareketi, Birinci Dünya Savaşı'ndan sonra millî inkılâpla başladı.

Türk modernleşme hareketindeki XX. yüzyıla kadar süren tereddüt ve gecikmelerin sebebi, Osmanlı Devleti'nin, farklı kültürlere mensup milletlerden teşekkül etmiş bir imparatorluk olması ve hanedanın belli bir dönem ortak sadakatin yegâne odak noktasını oluşturması gerçeğinde yatıyordu. Diğer taraftan, imparatorluğun siyasi ve içtimâi üstyapısı, hâlâ İslam dininin değişmez kanunu

---

* *Doğu Batı*, Sayı: 11.

şeriata dayanmakta ve bu siyasi-dinî yapı, sultan-halifenin şahsında doruk noktasına ulaşmış bulunmaktaydı.

Osmanlı hükümdarının bu mevkii, kendisinin iktidarını zayıflatan ve sonunda modernleşmeye öncülük eden gelişmeler, bu denemenin ana temasını teşkil edecektir.

I. OSMANLI HÜKÜMDARI VE OSMANLI TOPLUMU

XV. yüzyılın sonlarında yaşamış olan Osmanlı devlet adamı ve tarihçisi Tursun Bey, toplum üyeleri arasındaki uyumun, her ferdin toplum içinde kabiliyetine göre belirlenmiş yerini muhafaza etmeyi gaye edinen devlet politikası ile gerçekleşeceğini bilhassa vurgulamaktadır. Içtimâi nizâmı sağlayan ve vasıta olarak devlet yönetimi, iki yönlü bir müeyyide gücüne sahipti: Hükümdar otoritesi ve hâkimiyeti ile şeriat-hükümdar tarafından konulan kaideler kalıcı bir karaktere sahip olmadıkları sürece, bir beşer toplumunda her zaman için hükümdarın varlığı elzemdi. Hükümdar, içtimâi düzen içerisinde her bir ferdin yerini belirleyebilmek için mutlak bir güce sahip olmalıydı. O, mevkiini kuvvetlendirmek için daima gelirlerini ve ordularını artırıp güçlendirmeli, böylece bir bütün olarak halkın emniyetini ve nizâmı sağlayıp pekiştirerek topluma hizmet etmeliydi. Tursun Bey'in mantıkî delilleri, açıkça, her toplumun mutlak güce ve şeriatın dışında kanunlar ve nizâmlar vaz'edebilme yetkisine sahip bir sultana ihtiyaçları olduğunu ispatlamaya yöneliktir. Sultanın korumakla yükümlü olduğu değerler, adalete dayanan bir içtimâi nizâm ve emniyettir. Bu fikirler, Osmanlı yönetim felsefesinin temelini oluşturmuştur.

Osmanlı hükümdarının mutlak gücü, ayrıca, eski doğuya has bir özdeyişte de kendine bir dayanak bulmaktaydı: "Adidir mucibi salâh-ı cihân, cihân bir bağdır divân devlet, devletin nâzımı şeriattir, şeriata olamaz hiç hâris illâ melik, melik zabteyleyemez illâ leşker, leşkeri cem' edemez illâ mâl, malı cem' eden raiyyettir, raiyyeti kul eder pâdişâh-ı âleme adi" (Dâ'ire-i Adliye. Ç.N.)[1] XI. yüzyılda yazılmış *Kutadgu Bilig*'den 1839 Tanzimat Fermanı'na kadar Türk siyasi literatüründe defalarca tekrarlanan bu ibare, devlet yönetiminin dayandığı felsefenin fiilî bir hülasası olarak kabul görmüştür. XVII. yüzyılda Kâtib Çelebi, sultanın devlet içerisindeki merkezî mevkii üzerinde bilhassa durmuştur. İslâm toplumunda mutlak güç halifeye atfedilmiş olmakla birlikte, teorisyenler, söz konusu gücün şeriatı tatbik etmenin yalnızca bir vasıtası olduğunu vurgulamışlardır.

Osmanlı hükümdarları, ilk iş olarak, kağıt üzerindeki mutlakiyetçiliği, iktidarın kendi şahıslarında toplandığı bir yönetim tarzı kurarak gerçek hâline getirdiler. Onlar bunu, ilgi çekici bir şekilde, fethedilmiş topraklardaki her türlü aristokrasiyi tasfiye ederek, idari görevlere sadece sarayda eğitim görmüş kulları getirerek ve ulemayı kendi hizmetlerine alarak başardılar. Sultanın kulları icrâ yetkisini kullanma, ulema ise bütün hukuki ve mali meselelerin yönetim ve denetimi de dâhil kanunların uygulanması ile görevlendirildiler. Yönetimin her iki kesimi, merkezî hükûmete bağlı, fakat birbirlerinden bağımsız idi. Bir valinin, sultan tarafından tayin edilen bir kadıya emir verme yetkisi yoktu. Bu kesimler arasında bir anlaşmazlık çıkması hâlinde, konu doğrudan doğruya merkezî hükûmete havale edilirdi. Hem şeriatı hem de doğrudan doğruya sultan tarafından çıkarılan tâli kanun ve nizâmları uygulayanlar, aynı kadılardı. Diğer taraftan, şeriat ile ilgili konular üzerindeki fikir ve mütâlaaları formülleştirmede, kesin fetvâ vermede en yüksek otorite olan şeyhülislâmın, hükûmete veya hukuki idareye müdahale etme hakkı yoktu. Bir keresinde Şeyhülislâm Ali Cemali, şeriata aykırı olduğunu düşünerek, Sultan I. Selim'in (1512-1520) bir kararına karşı itiraz etmek için hükûmet konağına geldiği

---

1 Bu özdeyiş kısaca, hükümdarın askersiz gücü olamayacağını, para olmadığı takdirde askerin beslenemeyeceğini, tebaası müreffeh değilse paranın olamayacağını ve halkın refahının da ancak adaletle sağlanacağını vurgulamaktaydı.

zaman, sultan, kendisini devlet işlerine müdahale etmekle itham etmişti. Fakat XVIII. yüzyılda, yönetimle ilgili her mühim konuda şeyhülislâmın fikrini sormak, yerleşmiş bir teâmül hâlini aldı. Bu yüzden, çöküş döneminde şeriat ve dinî otoritenin hükûmete zorla kabul ettirdiği sınırlamalar, reformların uygulanmasını bilhassa güçleştirmişti. Her şeyi içine alan şeriat, Osmanlı yönetim hayatı ve toplumunda -eğer burada işaret etmemiz gerekirse, Türk ve Japon modernleşme hareketleri arasında çok mühim bir fark olarak dikkati çeken- gelenekçiliğin kalesi hâline geldi.

Osmanlı içtimâi siyaseti, içtimâi barış ve düzen uğruna, devletin her insanı kendisine uygun içtimâi bir mevkide tutması gerektiği şeklindeki geleneksel telakkiye sıkı sıkıya bağlı kaldı. Her şeyden evvel, Osmanlı toplumu iki büyük sınıfa ayrılmıştı. Bu sınıflardan ilki, saltanat beratı ile padişahın kendilerine dinî veya idari yetki tanıdığı kimseleri, yani saray memurlarını, mülki memurları ve ulemayı içine alan askerî sınıf; ikincisi ise vergi ödeyen fakat idareye hiçbir şekilde katılmayan bütün Müslim veya gayrimüslim zümrelerden oluşan reaya sınıfı idi. Tebaasını, "askerî" sınıfın imtiyazlarından uzak tutmak, devletin temel bir ilkesi idi. Reaya arasında, sadece sınırlarda fiilen savaşanlar ve medresede muntazam bir tahsil gördükten sonra sultanın beratını elde edebilenler (ulema) askerî sınıf mensubu olabilirlerdi. Sözün kısası, kişinin toplum içindeki mevkiini, sadece sultanın iradesi belirlemekteydi. Gerileme döneminde Koçi Bey ve onun gibi düşünenler, devletteki çözülmenin ana sebebini, bu temel kaidenin ihmal edilerek, tebaanın yeniçeri veya tımarlı sınıfına girmesine izin verilmesinde görmüşlerdir.

Osmanlı tebaası, vergi mükellefiyetlerine göre, her biri farklı statüde olmak üzere, sırasıyla Müslim-gayrimüslim, şehirli-köylü, yerleşik-göçebe sınıflarına ayrılıyordu. Vergi vermek, gerçekten de kişinin statüsünü belirlemenin en mühim göstergesiydi. Kamu hizmetlerini yerine getirme karşılığında, belirli bir nispette vergi muafiyeti tanınan kimseler, gerçekte, her türlü vergiden muaf olan askerîler ile sıradan tebaa arasında orta bir sınıfı oluşturuyorlardı.

Büyük kısmının mîrî arazi üzerinde tasarruf hakkına sahip olarak yaşadığı köylüler hususi bir vergilendirmeye tâbi tutulmuşlardı; bunların her birinin içtimâi mevkileri, ödedikleri vergilere göre belirlenerek düzenli aralıklarla Tahrir Defterleri'ne kaydediliyordu. Köylülerin, ne tasarruf ettikleri toprakları kiralamalarına ne bu toprakları terk edip şehirlerde yerleşmelerine izin verilmekteydi.

Bu kanunlar, Osmanlı hükümdarının iradesi doğrultusunda teşekkül etmiş olan sıkı bir içtimâi teşkilatlanmayı göstermektedir. Fakat Batı Avrupa'daki iktisadi ve askerî değişikliklere bağlı olarak, XVI. yüzyıl sonlarında köklü bir değişim vuku buldu. Bu dönemde, meselâ Alman piyadelerine mukavemet edebilmek için Osmanlılar, eyaletlerdeki tımarlı sipahileri gözden çıkararak, zamanın silahlarıyla mücehhez etmek suretiyle yeniçerilerin gücünü ve sayısını artırdılar. Ordu içerisinde tımarlı sipahilerin ihmal edilmesi, bunların içtimâi statülerinin dayanağı olan toprak düzeni ve vergi sisteminin bozulmasına yol açtı. Aynı dönemde, milletlerarası ticaret yollarının Atlas Okyanusu'na kayması ve Amerikan gümüşünün Ortadoğu pazarlarını istila etmesi, sıkı Osmanlı mali ve iktisadi yapısının çöküşüne sebep oldu.

Dışarıdan devlete yönelen yakın tehlikenin farkında olan sultan ve bürokrasisi, uzun bir geçmişi olan geleneksel çizgiden ayrılan bir fikir olarak düşünmekle birlikte, reformu ancak bu gerileme ve çöküş dönemi esnasında benimsediler. Çok daha sonraki bir tarihte Japonlar da benzer türde dış tehlikelere maruz kalmışlardı; ancak Japon imparatoru, reform fikrini tam manasıyla sembolleştirdi. Fakat Osmanlı İmparatorluğu'nda asıl idareci sınıflar muhafazakâr bir tavır takınırken, Japon reform hareketi, en azından toplumdaki bazı önde gelen sınıflar arasında millî bir destek buldu. Reform, Osmanlı İmparatorluğu'nda yalnızca sultanın ve yakınındakilerin ilgisi ile sınırlı kaldı. Ulema ve âyan olarak anılan eyaletlerdeki yan feodal toprak aristokrasisi, kendilerinin yerleşmiş çıkarlarını zedeleyebilecek her türlü yeniliğe karşı çıktılar.

II. SULTANIN GÜCÜNÜ YİTİRMESİ; YENİÇERİLER, ULEMA VE ÂYANIN ORTAYA ÇIKIŞI

İmparatorluğun başkentinde siyasi açıdan etkili olan gruplar, sultanın sarayındaki askerî birlikler, bilhassa gerçek "askerî" sınıfı teşkil eden yeniçeriler ile kendilerine İslâmî ilimleri öğretme, şeriatın emirlerini tefsir ve tatbik etme yetkisi verilen ulema ve yeniçeriler sahip bulunmaktaydı. Fakat XVIII. yüzyılda, vilayet ileri gelenlerinden bir grup âyan, imparatorluğun her yerinde en güçlü sınıf hâline gelmişti.

Yeniçeri bölükleri, merkeziyetçi yönetimin aslî bir müessesesi ve sultanın mutlak iktidarının temel dayanağı idi. Sarayda, doğrudan doğruya sultanın şahsına bağlı bulunan daimî bir ordu olarak teşkil edilen yeniçeriler, dâhilî ve hâricî bir düşmanı bertaraf etmek için her an kullanılabilmekteydiler. Ayrıca yeniçeri garnizonları, vilayetlerdeki belli başlı kalelere de yerleştirilmişti. Bu yeniçeri grupları, büyük şehirlerdeki kaleleri ele geçirdiler ve hiçbir kimseyi, hatta bir valiyi bile buralara sokmadılar. Merkezî otoritenin zayıfladığı dönemde yeniçeriler, Kuzey Afrika, Bağdad ve Belgrad gibi imparatorluğun uzak bölgelerine kadar, her tarafta yönetimi ele geçirdiler. Başkentte de iktidara kimin geçeceğini tayin edebiliyorlardı. Daha 1446 gibi erken bir tarihte II. Murad, umumi bir toplantıda onların rızasını aldıktan sonra tahta geçebilmişti. XVII. yüzyılın ilk yarısında, yönetim üzerindeki hâkimiyetlerini iyice pekiştirdiler. 1628'de ilk defa eski bir yeniçeri ağası, ulemanın başı olan şeyhülislâmın desteği ile sadrâzamlığa tayin edildi. 1630'larda Koçi Bey, yeniçerilerle eyalet askerleri arasında daha önceden kurulmuş olan dengenin yok olmasından ve yeniçerilerin, imparatorluğun bütün kademelerini istila etmelerinden şikâyet etmekteydi. Vezirler, saray mensupları ve taht vârisleri, güç kazanmak için sürekli onların desteklerini aramışlardı. Yeniçeriler, aralarında ticaretle uğraşma hakkı da olmak üzere, kendileri için ilâve imtiyazlar elde ettiler. Böylece pek çoğu küçük esnaf sınıfına katıldılar ve İstanbul halkının asayişi kadar yönetimin mali siyasetini de etkilediler.

Şimdi de güçlü bir mütegallibe sınıfı olarak âyanların vilayetlerde nasıl ortaya çıktıklarını tetkik edelim. Osmanlılar, geleneksel olarak şehirlerdeki sanat erbâbına ve tüccarlara farklı ve itibarlı bir statü bahşetmiş ve aralarından en nüfuzlu ve varlıklılarını bu toplulukların tabii önderleri olarak tanımışlardı. Ahî birlikleri ismi altında organize olan sanat erbâbı, XIII. yüzyıldan itibaren Anadolu'da çok mühim içtimâi ve siyasi roller oynamışlardı. Ahî önderleri, birçok Anadolu şehrinde yönetimi ellerine geçirmişlerdi. Osmanlıların merkeziyetçi yönetimleri altında ahîlik, adım adım zayıflayarak basit loncalara dönüşmüş, fakat her bir lonca, kaidelerinin uygulanmasını kontrol altına alacak ve yetkililer önünde kendilerini temsil edecek olan "kahya" isimli âmirlerini seçme hakkını ellerinde bulundurmaya devam etmişlerdi.

Lonca reislerinin üstünde, şehir sakinleriyle ilgili meselelerde yönetimin her zaman doğrudan kendileriyle görüştüğü şehrin en nüfuzlu kesimi olan âyan ve eşraf yer alıyordu. Bu âyan ve eşrafın, Osmanlı şehirlerinde XIV. yüzyılda dahi mevcut olduklarını görüyoruz. Ne zaman şehir halkına bir ferman-ı hümâyun ulaşsa, beldenin kadısı, şehrin âyan ve eşrafını, lonca kahyalarını ve imamlarını toplantıya çağırmaktaydı; çünkü Osmanlı kaynaklarında ifade edildiği gibi, "yapılacak olanı söyleyen ve yapan, halkın temsilcileri ve vekilleri bunlardı." Halk arasında bütün bir beldeyi temsilen bir kasaba kahyası ve ayrıca her mahallenin bir temsilcisi öteden beri seçilmekteydi. Mahallî eşrafa, şehirdeki seyyid ve şeriflerin reisi olan nakîbü'l-eşrâf ve hem mahallî ulemanın reisi hem de şeyhülislâmın mahallî mümessili olan müftü dâhildi. Nüfuzları esas olarak dinî vazifelerinden kaynaklanmakla beraber, eşraf umumiyetle toplumun zengin üyeleri arasında yer alıyordu.

Eşraf istisna edilirse, âyanlar, bir şehrin en etkili ve en zengin vatandaşlarından oluşmaktaydı. Bunların çoğu, basit bir menşe'den, ya resmî mevkilerini istismar etmek suretiyle yükselmiş bulunan mevcut küçük mahallî memur zümresinden veya aynı şekilde hareket eden yeniçeri subaylığından gelmekteydi.

Daha önce işaret edildiği gibi, imparatorluğun vergi ve toprak sistemi 1595-1610 arasındaki büyük kargaşa (Celâlî isyanları, ç.n.) döneminde değişime uğramıştı. Yeni şartlar, âyanların, kiracı veya vergi müstahsilleri olarak mîrî toprakları tasarruf eden tımar sahiplerinin yerine geçerek taşrada feodal beyler hâline gelmelerini kolaylaştırdı. Kadı riyasetindeki âyan ve eşraf toplantılarında görüşülen en mühim mesele, umumiyetle bölgenin tahmin ve takdir edilen toplam vergisinin halk arasında tevzii idi. Tımarlı ordusunun çöküşünden sonra, merkezî yönetim, sayıları gittikçe artan yeniçeri ordusunun büyüyen para ihtiyacını sağlamak için vilayetlere paylaştırılan olağanüstü vergilere oldukça sık başvurdu. Bu hususi ve mahallî masraflar için konulan vergiler, âyan ve eşraf meclisi tarafından muayyen şahıslara iltizama verildi; mültezimler ise çoğu defa bu yetkilerini kendi şahsi servet ve nüfuzlarını genişletmek için kullandılar. Bunlar, umumiyetle vergi tevzi defterlerine kendileri adına fazladan vergi kalemleri ilâve etmekte veya kendi şahsi hizmetleri için ek ücretler toplamaktaydılar. Keza çoğunlukla bu defterleri denetim ve kontrol için merkeze göndermeyi ihmal etmekte ve böylece vergiler, merkezî yöneticinin kontrolü dışında zorla toplanmaktaydı. 1705'te Manisa'da bu gibi suistimaller yüzünden galeyana gelen halk, âyan ve eşrafın toplandığı mahkeme binasını basmıştı.

Fakat umumiyetle âyanlar, kendilerini halka, onların hamileri olarak göstermeye muvaffak oluyorlardı. Ara sıra, vergi muafiyeti için sultana, kadıya da tasdik ettirdikleri kendi imzalarını taşıyan dilekçeler gönderiyorlardı. Diğer taraftan, sultan tarafından gönderilen zalim hükûmet memurları ile de mücadele etmekteydiler. Âyanlar, her türlü mahareti göstererek etkili olmakta ve bu suretle sultanın valisi ve kadısı, çoğunlukla ellerinde basit birer kukla hâline gelmekteydi. Onların iş birliği olmaksızın, yetkililerin vergi ve asker toplamaları veya kamu emniyetini sağlamaları mümkün olamamaktaydı.

Âyanlar, servetlerini ve güçlerini, iltizam yoluyla olduğu kadar, mîrî toprakları kiralamak suretiyle de artırdılar. Bu tür toprakların geniş bir bölümünün tımar sahiplerine tahsis edilmesinden vazgeçildi; söz konusu topraklar, devlet tarafından âyan ve ağalar gibi mahallî ileri gelenlere kiralandı (âyan, umumiyetle ağa unvanına da sahipti; fakat burada âyanla beraber zikredilen ağalar, taşradaki daha küçük âyanlar demektir). İmparatorluktaki tarım topraklarının %50'sinden fazlası, devletin kendisinin kiraya verdiği mîrî topraklardı. Bağışlanmış toprakların büyük bir bölümü ve memur ve gözdelere tahsis edilmiş topraklar aynı şekilde tasarruf ediliyordu. Âyanların mahallî otoriteler üzerindeki nüfuzları ve onlarla olan yakın iş birlikleri, kiralama işlemlerinde kendilerinin tercih edilmelerine sebep olmaktaydı. Daha sonra XVIII. yüzyılda kiralama işlemleri kayd-ı hayat şartıyla yapıldı ve bilahare eski kiralama hakları kiracıların oğullarına da bahşedildi.

İltizam usûlü, XVI. yüzyılın sonlarına doğru, eski tımar sisteminin bozulmasından sonra yaygınlaştı ve mahallî eşraf, bu kârlı işin içinde yer almaktan kazançlı çıktılar.

Çöküş döneminde, sultanın valileri, mali ve idari konularda, mütesellim, voyvoda ve subaşı gibi çeşitli isimler altında, kendilerinin mahallî vekilleri olarak bizzat âyanları kullandılar. Ayrıca, süren savaşlar yüzünden yeni askerî birliklere olan ihtiyacın gittikçe artması ile devlet, âyanların doğrudan kendi komutaları altında, masraflarını kendilerinin karşılayacağı kuvvetler hazırlamalarını teşvik etti. Böylece XVIII. yüzyılda Anadolu'da ve Balkan vilayetlerinde yarı feodal güçlü bir aristokrasinin doğmasına zemin hazırlanmış oldu. Âyan ailelerinin çoğu, birkaç nesil boyunca mevkilerini muhafazaya ve mahallî hanedanlar tesis etmeye muktedir olabildiler. Bazı zamanlar, kiralamış oldukları bölgeleri genişletmeye çalışan rakip âyanlar arasında gerçek manada çatışmalar vuku bulmaktaydı. Bunlar arasında en güçlü olanlardan bazıları, malikânelerinin bulunduğu vilayetlerde kontrollerini pekiştirecek ve sırasında sultanın otoritesine mukavemet ettirebilecek olan vezir ve paşa gibi resmî unvanların kendilerine verilmesi için hükûmeti zorlamaktaydılar. Sultan, kendi konumunun zayıflığı dolayısıyla, bir âyanı diğerine karşı harekete geçirmeye çalıştıysa da, bu çoğu kez sadece o âyanın aşırı derecede güçlenmesine yol açtı. Güney Arnavutluk ve Kuzey Yunanistan'ın gerçek hâkimi olan Tepedelenli Ali Paşa, âyan menşeli bir paşanın en meşhur örneğidir.

III. 1807-1808 İHTİLÂLLERİ: YENİÇERİ, ULEMA VE ÂYAN ARASINDAKİ İKTİDAR MÜCADELESİ

1807 ve 1808 ihtilâllerinin kısa bir tasviri, XIX. yüzyılın başlarında Osmanlı İmparatorluğu'ndaki siyasi gelişmelerde yeniçeri, ulema ve âyanların oynadıkları rolün derecesini açıkça gösterecektir.

III. Selim (1789-1807), Osmanlı-Türk Batılılaşma hareketinin babası ve devlet içindeki umumi reformların temsilcisi olarak telakki edilir. O, gerçekten de Batı medeniyetinin muhtelif cepheleriyle yalandan ilgilenmişti. III. Selim'in 1791'de Viyana elçisi olan Ebû Bekir Râtıb Efendi, kendisine sadece askerî ve idari müesseselerle ilgili olarak değil, fakat aynı zamanda posta sistemleri ve hastahâneler gibi somut teknolojik ve sosyal gelişmeleri de ihtiva eden teferruatlı bir rapor sundu. Sultan Selim, Batı başkentlerine tayin ettiği yeni elçilerine, bu devletlerin askerî müesseseleri kadar idari müesseselerini de incelemelerine dair müspet talimatlar verdi ve elçilik memurlarının Batı dillerini öğrenmelerini ve faydalı telakki ettikleri her şeyi tetkik etmelerini teşvik etti. Osmanlı Devleti'nde reformlara başlamadan önce, aralarında Osmanlı ordusunda vazifeli bir Fransız subayının da bulunduğu hizmetindeki önde gelen memurlardan uygun gördükleri reform tekliflerini kendisine sunmalarını istedi. Fakat Sultan Selim'i reformlara sevk eden ana sâik, imparatorluğun askerî gücünü canlandırıp eski hâline getirme ve Karadeniz'in kuzeyindeki Müslümanlarla meskûn toprakları yakın bir geçmişte zapt eden ve şimdi de bizzat İstanbul'u tehdit eden Rusları geri püskürtme kararında olması idi. Onun devlet anlayışı da atalarınınkinden çok farklı değildi. Diğer bir deyişle

Sultan Selim de ordu olmadan iktidar olamayacağını, yeterli gelir kaynaklarından mahrum bir ordudan bahsedilemeyeceğini ve tebaa arasında adalet ve refah olmaksızın servetten söz edilemeyeceğini idrak ediyordu. Askerî reformları başlatan fermanlarında, atalarının yolunu kendisine rehber edindiğini ve şeriatın, Müslümanlara "kâfiri alt etmek için kâfirin hilelerine" başvurmalarına cevaz verdiğini belirtmekteydi. Onun tedbirleri arasında yeni ve geleneğe aykırı olan şey, sadece Avrupa silahlarını almakla yetinmeyip, aynı zamanda Avrupa ilimlerinin, eğitim usûllerinin ve üniformalarının da ele alınmış olmasıydı. Çünkü Batı ilmî düşüncesi, geleneksel İslâm düşüncesine, keza Batı üniformaları da geleneksel sembollere meydan okumaktaydı.

III. Selim, idarecilik, mîrî arazinin kiracıları olan âyanlar, tedavüldeki para ve ulemanın statüsü ile ilgili ıslahat fermanları da çıkardı; fakat bütün bunlar tamamiyle geleneksel çizgileri takip etti.

Şahsi muhafazakârlığına rağmen III. Selim, Osmanlı toplumunda Batılılaşmaya yönelik bir temayül, hızlı ve ilerici bir değişikliğe ihtiyaç olduğu hissi yarattı. Dinen kabul görmüş gelenekleri temsil eden ulema, umumiyetle kendisine muhalifti. Reformlar, sadece ya sultanın gözüne girmeye çalışan veya reformları İslâm'ın ve hilâfetin aslî menfaatleri için lüzumlu gören yüksek rütbeli ulemanın bir kısmı arasında destek buldu. Bu destekleyiciler, kendi mevkilerinin sebeb-i hikmetini açıklamak ve haklı göstermek için daha ziyade şeriata başvurmaktaydılar.

Sultan Selim'e muhalefet edilmesinin gerçek sebepleri sosyal ortamda bulunmaktaydı. Onun doğrudan doğruya kendine bağlı nizâmî bir ordu meydana getirme çabaları, bir taraftan yeniçerilerin ve diğer taraftan âyanların devlet içerisindeki hâkim mevkilerini tehdit etmekteydi. Ayrıca, almış olduğu mali tedbirler, ülke çapında yaygın bir hoşnutsuzluğa sebep oldu ve kamuoyu ile ulemayı aleyhine çevirdi.

Sultan Selim, yeni orduyu finanse etmek için İrâd-ı Cedid'i kurup mîrîye ait arazinin mühim bir kısmının gelirlerini bu hazineye tahsis etti. İlave kaynaklar sağlamak için de çeşitli vergilerin nispetlerini yükseltti. Aralarında memuriyet, muafiyet veya tımar tevcihinin yapıldığı hükümdar beratlarına ücret ödetilmesi yüzünden, halk içindeki bazı nüfuzlu kimseleri aleyhine çevirmiş oldu. İlk tepki âyanlardan geldi. Sultan, 1806'da askerî reformunu genişletmek için Anadolu'dan Balkanlara "yeni birlikler" nakletmeyi planladığı bir sırada, Balkanlardaki âyanlar Edirne'de toplandılar ve onun daha fazla ilerlemesine karşı çıktılar. Muhafazakârlar, sâbık yeniçeri ağası yeni Sadrâzam Hilmi Paşa ve tutucular tarafından desteklenen bir fanatik olan Şeyhülislâm Ata'ullâh Efendi'nin liderliğinde iktidarı derhâl ele geçirdiler. Yeniçerilerin Nizâm-ı Cedîd'e muhalefetlerinin sebebi yeterince anlaşılabilmektedir; zira yeni düzen, kendilerinin imha edilmesinin vasıtasından başka bir şey değildi. Bunlar, yeni vergilerle ve Sultan Selim'in paranın değerini düşürmesinden dolayı yükselen enflasyonla canları yanan İstanbul halkını da yanlarına çekmeyi başardılar. Sultanın vurguncular karşı fiyatları tespit etmesinin ve korkunç tehditlerinin faydasızlığı ortaya çıkmıştı. Asker olmayan şahısların tasarrufunda bulunan yeniçeri emekli maaşlarının (esâme defterlerinin, ç.n.) iptal edilmesi, başkentteki çok sayıda halkı da etkilemişti. Nihayet Sultan Selim, reformlarının tanzimini ve uygulamaların kontrolünü bir grup taraftarına bırakmıştı. Sorumlu hükûmet memurları onlardan nefret etmekteydiler ve zamanla sultanın aleyhine döndüler. Onların gözünde reformcu sultan, bir avuç gözdenin keyfî idaresini idâmeden başka bir şey yapmamıştı. Nitekim Selim'in halefleri zamanında da benzer ithamlar yapılacaktı.

Kısacası, bir tahlilcimizin de belirttiği gibi, İstanbul halkı, Nizâm-ı Cedîd taraftarları ve onun muhalifleri olarak iki kampa ayrılmıştı. Nihayet 1807'de yeniçeri yamakları, reformcu sultana karşı ayaklandılar. Bütün yeniçeriler, ulema ve İstanbul halkı, yani Nizâm-ı Cedîd'i, bu gayeyle oluşturulan hazineyi ve gözdelerin uygulamalarını yürürlükten kaldırmaya çalışan herkes onlara katıldı. Şeyhülislâm Atâ'ullâh Efendi, sultanın tahttan indirilmesine dair bir fetvâ verdi; bu fetvâda, Sultan Selim'in, sorumsuz kişilerin iktidarı gasbetmelerine ve ele geçirdikleri gücü Müslüman halka karşı kullanmalarına ses çıkartmadığı için halifeliğe lâyık olmadığı bildirilmekteydi. Asiler, yeni sultan IV. Mustafa ile geçmiş faaliyetlerinden dolayı haklarında takibat yapılmayacağını temin eden bir antlaşma yaptılar; buna mukabil artık hiçbir surette devlet işlerine karışmamayı taahhüt etmekteydiler. Söz konusu tahlilcimiz, sultan tarafından böyle bir taahhütte bulunma hadisesinin, Osmanlı tarihinde eşi görülmemiş bir şey olduğunu söyler. Yeniçeriler ve onların muhafazakâr müttefikleri, şimdi artık yönetimin tümünün kontrolünü ele geçirip Sultan Selim taraftarlarını tasfiye etmekle meşgul idiler. Mustafa'nın otoritesi, sarayın duvarları dışında hissedilmemekteydi.

Âyanlar, iktidarı yeniçerilerin ellerinden çabuk aldılar. Eskiden Rusçuk âyanı olan Alemdâr Mustafa Paşa'nın önderliğinde Rumeli âyanı, o sırada Tuna'da bulunan imparatorluk ordusu ile birlikte başkente karşı harekete geçti. Alemdâr, İstanbul'u ele geçirdi; yeniçeri elebaşlarını ortadan kaldırdı ve tahta tekrar Sultan Selim'i geçirmek istedi. Bu sırada sultanın katledilmiş olduğu anlaşılınca Alemdâr, II. Mahmud'u sultan ilan etti ve kendisi de sadrâzam ve diktatör oldu. Onun sadarete tayin tezkeresinde, kendisinin, bütün devlet işlerinde şeriata göre hareket etmek, Yeniçeri Ocağı ve ulema ile iş birliği yapmak ve eski Osmanlı sultanlarının kanunlarını uygulamak hususunda çok dikkatli olması gerektiği vurgulanmaktaydı. Bununla birlikte, Alemdâr döneminde, Nizâm-ı Cedîd aleyhtarlarına karşı çok sert bir tepkinin mevcut olması, iki ay içinde bine yakın kişinin idamına yol açtı.

Âyanlar, daha önce yeniçeri bölüklerine karşı birleşik bir cephe oluşturmamışlardı. Anadolu'daki bazı güçlü âyanlar, Selim'in Nizâm-ı Cedîd'ini desteklemekteyken, Rumeli'deki âyanlar 1806'da yeniçerilerle iş birliği yapmışlardı. Fakat şimdi Rumeli ve Anadolu âyanları, merkezî yönetimi kontrol altına almak ve vilayetlerdeki mevkilerini garanti altına almak arzusuyla gericilere karşı birleşmişlerdi. Kısa süre sonra birleşik âyan kuvvetleri, yeniçerileri ve sarayı sindiren ordularıyla birlikte İstanbul'a üşüştüler.

Âyanlar da, tıpkı yeniçerilerin yaptığı gibi, sultana Sened-i İttifâk adıyla bilinen bir antlaşma imzalattılar. Bu vesikanın başlangıç kısmında, merkezde devlet büyükleri ve taşrada âyanlar arasındaki bölünme ve mücadeleler yüzünden imparatorluğun tehlikeli bir noktaya geldiği vurgulanıyor ve bu senetle devletin kalkınması için gerekli görülen şartların belirlendiği ifade ediliyordu. Söz konusu vesikada yer alan ana hükümler şöyledir: Vezirler, ulema, devlet ricâli, taşradaki büyük âyan "hanedanları" ve başkentteki askerî gruplar, sultanın hükümdarlık otoritesine, şahsında sultanın mutlak iktidarını temsil eden sadrâzamın emirlerine her zaman riayet ve herhangi bir isyana karşı birlikle hareket edeceklerine söz vermekteydiler. Antlaşmanın mühim beşinci maddesinde imza sahiplerinin, padişahın ve devletin otoritesini, nizâmı ve emniyeti korumayı taahhüt ettikleri; devletin de kendilerine karşı aynı şekilde davranacağı; merkez ve taşra vezirlerinin, antlaşma şartlarına riayet eden ve kanunlara saygı gösteren âyan "hanedan"larına karşı bir saldırı ve kanunsuzluk vukû bulduğunda, bu haksızlığı defetmek için, aynı şekilde birlikte hareket edecekleri ifade edilmektedir. Ayrıca "hanedan"lar, kendi idareleri altındaki âyan ve ileri gelenlere karşı keyfî bir harekette bulunmayacaklarını; bir âyanın suç işlemesi durumunda, merkezî hükûmetin izni olmadan ve soruşturma yapmadan cezalandırma yoluna gitmeyeceklerini taahhüt etmekteydiler. Her bir "hanedan", yekdiğerinin kontrol sahasının sınırlarına saygı göstermeyi, bu sınırı ihlal eden birine karşı birlikte hareket etmeyi kabul ediyordu. Sened-i İttifâk'ın 2. maddesinde, âyanlar, kendilerinin ve hanedanlarının varlığı, devletin varlığı ile kâim olduğundan, çevrelerine topladıkları askeri "devlet askeri" olarak yazacaklarına, şayet başkentteki ocaklı askerler bu duruma karşı çıkacak olurlarsa, ittifâk hâlinde onların karşısında yer alacaklarına söz veriyorlardı. Aynı maddede, sultan nâmına, vilayetlerde devlet vergilerinin toplanmasında iş birliği etmeyi de taahhüt ediyorlardı. Ayrıca, kendi idareleri altındaki halkı koruyacaklarını; devlet, vekiller ve taşra âyanları arasında akdedilecek müzakereler sonunda haksız vergilerin kaldırılması için alınacak kararlara riayet edeceklerini temin etmekteydiler (Madde 7).

Söz konusu vesika, bir taraftan en yüksek derecedeki ulema (Şeyhülislâm, Nakîbü'l-eşrâf ve Kazaskerler), devlet ricâli (Sadrâzam, Defterdâr, Reîsü'l-küttâb, Sadâret Kethüdâsı ve başkaları), başkentteki askerî grupların komutanları (Yeniçeri ağası, Sipahiler ağası) gibi devleti oluşturan zümrelerin temsilcileri ile diğer taraftan o sırada İstanbul'da bulunan belli başlı taşra hanedanları (Cabbârzâde, Karaosmanoğlu, Sirozlu İsmâil Bey ve Çirmen Mutasarrıfı) arasında şeriata uygun muayyen bir akit formunda (mîsâk, ç.n.) imzalanmıştır. Senette, sultanın şahsının değil, "devlet"in zikredilmiş olması kayda değerdir. Sultan, diğerlerinin yaptığı gibi yemin etmemişti; fakat en yakın müşavirlerinin kendisine, böyle bir belgeyi tasdik etmesinin mutlak gücünü tamamiyle sınırlandıracağını hatırlatmalarına rağmen, tuğrasını söz konusu senede bastı. Hâdânların birkaçı birbirlerine kefil olmuşlardı. Belgenin zeylinde, senedin imparatorluğun yeniden ihyasında daimî ve sabit esasları oluşturacağı belirtilmekteydi. Bu sebeple, Sadrâzamlık ve Şeyhülislâmlık makamına geçen her bir kişi tarafından imzalanacak ve bunlar, senet hükümlerinin harfi harfine yerine getirilmesine nezaret edeceklerdi. Belgenin bir sureti de onun ebediyyen yürürlükte kalmasına bizzat dikkat edecek olan sultana verilmişti.

Bu mühim belge, çoğu kez, tarihî manası ve onu hazırlayan âmiller yeterince bilinmeksizin çok farklı şekillerde yorumlanmıştır. Bu belge de, Magna Carta gibi, hükümdarın mutlak otoritesi üzerinde mahallî kodamanlar tarafından getirilen bir sınırlama idi; fakat Magna Carta'nın yaygın anlamından farklı olarak, liberal-demokratik gelişmeler için bir hazırlık hususiyeti yoktu. Bu senet, sultanın iktidar gücünün azalışını ve taşra derebeylerinin ortaya çıkışını açıkça gösterir. "Hanedan"lar, belgede saltanatın pek çok geleneksel haklarını tanımaktaydı: Sultan otoritesinin mutlaklığı, yönetiminin bağımsızlığı, devletin vilayetlerde doğrudan asker alma ve vergi toplama hakları (Madde 1-4). Aynı zamanda belge, hanedanlar merkezî otoriteyi ihlal etmedikleri müddetçe, yönetimin onların mevkilerine ve yerleşmiş haklarına saygı göstermek zorunda olduğunu açıkça belirtmektedir. Ayrıca hanedanlar ve devlet ricâli, sultanın hükûmetinin üyeleri de dâhil, belge şartlarını ihlal edecek olan herkese karşı müşterek harekete geçme hakkı kazanmışlardır. 4. maddede, "sadâret makamı da kânun dışı irtikâb ve irtişâda bulunursa veyâ devlete zararlı kötü işlere kalkışırsa", herkese, onu dava etmek ve suistimallere engel olmak yetkisi vermekteydi. Fakat senet, bu tür bir davayı yürütebilecek herhangi bir hususi teşekkül oluşturmamıştı. Hanedanların istedikleri şey gerçekte merkeziyetçi ve ilerici bir yönetim tarzıyla bağdaşmayan bir muhtariyet derecesi elde etmekti.

Bu mühim belge, çoğu kez, tarihî manası ve onu hazırlayan âmiller yeterince bilinmeksizin çok farklı şekillerde yorumlanmıştır. Bu belgede, Magna Carta gibi, hükümdarın mutlak otoritesi üzerinde mahallî kodamanlar tarafından getirilen bir sınırlama idi; fakat Magna Carta'nın yaygın anlamından farklı olarak, liberal-demokratik gelişmeler için bir hazırlık hususiyeti yoktu. Bu senet, sultanın iktidar gücünün azalışını ve taşra derebeylerinin ortaya çıkışını açıkça gösterir.

IV. İMPARATORLUKTA SULTANIN GÜCÜNÜN YENİDEN TESİSİ: MODERNLEŞEN DEVLETTE SULTANIN BÜROKRASİSİNİN ÖNCÜLÜĞÜ ELE ALIŞI

Âyanların hâkimiyeti pek uzun sürmedi. İstanbul halkı kadar, saray ve Osmanlı bürokrasisinin üyeleri de korkulu bir bekleyiş içindeydiler; âyan hâkimiyetine son veren yeniçerilerin karşı saldırısından oldukça hoşnut oldular. II. Mahmud (1808-1839), taşrada otoritesini yeniden tesis edebilmek için sadece şimdi eskisinden daha da başıbozuk bir duruma gelmiş olan yeniçerilere dayanabilirdi. Bununla birlikte, 1812'de Rusya ile yapılan barış antlaşmasının hemen ardından Sultan Mahmud, taşradaki belli başlı âyanları tasfiyeye başladı. Bunlardan mukavemet edenlerin bir kısmını, civar valilerin komutasında, bulundukları bölgelere askerî kuvvetler göndermek suretiyle bastırdı. Mahmud, diğerlerini de, onların bizzat boyun eğmelerini ve erkek evlatlarının daha mütevazı mevkilerle yetinmelerini sağlamak için unvanlarından ve kira akitlerinden doğrudan doğruya mahrum etmeye muvaffak olabildi. Fakat 1821 yılında âyan kökenli paşaların en nüfuzlusu olan Tepedelenli Ali Paşa, gerçekten büyük bir direnişe geçti. Onun isyanını, Yunan isyanı takip etti.

Sultan Mahmud'un serkeş âyanlara karşı yürüttüğü mücadele, birçoğunun malının mülkünün elinden alınması ve vilayetlerde hükümdar otoritesinin hemen hemen yeniden tesisi ile neticelendi. Söz konusu âyanların yüzlercesi, yine de mahallî idarelerin başında bulunuyor ve kiraladıkları geniş toprakları tasarrufa devam ediyorlardı. Vilayetlerde hâlâ en nüfuzlu sınıfı oluşturarak pasif mahallî halkın yanında, zalim valilere ve keyfî-müstebit bir merkezî yönetime karşı çoğu kez halkın koruyucuları kılığında ortaya çıkıyorlardı. Daha sonra, halk kitlelerine siyasi hayata katılma imkânı sağlandığında, bunlar siyasi liderlikte mühim bir rol oynayacaklardı.

1826'da, Yunan isyanının kritik bir döneminde, II. Mahmud nihayet yeniçerilerden kurtulmak hususunda kaçınılmaz kararını verdi. Tıpkı vilayetlerdeki asi âyanlar gibi bunları da ortadan kaldırıp, bilahare zamanın şartlarına uygun olarak, imparatorluğu yeniden organize etmek için sınırsız bir iktidara sahip olacaktı.

Yeniçerilerin imhasından önce, bunlar tarafından desteklenen Hâlet Efendi, bilfiil devlete hâkim olmuş bulunuyordu. Yeniçerilerin imhasından sonra, Sultan Selim zamanından kalma bir reformcu olan Hüsrev'e yeni bir ordu teşkil etmesi vazifesi verildi; oluşturulan bu yeni ordu, on beş yıl içerisinde imparatorluğun esas gücü hâline geldi. Hüsrev, eski Osmanlı kul sisteminin bir ürünü idi. Bu sistemin, sultanın mutlak otoritesini hâkim kılmakta son derece güvenilir bir vasıta olduğu, XVI. yüzyıl başlarında Kemal Paşazâde tarafından açıkça belirtilir. Söz konusu sistemin son büyük temsilcisi olan Hüsrev, imparatorlukta paşa ve vali rütbelerine kadar yükselen birçok köleyi bizzat yetiştirmişti. Ancak, şüphe yok ki, Osmanlı

Devleti'nde gerçek modern reformları başlatmak için Batılılaşmış diplomat-bürokratlar yerine, henüz bunlar bulunmaktaydı.

Âyan menşeli paşalardan gelen ve Mısır paşası olan Mehmed Ali, Tepedelenli'den çok daha tehlikeli bir isyan çıkardı. Ali Paşa 1833'ten bu yana bütün gücünü imparatorluğun Asya'daki vilayetlerine yöneltmişti. Mehmet Ali Paşa'nın nüfuzu, Sultan Mahmud'un reformlarına karşı olan âyan ve muhafazakâr kitlelerin kendisine sempati duydukları Anadolu'da bile hissedilmekteydi. M. Ali, 1833 ve 1839'da Mahmud'un yeni ordularını mağlup etti. Bu kritik dönem, imparatorluğu mutlak yıkımdan kurtarmak için yeni bir reformcu neslin ortaya çıktığı dönemdir. Hüsrev Paşa gibi askerî reformculardan tamamen farklı olan bu insanlar, Avrupa başkentlerinde vazife görürken, milletlerarası ahvâli ve Batılı devletlerin bünyelerini yakından tanıyan belli başlı diplomatlardı. Bunlar, ulema ve askerî sınıf gibi Osmanlı Devleti'nin asırlık bürokrasisini oluşturan sınıfların dışında üçüncü bir sınıfı oluşturuyorlardı. Eğitimleri, çoğunlukla kul sistemi içinde yetişen askerî zümrenin ve sıkı bir resmî dinî eğitim veren mekteplerden (medreselerden) yetişen ulemanın eğitiminden tamamen farklı, devlet bürolarında edinilmiş pratik bir eğitimdi. Diplomaside ve maliyedeki hizmetlerine çok şey borçlu olan bu bürokratlar, XVIII. yüzyıldan beri yönetim içerisinde gittikçe artan bir nüfuz kazandılar. Yalnız devletin dünyevi menfaatlerine bağlı, şekilcilikten ve gelenek bağlarından kurtulmuş olan bu yeni nesil, radikal idari reformun inançlı elemanları olmaya artık hazır idiler. Osmanlı hükûmeti, 1821'de Rum tercümanlar yerine Türkleri istihdâm etmek mecburiyetinde kalınca, Bâbıâli'de bir Tercüme Odası kuruldu; burada Batı dilleri öğretildi; bu odanın ilk hocası, askerî mühendislik mektebinden bir müderris idi. Söz konusu Tercüme Odası, III. Selim'in Batı başkentlerinde açmış olduğu elçilikler gibi, Batı'ya yönelen yeni nesil idareci ve aydınlar için bir eğitim merkezi hâline geldi. Geleceğin sadrâzamı ve reformcusu Ali Paşa, Reşid Paşa'nın mesai arkadaşı Fuad Paşa, ilk eğitimlerini bu merkezde gördüler.

1827'de Navarin felaketi ve Mehmed Ali Paşa'nın ürkütücü başarıları ile karşılaşan II. Mahmud, Batılı güçlerin sempati ve güvenini kazanmanın ve Osmanlı yönetiminin modernleşmesinin lüzumunu gören reformcu diplomatlarının tavsiyelerine kulak verdi. Bu tavsiyelere uygun olarak 1831-1838 arasında, Batılılaşmaya doğru ilk kesin adımlar olarak görülebilecek bazı idari ve içtimâi reformlar başlattı. Devlet dairelerinin ve bir başbakanla bakanlar kurulunun teşkili, askerî ve sivil reformlar için iki yüksek meclisin tesisi, devlet memurlarının muayyen bir maaşla istihdâmı, modern posta servisi ve din dışı meslek okullarının kuruluşu, kıyafette ve devlet protokolünde modernleştirme bu reformların belli başlıları arasında bulunuyordu. Fakat Sultan Mahmud'un en mühim başarısı, vilayetlerde ve bütün idari kısımlarda sultanın gücünü yenilemesi, eski hâline getirmesi oldu.

Reşid Paşa, Mehmed Ali Paşa ile savaş muallakta iken, 1838'de Londra'daki diplomatik vazifesindeki başarısından sonra, II. Mahmud üzerinde gittikçe artan bir nüfuz kazandı ve onu, Mısır'ın siyasi geleceğinin nihai olarak Avrupa başkentlerinde belirlenmesine iknaya muvaffak olabildi. Ona göre Osmanlı Devleti'nin bekâsı, Avrupa Devletler Topluluğu'na girmesini sağlayabilecek idari modernleşmeye bağlıydı. 1839'da Nizip'teki Osmanlı bozgununu II. Mahmud'un ölümü takip etti; bundan sonra, en büyük rakibi Hüsrev Paşa da dâhil herkes, çare olarak Reşid Paşa'dan ve onun reform tasarılarından medet ummaya başladılar. Osmanlı reform sürecinde en radikal kararların hemen hemen daima bunalım zamanlarında alındığını görmekteyiz.

3 Kasım 1839'da Gülhâne'de Mustafa Reşid Paşa tarafından okunan bir Hatt-ı Hümâyun, Türk tarihinde Tanzimat olarak adlandırılan reform devrini başlatmış oldu. Bu hümâyun hülasa olarak şu hususlar ifade edilmekteydi: İmparatorluk, dinî ve örfî kanunların ihmalinden dolayı, yüzelli yıldan beri zayıflamaktadır. Refahı ve iktidarı yeniden tesis etmek için bütün tebaanın can, ırz ve mal emniyetinin sağlanması esaslarına dayanması icap eden yeni kanunlara ihtiyaç vardır. Vergilendirme ve asker alma kanunları, adalete uygun olarak yeniden gözden geçirilecektir. İltizam sistemi lağvedilecek, her vatandaş imkânları ölçüsünde vergilendirilecektir. Her suçlu, herkesin önünde alenen yargılanacaktır. Bu

teminatlar, dini ve mezhebi ne olursa olsun, bütün tebaa arasında yaygınlaştırılacaktır.

Meclis-i Vâlâ-yı Ahkâm-ı Adliye, serbest müzakerelerden sonra, üzerinde anlaşma sağlanan hususları karşılayacak kanun tasarılarını hazırlayacak ve bunları sırası ile tasdik ve ilan etmesi için sultana sunacaktı. Bütün kanun tasarıları, İslâm'ı, devlet teşkilâtını ve imparatorluğu yeniden canlandırmak gayesiyle kaleme alınacağı için, sultan bunları ihmal etmeyeceğine dair yeminle taahhütte bulunuyordu. Ulema ve devlet erkanı da aynı maksatla yemin etmekte idi; bunlardan sözünü tutmayanlar, ceza kanunu hükümlerine göre, rütbe ve mevkilerine bakılmaksızın cezalandırılacaktı. Nihayet, bu düzenlemeler, imparatorluğun her tarafında halka teşmil edilecek ve İstanbul'daki dost devletlerin temsilcilerine resmen bildirilecekti.

Bu hatt-ı hümâyunda, pratik zaruretlerle, 1830'lar Avrupası'nın idari ve içtimâi yapısının temel nitelikleri ile geleneksel Osmanlı müesseseleri ustaca birleştirilmişti. Belgenin inkılâpçı muhtevası, şeriata yapılan birçok atıfla muhafazakârlardan gizlendi; gerçekten geleneksel devlet felsefesi belgede açıkça yer alıyordu. Ferman, sırası ile, devletin para gerektiren silahlı kuvvetlere ihtiyacı olduğunu, devlet gelirlerinin ancak tebaanın haksızlıklara ve benzeri suistimallere karşı korunması hâlinde düzenli bir şekilde kalacağını ifade etmekteydi. Temel yasama prensibi, sadece tabii haklar açısından değil, aynı zamanda imparatorluğun yeniden canlandırılmasının pratik bir zarureti olarak da ortaya konmaktaydı. Kısacası devlet gücü, önceden olduğu gibi aslî gaye olarak baki kalmaktaydı; halk hâlâ devletin sadece tebaası olarak telakki ediliyordu.

Klasik İslâm düşüncesinde, şeriattan başka hiçbir kanun kaynağı bulunmadığı hatırlanmalıdır. Fakat Osmanlılarla beraber, "sultanî kanunlar" adıyla doğrudan doğruya sultanın yüksek iradesinden kaynaklanan ayrı bir kanun kategorisi sürekli mevcut oldu. Bu kanunlar, şeriatın ihtiva etmediği konularla ilgili olarak çıkarılmış olsa bile, çıkarılışlarını haklı ve lüzumlu göstermek için bunların İslâm toplumunun menfaatine yönelik olduğu ileri sürülürdü. Osmanlı sultanları kamu hukuku, devlet gelirleri, vergilendirme, iktisadi hayat ve ceza hukuku ile ilgili bu türden yüzlerce kanun çıkarmışlardır. Gülhane Hattı da, bu prensibe, yani devleti yeniden canlandırmak için kanun koymanın gerekli olduğu prensibine dayanılarak ilan edildi.

Bütün bu söylenenlere rağmen, yine de fermanın Osmanlı toplumuna inkılâpçı fikir ve müesseseleri soktuğu açıkça görülmektedir. Bu fikir ve müesseseler arasında, sultanın taahhütte bulunması, taahhütlerini bir yeminle tasdik ve teyit etmesi, fermanın prensiplerine uygun olarak kanunlara riayet etmesi, müzakere ve tartışma serbestliği teminatı altında teşri faaliyetini yürütecek bir meclisin kurulması gibi mühim hususlar yer almaktadır.

Reşid Paşa, fermanı hazırlarken, sultanın despotik iktidarı üzerine sınırlamalar koymayı düşünmüştü. O, Palmerston'a gönderdiği 12 Ağustos 1839 tarihli mektubunda bu düşüncesini şöyle dile getirir: "Avrupa iktidarları, yeniçerilerin ortadan kaldırılışından beri Osmanlı hükümdarlarının saltanatının tedricen hangi dereceye ulaştığını bilmektedirler... Son derece güçlü komşuluk itibarına rağmen, Avusturya ve Rusya, sebep ne olursa olsun, Eflâk ve Sırbistan için bir anayasa kabul etmelerine imkân sağlamışlar ise de, hiçbir iktidar Müslüman halkların hayatları (!) ve servetleri için basit emniyet tedbirleri dışında başka şeyler de elde etmelerini engellemeyi düşünemez."[2]

Tanzimat Fermanı'ndaki bir başka inkılâpçı unsur da fermanla getirilen teminatların bütün tebaaya yaygınlaştırılması idi. Sultan, bu prensipleri, daha sonra 1846'da irad ettiği bir nutukta tasdik ve teyit edecekti: "Tebaa arasındaki din ve mezhep farklılıkları, sadece şahısları ilgilendiren, vatandaşlık haklarına tesir etmeyen şeylerdir. Aynı ülkede ve aynı hükûmetin idaresi altında yaşayanlar olarak bizlerin, aramızdakilere farklı muameleler yapmamız hatadır." Rum isyanı ve Avrupa'nın Yunan istiklâli için seferber olması, Osmanlılara ciddi bir şeyi göstermişti. Kanun karşısında eşitlik elde eden gayrimüslim tebaanın, artık devlet içerisinde

2 E. E. Bailey, *British Policy and the Turkish Reform Movement,* Cambridge Mass., 1942, s. 275.

kendilerini ayrı ve ezilmiş bir unsur olarak görecekleri ve devletten bağımsızlıklarını kazanmaya çalışacakları beklenmekteydi. Batılı güçler de bu değişikliği imparatorluktaki Hıristiyanların lehine değerlendireceklerdi. Kaydetmek gerekir ki gayrimüslim tebaa, eşitlik, hürriyet, muhtariyet, vergilendirmede reformlar ve toprak mülkiyeti konusundaki talepleriyle, Osmanlı-Türk Devleti'nin Batılılaşmasına katkıda bulunuyorlardı. Gayrimüslim tebaanın hususi durumu ve Batı'nın onlar adına müdahalelere kalkışacağı anlaşılınca, sultan, kamu müesseselerini gittikçe artan bir şekilde laikleştirmeye teşvik edildi. Sultan-halife olarak o, bütün Osmanlı vatandaşlarının eşit derecede hükümdarı olması sıfatıyla yüklendiği vazifeler ile, şeriata göre sadece Müslümanların halifesi olması sıfatıyla yüklendiği vazifeler arasında daha iyi bir ayrım yapmaya başladı. Gayrimüslimlere verilen mühim tavizler, genel olarak bunları halifeliğin yok olması şeklinde telakki eden ve bir bütün olarak Batılılaşmanın aleyhinde bulunan Müslümanlar arasında endişelere sebep oldu. Fanatikler, bu durumu dinden sapma olarak nitelediler. Bu suretle, laik görüşleriyle belirginleşen Batıcılar ile şeriat yönetimine bağlı muhafazakârlar arasında odaklaşan bu fikir ayrılığı, yıllardan beri Türk siyasi hayatında bir hizipleşme olarak hâlâ varlığını sürdürmektedir.

Kısacası, bütün tebaanın kanun karşısındaki eşitliği, can, ırz ve mal güvenliği fermandaki inkılâpçı fikirleri oluşturuyordu. Reşid Paşa, fermanla başlatılan reformların imparatorluk rejimini tamamen değiştireceği iddiasındaydı. Devlet kavramındaki değişim, kanunların sadece tebaanın menfaati için yapıldığının belirtildiği muhtelif padişah iradelerinde daha bâriz bir şekilde görülmekteydi.

Reşid Paşa'nın fermanda ilan edilen prensipleri gerçekleştirmek için aldığı tedbirleri incelerken, onun bu konudaki samimiyetini de görebiliriz. Kendisi, kanun hâkimiyetini, süratle bir ceza yasası yayımlamak suretiyle realite hâline getirmek için şevk ve gayret göstermiştir.

Vilayetlerde idare meclisleri kuruldu; bu meclislerin üyeleri vali, iki kâtibi, kadı, müftü, mahallî askerî kumandan ve dört eşraftan oluşuyordu; şayet vilayette Hıristiyan bir cemaat mevcutsa metropolit ve ileri gelen iki Hıristiyan şahıs da meclise iştirak ediyordu. Meclis üyesi olan eşraf, halk tarafından seçiliyordu. Vilayet meclisleri ve bu vilayetlere tâbi olan kasabalardaki daha küçük meclisler, bütün idari konuları serbestçe tartışmakta ve ceza mahkemeleri gibi toplanmaktaydı. Meclis-i Vâlâ-yı Ahkâm-ı Adliye, bu meclisler için başkentte bir temyiz mahkemesi oluşturdu. Vilayet meclislerinin tesisiyle, Osmanlı tebaasının, bilhassa gayrimüslimlerin, mahallî idarelerde ilk defa bir söz hakkı elde ettikleri söylenebilir; gerçekte bu meclisler, mahallî yüksek memurlardan, ulema ve eşraftan oluşan ve kadı riyasetinde toplanan eski eşraf meclislerinden biraz daha farklı idiler. Bazen, bir tezat olarak, mahallî âyan ve eşraf, mahallî idarelerde Tanzimat'ı tıkamak ve ona karşı muhafazakâr kitleleri kışkırtmak için yeni mevkilerini istismar etmekteydiler.

Köylülerin ve kamu hazinesinin korunması maksadıyla başlatılan mali reformlar, fermanın ilanı üzerine daha sıkı takip edildi. Reşid Paşa, daha âdil ölçülerde bir vergi düzeni oluşturmak için, vakıflarla ilgili imtiyazlar kadar, âyan ağalar, ulema ve askerî sınıf mensupları gibi nüfuzlu grupların yararına olan vergi muafiyetlerini ve imtiyazları da kaldırdı. Bundan zarar gören gruplar, reformlara karşı şiddetli bir propaganda kampanyası başlattılar. Reform maksatlarıyla girilen arazi ölçüm ve nüfus sayımı, bunlara muhafazakâr kitleleri kışkırtmak için fırsat verdi ve hükûmetin vergileri iki misline çıkarma veya onları tamamen ortadan kaldırmaya karar verdiği şeklinde çeşitli söylentiler yaydılar. İltizam sisteminin kaldırılması, geniş bir mültezim grubunu, nüfuzlu mültezim nâiplerini ve şüpheli yollarla bu sistemden yararlanan çok sayıda memuru etkiledi. Unutmamak gerekir ki, mültezimlerin çoğu, iltizam yoluyla servet ve nüfuz kazanmış olan mahallî eşraftan kimselerdi. Diğer taraftan Reşid Paşa, devletin köylü üzerindeki himayesini yaygınlaştırmak için angaryayı ve tefeciliği de kaldırdı. Meclis-i Vâlâ'nın ilk kararlarından biri şöyledir: "Balkanlardaki eşrafın çoğu, köylülerin kendilerinin köleleri olduğunu düşünürler ve hiçbir karşılık ödemeden kendi hizmetlerinde çalıştırırlardı. Bunlar, köylülerin başka bir yerde çalışmak için malikânelerinden ayrılmalarına da izin vermedikleri gibi evlenmelerine bile karıştılar.

Sultan, artık bu tür suistimallere asla razı değildir; bu emre muhalefet edenler, yakında çıkacak olan ceza kanunu hükümlerine göre cezalandırılacaktır." Diğer bir ferman, tefecilerin köylülere borç olarak verdikleri paraya karşılık, kendilerinden aldıkları faizin aylık %20'ye ulaştığına dikkati çekmektedir. Köylüler, borçlarını bir türlü ödeyemedikleri için, sonunda borçlanmalarda kâr (fâiz) hadlerini düşürmekte ve köylülerin birikmiş borçlarını taksitle ödemelerine imkân sağlamaktaydı.

Hükûmet, Gülhâne Hattı'nda yer alan prensipleri, büyük toplantılar tertip ederek halka duyurmaları için vilayetlerdeki memurlara emirler gönderdi. Balkanlardaki bazı bölgelerde köylüler, reformların neticelerini görmek hususunda o derece sabırsızlık gösterdiler ki, çok tehlikeli hareketlere giriştiler. Tanzimat'ın üzerlerindeki vergi yüküne herhangi bir acil çözüm getirmediğini gören Niş civarındaki Bulgar köylüler -meselâ hâlâ angaryaya mâruz idiler-, kendi soylarından daha küçük eşrafın idaresinde ayaklandılar. Ayrıca, 1849-1850'de Vidin bölgesinde patlak veren isyanlar çok tehlikeli bir hâl aldı. Bu bölgedeki zirai toprakların çoğu, esas olarak devletin kendi (mîrî) topraklarıydı. Fakat mahallî Müslüman ağalar, bu toprakları kiralamak hususunda hususi haklara sahip idiler; gerçekte ise buraları kendi malikâneleri olarak tasarruf etmekteydiler. Halkın taleplerini red ve mahallî bir milis kuvveti (başıbozuklar) teşkil eden ağalar, asilere karşı hücuma geçtiler ve mücadeleyi sona erdirmek için düzenli hükûmet kuvvetleri istediler. İstanbul'daki Meclis-i Vâlâ, mevcut idare meclisini lağvederek, ilk defa, Hıristiyan köylülere devlet topraklarını bizzat kiralama hakkı tanıdı. Bununla beraber, bu radikal kararları uygulamanın imkânsızlığı ortaya çıktı ve durum bundan sonra da pek değişmedi. Anadolu'da da benzer tepkiler meydana geldi. Meselâ, Ankara yakınındaki Bâlâ âyanları, Meclis-i Vâlâ'dan önceki vergilerden kurtulmak için köylüleri angarya olarak çalıştırmayı ve hükûmete karşı ayaklanmaları için halkı kışkırtmayı sürdürdüler. Buradaki farklılık, Müslüman halkın, son derece Müslüman olan mahallî ulema ve âyanların nüfuzu altında olmasıydı; hâlbuki Balkanlardaki

Hıristiyan tebaa, isyan hâlet-i rûhiyesi içinde bulunan milliyetçi liderlerin nüfuzu altında bulunuyordu.

Bu örnekler, Reşid Paşa'nın reformlarını gerçekleştirmesinin ne kadar zor ve karşısında sıralanan sosyal güçlerin ne kadar çeşitli olduğunu gösterir. Eski rejimin imtiyazlı sınıfları, bilhassa ulema ile iş birliği içindeki ağalar, şeriatın itibar etmediği gayrimüslimlere ve kâfirlere medeni eşitlik verilmesinin, dini ve devleti batıracağını iddia ediyorlardı. Reşid Paşa, bu zümreleri kontrol altında tutmak maksadıyla, hükûmetin reform tedbirlerine muhalefet suçu işleyenleri kanuna uygun olarak takip edebilmek için acilen bir ceza yasası çıkardı. Vilayetlerde olduğu gibi başkentte de, yaşlı Hüsrev de dâhil, pek çok muhalif cezalandırıldı. Ankara'da, idare meclisi üyesi olan bir müftü, reformlara karşı halkı isyana teşvikten mahkûm edildi.

Reşid Paşa, Batılı bir yönetim tarzı getirme gayretlerine uygun olarak, vilayetlerdeki kamu hizmetlerine, merkezî hükûmetçe tayin edilen, maaşlı sivil hizmetlileri istihdâma; âyan ve her dereceden vazifelilerin almaya alışık oldukları bütün vergi şekillerini ve rüşvetleri kaldırmaya karar verdi. Ayrıca, reformları uygulayacak sivil bir hizmetliler zümresi oluşturmaya çalışırken, vali-paşaların temsilcileri olarak o sırada Anadolu'daki mahallî memuriyetlerin çoğunu işgal eden taşra âyanlarının konumunu doğrudan tehdit ediyordu. Reşid Paşa, feodalizmden miras kalan imparatorluk teşkilatının bu niteliklerini değiştirmeye kararlı idi. Onun idari reformu, son tahlilde, esaslı bir sosyal reform manasına gelmekteydi. Kendisinin iltizamın kaldırılmasından sonraki radikal tedbirlerinden biri, doğrudan doğruya merkezî hükûmete bağlı bulunan muhassıllar tayin etmek oldu. Fakat bu iş için kafi sayıda yetişmiş sivil hizmetlileri bulmaya muvaffak olamadı ve bununla beraber ekseri eski usûlleri takip eden mahallî eşrafı istihdâm etmek zorunda kaldı.

Daha sonra, böyle acil bir ihtiyacı gidermek için sivil hizmetlileri yetiştirecek özel laik okullar açılmasına karar verildi. Bu okullarda ve askerî akademilerde, Türkiye'nin modernleşmesinde kesin bir rol oynayan Batılılaşmış bir memur grubu yetiştirildi. Reşid Paşa'nın reformlarına muhalefetler, 1841'de düşmesine sebep oldu (bilahare Dışişleri nâzırı oldu). Ülkeye yeni getirilen müesseseler iyi çalışmamışlardı; bilhassa yeni vergi toplama sistemi tam bir fiyasko ile neticelendi. Reşid Paşa, sadece Mısır meselesini çözmedeki hizmetleri dolayısıyla sultan nezdinde kazanmış olduğu teveccühe bel bağlamıştı. Yerine getirilen kişi ise imparatorluğun canlandırılmasının tek çaresi olarak temelde askerî ıslahatları gören pek çok eski tip reformculara benzeyen Harbiye Nâzırı Rızâ Paşa idi. Onunla beraber iltizam usûlü geri geldi; yönetimle ilgili radikal reformlar umumiyetle zamansız olarak tenkit edildi. Reşid Paşa, 1845'te tekrar iktidara gelince, reformlarını uygulamak için ihtiyaç duyulan bürokratların yetiştirilmesine öncelik verdi; bu maksatla Meclis-i Ma'ârif-i Umûmiye'yi oluşturdu ve bir üniversite kurulmasını tasarladı.

Aynı yıl içerisinde hükûmet, her vilayetin iki temsilci seçmesini ve girişilen reformlar hususunda görüşmek için İstanbul'a gönderilmelerini isteyen cesur bir adım attı. Bu temsilciler "ileri gelen ve halkın hürmet ettiği kişiler arasından seçilen" kimselerdi. İstanbul'a gönderilen temsilcilerin oluşturduğu bu meclis, ünite olarak il idare meclislerinin basit bir genişletilmiş şekline benzemekteydi. Ancak, yine de bu meclis, o zamana kadar Osmanlı başkentinde toplanan ilk temsilci meclisi (*representative assembly*) olma vasfını sürdürmektedir. Gerçi sultanın huzuruna çıkan âyanlar, oldukça ürkek olmalarına ve hemen sonra memleketlerine dönmelerine rağmen, muhafazakârların gözü korkutuldu. Serasker Said Paşa, Reşid Paşa'nın bir cumhuriyet ilan etme niyetinde olduğu suçlamasına kadar ileri gitti. Belki bu gelişmelerin neticeleri içinde en mühim olanı, Osmanlı Devleti'nin ilk laik mahkemeleri olan ticaret mahkemelerini kurmuş bulunan Fransa'da alınmış bir ticaret kanununun ilan edilmesidir.

Reşid Paşa tarafından atılan bu cesur adımlar, başlıca iki sebepten dolayı neticesiz kaldı. İlk olarak, hüküm süren ciddi iktisadi buhran, halk zihninde Batı ve Batılı usûllerle özdeşleştirilmişti. Bu düşünce pek de yanlış değildi; zira Batı endüstrisinin ürünleri ucuz ve bol olduğu için, kapitülasyon rejiminden faydalanıp Türk pazarlarını istila ederek yerli endüstriyi mahvediyordu. O dönemin konsolosluk raporları, bize bu olup biten hadiselerin canlı tasvirlerini sunarlar. İkinci olarak, gayr-i memnûn şahıslar, Reşid Paşa'nın saltanatın gücünü suistimaline izin verdiğini ileri sürerek reformcu Sultan Abdülmecid'i (1839-I861) suçluyorlardı. Diğer taraftan, Reşid ve takipçileri tarafından benimsenen son derece merkeziyetçi ve otoriter yönetim sistemi, despotizmi imparatorluk için zararlı gören ve sayıları gittikçe artan Osmanlı-Türk münevverlerinin şahsi bir boy hedefi hâline gelmişti. Bunun neticesinde 1867'de gizli bir cemiyet olarak Genç Osmanlılar kuruldu; bu münevverler, geleneksel İslâmî-Türk kültürünü muhafaza ederken, o sırada Avrupa'da hüküm süren romantik bir milliyetçiliği benimsemekte ve Batı medeniyetinin unsurlarını ülkeye taşıyacak olan meşrûtî bir rejim tavsiye etmekteydiler. Böylece ilk kez, Osmanlı İmparatorluğu'nda yönetimden bağımsız hareket eden ve resmî reform programına karşı çıkan ilerici bir grup oluştuğunu görmekteyiz. Genç Osmanlılar, Türkiye'de milliyetçi ve demokratik hareketin gerçek müjdecileri idiler.

Bu ilk dönemdeki modernleşmenin çok mühim hususiyetleri, kısaca şöyle hülasa edilebilir:

Evvelâ modernleşme programı, saldırgan ve emperyalist bir Avrupa'ya karşı, devletin kendini koruma tedbiri olarak benimsediği bir programdı. Avrupa'nın askerî tekniklerdeki ve teşkilatlanmaktaki üstünlüğü, ta XVII. yüzyılın sonlarından beri idrak edilmekteydi. Bu idrak ediş, daha sonra Batı'dan yapılan kültürel iktibaslar için lüzumlu bir psikolojik hazırlık oldu.

İkincisi, sistemli bir modernleşme, XVIII. yüzyılda, bilhassa III. Selim zamanında askerî reformlarla başladı. 1830'dan başlayıp 1876'da Osmanlı anayasasının ilanıyla doruk noktasına ulaşan bir modernleşme süreci içerisinde idari ve kamu müesseselerine kadar yayıldı.

Üçüncüsü, devlet modernleşme hareketinde öncü idi; değişiklikler üstten, bunları etkili kılacak gerekli bürokratik mekanizmayı oluşturmak için sultanın mutlak gücü kullanılarak empoze edilmekteydi.

Dördüncüsü, büyük bir çoğunluğu kapalı bir köy ekonomisi içinde yaşayan halk kitlesi, umumiyetle âyan, ağalar ve din adamlarına bağlı idiler; bunlar da söz konusu kitleyi geleneksel müesseselere bağlı tutmak için bilhassa ilgilenmekteydiler. Hatta bu gruplar, 1800-1850 arasındaki dönemde bile devlet tarafından empoze edilen reformlara aktif olarak mukavemet ettiler; imparatorluğun Müslüman halkı genel olarak değişim karşısında kayıtsız veya hatta inatçı bir tavır takındı.

Beşincisi, gayrimüslim tebaayı tatmin etme arzusu ve Batılı güçlerin Osmanlı Devleti'ni laik kanunları ve müesseselerini kabul etmeye kati olarak teşvik etmesidir. Batılı güçler, imparatorluğa liberal müesseseler getirmekle ilgilenmekte ve bu müesseselerin, derhâl devletin bütünlüğünü ve kendi iktisadi menfaatlerini teminat altına alacağını düşünmekteydiler.

Altıncısı, 1860'larda Batı görüşlerini benimsemiş küçük bir Türk vatansever grubu ortaya çıktı ve bunlar imparatorluğa yeni giren gazete ve çok sayıda edebiyat dergilerinde, sultanın mutlakiyetçiliğine karşı ciddi bir mücadele gerçekleştirdiler. Bunlar, sultanın reform tedbirlerinin hem keyfî hem de Türk-Müslüman halkın gerçek menfaatlerine aykırı olduğuna inanmaktaydılar.

Netice olarak, Türk modernleşme hareketindeki temel zorluklar, geleneksel toplum ve devletin dinî kaidelerinden kaynaklanmıştır. Genel olarak Tanzimat reformcuları ve aydınlar, yönetimi Batılılaştırmak ve modern teknikleri almak istemelerine rağmen, şeriat, dinî mahkemeler ve dinî mektepleri muhafaza etmenin iyi olacağına inanmaktaydılar. Ancak, bunların kamu işleri ile ilgilerinin kesilip kendi ilgi sahaları ile ilgilenir hâle getirilebileceği düşünülmekteydi. Daha sonra, Batılılaşmayı ve millî hâkimiyeti, Avrupalı devletlerdeki gibi bir bütün olarak isteyen radikaller, bu düalizm üzerinde Tanzimat'ı başarısızlıkla suçladılar. Ancak, millet-devlet mefhumundian hiçbiri Atatürk'e kadar hakiki olarak gerçekleşmedi ve 1919'da imparatorluğun çöküşünden sonra Türkiye Cumhuriyeti ismiyle var oluş sahasına girdi.

AHÎLİK, TOPLUM VE DEVLET*

AHÎLERİN OSMANLI UC'UNA GÖÇÜ

Son araştırmaların[1] ortaya koyduğu üzere Ahî Evren (Evran) adıyla Anadolu halkının gönlünde yer eden debbağlar pîri, âlim, sufi, hakîm Şeyh Nasîrü'd-Dîn Mahmud bin Ahmed, Hoylu bir Türkmen'dir. 1204 veya 1205 senesinde Bağdad'dan Halife Nasır Li-Dînillâh'ın fütüvvet teşkilatına davet etmek için Selçuklu Sultanı I. Giyâsü'd-Dîn Keyhüsrev'e gönderdiği Mecdü'd-Dîn İshak'la beraber Konya'ya geldiği anlaşılmaktadır. Onunla birlikte gelen âlim ve sufiler arasında Mahmud'un şeyhi ve kayınpederi ünlü sufi Evhadü'd-Dîn Kirmânî de vardı. Keyhüsrev'in, saltanatına karşı gördüğü ve tutukladığı ahîler arasında Nasîrü'd-Dîn Mahmud da olmalıdır (1240).

Anadolu'da Moğol İlhânî egemenliği yerleştiği dönemde (1243-1336), ahîler Moğollara ve iş birlikçi Selçuklu ileri gelenlerine karşı koyan Türkmen halkı yanında yer aldılar. 1247'de Ahî Evren'i Kırşehir'de debbağlar şeyhi olarak görüyoruz. Debbağlar, Anadolu şehirlerinde en aşağı işçi tabakasını oluşturmakta olup öbür İslâm şehirlerindeki *ayyârûn* gibi serkeş kalabalık bir grup teşkil etmekte idiler. Selçuklu sultanları IV. Rüknü'd-Dîn Kılıçarslan ile II. İzzü'd-Dîn Keykâvûs arasındaki mücadelede ahîler Keykâvûs yanında yer aldılar. Keykâvûs, Moğollara karşı direncinde, Türkmenlerden

* *Doğu Batı*, Sayı: 53.

1 Mikâil Bayram, *Ahî Evren ve Ahî Teşkilâtının Kuruluşu*, Konya 1991, s. 83-84.

destek görmekte idi. Fakat sonunda, Türkmen yurdu olan Batı uclarına, oradan da Bizans'a kaçmak zorunda kaldı (1260). Kırşehir, ahîlerin güçlü oldukları bir şehirdi. Moğol idarecilere yakın olan Mevlânâ Celâlü'd-Dîn'in şeyhi Şems-i Tebrîzî'nin katlinde ahîler, bu arada Ahî Evren sorumlu tutuldu ve hapse atıldı. Hapisten çıkınca Kırşehir'e gidip yerleşti. Kırşehir emaretine tayin olunan Nureddin Caca Bey (Mevlânâ'nın müridi) bölgede idare karşıtı Türkmen ve isyan eden Kırşehir ahîlerini şiddetle kırıp geçirdi. Ahî Evren'in de bu öldürülenler arasında bulunduğu tahmin olunmaktadır (1261).[2]

Vefatından sonra Kırşehir'de dericiliğin öldüğüne dair halk arasında yaygın olan rivayet dikkate değerdir. Ahîlerin zâviyeleri ellerinden alınıp Mevlânâ'nın yakınlarına verildi. Aksaray, Niğde, Denizli, Tokat ve Sivas gibi Orta Anadolu'nun önemli sanayi kentlerinde, Kırşehir'dekine benzer olaylarda başlıca ahîlerin ezildiği ileri sürülmektedir.[3] Bu katliamlar üzerine ahîlerin, Selçuklu-Moğol zulmüne uğrayan Babaîler ve abdallar gibi, Türkmenlerin egemen olduğu uc bölgelerine göçe başladıkları düşünülmektedir.[4]

Bölgede Osman ve Orhan'dan, zâviyeleri için vakıf köy ve çiftlik almış birçok ahî tespit etmekteyiz (Geyve kazasında Ahîler köyü, Bursa kazası köylerinde Ahî Tuzcu, Ahî Beli vb.).[5] Osman Gazi'nin ahîlerle yakınlığı olan mürşidi Babaî Şeyhi Edebali ve Çorum Mecidözü'ne kaçan Âşık Paşa'nın, Kırşehir katliamından sonra kaçanlar arasında oldukları düşünülmüştür.

AHÎ ZAVİYELERİNİN ESAS FONKSİYONU

Genellikle, zengin ahîlerin, bir zâviye bina edip vakfiyelerinde kendisini, evladını vakfa mütevelli tayin ettikleri bilinir. Selçuklu

2 M. Bayram, *a.g.e.*, s. 97-108. Prof. Bayram'ın çağdaş kaynakları tenkit süzgecinden geçirerek vardığı sonuçları kabule değer görmekteyiz.

3 M. Bayram, *a.g.e.*, s. 116.

4 *A.g.e.*, s. 121-127.

5 *Hüdavendigâr Livası Tahrir Defterleri*, Yayına Hazırlayan: Ö. L. Barkan-E. Meriçli, Türk Tarih Kurumu Yayınları, Ankara 1988, no.: 63, 631, 632; H. Doğru, *16. yüzyılda Sultanönü Sancağında Ahîler ve Ahî Zâviyeleri*, Ankara 1991.

ve Osmanlı döneminden kalan bu vakfiyeler, zâviyelerin idaresi ve fonksiyonları hakkında bizi aydınlatmaktadır.[6] Vakfiyelerin çoğunda gelirin tevliyet, tamir ve idâme giderlerinden kalan kısmının "fukara ve mesâkîne" ve "sâdirîn ve vâridîn"e, yani yolculara harcanması genellikle şart koşulur. Osmanlı sultanlarının ahî zâviyelerine yaptıkları hemen hemen tüm vakıflarda da "âyende ve revende"ye (gelen giden yolculara) Allah rızası için bir hayır işi olarak hidmet şartı belirtilmiştir. Bu sebeple zâviye vakfı, bir din adamı adına, bir şeyhe yapılmaktaydı. İbn Battuta'nın gözlemlerinde de ahî zâviyelerinin esas görevlerinden birinin yolcuları üç gün barındırma ve yedirip içirme olduğu vurgulanmıştır. Orhan Gazi'nin 1324 tarihli Mekece Zâviye Vakfiyesi'nde vakfın amacı şöyle tespit olunmuştur: Gelir, "berâ-yı (hidmet)-i dervîşân ve miskînân ve garîbân ve fakîrân, âyende ve revende ... der-ân hânikâh mihmân şavand... sarf şavad." Dervişleri, güçsüzleri korumak dinî bir hayır işi olarak ahî zâviyelerinin esas görevlerindendir. Fakat zâviyeler daha çok "gârîban", "âyende ve revende", yani yerinden yurdundan ayrılmış kimselere, yolculara hizmet etmek için kurulmuştur. Burada tevliyeti (idare amirliği) sarayın akağası tavâşî Şerefü'd-Dîn Mukbil'e verilmiştir.[7] Genellikle vakfiyelerde zâviyenin bu temel işlevi, "zâviyetü'l-müsafirîn" terimiyle belirtilir. Adından da anlaşılacağı gibi, köylerde bugüne kadar gelen "konuk odaları" âdeti bu geleneğin bir devamıdır.[8] Ahî zâviyelerinin kuşkusuz başka işlevleri de vardır: Genç işçilerin ahlâkî-sosyal

6 Örnekler için bkz. M. Cevdet, *Zayl 'al-ahîyyati il-Fityâni't-Turkiyya fî Rihlat Ibn Battuta*, İstanbul 1932, s. 275-294. Ahî Paşa Tokat'ta bina ettiği mescid ve zâviye vakıfnâmesinde (tarihi 723/1323) tevliyet ve şeyhliği erkek evladına ve onların evladına, öbür yarısını mescid ve zâviyenin giderlerine tahsis ediyor.

7 Osman ve Orhan'ın yaptığı ahî zâviyeleri ve vakıflar için bkz. Ö. L. Barkan, *Vakıflar Dergisi II*; H. Doğru, *Ahîler ve Ahî Zâviyeleri*, Ankara 1991; I. Şahin, "Ahî Evran Vakfiyyesi ve Vakıflarına Dair", *Türklük Araştırmaları Dergisi*, I (1985), s. 325-341.

8 Bkz. N. Çağatay, *Bir Türk Kurumu olan Ahîlik*, Türk Tarih Kurumu Yayınları, Ankara 1989, s. 141; S. Güllülü, *Sosyoloji Açısından Ahî Birlikleri*, İstanbul 1977.

davranışlarını düzenleyen fütüvvet kurallarının eğitim yeri olması, bu esas fonksiyonlarından biridir. Bu kurallar sınırlı bir pazar için üretim yapan hirfet ve esnaf toplumunun dengeli ve ahenk içinde işlemesini güvence altına alır.

Yol bilgisi ve güvencesi, yalnız yolcular için bir kamu hizmetini yerine getirmekte değil, aynı zamanda beylerin askerî harekâtı için de son kertede önemli idi. Zâviyeler yanında devletin dağ geçitlerinde güvenliği sağlamak için meydana getirdiği geniş derbentçi teşkilatı, bu hizmetin önemini yeterince açıklar.[9] İlginç tarihî bir misal verelim. Osman Gazi, Mudurnu-Göynük seferine çıkmadan önce yolu üzerinde Bektaşî Zâviyesi'ne uğramış ve zâviye şeyhine Sakarya Nehri'nin nereden geçit verdiğini sormuş, o da "Sarukaya (bugün Sarıcakaya) geçittir" cevabını vermiş. Biz, Eskişehir-Sakarya yolu üzerinde (Aşıkpaşazâde., 10. Bab) Beşkardeş silsilesi üzerinde beş antik devşirme sütunu dikilmiş tepeye gittik ve gerçekten Sarıcakaya mevkiinin Sakarya'nın geçiş için en elverişli yer olduğunu tespit ettik. Eski ve yeni iki köprü de bu noktada inşa edilmiştir.[10] Bunun gibi birçok misal, kırsal kesimde ahî zâviyelerinin yol kavşağı veya geçitlerde kurulmuş olmasının nedenini en iyi şekilde açıklar. Derviş ve ahî zâviyeleri, Rumeli'de fetihleri kolaylaştırmış, birçok Türk köyünün çekirdeğini oluşturmuştur. Özetle, ahî ve derviş zâviyeleri Osmanlı Devleti'nin fetih ve yayılış döneminde, Rumeli'de yerleşmede (kolonizasyon) hayati bir rol üstlenmiş ve bu nedenle padişahlar vakıflar yaparak onların kuruluşunu kuvvetle desteklemişlerdir.

---

9 C. Orhonlu, *Osmanlı İmparatorluğu'nda Derbend Teşkilâtı*, İstanbul 1967.

10 Bu tespitlerimiz, ilk Osmanlı rivayetlerinin gerçek tarihî bilgiler içerdiğini ortaya koymakta, bu rivayetleri bir mit/efsane olarak bir tarafa atmanın yanlışlığını bir kere daha göstermektedir. Keza, Bilecik'te görkemli bir zâviyesi bulunan Edebali'nin tarihî şahsiyeti hakkında bkz.: "How to Read Âşık Paşazâde's History", *Studies in Ottoman History in Honor of Professor V. L. Ménage*, ed. C. Heywood ve C. Imber, ISIS, İstanbul 1994, s. 39-48. Orhan Gazi tarafından zâviye yanında cami ve iki kubbeli bir imarethâne yapılmıştır.

AHÎ REİSLERİ, TOPLUMDAKİ MEVKİLERİ

İlk dönemde, 13. ve 14. yüzyıllarda fütüvvet hareketiyle beraber çok güçlenen sufi akımlar Anadolu ahîliğine damgasını vurmuş, zâviye şeyhleri çoğunlukla bu akımları temsil eden kişiler olmuşlardır. Eskişehir'de fütüvvetin kurucularından Sühreverdî'nin bir makamı ve türbesi bugüne kadar gelmiştir. İbn Battuta'nın tanıştığı ahî şeyhlerinin çoğu bu tip insanlardı.[11] Tüm fütüvvetnâmelerde, İslâm öncesi İrânî *cuvanmerdî* etik, Kur'ân ve ehâdise özellikle Hazret-i Ali'ye nispet edilen rivayetlerle desteklenerek tamamiyle İslâmî bir karakter kazanmıştır. Bu yüzden yanlış olarak fütüvvet/ahîlik, bir çeşit tarikat gibi algılanmıştır.

Moğol egemenliği altında Konya Selçuklu sultanlarının vilayetlerde otoritesi iyice zayıflamış bulunuyordu. Bu yüzden, şehirlerde bazı kamu görevlerinde, özellikle güvenlik işlerinde devletin temel fonksiyonlarını esnafın başı sayılan ahî babaların üstlendiğini görmekteyiz. Şehir nüfusunun büyük kısmını esnaf ve lonca mensuplarının oluşturduğu ve bu halkın ahî zâviyeleri etrafında örgütlendiği düşünülürse ahîlerin gücü daha iyi anlaşılır. Her büyük şehirde en nüfuzlu ahî reisi, şehir belediye başkanı veya bir emîr gibi hareket etmeye başlamıştır. Selçuklu Anadolusu'nda fütüvvetin ilk yerleştiği merkezlerden biri olan Kayseri'de, Kadı Ahî Amîr Alî'yi İbn Battuta şöyle tasvir eder:[12] "Ahî Amîr Alî bu ülkedeki ahî reislerinden biri olup büyük bir emîrdir (M. Cevdet'te: *Zâviyetihi min a'zami'l-zevâyâ wa lahu tâ'ifatan kabîratan min al-talamidhi*). Tilmizleri arasında şehrin ileri gelen âyanından kimseler vardı ve döşemeleri ve kandilleri bakımından en görkemlilerinden biri olan zâviyesinde bol yiyecek sunulur, her şey çok iyi düzenlenmiştir. Aralarında âyanın da bulunduğu kişiler her gece onun zâviyesinde toplanırlar. Orada konuklar, başka şehirlerdeki konukseverlikle kıyaslanamayacak biçimde cömertçe ağırlanır.

11 Bkz. H.A.R. Gibb yayını, II, s. 430. Konya'da zâviye sahibi bir kadı idi.
12 H.A.R. Gibb çevirisi, s. 434; M. Cevdet'in yayınladığı Arapça metin, *Al-ahiyya*, s. 123, noksandır.

Anadolu'da sultan olmayan herhangi bir yerde ahî o yerin valisi gibi hareket eder. Gelen seçkin yolculara atlar ve hilatler verir ve durumuna göre ağırlar. Emir vermede, yasaklarda ve şehirde dolaşmasında hükümdarlar gibi davranır." H.A.R. Gibb (not 82), Selçuklu Anadolusu'nda fütüvvet teşkilatının aristokratik bir nitelik gösterdiğine dikkati çeker. Fakat Orhan Gazi'nin uc bölgesinde, İbn Battuta'nın kaldığı Ahî Şemsüd-Dîn'in Bursa'daki zâviyesinde gördükleri hayli farklıdır (son araştırmalara göre bu bölgeyi ziyaret tarihi 1334'tür).[13] Uc'larda heterodoks tarikat mensuplarını, Kalenderî abdalları, Babaîleri ahî zâviyelerinin müdavimleri olarak görüyoruz. Umur Gazi'nin gazâ merkezi İzmir'de, İbn Battuta'nın kaldığı zâviye şeyhi Ya'kûb, Ahmediyye-Rifâ'îyye tarikatına mensup idi ve şehir dışında Şeyh İzzeddîn Rifâ'î'nin yüz kadar meczup dervişiyle oturduğu bir tekke vardı. İbn Battuta, Bergama'da da bir Rifâ'î dervişin zâviyesinde kaldı. Bursa'da zâviye şeyhi Şems al-Dîn, zâviyesine devlet büyüklerini ve eşrafı ziyafete çağırdı, fakat toplantıda yeri yurdu olmayan tipik bir kalenderî dervişi de vaaz verdi ve cezbeye gelip bayılan bir meczup derviş de İbn Battuta için alışılmamış bir sahneye neden oldu. Nitekim Arap seyyahı o geceyi ulvî bir gece olarak anımsayacaktır.

FÜTÜVVET VE ESNAF

İslâm tarihinde çok erkenden, büyük şehirlerde debbağlık gibi beceri gerekmeyen sanat kollarında çalışan işçiler, başıboş işsiz delikanlılar (*lumpen proleteriat*), sık sık şehir düzenini bozan geniş bir grup oluşturmakta idi.[14] Bunlar "fetâ, ayyâr, şatır, karmat" gibi adlarla anılıyor; devlet kontrolü gevşediği zamanlarda yağma ve

13 I. Hrbek, "The Chronology of Ibn Battuta's Travels", *Archiv Orientalni* 30 (1962), s. 409-479.

14 Fr. Taeschner, "Die islamischen Futuwwabünde", *ZDMG* 87(1933), s. 6-49; "Neue Beiträge zur Geschichte der Achis in Anatolien (14.-15 jhat) auf Grund neuer Quellen", *Islamica 4* (1931), s. 1-47; W. Schumacher, "Das Achitum nach Nasirî", Fr. Taeschner, *Der Antolische Dichter Nâsirî um 1300, und sein Futuvvetnâme*, Leipzig 1944, s. 32-80.

kitale fırsat buluyor, kargaşa unsuru oluyorlardı. Buna karşı sivil toplum ve devlet yalnız zor kullanarak değil, pratik fütüvvet eğitimiyle de bir çözüm yolu aramıştır. Yakındoğu şehirlerinde İslâm'dan önce de fütüvvet kuralları ve gençler birlikleri mevcuttu. Fütüvvet, her şeyden önce, genç işçileri, başıboş şehir kabadayılarını sosyal-etik kurallar yoluyla "terbiye" etmeye çalışıyor, bu kuralları İslâmî ve sufi müeyyidelerle güçlendiriyordu.[15] Özellikle fütüvvet, işsizliği, başıboşluğu reddeder; ustaya mutlak itaat, iş disiplini ve kanaatkârlık ister. Bütün bunlar, belli bir üretim tarzının, kasaba hirfet sisteminin iyi işlemesini sağlayan etik-sosyal kurallardır ve tabii siyasi irade tarafından kuvvetle desteklenir. Câhiz'in (öl. 869) *Kitâbü'l-Fityân*'ından beri İslâm dünyasında bir fütüvvet edebiyatının gelişmesi şehirlerdeki sosyal koşulların bir sonucudur.

İşçilerin ahlâkî-sosyal disiplini, fütüvvetnâmeler ve ahî zâviyelerince sağlanırken, şehrin üretim koşulları esnaf teşkilatı ile devletin iş birliği sayesinde ayarlanırdı. Bu koşullar, siyasi iradenin her an esnafa müdahalesini gerektirirdi. Ortaçağ'ın dış pazar için mal üretmeyen küçük şehir ekonomisi, esnaf teşkilatı ve onun etik koşullarını belirlemiştir. Küçük şehirde yerel mal üretiminin şehir ihtiyacına göre ayarlanması gerekirdi. Kasabada talep sınırlıdır, bu nedenle fazla üretim fiyatın düşmesine ve esnafın zarara uğramasına yol açar. Noksan üretim ise fiyatın fazla artışına neden olur ve bu da tüketicinin zararınadır. Bu nedenle, şehrin nüfusuna göre üretimin ayarlanması gerekir. İşte bu koşullar, kasabada esnaf teşkilatının temel ekonomik sistemini ve onun etik kurallarını belirler. Ortaçağ esnaf teşkilatında her sınıf mal üreticisinin sayısı, yani üretimi şehrin nüfusuna göre ayarlanmıştır. Meselâ, Beypazarı'nda 10 fırın ustasına izin verilmişken, İstanbul'da 150 ustaya izin verilmiştir. Talep arttığı zaman kenar mahallelerde "koltuk" denilen kaçak ustalar ortaya çıkar. Bu kaçakları yasaklamak için esnaf devlete başvurur. Esnaf ustaları, esnaflar tarafından seçildikten sonra

15 Ahîliğin sosyolojik bir analizi için bkz. S. Güllülü, *Sosyoloji Açısından Ahî Birlikleri*, İstanbul 1972; A. Gülerman, *Ahî Teşkilâtının Türk Toplumunun Sosyal ve Ekonomik Yapısı Üzerindeki Etkileri*, Kültür Bakanlığı Yayınları, Ankara 1993.

padişah beratıyla göreve başlardı. Devlet, genellikle beratlı eşrafı desteklerdi. Böylece, esnafla devlet arasında gittikçe kuvvetlenen sıkı bir iş birliği ortaya çıktı. Osmanlı'dan önce bu işlevi, şehirde esnafın lideri olan güçlü zengin ahî babalar yerine getirirlerdi. Öbür yandan, mal kalitesini koruma, hirfetin çırak-kalfa-usta üçlü nizâmı, ustalar önünde imtihan yöntemiyle sağlanırdı. İç örgüt böylece devlet kontrolü dışında özerk kalmakta idi. Osmanlı döneminde devlet, ihtisab kanunları ile mal kalitesini tayin ve pazarda muhtesip teftişi ile mal kontrolünü artırmıştır. Bununla beraber esnaf, kendi iç nizâmını oldukça korumuştur. Her hirfet, idarecilerini kendisi seçerdi. Seçimden sonra kethüda, yiğitbaşı, nakîb ve şeyh, ancak padişah beratı aldıktan ve devlet bürolarında saklı defterlere kaydolunduktan sonra loncada gerçek otorite ve yetkiye sahip olurdu.

Fütüvvet teşkilatıyla şehir fityânını, genç işçi kitlelerini devlet disiplini altında örgütleme ve devletin kontrolünde bir çeşit milis kuvveti hâline getirme işini, Abbasî Halifesi Nasır Li-Dînillâh (1180-1225) ele almıştır. Harezmşahların istila tehdidi altında bulunan halife, özellikle Anadolu Selçuklu sultanlarına yaklaşmış, fütüvveti Anadolu'da yaymaya çaba harcamıştır. Bağdad'da sufi şeyhler onun başlıca yardımcıları oldular.

YEMİN, KEMER

Halifenin fütüvvet teşkilatına katılması, özel bir merasim ile gerçekleşirdi. Bu merasimde bağlılık yemini (Sühreverdî'de 'ahd, Türklerde and) kemer kuşanma ve fütüvvet libasını (üniformasını) giyme fityân-ahîlerin sultan ve halifeye bağlılığını, başka bir deyişle siyasi otoritenin kontrolü altına girişini ifade etmekte idi. Bu merasimde birçok ayrıntı (saç kesme, şeyhin talibin sırtına vurması, tuzlu su içilen kâse, kemer kuşatma) Avrupalı tarihçilere göre Batı dünyasındaki feodal merasimdeki ayrıntılarla ayniyet göstermektedir.[16] Ahîler silah taşımakta, sultanın geçit resmine

16 L. Massignon ve Fr. Taeschner ile beraber V. Gordlevski, *Anadolu Selçuklu Devleti*, Çev.: Azer Yaran, Ankara 1988, s. 196; Suriye'de kurulan Haçlı dev-

katılmakta, Selçuklu Devleti'nde oldukça önemli siyasi roller üstlenmekte idiler.[17] Konya'da Ahî Ahmed, Eflâkî tarafından güç ve kudreti vurgulanan "vaktin zorbalarından biri" olarak anlatılmıştır.

Sultanın gücü ve otoritesi son derece mutlak olan Osmanlı devrinde, ahî teşkilatının çözülüşünden söz edilmekte; ahîliğin başlangıçta bir sivil toplum kurumu karakterini gösterirken, sonradan daha ziyade devlet kontrolü altında sırf bir esnaf teşkilatı durumuna geldiği tezi genel kabul görmektedir.[18]

Aslında esnaf, lonca ve gedik nizâmını, yukarıda açıklamaya çalıştığımız gibi, dış pazara açılamayan kasaba ekonomisinin koşulları belirlemiştir. Selçuklu dönemi şehirlerinde, işçi yiğit/fetâların reisi sıfatıyla ahî doğal olarak siyasi bir rol oynamaktadır. Şehirde fütüvve'ye tâbi örgütlenmiş bir kuvvet olarak onların zorbaları ortadan kaldırmakta sultana yardımcı olduklarını bir çağdaş gözlemci, İbn Battuta nakletmektedir.[19] Ahî geleneğinde silah taşıma yanında egemenlik ifade eden sembol ve kurumlar, bayrak ve esnaf mahkemeleri (debbağlarda) vardır. Kanunî Sultan Süleyman'ın, asi kapıkullarına karşı İstanbul'da silah taşıyan kalabalık tabakhane işçilerini kastederek "Benim şehirde onları yola getirecek bir ordum var" dediğini Evliya Çelebi rivayet eder. Herhâlde bizzat Evliya Çelebi, onları şehirde böyle bir güç olarak görmektedir.

F. Giese, ilk Osmanlı hükümdarlarının ahîlerle sıkı iş birliği hakkında Âşıkpaşazâde'de verilen bilgileri abartarak, "Osmanlı Devleti'nin özellikle ahî örgütlenmesi üzerine kurulduğunu" iddia etmiştir.[20] Gordlevski'ye göre (s. 203) "feodallere düşman, toplumsal gruplaşmaların ideologları ahîler, bir bölümüyle devlet aygıtına girmiş olsalar da, Osmanlılarca ezilmişlerdir." Halkı,

---

letleri döneminde Batılı feodallerle yerli Müslümanlar arasında yoğun bir kültür alışverişini anımsatırlar.

17 Gordlevski, *a.g.e.*, s. 199.

18 O. Nuri Ergin, Fr. Taeschner, N. Çağatay, G. Baer, Y. Ekinci bu görüştedirler. Gedik sistemi ve devlet kontrolü üzerinde bkz. N. Çağatay, *a.g.e.*, s. 112-127; Engin Akarlı, "Gedik", *Wissenschaftskolleg-Jarbuch*, s. 223-232.

19 Gibb çevirisi, II, s. 419.

20 F. Giese, yukarıdaki hüküm Gordlevski'ye (s. 203, not 39) aittir. Ali Emîrî de aynı görüşü dile getirmiştir (N. Çağatay, *Bir Türk Kurumu*, s. 111).

kalabalık esnaf kitlesini temsil eden ahîlerin, yönetim başında aristokrat seçkinlere karşı mücadele hâlinde oldukları olgusunu Mikâil Bayram da vurgulamaktadır.

Osmanlı döneminde ahîliğin esnaf loncalarına dönüştüğü genel bir gözlem olarak kabul edilmektedir. Aşağıda yayınladığımız belge, son derece merkeziyetçi bürokratik bir idare tarzını temsil eden Osmanlı Devleti'nde, menşede bir sivil toplum örgütü olarak ortaya çıkan ahîliğin, Osmanlı döneminde devletle ilişkileri üzerinde aydınlatıcı ayrıntılar sağlamaktadır. Beypazarı'nda eskiden beri bir Ahî Evren Zâviyesi mevcuttur. Zâviyeye Ahî İsâ tarafından zengin vakıflar yapılmış ve evladının zâviye şeyhi olmasıyla vakıfların tevliyetini ellerinde tutmakta imişler. Hüdavendigâr evkafı arasında şu kayıt,[21] bu zâviyenin en geç 15. yüzyılda mevcut bulunduğunu ve Ahî İsâ evladının şeyhlik görevinde bulunduklarını kanıtlar.

> Nefs-i Begbazarı'nda vâki' olan Ahî Evren Zâviyesi demekle ma'ruf zâviyeye Ahî İsâ nâm kimesne ba'zî dekâkîn ve kârbânsarayını ve bir debbâghâneyi ve iki kıt'a yeri vakf edüp ve Ramazan nâm kimesne dahi bir pare bağını vakf edüp mezkûr ahî İsa'nın evlâdı vakfnâme-i şer'î ile tasarruf edegelmişlerdir. El-hâletü hâzihi mezkûr ahî İsa'nın evlâdından Ahî Mehmed mutasarrıfdır, elinde Pâdişâhımız nişan-i şerifi var. Vakfnâme-i şer'î ve hüccet-i kâdî dahî var deyü berât-i hümâyununda kayd olunmuş deyü mukayyed der defter-i 'atîk; kemâ-kân vakfdır, zikr olan Ahî Mehmed'in oğlu İbrahîm zâviye-i mezkûrede şeyhdir; elinde merhum Sultan Süleyman Han'dan ve Pâdişâhımızdan a'azza ansârahu hazretinden berât-i hümâyun vardır.
>
> Hasıl 12
>
> Mezkûr Ahî Evren Zâviyesi'ne Hacı İshak bn. İlyâs Bağ-Depesi'ne yakın yerde iki bâb mülk dükkânını vakf etmiş ber mûceb-i vakfiyye-i şer'iyye hâric-ez-defter.

Çok sonra ahî zâviye şeyhiyle debbağlar esnafı ahîsi arasında padişah kapısına götürülen bir ihtilaf söz konusu olmuştur. Dava

---

21 Ö. L. Barkan ve E. Meriçli, *Hüdavendigâr Livası Tahrir Defterleri*, I, Türk Tarih Kurumu Yayınları, no.: 9, Ankara 1988, s. 688.

konusu, "Zâviye vakıfları, esnaf tarafından seçilen ahînin mi, yoksa zâviye şeyhinin mi kontrolünde olacaktır?" sorusudur. Zâviye vakıflarının idaresi (tevliyet) ve vakıf gelirleri genellikle vakfın evladına şart koşulur. Burada da Ahî İsâ, vakıflarının tevliyetini evladına şart etmiştir. Eski beratları özetleyen II. Selim döneminde vakıflar, vakıfnâme şartına uygun olarak Ahî İsâ evladının tasarrufundadır. 1680 tarihinde verilen kararda ise debbağların isteği üstün gelecektir. Son karar, padişahın bürokrasisine aittir. Ülkedeki tüm vakıflar, padişahın onayı ile geçerlidir ve vakıfnâmeler merkezî devlet bürolarında kayda geçmektedir. Bu nokta, Osmanlı Devleti'ndeki şu temel prensipten kaynaklanır: Her türlü tasarruf, ancak padişahın onayı ile geçerli olup durum bir berat-ı hümâyun ile onaylanmalıdır. Osmanlı patrimonyal devletinde, halkla veya sivil toplum cemaat örgütleriyle hükümdar arasında kesinlikle hiçbir aracı otorite tanınmaz. Osmanlı döneminde de esnaf, kendi idarecilerini, ahîsini, yiğitbaşı, nakîb ve ötekileri kendi arasından seçer; fakat onların cemaat üzerindeki otoritesi ancak padişahın bir beratı ile onaylanmasından sonra geçerlilik kazanır. Nasıl ki, Rum Ortodoks patriğini Metropolitler Meclisi seçer, fakat patriğin Rum "milleti" üzerinde resmî otoritesi ancak padişahın beratı ile mümkündür. Osmanlı mutlak merkeziyetçi sisteminde, başka sivil toplum kurumları gibi, ahî zâviyeleri de vakfa dayanan eski özerk statülerini kaybetmiş görünmektedir.

Debbağların ahî olarak seçtikleri Ahmed Çelebi, davasında vakıfların eskiden beri ahî olanlara "ahîlik üzere" ait olduğunu iddia eder. Davasına kanıt olarak, padişahtan ahîliğini onaylayan berat almış olduğunu ileri sürer. Ona karşı Ahî İsâ soyundan İbrahîm, vakıfların zâviyeye ait olduğunu ve "zâviyelik üzere" tasarruf olunduğunu iddia eder. Dava, "Vakfın şartı mı, yoksa padişahın beratı mı esas alınacaktır?" sorusuna gelip dayanmaktadır. Vakıflar devlet dairesinde kayıtlı bulunduğundan karar için bu kayda başvurulmuştur. Orada zâviye vakfının "vakfnâme-i Şer'î" ile tasarruf olunduğu, kadı hüccetiyle de tasdik olunduğu, durumun verilen beratlarda açıklandığı kayıtlıdır. Vakfın debbağlar esnafının ahîsi için yapıldığı, zâviyeye ait olmadığı ifade edilir.

ÇİFT-HANE SİSTEMİ VE KÖYLÜNÜN VERGİLENDİRİLMESİ*

Osmanlı İmparatorluğu'nun temel vergi ve toprak sistemi bize *çift-resmi*, çiftlik vergisi veya köylü vergi sistemi terimleriyle aktarılmaktadır. Bu özel vergi, vergi ve nüfus sayımlarında, diğer tüm vergilerden önce gelir. Osmanlılar, İslâmî gelenekten gelen cizye ve öşür gibi vergilerin yanında, İslâmî olmayan, yani 'örfî' vergi ve yükümlülüklerin çoğunu *çift-resmi*'yle ilişkili olan *rüsum* ya da *tekâlif-i örfiyye* ve *avarız-ı divaniyye* sistemi adı altında sürdürüyorlardı.

Osmanlı öncesi örfî vergilere ve devlet vergilerine dayanan *rüsum* ve *tekâlif*, geliri öncelikli olarak vilayet askerlerine ayrılmış olan Osmanlı vergi sisteminin temelini oluşturuyordu. Hükûmet tarafından uygun görülerek onaylanan *tekâlif*in dışında, yerel örf olduğundan devlet tarafından göz yumulan zorlayıcı *şakka* (kanun dışı vergi) kategorisi vardı. Ancak bunlar suistimal edilerek şikâyet konusu hâline geldiklerinde, merkezî hükûmet tarafından 'ezici adaletsizlikler' *(mehâif)* olarak nitelendirilip feshedilmişlerdi. Bununla birlikte, tüm Ortaçağ toplumlarında olduğu gibi, genellikle en güvenilir ve âdil kural olarak görüldüğünden, hem hükûmet hem de tebaa örfe uyardı. Örf, pragmatik bir biçimde, uzun dönem denenerek toplumda yerleşen kurallar olarak kabul edilmekteydi. Örf, yani *âdet-i kadime* veya *olagelmiş*, bir konu hakkındaki tartış-

* *Makaleler II*, Doğu Batı Yayınları, Ankara 2008.

malarda, *defter* (resmî kayıt) ve *kanun*dan (devlet hukuku) sonra idare tarafından başvurulan üçüncü kaynaktı; İslâm hukukunun bir ilkesi olan uzlaşmanın *(icma)* önemi de bu uygulamaya destek sağlamış olabilir. Hiç şüphe yok ki, Osmanlıların süregelen örfe sık sık başvurmaları, devlet kanunlarının oluşturulmasına ve Bizans ile Balkan vergi uygulamalarının Osmanlı hukuk sistemine sokulmasına temel oluşturdu.

Rüsum ve *tekâlif* düzenli ve daimî vergileri oluştururken, *avarız-ı divaniyye,* ilke olarak acil durumlarda geçici olarak uygulanan vergilerdi. Bu vergiler her zaman hükûmet tarafından konulduğu ve geliri hükûmete ayrıldığı için 'tesadüfi hükûmet vergileri' *(avarız-ı divaniyye)* olarak tanımlanırdı. Bizim köylü vergisi tartışmamız için hem *tekâlif-i örfiyye* hem de *avarız-ı divaniyye*'nin, ya yerel askerler ya da hükûmet için yerine getirilmesi gereken bir kısım angaryayı içerdiğinin de altı çizilmelidir.

AİLE ÇİFTLİĞİ BİRİMİ VE VERGİLENDİRME

İşe, köylü ya da çiftlik vergisi olarak da adlandırdığımız *raiyyet-resmi* veya *çift-resmi* terimlerini açıklamakla başlayalım. Farsçadaki *cuft* kelimesinden gelen *çift,* bir çift öküz anlamına gelmekteydi ve çağrışım yoluyla, bir çift öküzle işletilebilen ve bir köylü ailesinin birim üretimine denk düşen arazi yerine kullanılıyordu. *Raiyyet çiftlik* -basitçe *çiftlik*- veya *çift,* bir çift öküzle birlikte bir köylü ailesine *(hane)* ait olan çiftlik anlamına geliyordu. Roma ve Bizans imparatorluklarında da aynı anlama gelen *jugum* ve *zeugarion* terimleri kullanılıyordu. Aslında *çift, cuft, jugum* ve *zeugarion* aynı kökten gelmektedir. Bir köylü ailesi *(hane),* işletebilmek için hayvan gücü olarak bir çift öküz ve ortalama bir köylü ailesinin geçimini sağlayacak büyüklükte bir toprak parçasını ve bu toprağı işleyebilmek için hayvan gücü olarak bir çift öküzü içeren bu birim toprak üretiminin temel örgütlenmesini oluşturmakla kalmayıp, vergilendirme ve vergi denetimleri için de standart birim olarak kabul ediliyordu. Bu birim vergi sisteminin temeli olarak ele alınınca, sürülebilir alanların ayrıntılı kadastrosu yapılmaksızın kolaylıkla tahrir edilebilirken, vergilendirme de rahat ve masrafsız bir şekilde bu standart birim üzerinden belirlenebiliyordu. Diğer bir deyişle, *raiyyet çiftlik* hem bir toprak örgütlenmesi çeşidi hem de mali bir tedbir idi.

Söz konusu sistem iki düzlemde incelenmelidir: sosyo-ekonomik ve siyasi-mali. Burada, öncelikle, olası siyasal yansımalarını da -özellikle köylü emeği ve toprağının bu temel biriminin denetimi için taşra seçkinleriyle merkezî bürokrasi arasındaki mücadele- göz önüne alarak, konunun mali yönü üzerinde duralım. Bizans ve Osmanlı imparatorluklarının merkezî bürokrasileri, siyasal ve mali sistemin bütününü, toprak vergisi ve tarımsal üretimin temeli olan aile çiftliği birimiyle; toprağını büyük bir mülke dönüştürmeye çalışabilecek *kudretli kimseler*in (Yunanca *dynatoi)* teşebbüslerine karşı korumak için, ya temel aile çiftliği birimlerini koruyarak ya da uygulaması olası veya kazançlı olduğunda onları malikâne benzeri tarım birimlerine veya etrafı çevrili toprak parçalarına *(ekabir çiftliği* ya da *proasteion)* dönüştürerek muhafaza etmeye çalışıyorlardı.

Bu yüzden, tarımsal üretimin özel örgütlenmesi olan aile çiftliği birimindeki değişiklikler sosyo-ekonomik tarihin araştırma alanı olmasına karşın, Osmanlı toplumundaki sosyo-politik yapı ve dinamiklerden bahsettiğimizde; farklı seçkin gruplar arasında bu konuda kendi aralarında vuku bulan çatışmalarla, bu gruplarla köylüler arasında hasıl olan çatışmaların farkını ortaya koymalıyız.[1] Açıktır ki; bu iki süreç dizisi arasındaki yakın ilişki göz ardı edilemez. Yine de askerî-mali çatıdaki değişiklikler aile çiftliği birimine dayanan tarımsal üretim sistemi olan temel sosyo-ekonomik örgütlenmede değişiklik gerektirmemektedir. Ancak, imparatorluğun mali çatısının büyük ölçüde sosyo-ekonomik temelin korunup şekillenmesini sağladığı da bir vakıadır. Merkezî otoritenin yeterince güçlü ve devlet düzeneğinde kilit role sahip bürokratik grubun sistemin sürekliliğini sağlamakta başarılı olduğu dönemlerde, imparatorluğun bürokratik denetimi de en güçlü hâle geliyordu.

1 Resmî bir tahrir defterinde terimin *hane-ba-çift*, yani çifti olan köylü ailesi biçiminde kullanıldığını gördüm.

Konuyu bu noktadan ele aldığımızda Ortaçağ'da bir egemen seçkin grubun başka bir egemen seçkini temsil eden yabancı bir güçle girdiği mücadele, son tahlilde, aynı karaktere sahip, sistemin temel ön koşullarını yenileyecekleri vaadiyle köylü çiftlik birimlerinin denetimini elinde tutmaya çalışan iki imparatorluk gücü arasındaki mücadeleyi içeren bir süreçti. Aslında Osmanlılar, Balkanları fetihlerinde aile çiftliği birimine dayanan eski toprak sistemini değiştirmeye çalışan bir grup güçlü taşra seçkini tarafından ortaya koyulan yenilikleri ve özellikle de angaryaları ortadan kaldıracakları vaadiyle, köylülere bilinçli ve sistemli bir şekilde yaklaştılar. Osmanlı İmparatorluğu'nun yaptığının, merkezî bürokrasisi köylü ve toprak üzerindeki tüm denetimini kaybetmiş olan bir imparatorluk rejimini ikame etmek olduğu rahatlıkla söylenebilir. Denetim sırasında, merkezî imparatorluk otoriteleri güvence altında olduğu sürece uzlaştırıcı olan Osmanlılar, yeni tımar sahipleri olan, yerel Hıristiyan soylularının konumlarını imparatorluk hükûmeti ve köylüler önündeki eski durumlarına getirdiler. Kısacası, Osmanlı fetih siyasetindeki temel yaklaşım, eski sosyo-politik sistemi yavaş yavaş ortadan kaldırmaya çalışan taşra seçkini karşısında merkezî otorite ve bürokratik denetimin yeniden kurulmasını sağlamaktı. Bu, ancak böyle bir gelişmenin etnik veya dinsel terimlerle değil; sosyolojik olarak ele alındığı bir durumda doğru olabilir. Ancak Osmanlı imparatorluk rejiminin eski *pronija* sahiplerinin İslâm dinine geçip geçmediklerini hesaba katmadığını da anımsamalıyız.

ÇİFT-HANE, AİLE ÇİFTLİĞİ BİRİMİ

İmparatorluk bürokrasisi için temel araç tahrirler ve köylü aile çiftliği birimlerinin kaydedilmesiydi. Bir bölgenin fethinin hemen ardından *çift-hane*'leri kaydeden bir tahrir, Osmanlı hükûmeti için en önemli vergi kaynağı niteliğindeydi.[2] Roma İmparatorluğu'ndaki

2 Osmanlı tahrirleri için bkz. H. İnalcık, *Hicri 835 tarihli Sûret-i Defter-i Sancak-i Arvanid*, "Giriş" bölümü, Ankara 1954.

colonus ve Bizans'taki *stasis*'e denk düşen *çift-hane,* 'iki öküze ve yeterli toprağa sahip olan köylü ailesi' anlamına gelen bir mali terim olarak, tüm zamanlarda korunan bir birimdi.

Kural olarak, tarımsal örgütlenmenin emek birimi olan köylü ailesi *(hane)*, ayrıntılı tahrir defterine *(defter-i mufassal)* birimin diğer iki temel unsuru olan öküz ve toprakla *(çift)* birlikte kaydediliyordu.

Defter-i mufassal'da, evli bir erkek olan aile reisinin adının altına, *çift*'i veya *yarım çift*'i olduğunu belirtmek için *ç* harfi veya *nîm* konuluyordu. Birim ve sahibi, vergi takdirinin temeli olarak bir kez deftere kaydedildiklerinde, yeni bir tahrire kadar teorik olarak değiştirilemezdi.

Öncelikle, Osmanlı hukukunun köylü aile çiftliğinin bölünemezliği konusundaki hükmünün açık olduğunu belirtelim. "*Reaya çiftlik* asla taksim edilemez." Eğer bir çiftliğin birkaç kişi arasında bölünmüş olduğu görülürse eski hâline getirilmesi gerekir ve çiftliğe sahip olan ailenin reisi ölüp de çiftliği birden fazla oğluna bırakırsa, oğullar çiftliğin mülkiyetini topluca almalıdırlar. Ayrıca, merkezî hükûmet tahrir memuruna arsaları bütünleştirerek yeni çiftlik birimleri yaratması talimatını veriyordu. Anadolu ve Balkanlardaki sürülebilir toprakların büyük çoğunluğu bu şekilde *çift-hane* veya vergi ve üretimin çiftlik birimi olarak düzenlenmişti.[3] Osmanlı çiftliğinin tüm bu özellikleri Bizans'taki *zeugarion* veya *stasis*'de de bulunmaktaydı.

Büyük Osmanlı yasa koyucusu Ebu's-Suud, *çiftin* birlik ve bölünmezlik ilkesini yorumlarken, mali bir kanıt getirerek, söz konusu bütünün bölündüğü takdirde hükûmet veya tımar sahibinin *çift-resmi* veya çiftlik vergisini toplamasının neredeyse olanaksız olduğunu belirtiyordu. Şüphesiz, bu güçlü bir bürokratik kanıttı. Ancak aynı zamanda, temel mali birim olarak toprak ve ailenin birleşmiş hâline gönderme yaparak sorunun özüne de dokunuyordu.

---

3 H. İnalcık, "Osmanlılar'da Raiyyet Rüsumu", *Belleten*, XXIII, 1959, s. 576-610.

Burada, çiftliğin bölünmemesini sağlamak için merkezî hükûmetin aldığı tedbirlerin ayrıntısına giremiyoruz.[4] Şeriat Kanunu mirasın kız-erkek tüm çocuklar ile eş arasında dağıtılmasını şart koştuğundan, tarım arazilerinin bir kısmının bu kuralın dışında tutulması İslâm'ın ilk yüzyılından itibaren gerekli görülmekteydi.

Osmanlı topraklarının çoğu gayrimüslimlerden fethedilen topraklar kategorisinde olduğundan (İslâm hukukunda *haracı* veya *fay* denilen topraklar) Osmanlı İmparatorluğu'ndaki tarımsal arazilerin çoğu bu kategorinin dışındaydı ve devlet mülkiyetinde *mîrî arazi* olarak bilinen özel bir rejime tâbi tutuluyordu. Bu, devletin, dinsel hukuk dışındaki devlet kanunlarını oluşturma hakkından ileri geliyordu. Kanıtların bölük pörçük olması nedeniyle boyutlarını tam olarak bilemesek de, Bizans döneminde de bu çeşit arazinin mevcut olduğu kesindir. Gene de Osmanlı tahrirlerine dayanarak şu varsayımda bulunabiliriz: Bizans tarihinin son döneminde bile bu çeşit tarım arazilerinin oldukça geniş olması gerekiyor; çünkü Osmanlı tahrirleri, Osmanlı Devleti'nin görünüşte büyük ölçekli kamulaştırmalara gitmek zorunda kalmadığını gösteriyor, imparatorun özel izniyle bağışlanarak egemen seçkinlerin özel mülkiyetine bırakılan araziler ve *vakıf* dışında kalan ve tahıl yetiştirilmesi için ayrılmış ekilebilir tüm araziler devletin mülkiyetinde sayılıyordu.

Aile çiftliği biriminin temel unsuru olan ailenin toprağını terk etmesi yasaklanmış, arazinin emek birimi olan aileyi sürekli bir arada tutmak için birçok tedbir alınmıştı. Eğer çocuklar reşit olmadan koca ölürse, kanun, toprağın mülkiyet hakkını, işçi kiralayarak veya erkek akrabalarının iş birliğiyle toprağı işleyip üretime devam ederek vergileri ödemesi şartıyla dula *(bive)* veriyordu. Çocuklar büyüyüp çalışabilir duruma geldiklerinde, en büyük olan çiftliğin tek yasal sahibi ve vergilerin sorumlusu olarak tanınıyordu. Her birinin vergideki payının belirlenmesi aileye bırakılmıştı.

---

4 Bkz H. İnalcık, ed., *An Economic and Social History of the Ottoman Empire*, Cambridge University Press, Cambidge 1994, s. 103-178.

Eğer aile reisi üç yıl arka arkaya yasal olarak kabul edilebilir hiçbir gerekçe olmaksızın -hastalık, sel, vb.- toprağı işlemeyi durdurursa, çiftlik üzerindeki hakkını kaybediyor, çiftlik açık artırma ile kasaba halkından veya dışarıdan en yüksek meblağı verene bırakılıyordu. Bazı yerlerde, kız evlada ve yakın akrabalara herkesten önce satın alma hakkı tanınıyordu. Arazi mülkiyeti, *çiftlik* üzerinde mülkiyet sahibine, oğlu, oğulları veya dul eşine doğrudan miras ve daimî kullanım hakkı gibi çok kısıtlı haklar verse de, bağışlama veya rehin bırakma, bir başka mülkle takas etme ve toprağın her zamanki kullanım şeklini değiştirme gibi hakları içermiyordu.

Kısacası, Osmanlı'nın tüm idari, mali ve askerî yapısı *çift-hane* sistemine dayanmaktaydı. Sistem, tarımsal üretimin, her biri bir çift öküze sahip ve kendisini beslemeye yetecek bir *raiyyet* çiftlik'in mülkiyetinin verildiği ve doğrudan devletin kendisi veya bir vekili olabilen toprak sahibine vergisini ödeyen bir köylü ailesi *-hane-* temelinde yapıldığı bir düzenlemeden oluşuyordu. Arazinin büyüklüğü, toprağın verimliliğine göre 50 dönümden 150'ye kadar veya 5 ilâ 15 hektar arasında değişiyordu; ilginçtir, Roma veya Bizans aile çiftliklerinde de bu sınırlar aynıydı. Profesör Laiou'ya göre, Makedonya'daki bir çiftliğin ortalama büyüklüğü 163 *modioi* veya 14 hektar civarındaydı (modioi 888,7 m. olarak alınmıştır).

Roma'nın askerlerinin, emekliliklerinde 10 veya 12 *iugera* toprak, 50 *modii* buğday tohumu ve bir çift öküz, yani normal bir aile çiftliğinin üç unsurunu aldıklarını yukarıda söylediklerimize ekleyebiliriz. Fâtih Sultan Mehmed'in kanunnâmesinde *çiftlik* dört *modii* tohumla ekilecek bir toprak parçası olarak tanımlanıyordu. Dördüncü yüzyıl İtalyası'nda bir *iugerum*'a 4 *modii* tohum ekilmesi tavsiye edilmişti. Bu birim bölünemezdi. Arazinin tanımının tohum miktarından hareketle belirlenmesi daha çok ortakçı sistemine bağlanmalıdır. Osmanlı uygulamalarında *çift* bazen bir çift öküz olarak tanımlanıyor, böylece *çiftlik* bir çift öküzle sürülebilecek büyüklükte toprak parçası anlamına geliyordu.

Binlerce belgede Osmanlı merkez bürokrasisinin *reaya çiftlik*'lerinin zarar görmemesini sağlamak ve her türlü ekilebilir alanı bu tarımsal üretim türüne çevirmek konusundaki çabalarını görmek oldukça şaşırtıcıdır.

Nasıl lonca sistemi kentsel sanayinin ve kent toplumunun temel taşı olarak kabul ediliyorsa, *çifthane* de tarımsal üretimin ve kır toplumunun temeli olarak görülmekteydi. İmparatorluk sisteminin ancak bu iki temel kurumun korunmasıyla yaşayabileceğine inanan Osmanlı bürokratları, şehirlerde lonca sistemini, köylerde de *reaya çiftlik*'lerini büyük bir titizlikle destekliyorlardı. Bu, Tanzimat yenilikçilerinin Batı'dan esinlenilmiş liberal politikaları, en azından mirasla ilgili kuralları değiştirmeye niyetleninceye kadarki dönemde Osmanlı'nın anayasası gibiydi.[5]

Osmanlı kır toplumunun sadece toprak ve vergi sistemlerinin ideal birimi olan çiftlik ve yan çiftlik sahiplerinden oluşmadığını belirtmek gereksizdir. Yan çiftlikten daha az toprağa sahip, hatta hiç toprağı olmayan aileler ya da bekâr erkekler de vardı. Serseriler ile bağsız veya özgür köylüler diye adlandırılan ve devletin tahrir defterlerine kaydolmadıklarından hiçbir tarımsal birimin parçası olarak kabul edilmeyen kişiler de bulunmaktaydı. Çoğunluğunu başka yerlerde hayatlarını kazanmak üzere ailelerini ve topraklarını terk etmiş gençlerin oluşturduğu bu kişilere Osmanlı terminolojisinde *haricez-defter* (kaydolmamış olanlar) denirdi. Bizans-Roma sistemlerinde de *eleutheroi* (özgür kişiler) olarak adlandırılan tüm bu gruplar mali olarak çift vergisinin geleneksel sisteminin altında sayılıyorlardı.

Çift vergisi, aile emeğinin toprakla bileşiminin ifadesi olarak Osmanlı kır toplumundaki tabakalaşmayı anlamak için anahtar bir kavramdır. 1959'da yayımlanmış olan bir çalışmamda sistemi ayrıntılarıyla anlatmaya çalışmıştım.[6] Çift vergisi; çift vergisini, yan (nim) çift vergisini, evli köylü vergisini -*bennâk*- ve yoksul veya evli olmayanların vergisini -icara veya *mücerred*- içeren bir

5 Gene de Osmanlı'nın 1858'deki toprak kanunu *raiyyet çiftlik* birimini mîrî topraklarda tutmaya çalışıyordu.

6 Yukarıda, 1. notta bahsedilen "Osmanlılar'da Ra'iyyet Rüsumu".

vergi sistemidir. *Tütün-resmi* veya ocak vergisi, *dönüm* vergisi ve diğer bazı daha az önemdeki vergiler de bu sistemin içinde yer alıyordu. Bu vergi sisteminde verginin statüsünü ve angaryaları belirleyen hem toprak miktarı hem de çalışan kişilerin sayısıdır. Köylülerin belirli bir zamanda imparatorluğun tahrir defterine kaydedilmeleri, bir sonraki tahrire kadar statü ve yükümlülüklerini tayin ediyordu. Defter, vergi yükümlülükleri ve statüler konusundaki her türlü tartışmada başvurulacak en son ve karar verici kaynaktı. *Çifte* sahip bir köylü ailesi bir altına denk düşen çift vergisinin tamamını ödemek zorundaydı. Bu miktar, Roma İmparatoru Diocletian tarafından *coloni* için tespit edilen ve Bizans ve Osmanlı imparatorluklarında sürdürülenle aynıydı.

Vergi, belirli bir miktarın altındaki topraklar söz konusu olduğunda -yarı-çift'in altında- emeğe göre belirleniyordu. Eğer köylü yarı-çift'in altında toprağa sahipse, vergi oranları, temsil ettiği potansiyel emek olan medeni durumuna göre düzenlenirdi.

Verginin tümü, bir *çift-hane* başına 22 akça, parçalarıysa evli yoksullar (*bennâk*) ve bekâr yoksullar için sırasıyla yarı-çift başına 12 ya da 9 ve 6 akçaydı. Evli bir erkek sahip olduğu toprağın miktarına bakmaksızın, daha büyük miktarda emeği denetlemekle yükümlüydü. Bununla birlikte, bir *çift* veya *yarı-çift* mülkiyetine girdiği anda, üstüne düşenden daha yüksek oranlar ödemek zorundaydı. *Bennâk*, yani evli erkek vergisinde -ki aile vergisi olarak yorumlanmaktadır- evli bir köylünün çift veya yarı-çift toprağını terk etmesi durumunda vergi statüsü değişmekte ve sadece 9 akça *bennâk* vergisi ödemekteydi. Son olarak, en az vergi miktarı olan, bekâr ve topraksız bir köylünün -*caba* ya da *kara*- ödediği 6 akça vergi, gelir sağlayabilecek durumdaki bir erkeğin iş gücünün dengi olarak yorumlanmaktaydı. Aile tek bir çalışma ekibi olarak sayıldığından, *kara* vergisine konu olan kişiler, sadece bir köylünün babasının hizmetinde olmayıp kendi hayatlarını kazanan bekâr oğullarıydı. Hiç kuşkusuz, burada çift vergisinin kişiselleştiğini ve vergi hesaplamasında köylü emeğinin konu edilmeye başlandığını görüyoruz.

Çift-resmi ayrıca *raiyyet* veya doğasını ve özünü daha açık bir şekilde ortaya koyan *kulluk akçası* terimleriyle de anılıyordu. Raiyyet veya kulluk; köle, tâbi veya bağlı olma statüsü anlamına geliyordu ve bu nakdi yükümlülük, köylünün angaryalar için derebeyine olan borcuna denk düşüyordu. 15. yüzyıl Osmanlı kanunları ve tahrir defterleri bu yorum hakkında hiç şüphe bırakmamaktadır. Her özel statü için 22 akçalık bir vergi veya parçaları derebeyine borçlu olunan belirli *kulluk* ve angaryaların nakdi dengi olarak gösterilmiştir: 3 günlük kişisel hizmet için 3 akça, bir yük arabası dolusu kuru ot için 7 akça, yarım araba dolusu saman için 7 akça ve bir arabayla hizmet için 2 akça. Fatih'in kanunnâmesinde bu durum şöyle belirtilmişti: "Eğer bu yedi işten para alınacaksa, yirmi iki akça alınacaktır." Burada, kişisel angarya için 3 akça hesaplanmıştır. Diğer yandan, aynı kanunun açıkladığı gibi topraksız köylüler genellikle ya tarım işçisi olarak çalışarak, ya hayvanları veya arabalarıyla yük taşıyarak ya da el işleriyle meşgul olarak hayatlarını kazandıklarından topraksız bekâr bir köylü 6 akça vergi ödemekle yükümlüydü. Derebeyi için sarf edilen bu kişisel emek veya üç günlük iş veya üç akçanın dışında diğer dördü ancak toprağı ve gerekli donanımı olan köylülerin yerine getirebileceği hizmetlerdi. Burada, bir kez daha, kişisel iş gücünün ailenin tarımsal faaliyetleriyle birleştiğini görüyoruz. Şunu da belirtmek ilginç olacaktır ki; Roma İmparatorluğu'nda her köylü ailesi *iugatio-capitatio* için bir altın öderken, daha yoksul köylülerse bir *nomisma*'nın 24'e bölünmüş parçaları hâlinde ödemekle yükümlüydü.[7]

Bizans İmparatorluğu'nda tâbi köylüler (*paroikoi*) vergi kayıtlarında aynı Osmanlı İmparatorluğu'ndaki gibi sınıflandırılmaktaydı.[8] Belirli miktarda toprağa ve bir çift öküze sahip kişi anlamındaki *zeugarate* bizdeki *çifte* karşılık gelmektedir. Bir *nomisma* toprak ve ocak vergisi olarak ödeniyordu. Bir öküz ve *zeugarate*'nin toprağının yarısına sahip olan kişi anlamındaki *boidate* bizdeki *nim-çift*'e denk

7 A. H. M. Jones, "Capitatio and Jugatio", *The Journal of Roman Studies*, XLII (1957), s. 88-91; A. Déléage, *La capitation du Bas-Empire*, Mâcon 1945.

8 Bkz. A. Laiou-Thomadakis, *Peasent Society in the Late Byzantine Empire*, Princeton 1977.

düşer. Topraksız veya yarı-çift'in altındaki toprak parçasına sahip köylülere de *aktemones* deniyordu ki bu da Osmanlı'daki *bennâk*'a karşılık gelir. *Aktemones* ve *pezoi* arasındaki fark belirlenmemişti ama hiç şüphe yok ki bu köylü sınıfı Osmanlı'daki yoksul köylülere denk düşmekteydi.

Son tahlilde bu kelle-toprak vergisi Marc Bloch'un adlandırdığı gibi köylü ailesinin derebeyine borçlu olduğu emek kirası şeklinde yorumlanabilir.

Angaryalardan faydalanamayan devlet bunları toplu nakde çevirerek hazineye önemli nakit girdisi sağladı. Aynı işlemle, yerel derebeyleri veya sipahi tarafından suistimal edilebilecek kişisel hizmetlerin çoğunu da ortadan kaldırmış oluyordu. Bizans'ta angaryaları nakit vergiye dönüştürmeye yönelik bir girişim II. Andronikos (1282-1328) döneminde beyan edilmişti. Ancak devlet, feodal angaryaları ortadan kaldırırken o zamanlar *avarız-i divaniyye* denilen hizmet ve iştirakleri yükleme hakkını kendisi için saklı tuttu. Angaryaların nakit vergiye dönüştürülmesi devlet tarafından köylüler lehine ortaya konulmuş büyük bir yenilikti. Devlet, bu tür denetim ve kısıtlamaları, tüm ekilebilir alanlar üzerinde *rakaba* veya *dominium eminens* kapasitesi ve tebaa üzerinde üstün egemenliğe sahip olması temelinde açıklıyordu. Şu da bir gerçektir ki, hem Osmanlı Devleti'nde hem de Bizans'ta imparatorluk erki, yerel derebeylerinin toprak ve köylü iş gücü üzerinde mutlak denetim kurma girişimlerine her zaman karşı koymuştur. *Reaya* ya da *paroikoi*'nin korunması "imparatorluk adaleti" veya imparatorluğun üstün amacı olarak ilan edilmiştir.

Sipahi, toprağın *reaya* tarafından aklî ve kullanılması konusundaki devlet düzenlemelerinin uygulayıcısıydı. Tımarlar tahrir defterlerinde kaydedildikleri gibi bölünemez ve değiştirilemez birimler olduklarından, önceden belirlenmiş olan tımar gelirini koruyabilmek için, *çift-hane* veya köylü aile birimleri de bölünemez ve değiştirilemez tutulmaktaydı. Ama öte yandan, Osmanlı İmparatorluğu'nda tarımsal üretimin örgütlenmesinin gelişemeyip durgun bir ekonomi olarak kalmasının nedeni belki de sistemin katılığı ve devletin *çift-hane*'yi korumasıydı.

Angarya ve kiraları artırmaya çalışan taşra derebeylerinin ağır sömürüleri köylüler arasında geniş çaplı hoşnutsuzluk ve itirazlara yol açıyordu. Ortaçağ köylüsünün protesto için başvurabileceği en etkili silah, toprağı terk ederek ağanın gelir kaynağını batırmaktı.[9] Bu iktisadi açıdan köylü için mantıklı bir eylemdi, çünkü bir kez derebeyinin talebi köylünün geçimi için ayrılan miktarı geçtiğinde ekime devam etmek için bir neden kalmıyordu. Köylüyü toprağına bağlamak için sarf edilen gayretlere karşın, Bizans'ın kırsal tarihinde *paroikoi*'nin yakındaki derebeyinin arazisine veya yabancıların denetimindeki topraklara kaçması az rastlanır bir durum değildi.[10] Bu, iş gücü kıtlığının çekildiği dönemlerde, devletin olduğu gibi derebeyinin de başına gelebilecek en korkunç durumdu. Osmanlılar, fethettikleri yerlerde köylülerin tepkilerinden geniş ölçüde faydalanan *istimâlet* politikaları ve geleneklere uygun kurallarıyla aile çiftliği birimini korumayı öncelikli devlet politikası hâline getirmeleri sayesinde, Balkanlardaki küçük hanedanları görece kolay bir biçimde ortadan kaldırabilmişlerdir.[11]

Şüphesiz çift vergisi, unsurlarıyla birlikte tarımsal yapının tümünü içine alan eksiksiz bir vergi sistemi oluşturuyordu. Kaydedilmiş bağımsız bir köylü tarafından ödenen çift vergisi veya yıllık belirlenen nakit verginin aslında belirli miktarda toprağa sahip bağımsız bir köylünün üretken iş gücü için ödenen bir vergiyi temsil ettiği açıktı. Çift vergisinin, erken dönem Osmanlı kanunlarında basitçe nakit olarak hesaplanan belirli angaryalar olarak tanımlandığını da gördük. Bu da hükümdara veya onun yerel temsilcisine borçlu olunan emek anlamına geliyordu. Bu angaryalar ya da *tekâlif*, yükümlülükler -derebeyinin veya askerlerin ailelerinin geçimi için ayrılmış toprağın ekilebilmesi için gerekli emek, atlarının yiyeceği otların biçilmesi, ateş için saman ve odun temin etmek- örfle yerleşmişti ve ordunun korunması için gerekliydi. Bu temel angaryalar olmadan süvariler yaşamlarını sürdüremez, askerî seferlerdeki

9 Bkz. H. İnalcık, "Mazra'a", *Encyclopedia of Islam*, 2. Baskı, cilt VII.

10 P. Lemerle, "Esquisse pour une histoire agraire de Byzance", *Revue Historique*, CCXIX (1957); Laiou, *a.g.e.*

11 Bkz. H. İnalcık, "Ottoman Methods of Conquest", *Studia Islamica*, II (1954).

görevlerini yerine getiremez ve köylü ile çiftçinin yağmacılara karşı korunmasını sağlayamazlardı. Bu angaryalar genellikle köylüler tarafından istenmediği ve suistimal edildiğinden, ekonomik koşulların izin verdiği her durumda Osmanlı bürokratları bunları toplu nakit vergilere dönüştürmeye çalışmıştır.

Kısacası, köylü emeği vergilendirilebilir bir nesne olarak kabul ediliyordu ve oranı da bir çifte sahip tüm bir köylü ailesinin mi, bu birimin yarısına veya daha azına sahip ya da hiç toprağı olmayan bir köylü ailesinin mi ve son olarak da hiç toprağı olmayan yetişkin bir bekâr erkeğin emeği mi olduğuna göre değişiyordu. Sistem çift sahibi köylünün ya gerekli emeği sağlayarak tüm hizmetleri yerine getirebilecek ya da bunun yerine çift vergisinin tamamı olan 22 akçayı -ki bu 14. yüzyılda bir altına karşılık geliyordu- ödeyecek evli bir erkek olmasını gerektiriyordu.

Toprak artık çift vergisini saptamada göz önünde bulundurulmadığında, üretken iş gücünün vergi değerlendirmesinin temeli olarak kabul edildiği olgusu açık hâle gelir. Toprağı olmayan bekâr köylü, 6 akçadan oluşan en düşük oranda olmakla birlikte, vergi ödemek zorundaydı. Hiçbir bağımsız üretken gücü olmayan kişiler; yani çok yaşlılar (pîr-i fânî), çocuklar, köleler, keşişler ve "sadece yardımla yaşayan rahipler" bu vergiden muaftı. Bir çiftin reisi olmadıkları sürece, kadınlar da vergi ödemiyordu. Aslında, üstü kapalı olarak evli kadınlar ve çocuklar her zaman köylü ailesinin iş gücünün öğeleri olarak kabul ediliyordu -ki bu, günümüz Türkiyesi'nin de gerçekliğidir- ama bekâr bir kadın bu vergiye konu edilmiyordu. Bu iş gücü, azat edilmiş köle çiftçilerle birlikte görülen bir vergi konusuydu. Bir ortakçı kul azat edildiğinde, tarımda çalışmıyorsa bile, 45 ilâ 60 akça arasında bir miktar ödemek zorundaydı. 15. yüzyılda bu bir altına karşılık geliyordu ve o zamanlar, yetişkin bir erkeğin geçimi 7 ilâ 10 altın arasında tahmin ediliyordu. Hükûmetin, köylü nüfusunun birçok kategorisinde yetişkin bir erkeğin emeği için 50 akçalık vergi oranı belirlediği görülmektedir. *Ellici* denen kişiler, yani 50 akça ödeyenler ya da *florici* veyahut da kişisel vergi olarak bir altın ödeyenler, normal köylü nüfusunun dışında kalan reaya kategorileri olarak biliniyorlardı.

Daha önce bahsedildiği gibi, çift-resmi devlet düzenlemelerinde zaman zaman kulluk akçası ya da bağımsız bir köylünün devlet veya tımar sahibine beklenilen hizmetler için sağlaması gereken para olarak tanımlanıyordu. Devlet bir topluluğu belirli daimî hizmetlerle görevlendirdiğinde, çift-resminin oranı bu angarya yüzünden önemli oranda düşüyordu. Düzenlemeler, vergi indirimi ve muafiyet koşulları konusunda çok açıktı.

Tarihçiler, İslâm'daki *harâc-i muvazzafa* veya Roma dünyasındaki *iugatio-capitatio* gibi bu tür vergilerin toprak vergisi mi, yoksa kelle vergisi mi olduğunu hâlâ tartışmaktadır.[12] Ancak emek ve toprağın birleştirildiği aile çiftliği birimini ve potansiyel üreten getirişi yüzünden emeğin ayrıca bir vergilendirme konusu sayıldığı durumları göz önüne alırsak bu gizemin çözüleceğine inanıyorum.

Eminim, köylü vergisinin çözümlenmesi, bizi tüm Eskiçağ ve Ortaçağ dünyasındaki vergi hesaplamalarının anahtar ilkesine götürecektir. Köylü, sadece toprak ürünlerini üreten ve onlar üzerinden öşür ödeyen kişi olarak değil, aynı zamanda hizmetleri buluşturabilen ve her türlü ekonomik değer yaratabilen bir potansiyel iş gücünün temsilcisi olarak görülüyordu. Bu kişisel bir vergi olduğundan, şehirlerde yaşayan üretken kişilere de uygulanabilirdi. Üretici olmadıklarından, egemen sınıfın tüm üyeleri bu vergiden muaf tutuluyor ve zaman ve enerjilerini üreticiyi korumakla harcadıkları varsayılıyordu. Diokletianus'ın zamanından itibaren, hatta belki de daha önceleri Akdeniz dünyasında ve Batı Avrupa'da evli bir yetişkin erkeğin üretim kapasitesine göre hesaplanan kişisel vergi bir altın oranında belirlenmişti. Bu sabit vergilendirme standardı, daha sonraki dönemlerde de değişmedi. Aynı birim, İslâm hilâfeti döneminde de *cizye* veya *haraç* adı altında karşımıza çıkmaktadır. Kırsal alanda, üretimi temsil eden köylü ailesi vergilendiriliyordu. Bizans İmparatorluğu'nda vergiye *zeugaratikion* deniyordu ve bir *nomisma* değerindeydi. Osmanlılarda ise *çift-resmi* veya *ispençe* deniyordu ve 22 veya 25 akça değerindeydi.

---

12 Bkz. H. T. Modarresi, *Kharaj in Islamic Law,* Londra 1983; F. Lot, *L'impôt foncier et la capitation personelle sous le Bas-Empire et à l'époque franque,* Paris 1928.

Bu vergi sisteminde temel birim olan bir duka altınının 24'e bölündüğünü ve köylü nüfusunun ekonomik durumlarına göre sınıflanan çeşitli kategorilerinin -toprağa ve iki öküze sahip olmak, evli ama topraksız olmak veya bekâr olmak- onikili bir sisteme göre değişen oranlarda vergilendirildiklerini görmek ilginçtir. Osmanlı'da bir duka altının değerinin neden 24 yerine 22 akça olduğu sorusunun yanıtı, inanıyorum ki, 1334 civarında İran-İlhanlı İmparatorluğu yönetimi sırasında yazılmış bir çeşit 'mali deneme' olan *Risale-yi Falakiyye*'deki bir kayda göre 1330'larda bir *miskal* altının 22 akça değerinde olmasından kaynaklanıyor. Nicolas Svoronos'un *Tebai*'nin Bizans kadastrosu yayınında göstermiş olduğu gibi, tarım vergisi aynı 24, 12, 9, 6'lık on ikili sistemi takip ediyordu.[13] Açıkça, vergi hesaplamasında kişisel gelir listelerinin veya toprakların ayrıntılı kadastrosunun yapılması uygulamada olanaksız olduğundan, sistemin bütünü, kişisel veya birleşik verginin çeşitli oranlarının vergiyi ödeyenin ortalama durumuna göre hesaplanmasında elverişli bir araçtı. Burada, Eskiçağ ve Ortaçağ imparatorluk bürokrasilerinin de onikili vergi sistemini ağırlık ve ölçülerin temeli olarak aldığı anımsanabilir.

Osmanlı öncesi imparatorluklarda *iugatio-capitatio* ve *zeugaratikion* hakkındaki uzun tartışmalara da dipnot olarak dokunmak isterim.

Ferdinand Lot, Geç Roma İmparatorluğu'ndaki kelle-toprak vergisi -*iugatio-capitatio*- ile ilgili çalışmalarında ve Marc Bloch da Ortaçağ *mansus*'unun sosyo-ekonomik doğasıyla ilgili çalışmalarında, aile çiftliği biriminin Roma İmparatorluğu'nun çöküşünden sonra Batı Avrupa'da kır toplumunun temel nüvesi olarak varlığını sürdürdüğünü göstermiştir. Bu kendine özgü kelle-toprak vergisinin anlaşılmaz doğasına gönderme yapan Ostrogorsky,[14] *iugatio-capitatio*'yu Diocletian'ın vergi reformuna bağlayıp bizdeki çifte karşılık gelen iugumu "bir *caput*'u besleyebilecek miktarda toprak parçası", *caput*'u da "bir *iugum* için harcanan emek" diye

13 "Recherche sur le cadastre byzantin et la fiscalité au XI et XII siècles: le cadastre de Thebes", *Bulletin de Correspondance Hellenique*, 1959.

14 *Pour l'histoire de la féodalité byzantine*, Brussels 1954.

tanımlıyordu. Köylü ailesine uygulanan vergi "belirli bir toprak biriminin işgali" ile ilişkilendiriliyordu.

Geç Roma İmparatorluğu'ndaki *iugatio* ve *capitatio* sorunu birçok tartışmaya yol açmış ve çözüm için çeşitli teoriler önerilmiştir. Yakın bir zamanda, Arnold Jones *iugatio* ve *capitatio* üzerine yaptığı bir çalışmasında şunları dile getiriyordu: "Toprak vergisi ve diğer vergiler, toprağın mali birimi olan *iuga* ve kelle vergisi anlamına gelen *capita* üzerinden hesaplanırdı -ki bu ikisi bir şekilde birleştirilse de araştırılmaları gereken bir sorunsaldır-. Kanunlar, sayım kayıtları ve malikâne listeleri çok bölük pörçük kanıtlardır ve bu yüzden de sistemin tam anlamıyla tanımlanması olanaksızdır." Ama Jones'a göre bir nokta açıktır: "Birçok kanunda iuga veya iugatio ile capita veya capitatio çeşitli vergilerin hesaplanmasında birim olarak bir araya getirilmiştir." "Bir vergi ya bir araya getirilmiş her iki birim üzerinden -ki durum genellikle buydu- ya da sadece birisi üzerinden konulur." *İuga*'nın doğasıyla ilgili olarak da şunu söylemektedir: "Hiçbir sorun yok. Bunlar toprak birimiydi." Oysa *capitatio* aynı zamanda hem insanları *-coloni-* hem de hayvanları içeriyordu. Batı Anadolu'daki malikânelerin listesinde Jones'un işaret ettiği gibi, çiftliklerin ve *coloni*'nin bir "hesaplama birimi" olarak birleştiği *zugokefalai* veya *zugokefali*'leri görüyoruz.

Şimdi eminim ki, Osmanlı çift-hane sisteminin Osmanlı tahrir kayıtları kullanılarak yapılacak ayrıntılı bir tanımı, Geç Roma ve Bizans'taki *iugatio-capitatio*'yu da belirli bir ölçüde anlaşılır kılacaktır. Bir kişinin üretken gücü, vergi hesaplamasının temeli olarak kabul edilmelidir. Ancak bu kişinin ödeyeceği vergi, karısının ve çocuklarının emeğini aynı anda denetleyebilen evli bir kişi ya da gerekli hayvan gücüyle birlikte bir miktar toprağa sahip olup olmadığına göre değişir. Aile çiftliği birimi tüm sistemin iktisadi ve mali birimiydi. Siyasal üstyapıdaki değişikliklere karşın, köylü aile çiftliği Ortaçağ doğusunda kırsal ekonomi ve mali örgütlenmenin omurgası oldu ve son olarak onu özenli bir şekilde koruyan Osmanlı'ya miras kaldı.

DEVLET TEŞKİLATINDA KUL SİSTEMİ*

Osmanlılarda kul terimi keza *gulâm, gılmân, cuwân* veya Türkçe *oğlan* ve nadiren *çeleb* aynı manâda kullanılmıştır. Kelime genelde padişahın, askerî sınıf mensuplarının veya sıradan şahısların hizmetlerinde kullanılmak üzere hususi bir terbiye ile yetiştirilen genç köle manâsında kullanılmıştır. Sarayda *oğlan* veya *içoğlanı*, enderûnda henüz bir rütbe kazanmamış köle veya devşirme için kullanılan bir terimdir. Bunların hepsine birden *iç-halkı* veya *gılmânân-ı enderûn* denmekte idi.

Gulâm sistemi Osmanlı devlet idaresinin temelidir. Saray ve devlet hizmetinde kullanılmak üzere kölelerden oğlan yetiştirilmesi yöntemi Osmanlılara hiç şüphesiz Anadolu Selçukluları'ndan intikal etmiştir.[1] Anadolu Selçukluları'nda Şerafeddîn Ghulâm Khass Balaban ve Karatay kardeşler gibi gûlam aslından meşhur kumandanlar biliyoruz.[2] Gulâmlar yalnız askerî hizmetlerde kullanılıyordu. Fakat II. Keykâvus büyük emirlikleri gulâmlarına verince, diğer ümerâ ona karşı cephe aldılar.[3]

---

* *Makaleler II*, Doğu Batı Yayınları, Ankara 2008.

1 Bkz. İ. H. Uzunçarşılı, *Osmanlı Devleti Teşkilâtına Medhal*, İstanbul 1941, s. 85-94, 108-122; M. F. Köprülü, *Bizans Müesseselerinin Osmanlı Müesseselerine Tesiri*, s. 208-221, 242-45; M. F. Köprülü, "Osmanlı İmparatorluğu'nun Etnik Menşei Meseleleri", *Belleten*, No. 28, s. 275.

2 Bkz. *Tarih-i Âl-i Selçuk*, Bib. Nationale, Paris Supp., prs. 1553, tıpkıbasım neşri, F. Uzluk, Ankara 1952, s. 52, 57, 66, 71.

3 *A.g.e.*, s. 52-53.

Osman Gazi'nin Bursa ablukasına "kulu Balabancık Bahadırı" tayin ettiğini biliyoruz.[4] Aynı devirde yaşayan Barak Baba *Kelimât*'ında, gazâda Hıristiyanların büyüklerinin denize dökülmesi, "uşağı"nın, yani çocukları ve maiyyetinin çevreye katılmasını tavsiye etmektedir. Osmanlılarda kölelerden saray ve idare adamları yetiştirildiğine ait Orhan Gazi devrinden kalan vesikalara işaretler vardır. Onun Şaban 761 / Haziran 1360 tarihli vakfiyesinde, (Uzunçarşılı neşri, *Belleten*, No. 107, 422, levha 16), Evrenkuş Hadım ve Şahin b. Abdullah anılır; Orhan devrinde yeniçeri hums-i şer'î dolayısıyla padişaha ait olan savaş esiri oğlanlardan teşkil edilmiştir (bkz. Âşıkpaşazâde, Fr. Giese neşri, s. 50). Bu aslında mevcut gulâm sisteminin genişletilmesinden ibarettir. Diğer taraftan fethedilen yerlerde yerli askerî sınıfa mensup çocukların saray ve ordu hizmetine alınması *devşirme* usûlünün uygulanışına bir başlangıç teşkil etmiş olabilir. Devşirme, Osmanlıların gulâm sistemine getirdikleri önemli bir yeniliktir. *Dar al-Harb*'le daimî temas hâlinde bir uc devleti olan Osmanlı Devleti'nde ve cemiyetinde köleler diğer Müslüman cemiyetlerdekinden daha önemli bir yer edinmişlerdir.

Merkeziyetçi bir imparatorluk kurmaya çalışan I. Bayezid devrinde gulâm sistemi tam gelişime erişmiş oldu. Tahrir defterlerinde bu devre kadar inen kayıtlar, onun imparatorluğun her tarafında yalnız yüksek idari-askerî makamları değil, tımarları da gulâm sisteminden yetişen kullara verdiğini göstermektedir. Bu radikal hareketin, bazı çevrelerin duygularını yansıtan Anonim *Tevârîh-i Âl-i Osman*'da tepkilerini bulmaktayız ve onun sukutunda bu tepki şüphesiz önemli bir rol oynamıştır. Dukas (s. 34), Bayezid'in sarayında seçilmiş çocuklardan bahseder. *Chronique du Religieux de Saint-Denys* der ki (I, s. 427) "Ils enlevent les enfants pour les instruire dans leurs impures croyances." Bayezid Edirne'deki imareti yanında bir esir pazarı yaptırmıştı. Schildberger gibi Niğbolu'da esir olan Messire Barnaba'yı B. de La Broquiere (*Voyage d'Outremer*, s. 128) çok nüfuzlu bir Osmanlı memuru olarak bulmuştu.

4 Neşrî, Fr. Taeschner neşri, I, s. 35.

II. Murad devrinde bu sistem hakkında çağdaş kroniklerde olduğu kadar (bkz. Dukas, s. 83, 88, 90) resmî arşiv kayıtlarında da geniş malzemeye sahip bulunuyoruz (bilhassa 835 Hicrî tarihli *Suret-i Defter-i Sancak-i Arvanid*, neşreden H. İnalcık, Ankara 1954). Sofya Millî Kütüphanesi'nde mahfuz bir Sofya icmal defteri de yine 835 yılına aittir. II. Murad'ın 848/1444 tarihli azadnâmesi de konumuz bakımından önemlidir (bkz. *Fâtih Devri* adlı eserim, I, Ankara 1954); Musa Çelebi'nin kapı-oğlanı yedi bin kişiye (Neşri, s. 135-140), II. Murad'ınki dört-beş bin kişiye (B. de La Broquiere, s. 182-83) varmakta idi. Arvanid Sancağı defterine göre 835/1431'de orada askerî sınıfın her kademesinde padişah kulları ve beğ kulları tımarlı sipahiler arasında çoğunlukta idiler. Bunlar arasında şahinci-başı, emir-ahûr, silahdâr, kapıcı, paşmak-oğlanı, solak ve zağarcı bulunmaktadır ve hepsi de padişah sarayından çıkma idiler. 835/1431, 859/1455 arasında Arnavutluk sancak beğlerinin ekserisi gulâm aslından idiler. Bunlardan Kavala Şahin, Zağanos ve Kasım beğler, beylerbeyi ve vezir olmuşlardır. 9./15. yüzyılda fethedilen bölgelerde yüksek sınıfa mensup beğzâdeler Osmanlılar tarafından tercihen saraya alınmakta, orada imtiyazlı bir muamele görmekte ve *çıkma*'da ekseriya beğ unvanıyla en mühim mevkilere getirilmekte idiler. Böylece Rum, Bulgar, Sırp ve Arnavut aristokrasilerine mensup birçok kimse, bu devirde Osmanlı beğleri ve vezirleri olarak hizmet etmişlerdir. Ancak Anadolu Selçukluları'nda olduğu gibi gulâm sisteminden gelenlere askerî makamlar verilmiş; veziriâzamlık, maliye ve inşa şeflikleri genelde ilmiyyeden Türk Müslüman unsurlara hasredilmiştir. Kul aslından olanları küçümseme ve onlara karşı haset ve düşmanlık olduğu anlaşılmaktadır (bkz. Dukas, s. 63). H. Hüsameddin (*Amasya Tarihi*, III) yerli Türk ricâli ile dönmeler arasındaki bu rekabeti abartsa da, devlet siyasetinde ilk devrede bunun önemli bir rol oynadığına şüphe yoktur (Karamânî Mehmet Paşa ile İshak Paşa rekabeti, II. Bayezid devrinde Amasya'dan gelen ricâl ile Gedik Ahmed arasındaki rekabet, Çandarlı Halil ile Zağanos ve Şahabeddin Paşa arasındaki rekabet). II. Mehmed mutlak merkeziyetçi imparatorluğunu tesis ederken gulâm sistemini geliştirdi ve veziriâzamlık dâhil olmak üzere devletin bütün icra makamlarını kulların eline verdi (bkz. H. İnalcık, "Mehmed II", *İA*). Bu devirde ulema, vezirliği yalnız padişah kullarına mahsus bir makam saymakta idiler. Fatih sarayında içoğlanı olmuş Angiolello'ya göre kumandan ve başka yüksek mevki sahiplerinin ekserisi gulâm sistemine göre yetişmiş kimselerdendi. II. Mehmed devrinde bu sistemi bütün ayrıntılarıyla tasvir edebilecek kaynaklara ve arşiv malzemesine sahip bulunmaktayız.

Fatih'in kanunları II. Mehmed dönemi için bu konuda en mühim kaynaklardandır (bkz. R. Anhegger-H. İnalcık, *Kanunnâme-i Sultanî ber mûceb-i 'örf-i Osmânî*). Saray teşkilatının ve *oda*ların İstanbul'u aldıktan sonra Fatih tarafından Bizans tesiri altında kurulduğu hakkında yerleşmiş iddia (son olarak B. Miller, *The Palace School of Muhammed the Conqueror*, Mass., Cambridge 1941, s. 10-11), II. Murad devri hakkında yukarıda verdiğimiz kayıtlar karşısında kendiliğinden düşmektedir. Fatih, kanunnâmesinde kendi zamanına kadar câri teşkilatı, bazı ilâve ve değişikliklerle bir araya getirmekten başka bir şey yapmamıştır.

II. Murad devrinde Yazıcızâde Ali (*Selçuknâme*, Topkapı Sarayı, s. 23), padişahlığın kullara sahip olmakla mümkün olduğunu ifade etmiştir (karş. Machiavelli, *The Prince*, Bölüm IV). Kemal Paşazâde der ki, (Millet Kütüphanesi, İstanbul, No. 25, v. 11-12) gılmânın hepsi padişah kapısında eşit olduklarından hiçbiri diğerleri üstüne çıkmayı ve saltanat iddiasında bulunmayı aklından geçirmez.

17. asırda Paul Rycaut da (*The History of the Present State of the Ottoman Empire*, Londra 1686, III-IV. Bölüm) bu sistemin, padişah otoritesini yalnız kendisine mutlak şekilde bağlı kimselere tevdi etmek ihtiyacından doğduğunu anlatır. Osmanlı padişahları, kendi icra kuvvetini, yani örf-i (q.v.) sultanî'yi münhasıran kendi kullarına vermeyi bir prensip hâline getirmişlerdir. 10./16. asırda ehl-i örf, padişah adına emir verme yetkisine sahip kullar manâsına geliyordu. Kapıkulları ilk devirde kudretli uc beğleri karşısında Osmanlı padişahlarının merkezî otoritesinin kurulmasında başlıca

etken olmuşlardır. Koçi Beğ, kapıkulunun eyalet askeri karşısında bir denge teşkil ettiğini ve kendi zamanında bu dengenin yıkılmış olduğunu ifade etmiştir (Ali Kemali Aksüt neşri, s. 51).

Gulâm sistemi Kanunî Süleyman ve ilk iki halefi zamanında tam genişliğini kazanmıştır. Bu devirde Avrupa'da Osmanlı idare sistemine karşı yakın ilgi uyandığından bilhassa Venedik *relazione*'lerine ait tasvirlere sahibiz (bkz. Lybyer, s. 305-322). Bu tasvirler, özellikle G. A. Menavino (Trattato de costumi) gibi sarayda içoğlanı olarak bulunduktan sonra hatıralarını yazanlar, Türk arşivlerindeki zengin malzemeyi tamamlamaları bakımından değerlidir.

Gulâmların menşei başlangıçta en çok *pençik oğlanı* idi. Savaşta rehin olarak alınanların beşte biri *pençik* adıyla padişaha aitti. Buna rehine olarak tutulanları, hediye edilenleri katmak lâzımdır. Büyük şehirlerde padişahın *hassa harc* eminleri esir pazarlarından en iyi esirleri padişah için satın alırdı. Bu kaynaklara daha I. Bayezid devrinde *devşirme*den gelen çocuklar katılmıştır. 10./16. asırda her menşeden toplanan kulların yekûnu yılda 7-8 bine yükseliyordu. Bunun ortalama 3 bin kadarı devşirme idi. Devşirme oğlanları İstanbul'a gelince vücut ve karakter itibariyle en iyileri padişah için seçilir, bazı sultanlar seçimde bizzat hazır bulunurlardı. Bunlar İstanbul'da Galatasaray ve İbrahim Paşa saraylarına, taşrada Edirne ve Manisa saraylarına gönderilirler. Kalanı yeniçeri olmak üzere Anadolu'da Türk köylülerinin yanına gönderilir, küçük bir kısmı padişah bahçelerinde hizmet için bostancı yapılır. Saraya ayrılmış olanlara "acemioğlanı" denir. Keza fethedilen yerlerde soylu ailelerin çocukları seçilerek saraya gönderilirdi. 10./16. asır başlarında Galatasaray'da 300, Edirne Sarayı'nda 300 içoğlanı vardı (T.C. Spandugino, *Petit traicté*). Bu oğlanlar 2 ilâ 7 sene bu saraylarda sıkı bir disiplin altında tahsil ve terbiye gördükten sonra *çıkma* denilen ikinci bir elemeye tâbi olurlar ve en uygun görülenler seçilerek padişahın oturduğu sarayda, yani Yeni Saray'da *Büyük Oda* (Eski Oda veya Hane-i Kebir) ve *Küçük Oda* denilen dairelere alınırlardı (Angiolello, Fâtih devri sonlarında yalnız bir odadan bahseder. I. de Promontorio'ya göre bütün odalarda 15-22 yaşları arasında 400 içoğlanı vardı). *Büyük Oda*'dan başka bir *Küçük Oda*'dan ilk defa 1553'te Novagero bahseder (B. Miller, s. 41). Atâ'ya göre (*Tarih-i Atâ*, I, s. 153) Küçük Oda Fatih zamanında mevcuttu. Saraya alınmayanlar kapıkulu sipahi bölümlerinden alt kademede bulunan *ulûfeciler* ve *garibler* bölüklerine verilirdi. Yunus Beğ'e göre (Lybyer, s. 263) padişahın sarayında 8 ilâ 20 yaş arasında 700 içoğlanı vardı. Kanunî dönemine ait resmî bir masraf listesinde (Ö. L. Barkan, *İktisat Fakültesi Mecmuası*, vol. XV, s. 308) 3 enderûn ağası ile sadece 178 gılman-i enderûnî kayıtlıdır. Fakat herhâlde en kalabalık olduğu zamanlarda Büyük Oda 400, Küçük Oda 250 kişi idi (Miller, s. 129-130). Büyük Oda ve Küçük Oda'da oğlanlar yalnız tahsil ve bedenî idmanlarla meşgul olurlardı. Dersleri saraydaki hocalar ile dışarıdan belli zamanlarda gelen ulema ve danişmendler verirlerdi. Burada başlangıçta, herkes Kur'ân okumaya, İslâmiyet'in esaslarını öğrenmeye ve okuyup yazmaya mecburdu. Ondan sonra her biri kendi yeteneğine göre bir alanda derinleşmek imkânına sahipti (Atâ, I, s. 155). İlerleyenler İslâmî ilimler, Arapça, Farsça ve Türkçe sarf, nahiv ve edebiyat okurlardı. II. Bayezid, oğlanların tahsili ile şahsen alakadar olurdu (Menavino, Miller, s. 83). O, dinî ilimlerde derinleşenlerin ilmiyyeye intisab etmesine müsaade etmişti. Odalarda her türlü fenler; yani hüsn-i hat, inşa, siyakat, hesab ve musiki de öğretilirdi. Bu kişiler ileride kâtip sınıfına geçebilirlerdi. Yerli ve yabancı müelliflerin ittifakla işaret ettikleri bir nokta da bu odalarda oğlanlara beden kuvvetini geliştirmek, binicilik ve silahşörlükte maharet kazandırmak hususuna ehemmiyet verilmesidir. Başlıca sporlar; ağırlık taşımak ve çekmek, güreş, kemenkeşlik, cündîlik (ata binme), sinanbâzlık (kılıç kullanma), tomak ve cirit oyunlarıdır (Atâ, I, s. 177-182; Miller, s. 125). Silahşörnâme, bâznâme gibi eserler ekseriya onlar için yazılmıştır. Bunun haricinde her içoğlanı, bir hizmette veya sanatta beceri kazanmak zorunda idi.

Enderûnda minyatür, nakş, ciltcilik, hattatlıkta birçok üstat yetişmiştir (bkz. Âlî, *Menâkib-i Hünerverân*). Bu bilgilerin yanı sıra saraydaki terbiyenin en mühim nedeni oğlanın padişahın hizmetinde ona mutlak bağlılık ve itaat duyguları kazanmasıdır. Yatması kalkması, yemesi ve istirahati belli saatlerdedir. Oğlan, her istediği zaman konuşamaz. Dışarısı ve ailesi ile münasebette bulunamaz. Saraydan çıkıncaya kadar âdeta bir manastır hayatı yaşar, kadın yüzü göremezdi. Hadımlar aralarında yatar, onların gece gündüz her türlü hareketini gözetlerlerdi (B. Miller, s. 63). Menavino, enderûnda verilen terbiyeden güdülen gayeyi şöyle özetler: Tam bir Müslüman, kibar konuşmasını ve hareket etmesini bilen, edebiyata âşinâ, namuslu, nefsine hâkim çelebiler, centilmenler yetiştirmek. Odalarda oğlanlar onar kişilik gruplara ayrılmış olup her grubun başında yetişkin bir oğlan *lala* unvanı ile arkadaşları arasındaki disiplinden sorumludur. Oğlanlar birbirlerine *laladaş* derler. Fakat odaların asıl gözetimi kapıoğlanı kethüdasına verilmiştir. O kendi emrindeki hadımlarla (miktarları 16 ilâ 30 arasında değişmiştir) bu vazifeyi yerine getirirdi.

Sarayda daimî personeli hadımlar oluşturur. Bunlar bu maksatla hadım edilmiş kölelerdir. Disiplini koruyan ve oğlanları terbiye eden onlardır. Bu hadımlar veya akağalar Fatih devrinde 20 kişi (Angiolello), I. Selim devrinde ise 40 kişi idiler (Atâ, I, s. 164). Bütün bu hadımların başı ve sarayın umumi âmiri kapıağası veya Babüssaâde ağasıdır. Onun altında sırasıyla üç odabaşı; yani sırasıyla has odabaşı, hazinedarbaşı (veya ser-hâzinîn), kilercibaşı gelirdi. Has odabaşı içoğlanları, padişahın şahsının korunması ile görevli olup dışarıda ve içeride daima yanında bulunur, gece nöbet tutarlardı. Onlar padişaha doğrudan doğruya arzda bulunmak salahiyetini haiz idiler. Fatih kanunnâmesine göre arzda bulunmak yetkisine sahip olan ağalar, kapıağası, odabaşı, hazinedarbaşı, kilercibaşı ve saray ağasıdır. Bu sonuncusu sarayın temizlik ve tamiratına bakar. 'Arz ağalarının adedi sonraları artmıştır (Atâ, I, s. 162). Bu ağalar altında en kıdemli beş tanesi sonradan köşebaşı adıyla anılmaya başladı (Atâ, s. 164). Kapıağası (bkz. I. de Promontorio, s. 41; Spandugino, s. 63; Ramberti, s. 244; Uzunçarşılı, s. 354-7) padişah adına sarayın mutlak âmiridir. Angiolello, "O sarayda sultandan başka herkesin âmiridir" der. Padişah yalnız saray işlerinde değil, dışarıya ait devlet işlerinde de onun fikrini alırdı. II. Selim ve III. Murad devirlerinde Kapıağası Gazanfer Ağa devlet işlerinde fazla nüfuz kazanan ağalardandı. 995 / 1587'de haremde Habeşî Mehmed Ağa Darüssaâde ağalığını bağımsız hâle getirecek, haremi kapıağasının idaresi altından çıkaracaktır.

Hazinedarbaşı terfi edince kapıağası olurdu. III. Ahmed, Silahdar Ali Ağa'yı (sonra veziriâzam) sarayın umumi âmiri tayin ettikten sonra kapıağaları ikinci dereceye düşmüşlerdir. Kapıağaları *çıkma*da vezir-beylerbeyliği, daha sonraları 10. / 16. asırda vezirlikle Mısır valiliğine tayin edilegelmişlerdir.

Has odabaşı, hazinedarbaşı ve kilercibaşı padişahın özel hizmetlerine bakan Yukarı Odalar'ın (koğuşların) âmiridirler. Oğlanlar, Büyük Oda ve Küçük Oda'da normal olarak dört yıl tahsil ve terbiyeden sonra yeni bir elemeye tâbi tutulurlar. Bu *çıkma*'da en uygun görülenler hazine ve kiler odalarına alınırlar, kalanlar kapıkulu süvari bölüklerinden sipahioğlanları ve silahdarlar bölüklerine verilir. Giydikleri elbiseden ötürü yukarı bölüklerdeki içoğlanlarına *kaftanlı*, Büyük Oda ve Küçük Oda'dakilere ise *dolamalı* denir. Bu Yukarı Odalar arasında en yükseği, padişahın şahsi güvenliği ve doğrudan doğruya şahsi hizmetlerine bakan Has Oda'dır. I. Selim'den sonra bu odanın başlıca vazifesi, Peygamber'e ait eşyanın muhafaza edildiği Hırka-i Şerîf Dairesi'ne bakmaktı (Atâ, I, s. 189). Fatih kanunnâmesine göre (s. 24) Has Oda'da 32 oda-oğlanı ile bir silahdar (padişahın silahını taşır), bir rikabdar (ayakkabılarına bakar), bir çokadar (dış elbiselerine bakar), bir dülbendoğlanı (iç çamaşırlarını saklar) vardır. Bu sonuncular arasına sonraları miftâh (veya anahtar) gulâmı veya ağası katılmıştır. Bu beş ağaya *zülüflü ağalar* da denirdi. Has Oda mevcudu I. Selim devrinde 40'a çıkarılmıştır. 1475'te üç Yukarı Oda'da hep birden 80 içoğlanı vardı (I. de Promontorio, s. 40). Has Oda'da odabaşından başka 6 ağa, 12 eski (yani kıdemli) oğlan, 22 *acemi* vardı (daha sonraları hizmetlerde ihtisaslaşma artmış, yeni pâyeler çıkmıştır (bunlar için bkz. Atâ, I, s. 187-197).

11. / 17. yüzyıl başlarında bazı özel hizmetler için Seferli Odası adıyla dördüncü bir oda ihdas olunmuştur (Atâ'ya göre, I, s. 153, I. Ahmed zamanında; Uzunçarşılı'ya göre 1635'te kuruldu). Başı

saray ağası olan bu odada, padişahın çamaşırlarını yıkayan oğlanlar toplanmıştı. Sonraları bu oğlanlardan berberler, tellaklar, soytarılar, pehlivanlar, musikîşinaslar, şâirler, hanendeler atandı. Mevcudu H. 1090'da 134, 1186'da 149 kişi idi. Enderûn Mehterhanesi bu odada idi. Seferli Odası'nda çeşitli sanatlara, ilim ve fenne önem verilirdi; nitekim buradan birçok değerli sanatkâr yetişmiştir.

Oğlanlara ait terfi, nakil gibi muameleler kapıağasının veya has odabaşının arzı üzerine padişah tarafından bir hatt-ı hümâyun ile yapılırdı. Padişahlar zaman zaman odaları ziyaret ederler, yarışmalarda hazır bulunurlar ve oğlanları mükâfatlandırıp teşvik ederlerdi. Her odanın kadrosuna *gedik* denirdi. Normal tayin ve terfiler kıdeme göre olur, buna *ocak* yoluyla terfi denilirdi. Özel bir kabiliyet isteyen hizmetler (imamlık, yazıcılık, mehterbaşılık) için *ocak yoluna* bakmadan tayin yapılırdı. Her odanın bir hamamı, imamı, müezzini vardı. İçoğlanlarına mahsus saray kütüphaneleri mevcuttu. Haberleşme *kollukçular* vasıtasıyla yapılırdı. İçoğlanların yiyecek ve giyecekleri sarayda padişah tarafından sağlanırdı. Derecesine göre her birinin ulûfesi, elbise istihkakı (senede dört nöbet) vardı. Bayramlarda ve başka vesilelerle bahşişe ve atayâ-yi padişahiye nail olurlardı. Bütün terfi ve mükâfatlar, liyakat başarı ve hizmette kıdeme göre ayarlanmıştı (bkz. Miller, Uzunçarşılı, M d'Ohsson).

Padişah sefere çıktığı zaman *enderûn halkı* kendisiyle beraber gider, kendilerine at ve silah verilirdi. Yalnız saray ağası, sarayın muhafazası için geride kalırdı.

Osmanlı sarayı, enderûn (iç) ve bîrûn (taşra) olarak iki bölmeye ayrılmıştır. Yukarıda bîrûnu anlattık. Orada padişahın şahsi hizmetleri gulâmların tahsil ve terbiyesiyle birlikte yürür. Enderûn, padişahın özel hayatının geçtiği bir yer olduğu kadar aynı zamanda bir mekteptir. Bîrûn ise onun dış dünya ile ilişkilerine ait hizmetlerin bulunduğu kısımdır. Fatih kanunnâmesine göre bîrûndaki teşkilatın âmirleri derecelerine göre şöyle sıralanmıştır: Yeniçeri ağası, mîr-âlem, kapıcıbaşı, mîr-ahur, çakırcıbaşı, kapıcılar-kethüdası, cebecibaşı, topçu-başı. Bu son ikisi hariç diğerleri, padişahın yanında gitme hakkına sahip oldukları için, kendilerine *özengi-ağaları* veya *rikab-ağaları* denirdi. Bu ağalara bağlı büyük gruplardan başka bîrûnda müteferrika-başıya bağlı müteferrikalar, çavuşbaşıya bağlı çavuşlar, darüssaâde ağasına bağlı baltacılar, bostancıbaşıya bağlı bostancılar gulâm sistemine doğrudan doğruya bağlı gruplardır (bîrûndaki bu teşekküller ve diğer hizmet grupları için bkz. Uzunçarşılı, *Saray Teşkilâtı*, s. 388-464).

1527 yılında bîrûndaki kapıkulları hakkında şu resmî liste (Ö. L. Barkan, *İFM*, XV., s. 300) bir fikir verir:

	Kişi	**Maaşları tutarı (akça)**
Müşâharehorân (aylıklılar: çavuşlar, çaşnigîrler, şâirler, tabibler vesaire)	424	4.381.458
Yeniçeriler	7.886	14.423.426
Sipâhî oğlanları	1.993	14.509.398
Silahdarlar	1.593	10.069.884
Sağ ulûfeciler	589	2.343.480
Sol ulûfeciler	489	1.897.086
Sağ garîbler	211	1.104.834
Sol garîbler	204	1.032.618
Kapıcılar ve teberdarlar	319	758.622
Cebeciler	524	1.016.688
Topçular	695	975.624
Terziler	301	641.094
Aşçılar	277	654.900
'Alem mehterleri	185	466.570
Çadır mehterleri ve divan sakaları	277	582.860
Ehl-i hiref	585	1.422.726
Top arabacıları	943	985.890
Atmacacılar, şahinciler, çakırcılar	259	509.760
Istabl-i âmire	2.830	5.133.000
İstanbul acemioğlanları ve bostancılar	3.553	1.993.020
Toplam	24.166	65.882.938

Özetle gulâm, aslında kapıkulu, 1527'den sonra bir yüzyıl zarfında üç mislinden fazla bir artış göstermiştir.

Gulâm sisteminde bu grupların ve eyaletler idaresinin ahenkli bir bütün hâlinde işlemesini sağlayan esas manivela *çıkma*dır; yani belli bir ara ile, iki-sekiz sene arasında veya her padişahın cülûsunda yapılan terfi ve nakillerdir (*Tarih-i Gılmân*, s. 99, her yedi veya sekiz senede; Miller, s. 128, Büyük ve Küçük odalarda her iki veya üç yılda). Çıkmada Büyük ve Küçük odalardaki oğlanların *eski*leri, yani kıdemlileri, Yukarı Odalar'a, yani sırasıyla, Seferli, Kiler, Hazine odalarına, kalanları da sipahi oğlanları ve silahdar bölüklerine nakledilir; seferli, kiler ve hazine odalarındaki kabiliyetli *eski*ler ise Has Oda'ya yükseltilirdi (sonraki devirlere ait nakil merasimi hakkında bkz. Atâ, I, s. 187-88). Bu dört Yukarı Oda'daki acemilerin kabiliyetlileri odalarında *eski* olur, yahut bîrûnda müteferrika veya çaşnigîr cemaatlerine nakledilirlerdi. Fakat bu odalardaki ağalar Has Oda'dan seçilir, öbür oda ağaları ise akağalardan (hadımlar) olurdu. Akağalardan hazinedarbaşı terfi ettiğinde kapıağası olur, oradan çıkmada beylerbeyiliğe tayin olunurdu. 10./16. asırda vezaretle Mısır valiliğine tayin edildiğini görüyoruz. II. Murad zamanında hazinedarbaşının sancak beyliğine çıkarıldığını vesikalar göstermektedir (*Arvanid Defteri*, varak 1). Fatih kanunnâmesine göre Has Oda'dan silahdar ve rikabdar 50 akça ile müteferrika veya sipahi bölüklerinden birinin ağası veya çaşnigîrbaşı yapılır. Riayet edilirse kapıcıbaşılık da verilebilir. Odaların ağaları sancakbeyliği ile çıkar. Zamanla bu enderûn ağalarına gittikçe daha büyük memuriyetler verilmeye başlanmıştır. Has odabaşı 10/16. asırda beylerbeyliğe çıkar olmuştur. Genelde enderûn ağaları beyliğe veya bîrûn ağalıklarına, efrad ise bîrûn bölük ve cemaatlerine çıkarlardı.

Çıkmada, bütün gruplar enderûn ve bîrûnda harekete gelirdi. Bîrûndaki ağalardan özengi ağaları sancakbeyliği veya beylerbeyliği ile efrad ise zeâmet ile eyaletlere çıkarlardı. 10./16. asırdan sonra onlar da enderûn ağaları gibi beylerbeyilik ve vezirliğe tayin edilmeye başlanmış; hatta yeniçeri ağalarından doğrudan doğruya veziriâzam tayin edilmiştir. Çaşnigîr ve müteferrikalar ile bölüklerdeki sipahiler zeâmete, çavuşlar, kapıcılar ve yeniçeriler tımara çıkarlar; yani eyaletlerde zeâmet ve tımar tasarruf eden sipahi sınıfına giderlerdi. Bostancı ve aşçılara gelince çıkmada ileri gelenleri süvari bölüklerine ve kapıcılığa, kalanları Yeniçeri Ocağı'na çıkarılırdı. Özetle, enderûn ve bîrûndaki kapıkullarının eriştikleri son mertebe eyaletlerde tımar teşkilatıdır. Eyaletlerde yalnız sancakbeyliği ve beylerbeyliğinin değil, zeâmet ve tımarların da daha 9./15. asırda padişah ve bey kullarına verildiğini görmüştük. Tımarlı sipahilerin yalnız Türk aslından Müslüman gönüllü ve akıncılardan ibaret olduğu görüşü yanlıştır.

11./17. yüzyıla kadar klasik devirde tımar dirliklerinin, yani imparatorluğun idari-askerî esas teşkilatı kadrosunda *bey kulları* (gulâmları) da mühim bir yer tutmaktadır. Beylerbeyilerin, sancakbeylerinin ve sübaşıların kanuna göre belli sayıda bir kapıkulları olması gerekirdi. Hatta, tımarlı sipahilerin de cebelü ve gulâmlardan (*oğlan*) mürekkep ufak bir *kapı*sı vardı. Her kademede tımar tasarruf eden bey veya sipahi, tımarının miktarına göre muayyen bir nispette cebelü ve gulâm (oğlan) beslemek mecburiyetinde idi (bu nispetler Süleyman kanunnâmesinde gösterilmiştir). Paşalar ve beyler kanunla yükümlü olduklarından fazla cebelü ve gulâm beslemeye çalışırlardı. Rüstem Paşa'nın harp esiri veya satın alınmış köle olan cebelü, gulâm ve nökerleri, efendileri gibi askerî sınıf statüsüne tâbi idiler, böylece cemiyet içinde farklı bir durumları vardı. Bununla beraber, şeriatın *'abd, 'itk* ve *velâ* hakkında genel hükümleri askerî sınıfa mensup gulâm ile efendisi arasında da geçerlidir. Devşirme çocuklarından bir kısmının büyük şahsiyetlerin konaklarına verildiğini de biliyoruz (Miller, s. 82). Beyler ve paşalar gulâmlarını, padişah sarayının ufak bir örneği olan konaklarında belli hizmetlerde yetiştirdikten sonra onları doğrudan doğruya askerî sınıfa sokabilirlerdi. Yararlık gösteren cebelülerini padişaha arz ederek onlar için yeni fetholunan topraklarda tımar tevcih ettirebilirlerdi. Bey ve paşaların yalnız çocukları için değil, gulâmları için de has veya tımar miktarına göre muayyen miktarlarda tımar verilmesini kanunnâmeler öngörmüştür. Cebelüler askerlik hizmeti gören kölelerdi, gulâmlar (oğlan) ise sipahinin kişisel hizmetlerine bakardı. Gulâmlardan cebelü, cebelülerden tımarlı sipahi olmak mümkündü. 9./15. asrın ilk yarısında uc beğleri kendi sancaklarında tımarları genellikle kendi gulâm ve nökerlerine verebilmekte, böylece merkezî otorite karşısında oldukça bağımsız bir durum temin edebilmekte idiler. İdam edilen paşaların gulâmları, malları gibi padişahın olur, bazen doğrudan doğruya saraya alınırdı (Evliya Çelebi, *Seyahatnâme*, II, s. 472). Özetle, gulâm sistemi askerî-idari sınıf mensuplarının her kademesinde uygulanmakta idi.

Osmanlılarda klasik devirde kul sistemi yalnız idare sınıfının kaynağı olmakla kalmış, başlangıçtan beri özellikle şehirlerde toplumun sosyal ve ekonomik yapısında da birinci planı işgal etmiştir. 9./15. ve 10./16. asırlarda Osmanlı şehirlerinde tutulmuş kadı sicillerinin tetkiki göstermektedir ki, varlıklı halkın servetini yatırdığı en nemalı alanlardan biri kölelerdi. Ordu ile beraber esir tâcirleri gider ve savaş sonunda derhâl esir pazarları kurulurdu (misal için bkz. Cobham, *Excerpta Cypria*, s. 142). 11./17. asırlarda yalnız İstanbul gümrüğü kayıtları şehre 20 bin esirin girdiğini göstermektedir (Miller, s. 82). 9./15. asırlarda ortalama esir fiyatı 40-50 Venedik altını idi. Köle kullanılması birçok hukuki ve iktisadi avantajlar sağlamakta idi. Bursa'da kadifeciler ve kemhacılar bunları esir işçi olarak ekseriya *mukâtaba* usûlüyle işletmekte idiler. Sözleşme ile belli bir işi tamamladığı takdirde esir hür olurdu. Bu gibilere *mu'tak* denirdi. Tüccarlar esirleri ve mu'takları ticari ajanları olarak kullanmakta avantaj görmekte idiler. Şer'î wilaya hukuku bunu teşvik eden âmillerdendir. Osmanlı örfî hukukunda kölelere ait oldukça mufassal hükümler şeriatı tamamlamaktadır (bkz. Ö. L. Barkan, *Kanunlar*, I, İstanbul 1943, indeks "abd, gulâm kul, atik" maddeleri). Osmanlılarda köle, şeriatın köleye ('abde) sağladığı elverişli şartları daha da genişletmiştir. Devlet hizmetindekilere olsun, özel gulâmlara olsun; cemiyet içinde aşağılık bir unsur gözüyle bakılmaz, hatta bazı hâllerde kul sıfatı bir nüfuz ve itibar vesilesi olurdu. Faal iş hayatında yetişen, sosyal engellerle karşılaşmayan zenginleşmiş 'atik'lerin Osmanlı cemiyetinin yüksek tabakaları arasında dikkati çekecek kadar kalabalık olduğunu kadı sicilleri ortaya koymaktadır.

Harp esirlerinin daha Orhan Gazi zamanından beri padişah (devlet) tarafından ortakçı-kul adıyla tarım topraklarına, köylere yerleştirildiğini ve servaj usûlüyle kullanıldığını biliyoruz. Bunların askerî sınıfa mensup gulâmlar ile hiçbir benzerliği yoktur.

Gulâm (kul) sistemine dayanan klasik Osmanlı idare sistemi 10. / 16. asırların ikinci yarısında son derece gelişti, kapıkulu 80 bini aştı. Bu devirde padişahın otoritesi zayıfladığından onlar sarayda, hükûmette ve eyalet idaresinde hâkim oldular; dirlikleri ve devletin diğer gelir kaynaklarını tekelleri altına geçirmeye çalıştılar. Kapıkulu askeri, padişahları indirip çıkarmaya, hatta katletmeye (II. Osman) kadar tahakkümü ileri götürdüler. Saray gulâmları bazen onlarla iş birliği yapsalar da genelde menfaatleri padişah otoritesini hâkim kılmaktı. Bu maksatla yeniçerilerle süvariler birbirlerine karşı kullanılmak istendi. Bu devri ele alan çağdaş Osmanlı tarihçileri ve siyaset-nüvisleri (Kâtib Çelebi, Hasan Beğzâde, Naima, Koçi Beğ) anarşiyi başlıca gulâm sisteminin bozulmasına atfederler.

Kullar tahakkümüne karşı Abaza Mehmed Paşa İsyanı Anadolu'da uyanan mukavemet ve tepkinin şiddetli bir görüntüsünden başka bir şey değildir. Bundan sonra sarayın ve hükûmetin kapıkulu askerini azaltma ve disiplin altına sokma teşebbüsleri netice vermemiş, ancak Köprülü Mehmed Paşa'nın diktatör yetkileri alması üzerine kapıkulu askerinin tahakkümü bir dereceye kadar önlenebilmiştir. Kapıkulu arasındaki disiplinsizlik enderûnda da görülmüş; IV. Mehmed'in cülûsunda çıkmanın gecikmesi üzerine saraylardaki içoğlanlar ayaklanmış (Naima, IV, s. 349-50), nihayet Büyük Oda ve Küçük Oda ile Galatasaray ve İbrahim Paşa saraylarındaki teşkilat kaldırılmıştır. 1683-1699 harplerinden sonra kapıkulu ve gulâm sistemi devlet içinde eski önemini kaybederek yeni bir hüviyet kazanmıştır.

Sistemin çöküşünde çeşitli sebepler vardır. Evvela gulâmların ve kapıkulu askerlerinin disiplinsizliği sebebiyle eski fonksiyonunu kaybetmesi, esir kaynaklarının daralması, devlet maliyesinin fakirleşmesi gibi sebepler göze çarpar. Fakat asıl derin sebepler, imparatorluğun çöküşü dolayısıyla yapı ve müesseselerini değiştirmeye zorlayan etkenlerde aranmalıdır. 17.-18. yüzyıllarda eyaletlerde gulâm sisteminden gelmeyen unsurlar paşaların kapılarına giderek o yolla idarede ve orduda yer almaya başladılar. Devlet, paşa kapılarında toplanan türlü adlarda (saruca sekban, gönüllü, levend) asker gruplarını tanımak zorunda kaldı. Bu da padişahın icra yetkisini yalnız saray kapıkullarının temsil edeceği prensibinin terk edilmesi demekti.

Diğer taraftan Hıristiyan zimmîler arasında devşirmenin tatbiki 11./17. asırdan itibaren güçleşti. 11.-17. yüzyıllarda bir devşirmede ancak iki bin oğlan toplanabiliyordu (Miller, s. 75). Nihayet eski enderûn mensupları ve büyük ricâl, devşirmeler yerine kendi çocuklarını saray mekteplerine ve enderûndaki odalara yerleştirme imkânını buldular (Atâ, I, s. 113). 12./18. asırlarda icra makamlarına ve vilayetlere gittikçe daha ziyade kalemlerden yetişen kâtiplerin geçmeye başlaması ve eyalet idaresine âyanların hâkim olması üzerine gulâm sistemi büsbütün kalktı. III. Ahmed zamanında enderûnun tenkidi, Silahdar Çorlulu Ali Paşa'nın getirdiği değişiklikler (Atâ, I, s. 162-65) bir dereceye kadar yeni eğilimlerin bir ifadesiydi. Odalarda bu devirde tahsile ve maarife daha çok ehemmiyet verilmeye başlandı. *Ocak yolu* denilen terfi için belirli hizmetlerden geçme mecburiyeti kaldırıldı ve yetkili görülenlerin kısa yoldan Has Oda'ya geçebilmesi usûlü kabul edildi. Galatasaray ve Yeni Saray, hazine ve kiler odalarına doğrudan doğruya oğlan yetiştiren birer mektep olarak yeniden açıldı.

Gulâm sisteminin son büyük mümessili Hüsrev Paşa'dır. Tanzimat'tan önce, kendi konağında satın almış olduğu 50 kadar köleyi özel hocalar vasıtasıyla okutup yetiştirmiş, devlet kapısında mühim mevkilere yerleştirmiş ve bunlardan birçoğu paşalığa yükselmişlerdir (M. Süreyya, *Nuhbat al-vakayi'*, s. 269). II. Mahmud, Batı Avrupa saraylarını taklit ederek eski Osmanlı saray teşkilatını esasından değiştirdi; 1247/1831'de Enderûn Nâzırlığı, 1248/1832'de Mâbeyn Müşirliği kuruldu ve 1249/1833'te odalar tamamiyle kaldırıldı (Lûtfi, *Tarih*, I, s. 112).

KAYNAKÇA

Âlî, *Menâkib-i Hüneverân*, yay.: M. Cunbur.

Âl-i Selçuk, yay.: F. N. Uzluk, Ankara 1952.

Anhegger R. ve H. İnalcık, *Kanunnâme-i Sultânî...*, Ankara 1956.

Âşıkpaşazâde (Ahmed Âşıkî), *Tevârih-i Âl-i Osman*, yay.: F. Giese, Leipzig 1928, s. 50 (T.A.O., yay.: N. Atsız, İstanbul 1949; Neşrî).

Atâullah, M., *Târih-i 'Atâ*, İstanbul, H. 1291.

Barkan, Ö. L., *XV. ve XVI. Asırlarda Osmanlı İmparatorluğunda Ziraî Ekonominin Hukukî ve Malî Esasları*, İstanbul 1943.

Barkan, Ö. L., 'Osmanlı Bütçeleri', *İFM*, XVII, s. 193-347.

Brocquière, B. de La, *Voyage d'Outrmer*, yay.: Ch. Shfer, Paris 1892.

Târih-i Cihannuma, yay.: F. Taeschner, I, Leipzig 1951.

Cobham, *Excerpta Cypria*, Cambridge University Press, 1908.

Dukas (Doukas), *Decline and Fall of Byzantium to the Ottoman Turks*, Çev.: H. J. Magoulias, Detroit 1975.

Faroqhi, S., *Osmanlı Kültürü ve Gündelik Yaşam*, Tarih Vakfı Yayınları, İstanbul 1997.

Fâtih Kanunnâmesi, yay.: TOEM.

Hızır İlyas, *Vekâyi-i Enderûniyye*, yay.: C. Kayra, İstanbul 1987.

Hüsâmeddîn, H., *Amasya Tarihi*, I-IV, İstanbul, H. 1327.

İnalcık, H., 'Mehmed II', ME, *İslâm Ansiklopedisi.*

İnalcık, H., *Fâtih Devri Üzerinde Tedkikler ve Vesikalar*, Ankara 1954.

Koçi Beğ, *Risale*, yay.: A. K. Aksüt, İstanbul 1939.

Köprülü, F., 'Bizans Müesseselerinin Osmanlı Müesseselerine Tesiri', *THIM*, I, s. 208-221.

Lybyer, A. H., *The Government of the Ottoman Empire, in the Time of Suleiman the Magnificent*, Cambridge 1919.

Menavino, G. A., *Trattato de Costumi e Vita de Turchi*, Floransa 1548.

Miller, B., *The Palace School of Muhammed the Conqueror*, Cambridge, MAS, 1941.

Miller, B., *Beyond the Sublime Porte, The Grand Seraglio of İstanbul*, New Haven 1931.

Rycaut, P., *The History of the Present State of the Ottoman Empire*, Londra 1686.

Spandugino, T. C., *Petit traieté de l'origine des Turcsz*, yay.: Ch. Schefer, Paris 1896.

Uzunçarşılı, İ. H., *Osmanlı Devleti'nin Teşkilâtına Medhal*, İstanbul 1941.

Yazıcızâde Ali, *Tarih-i Âl-i Selçuk*, TKSK, Revan 1390.

OSMANLI'DA İSTATİSTİK METODU KULLANILDI MI?: TAHRİR SİSTEMİ*

İstatistik bilimini, geniş anlamda bir devletin, ülkede var olan insan ve maddi kaynaklarını tespit ihtiyacından doğmuş bir bilim dalı olarak tanımlarsak, merkeziyetçi bürokratik patrimonyal bir devlet olan Osmanlı İmparatorluğu'nda neden bu doğrultuda geniş bir etkinlik gösterildiği anlaşılır. Bunun doğal sonucu olarak Osmanlı arşivlerinde geniş istatistik dizileri meydana gelmiştir. Bunların gün ışığına çıkarılması yalnız bu imparatorluğun tarihi bakımından değil, istatistik ve resmî kayıt tutma (*book-keeping*) metodlarının genel tarihi bakımından da son derece ilginçtir. J. Dupâquier'nin Çin'den Avrupa'ya kadar istatistik tarihi üzerine araştırmaları, Osmanlı istatistik tarihi ortaya çıkarılmadan tamamlanamaz. Osmanlı tahrir (istatistik) defterleri gerek içeriğinde doğruluk ve kapsamlılık prensiplerinin uygulanışı bakımından, gerekse defterlerde kullanılan kayıt yöntemi, kısaltma, referans usûlleri gibi kayıt metodları bakımından, 15. yüzyılda Avrupa'da görülen benzeri örneklerinden daha karmaşık, gelişmiş örnekler vermektedir. Bu metodlar İslâm Halifeliği, İran, Orta Asya örneklerinin bir devamı olarak[1] kadim Mezopotamya medeniyetlerine kadar izlenebilir.

---

* *Makaleler II*, Doğu Batı Yayınları, Ankara 2008.

1 Resmî kuyudâtta 13. ve 14. yüzyılda İran'da kullanılan metodlar hakkında ve muhasebe el kitaplarına bir misal olarak bkz. A. Mazenderani, *Die Resaläye Falakiyyä*, Wiesbaden 1952.

Osmanlı Devleti patrimonyal merkeziyetçi bürokratik bir devletti dedik. Devletin merkez bürolarında, *Defterhâne*'de, ayrıntılı istatistik defter koleksiyonları (toprak ve vergi tahrirleri, siyasi-idari kararlar için *mühimmeler*, cizye defterleri, *şikâyet* defterleri, vergi kaynakları için *mukata'ât* defterleri, *tımar icmal* defterleri vb.) oluşturması, geniş bölgelere yayılan Osmanlı Devleti'nin merkeziyetçi idare sisteminin vazgeçilmez bir gereği idi.

Patrimonyal hükümdar, devlet-ülke ve tebaayı babadan kalmış bir mülk *(patrimony)* gibi algılar ve kendisiyle toprak ve tebaa arasında kontrolü dışında başka hiçbir otorite tanımaz. Osmanlı sultanları fethettikleri yerlerde yerli feodal güçlere ve kurumlara derhâl son vermişler ya da feodal aileleri kendi tımar sistemi içine alıp eritmiştir. Devlet, hububat yetiştiren, tarıma tâbi bütün toprakları *mîrî* (beylik) adı altında devletin rakabesi, yüksek mülkiyeti altına sokmuştur. Bunun nedeni, halkın, ordunun temel gereksinimini oluşturan buğday-arpa üretimini garanti altına almak, korkunç açlık dönemlerinin geri gelmesini önlemek kaygısıdır. Osmanlı'dan önceki imparatorluklarda da, meselâ Bizans'ta, aynı rejim uygulanıyordu. Mısır'da da Mezopotamya'da nehir kanallarının onarımının tüm toplum için hayati önemi, son derece merkeziyetçi bürokratik bir devlet kontrolüne vücut vermiştir.[2] Bizans ve Osmanlı imparatorluklarında bütün tebaayı ilgilendiren toprağın sıkı devlet gözetimi altında tutulması ve üretimin aksamaması zarureti, çift-hane (*zugo-kefalia*) denilen özgün bir üretim tarzının uygulanmasıyla gerçekleşmiştir (Bu çeşit bir "üretim tarzı"nı Chayonov, Asya Tipi Üretim Tarzı (ATÜT) gibi bir üretim tarzı sayar).[3] Çift-hane sisteminin kısa tanımı şudur: Tarım toprakları raiyyet çiftliği denilen ufak aile tarım birimlerine bölünür ve köylü tasarrufuna verilirdi. Bu birimlerin kaybolmaması, devamlı kontrol edilmesini gerekti-

2 Bkz. K. Wittfogel, *Oriental Despotism*, New Haven 1957.

3 Çift-hane sistemi için bkz. H. İnalcık, *An Economic and Social History of the Ottoman Empire*, ed. H. İnalcık-D. Quataert, CUP, Cambridge 1994, s. 187-194; H. İnalcık, *From Empire to Republic, Essays on Ottoman and Turkish Social History*, ISIS Yayınları, İstanbul 1995, s. 61-72.

rirdi. Bu da zaman zaman yapılan toprak ve köylünün sayımı ile, yani tahrir sistemiyle sağlanırdı (mufassal defterler). İmparatorluk hükûmetinin toprak tasarrufunu ve üretimi sıkı gözetim altında tutması bir yandan da tımar (Bizans'ta *pronija*) ordusunu ayakta tutmak için bir zaruretti. Osmanlı İmparatorluğu'nun klasik döneminde (1300-1600) devletin zırhlı süvari ordusunu oluşturan tımarlı sipahilerdi.[4] Para ekonomisinin geri olduğu bu dönemde, köylünün aynen tahsil olunan ürün vergilerini, köylere yerleştirdiği bu atlı askerine tahsis etmesi zorunlu idi.

Macaristan'dan Suriye ve Van'a kadar uzak bölge köylerinde yerleşmiş bu askerlerin tımarları, intikalleri, değişiklikleri devamlı gözetim zarureti sebebiyle zaman zaman yoklama ve kontrolü gerektirirdi. Bu kontrol tahrir sonucu düzenlenen *icmal* defterleriyle sağlanır, zamanla meydana çıkan değişiklikler *derdest* ve tevcîh defterleriyle izlenirdi.

Bu istatistik listeleri sayesinde merkezdeki bürokrat, bir sancakta hangi köyde ne kadar nüfus bulunduğunu, köylülerden hangilerinin ne kadar toprağı olduğunu (çift, nîm çift, topraklı bennâk), hangilerinin topraksız olduğunu (mücerred, caba), ürettikleri ürün miktarını, fiyatını kısa bir zamanda bulur, belirler ve gereken kararı alırdı. Başka bir deyişle, tahrir sayımları sonucu sancak, kaza, nahiye idare birimlerine göre meydana getirilen listeler (defter-i hakânîler), merkeziyetçi bürokratik idarenin son derece etkin bir aracını oluştururdu. Bu uzun ayrıntılı listeler yapılırken, belli modeller, kısaltma, referans siglaları geliştirilmiş; karmaşık bir kayıt (*book-keeping*) sistemi uygulanmıştır. Özetle, tahrir ve defter-i hakânî sistemi, belli bir idare sistemini uygulamada, doğru ve kapsamlı verilere gereksinimi karşılayan özgün bir istatistik ve *book keeping* sistemidir.

Defter-i Hakânî Emîni Müezzinzâde Ali,[5] 16. yüzyıl sonunda bu tahrir ve defter sisteminde baş gösteren ihmal ve kargaşanın, nasıl

4 Bkz. "Tımar", *Encyclopedia of Islam*, 2. Baskı.

5 *Kavânîn-i Âl-i Osman der Hülâsa-i Mezâmîn-i Defter-i Dîvan*, İstanbul,

bütün imparatorluk idare sisteminin çöküşüne yol açtığını haklı olarak vurgulamıştır. Osmanlı arşivinde defter-i hakânîlerden en eskisi 835/1431 tarihli Arvanid (Arnavud) Sancağı icmal defteri tarafımızdan yayımlandı.[6] Bir tımar icmal defteri olan bu defter, Osmanlı bürokrasisinde bu tarihe doğru tahrir istatistik metodlarının kesin biçimde uygulanmakta olduğunu kanıtlamıştır. II. Murad ve Fatih Mehmed dönemlerine ait başka defterler de tespit olunmuştur.[7] Arvanid defterindeki göndermelerden anlaşıldığına göre, Osmanlı tahrir sistemi Yıldırım Bayezid (1389-1402) dönemine kadar izlenebilir. Anonim *Tevârih-i Âl-i Osman*'da[8] Yıldırım Bayezid'in devlet politikasına karşı eleştiriler arasında şu satırları okuyoruz: Ulemadan Çandarlı Halil Paşa ve Karamanlı Rüstem "Osmanlı beyleri yanına vardılar, dürlü dürlü hileyle âlemi doldurdular, andan ilerü hesâb defter bilmezlerdi." Buna göre, İran-Selçuklu Devleti'nde uygulanan bürokratik metodların, bu arada defter usûllerinin daha Orhan zamanında başladığı iddia edilmektedir.

Özetle, Ortadoğu medeniyetini devam ettiren ve geliştiren Osmanlı İmparatorluğu'nun istatistik metodları ve verileri, istatistik tarihi bakımından çok zengin bir malzeme birikimini temsil eder. Bu malzemenin korunduğu devlet arşivimiz, *Hazine-i Evrak*, devlet yapısı itibariyle Batılılaşmanın başladığı Tanzimat devrinde 1846 tarihinde kuruldu. Bundan önce istatistik niteliği taşıyan defterler, çeşitli vekâletlerin, Bab-ı Âli, Maliye, Defter-i Hakânî, Evkaf vb. devlet dairelerinde saklanmakta idi.[9] Bu nezaretlerde

---

1280/1864. Tımarlı listeleri ve kanunlarını veren bu önemli eserin yeni bilimsel bir yayın gereksinimi vardır.

6 *Hicrî 835 Tarihli Sûret-i Defter-i Sancak-i Arvanid*, Yay.: H. İnalcık, Türk Tarih Kurumu Yayınları, Ankara 1954.

7 Bkz. *Sûret-i Defter-i Arvanid*, Giriş, XI-XII. Orada Arnavutluk'a ait defterlerden başka II. Murad ve Fatih dönemlerine ait İstanbul Osmanlı Arşivi ve Sofya Millî Kütüphanesi Osmanlı Belgeleri koleksiyonunda defterler mevcuttur.

8 Giese yayını, Breslav 1922, s. 30.

9 Osmanlı arşivleri üzerinde bkz. *Başbakanlık Osmanlı Arşivi Rehberi*, Başbakanlık Devlet Arşivleri Genel Müdürlüğü, O.A.D. Başkanlığı, yay. no.

günlük muâmelâta konu olmayan belge koleksiyonları, 1846'da Hazine-i Evrak'ta toplandı. Bugün Türkiye Devlet Arşivleri Genel Müdürlüğü'ne bağlı Osmanlı Arşivi'nde, kaba bir hesapla bir buçuk milyon belge bulunduğu tahmin ediliyor. Arşivde, özellikle istatistik verileri kapsayan belge dizileri arasında defter-i hakânîler üzerinde duracağız.

1. Tahrir veya Tapu Defterleri (Defter-i Hakânî Serisi B.D.A.) Osmanlı Arşivi ve Tapu Kadastro Genel Müdürlüğü'nde saklanmaktadır (Ankara). Bir yer fetholunduğu zaman, sultan bir emîn ve kâtipten oluşan bir komisyon göndererek o ülkeyi "tahrir" ederdi. Tahrir emînine padişah tarafından verilen yetki beratında, tahririn nasıl yapılacağı ayrıntılı biçimde anlatılmıştır. O zamanki veri toplama yollarını bildiren bu belgede şu noktalar belirtilmiştir:[10] İlâve Arvanid'de de demografik veriler, yerleşim biçimleri, tarım ürünleri, fiyatlar ve bu gibi tüm konularda gelişme ve gerileme söz konusu olduğunda arşiv koleksiyonları arasında kuşkusuz en zengin istatistik bilgileri mufassal defter-i hakânîlerde bulmaktayız. Ö. L. Barkan'ın 1936'larda başladığı çığır açan araştırmalarından sonra, Türk ve yabancı araştırmacıların bu defterler üzerinde çalışmaları yoğun bir biçimde devam etmektedir. Yabancılar arasında, vaktiyle memleketleri Osmanlı ülkesinin bir parçasını oluşturan Bosnalı ve Macar araştırmacılar, bu defterlerin kapsamlı istatistik önemini ilk kez takdir eden ve sistemli biçimde defter yayınlarına başlayan bilim adamlarıdır.

Türkiye'de 1947'de Türk Tarih Kurumu'nda Tahrir Defterleri serisinde defter-i hakânîleri sistemli biçimde yayımlamak için bir komite kurulmuştu (üyeler: Ö. L. Barkan, T. Gökbilgin, T. Halasi-Kun, R. Anhegger, Ş. Altundağ, H. İnalcık). Bu seride Arvanid defterinden sonra Ö. L. Barkan ve B. Yediyıldız defterler yayımladılar. 15. yüzyıl mufassal tahrir defterlerinde "esâmi" (köylerdeki nüfusun kişi adları) defterlerde yazıldığı gibi köylerin hangi

---

5, Ankara 1992; *Başbakanlık Osmanlı Arşivi Katalogları Rehberi*, O.A.D. Başkanlığı, yay. no. 26, Ankara 1995.

10 Arvanid defteri, s. 19-20.

tımara dâhil olduğu da çoğu zaman kayıtlıdır. II. Murad ve Fatih dönemleri defterleri küçük boydadır (boyutları 11x29 santim). II. Bayezid'den bu yana, özellikle Celâlzâde Mustafa'nın nişancılık yıllarında defterler, boyutları ve içeriği bakımından çok gelişmiştir.

Bütün imparatorluğu kapsayan genel tahrirler, Selânik Fethi (1430), İstanbul Fethi (1453), Budin Fethi (1526) gibi büyük fetih olaylarının ardından yapılırdı. Otuz yılda bir, yani her kuşakta yeni bir tahrir yapıldığı kuralı her zaman doğru görünmemektedir. Tahrirden esas amaç, bir bölgede nüfus ve gelir önemli bir artış veya azalma gösterdiği zaman bunu tespit amacını güttüğünden, zaman zaman bir sancakta ara tahrirler yapılırdı (Eldeki tahrir defterlerine göre sayımlar hangi sancakta, hangi tarihlerde yapılmıştır? Bunun için bkz. O. A. Rehberi, s. 189-221). Başbakanlık Osmanlı Arşivi'nde 1094 defter (1302-1823 arasını kapsar) bulunmaktadır. Tapu Kadastro Genel Müdürlüğü, Kuyud-i Kadime Koleksiyonu'nda ise 2320 defter mevcuttur. Bu son koleksiyondan, Kıbrıs'ın tahririne ait 1572 tarihli mufassal defter mükemmel bir örnektir. Defterlerin tarih ve çeşidi, O. A. Rehberi'nde[11] listelerde işaret olunmuştur. Bu defterlerin önemli bir bölümü baştan veya sondan eksiktir.

11 Bkz. *Başbakanlık Osmanlı Arşivi Rehberi*, s. 189-220; H. Lowry, "The Ottoman Liva Kanunnâmesi Contained in the Defter-i Hakani", *Osmanlı Araştırmaları*, II (1981), s. 43-47.

OSMANLI PARA VE EKONOMİ TARİHİNE TOPLU BİR BAKIŞ*

I. ORTAÇAĞ'DA GÜMÜŞ VE PARA DARLIĞI

Ortaçağ'da, bir ülkede para değerinin belli miktarda değerli maden stokuna bağımlı olması, ekonomi ve maliyeyi koşullandıran temel faktördür (Richards, 1983). Günümüzde olduğu gibi para hacmi istendiği kadar artırılamaz; piyasada veya hazinede ihtiyaç artınca sıkıntı veya bunalım kendini gösterir. Kamu giderlerinde artış, yeni vergilerle hazinede altın ve gümüş yığılması piyasayı etkiler, para sıkıntısı baş gösterir; tüccar malı malla değişime (*bartering*) ve vadeli satışa gittikçe daha çok başvurarak sıkıntıyı hafifletmeye çalışır. Ortaçağ İslâm dünyasında halk, hükümdarın hazinesinde para yığıp saklamasını kötü görür; iyi hükümdar parayı çeşitli yollardan piyasaya süren hükümdardır (al-Birûnî, Yusuf Hâs Hâcib vd.). Altın ve gümüş stokunu artırmak için yeni madenler açılması bir önlemdir (J. U. Nef). Avrupa Ortaçağı'nda, 13. yüzyılda Balkanlarda Sakson madencileri çağrılarak yeni madenler açılmış (N. Beldiceanu, 1964); çıkarılan gümüşten, pazar ekonomisi hızla gelişen İtalya pazarlarına geniş sevkiyat başlamıştı. Osmanlılar gümüş ihracını yasaklayarak kendi hazine ve ekonomilerini destekleme çabasında bulunmuşlardır.

---

* *Doğu Batı*, Sayı: 17.

Avrupa'da 14.-16. yüzyıllarda fazlasıyla genişleyen mübadele ve pazar ekonomisi, değerli maden açığını had safhaya getirmiş, 16. yüzyıl başlarında tedavüldeki madenî paraya artan ihtiyaç sonucu paranın satın alma gücü son derece yükselmiştir (Spufford, Bölüm III, 1988; Cipolla, 1964). Bu yüzden Orta Avrupa'da Tirol, Bohemya ve Macaristan'da Romalılar zamanından beri terk edilmiş maden kaynakları yeniden işletilmeye başlanmıştır. Akdeniz bölgesinde, Ortadoğu'da değerli maden darlığı ve paranın anormal yüksek satın alma gücü fiyatlarda kendini göstermiştir. Mısır'da gümüş kap kacak kullanılması ve harice gümüş çıkarılması yasaklanmıştır (Ashtor, 1971). 14. yüzyılda Anadolu'yu gezen yabancılar (İbn Battuta, 1334) eşyanın anormal ucuz olduğu gözlemini yapmışlardır. Fatih Sultan Mehmed ve II. Bayezid, İtalya'ya gümüş para çıkışını önlemek için ağır önlemlere başvurmuş; yolcu ve tüccar yüklerini aramak için *yasakçı kulları* harekete geçirmişlerdir. *Eldorado* hayâli, büyük coğrafi keşiflerin başlıca nedeni olmuştur. Bu çabalar sonunda nihayet 1540'larda Meksika'da zengin gümüş madenlerinin keşfi Avrupa'da nisbî bir gümüş bolluğu sağlamış, bu da bazı tarihçilere göre (Hamilton 1934; Braudel 1972) *Fiyat Devrimi*'nin başlıca nedeni olmuştur.

Hazinede para biriktirmeye karşı halkın tepkisi *Âşıkpaşazâde Tarihi*'nde (Âli Yayınları, s. 197) "akçalar emredip hazinelere koyalar, memleket kıtlık oldu" diye ifade edilmiştir. Bu olay, günümüzde enflasyona karşı alınan önlemler sonucu piyasada yaşanan para ve kredi sıkıntısıyla kıyaslanabilir. Tarım ürünlerinde fiyatlar fazlasıyla düştüğünden tımarlı sipahilerin öşür vergisini aynî olarak almaktan vazgeçerek köylüden nakit para istemeye başlaması da olayın bütün toplumda yaygın hareketlere yol açtığını göstermektedir. İslâm dünyasında gümüş para kıtlığının doğurduğu ekonomik-sosyal bunalımlar, 11. yüzyıla kadar izlenebilmektedir. Hatta VIII. yüzyılda Buharalılar paranın eyalet dışına çıkmasının yasaklanmasını istemişlerdir (V. Barthold, Köprülü Yayınları, s. 109). İran'da 1294'te kâğıt para çıkarılması (K. Jahn, 1942, s. 23-24) para darlığıyla ilişkilidir. Osmanlı Devleti'nde piyasadaki gümüş paranın toplanıp darphânelerde ayarı düşük para çıkarılmasını (*tağşiş*), bir bakıma piyasada para hacmini artırma önlemi şeklinde yorumlamak gerekir. Bu çeşit bir önlem 14. yüzyıla kadar izlenebilmektedir. Halk elindeki akça ve külçe gümüşler, mutlaka darphâneye getirilip nakde çevrilmeliydi. Yabancıların getirdiği gümüş külçe ve paraya da gümrük bağışıklığı tanınmıştı. İthal edilen külçe gümüşün darphâneye getirilmesi zorunluydu.

II. AVRUPA ORTAÇAĞI'NDAN BİR ÖRNEK: İNGİLTERE 1180-1220 ENFLASYONU

İngiltere tarihinde fiyatlar tarihi, önemli bir konu olarak ele alınmış ve 1300-1700 arasında fiyat hareketlerinde iki görüş, para stokunun mu, yoksa nüfus baskısının mı temel faktör olduğu tartışılmıştır (Mayhew, 1995). Parayı esas alanlar (*monetaristler*, başta Harvey, 1973), paranın bollaştığında değer kaybettiğini ve fiyatların yükseldiğini ileri sürerler (Miktar teorisinin eleştirisi için Mayhew, 1995; D. O. Flynn, 1984); demografik değişmeleri öne alanlar ise (başta M. M. Postan) nüfus arttığında eşyaya talebin arttığı, sonuçta fiyatların yükseldiğini iddia ederler. Daha sonraları bir tek faktör üzerinde durmaktan vazgeçilmeye başlanmış, çeşitli faktörler birlikte göz önüne alınmıştır (P. Spufford, 1988). Para kullanımı, Avrupa'da hızla, Osmanlı İmparatorluğu'nda daha yavaş gelişmiş, sonunda para ekonomisi gelişerek mal ve hizmet ödemelerinde öncelik kazanmıştır.

P. D. A. Harvey'in (*Past and Present*, 1973, s. 61) makalesi, İngiliz tarihçileri arasında Ortaçağ İngilteresi'nde enflasyonun nedenleri üzerinde uzun tartışma ve incelemelere yol açmıştır. Harvey, monetarist teoriyi izleyerek bu tarihlerde İngiltere'ye dışarıya yün satışlarının artması sonucu bol miktarda gümüş para girdiğini ve enflasyona bunun neden olduğunu vurgular. Para stoku, 1180'lerde dört veya on kat artmıştır. Bu arada Paul Latimer, bu konudaki incelemelerinde ["Early Thirteen Century", (1999) ve "English Inflation of 1180-1220 Reconsidered", *Past and Present*, no. 171] çeşitli faktörleri gözden geçirdikten sonra Harvey'in esasta haklı olduğu sonucuna varmaktadır. Osmanlı enflasyonu tartışmaları için ilginç araştırma doğrultuları çizen görüşleri burada özetleyeceğiz. Latimer, fiyat artışlarının asıl 1200'den sonra kendini gösterdiğine işaret eder ve ilkin, Kral John'un (1199-1216) Haçlı Seferi için hazinede para toplamasının (*Saladin's Tithe*) piyasada fiyatlarda düşüşe neden olduğu gözlemini yapar.

Harvey'den sonraki araştırmacılar, ekonomi ve toplumdaki gelişmelerin enflasyonla ilişkisini tartışırlar. Vaktiyle M. M. Postan, fiyat değişmelerinin esasta nüfus ve tarım üretimindeki dalgalanmalara bağlı olduğu noktasını belirtmişti. Osmanlı tarihi araştırmalarında buğday üretimindeki azalıp çoğalma, kıtlıklar, İtalya'ya buğday ihracatı gibi konular ele alınmış (M. Akdağ, 1949; İnalcık, 1951) ve nüfus baskısı problemi üzerinde durulmuştur. Osmanlılarda bu problem özellikle M. Cook, H. İslamoğlu ve Ö. L. Barkan tarafından incelenmiştir. Latimer, kötü hava koşullarını, tarımı, sonunda genel fiyat yapısını etkileyen önemli faktörler arasında zikreder.

Yeni para basımı (*recoinage*) üzerinde de önemle durulmuştur. Bu operasyonun önemli bir nedeni olarak, gümüş paranın piyasada kenarlarının kırkılması ve yıpranması sonucu değerden düşmesi, iyi paranın saklanıp kötü paranın piyasayı kaplaması ve bunun üzerine yeni para basımına gidilmesi vurgulanmıştır. O zamanki İngiltere'de para kırkmasından Yahudiler sorumlu tutulmuştur. Osmanlılarda da kırkılmış akça, sarraf Yahudilerin işi gibi görülmüştür (Akdağ, 1949). Öbür yandan, piyasayı züyuf akça kaplayınca kırkma kaçınılmaz bir operasyon olarak ortaya çıkmıştır. Halk, İngiltere'de olduğu gibi Osmanlı toplumunda da *sağ akçayı*, yani gümüş içeriği tam akçayı kullanmaz, biriktirir; parayı "değer tasarrufu" (*as a store of value*) için bir araç sayardı (günümüzde dolar ve yabancı paranın yastıkaltına gitmesi gibi). Latimer, kırkılmış paranın yeni para basımına neden olduğunu sanmıyor. Ama piyasadan önemli miktarda gümüş paranın yastıkaltına gitmesinin (*hoarding*) krallığı, *recoinage'a* götüren temel neden olduğu düşüncesindedir.

Osmanlı'da yeni akça basımının gerçek nedeni üzerinde durmak gerekir. Hazine, bir yandan askerin ve halkın baskısıyla piyasaya *sağ akça*, gümüş miktarı yüksek akça sürmeyi zorunlu görmüş; fakat sağ akçanın saklanıp piyasadan kaçması ve hazinenin gümüş kaybı görülünce, piyasadaki ayarı düşük akça düzeyinde *mağşuş* para çıkarma zorunluluğu ortaya çıkmıştır. Tağşişin nedeni sadece hazinenin yeni gelir sağlama kaygısı değildir. Herhâlde, yeniden para basımı piyasada para stokunun ve fiyatların artışının nedeni olabilir (Fatih dönemi için aşağıya bkz.). Osmanlılarda tağşişler, ayarı düşük para ihracı, fiyatların katlanmasında kuşkusuz önemli faktörler arasındadır. Osmanlı'da olduğu gibi İngiltere'de de hazinede para biriktirilmesi halk tarafından kötü görülmüştür. II. Henry (1154-1189), hazinede para tutmayan bir kral olarak tanınmıştır.

İngiliz araştırmacılarınca, daha geniş bir açıdan enflasyon sonucu hızlı fiyat artışının, ekonomi ve toplumda etkileri de ele alınmıştır. İşçi yevmiyelerinde artış, serbest köylünün ürün fiyatlarında bu artıştan yararlandığı, fakat serflerin zarar ettiği belirtilir, genellikle sabit gelirliler enflasyondan olumsuz etkilenmiştir (Latimer, 2001). 1200'lerdeki İngiliz enflasyonu, toplum hayatında, servet dağılımında gözle görülür değişiklikleri beraberinde getirmiştir. Keza bu dönemde para ekonomisi gelişmiş, tüketim büyümüştür. Günümüzde Türkiye'de yüksek enflasyon, son krize kadar para ve kredi bolluğu, aşırı tüketimciliği ve sonunda krizi ve ekonomik küçülmeyi getirmiş görünmektedir. Bu gelişimi, biteviye büyümenin kaçınılmaz sonucu olarak görenler (*cyclical* gelişme) haklı olabilir.

Paranın dolaşım hızı (*velocity*), İngiltere'de 1200'lerdeki fiyat hareketlerinde başlıca faktör olarak tartışma konusu olmuştur. N. J. Mayhew'ye (1995) göre, yüksek tedavül hızı, para bolluğunun sonucu değildir. Parada dolaşım hızının yavaşlığı, Osmanlı ekonomisinde malı malla değişme ve kredili satış yöntemini getirmiştir (İnalcık, 2000). Latimer'in üzerinde durduğu önemli bir olgu da paraya güven azalınca yastıkaltı paraların piyasaya dökülmesidir; böylece pazarda para stoku birden artmış, fiyatlar yükselmiştir. Osmanlı'da sık sık yeni akça basımında görüldüğü gibi, İngiltere'de de *recoinage*, yastıkaltı paraların piyasaya aktarılmasını sağlama politikasıyla ilişkilidir. Bu operasyon para dolaşımını artırıyor. Latimer'e göre para ve fiyat hareketlerinde; nüfus artışı, mübadele ağında değişme, lüks harcamanın artışı, piyasada değişmeler, borçlanmada ve kredide değişme, para ile ödemede artış, bir kelime ile ekonomi ve siyasetteki gelişmelerin hepsi etkili olmuştur. Darlığın asıl nedenini bazı tarihçiler nüfus artışı, mübadele hacmi ve talebin anormal artışıyla açıklamaya çalışmaktadırlar. Fiyat hareketlerinde yukarıda tartışılan tüm faktörleri etken olarak göz önünde tutmak gerekirse de hızlı fiyat artışlarında Latimer de Harvey'e katılarak, piyasaya dışarıdan ticaret yoluyla fazla gümüş girişini ve yastıkaltı paraların piyasaya çıkışını temel faktör saymaktadır. 1220'lerde İngiliz enflasyonu, Latimer'e göre, esas bakımından parasal (*monetary*) bir olgudur. Osmanlı'da enflasyonun Amerikan gümüşünün istilası tarihinden sonra başladığı açıktır; sahte paraların piyasayı istilası ve tağşişler, büyük savaş giderleri, Celâlîler, kıtlıklar, nüfus baskısı gibi faktörlerin enflasyonu müzmin hâle getirdiği doğrudur. Ekonomi tarihçileri, şimdi, çeşitli faktörleri birden hesaba katan Fisher'in mübadele formülünü (MV=PY) izlemeyi yeğlemektedirler (bu formül üzerinde bkz. Mayhew, 1995, s. 240-243).

III. AKÇA TAĞŞİŞİ, BİR ÇEŞİT DEVALÜASYON

14. yüzyılda Fransa kralları da aynı önlemleri alıyor, gümüş ihracını yasaklıyor ve parada gümüş orantısını düşürüyorlardı (Landry, 1910). Askerî seferler, harap bir İstanbul'da altyapı inşaatı (cami külliyeleri, bedesten, han ve kapanlar) dolayısıyla paraya ihtiyacın son derece arttığı Fatih Sultan Mehmed döneminde, piyasadan gümüş parayı çekip yeni akça kesilmesi sık sık uygulanmıştır. Fatih'in 1462, 1470, 1475, 1477 tarihlerinde dört kez bu yönteme başvurduğunu ve 1450'de 100 dirhem gümüşten 278 akça basılırken, 1475'te 355-457 akça kesildiğini tespit ediyoruz (H. İnalcık, 1951). Fatih, halkın darphâneye getirmek zorunda

olduğu her 12 akça için 10 akça vererek toplanan gümüşün ticari değerini esas tutuyor, hazine için yüzde 17 civarında bir vergi alıyordu. Yeni akça çıktığında eski akça yasaklanıyor, halkın elindeki akça darphânede yalnız ticari değer üzerinden hesaplanıyordu. Bu operasyonun hazineye her defasında 800 bin altın duka gelir sağladığını çağdaş bir kaynak (Spandouyn, s. 57) tahmin etmiştir. Eski akça saklanması bir suçtu, herkes elindeki külçe gümüş veya akçayı darphâneye getirmek zorundaydı. Eski akça saklayanlar, etrafa *gümüşarayıcı* kullar çıkarılarak araştırılır ve cezalandırılırdı. Bu uygulama, halkın şiddetli tepkisini çekmiş ve Fatih'in ölümünde (1481) ayaklanmalar olmuş, yeni padişah II. Bayezid yeni akça çıkarmama koşuluyla tahta oturabilmiştir. Görülüyor ki, para sorunları, Osmanlı tarihinde erkenden ekonomik-sosyal büyük olayların altında yatmaktadır. Tarihçiler bu faktörü dikkatle incelemek zorundadır.

Osmanlı para tarihinde iki aşama görülür. Birinci dönem, 1585'e kadar akçada gümüş miktarının yavaş yavaş azaltılması dönemidir. Ş. Pamuk'un hesaplarına göre (1999, s. 134-135), 1489 ile 1585 arasında akçanın gümüş içeriği yüzde 12'sini yitirmişti. Enflasyon oranı yüzde 31'dir. 1585 tağşişiyle akça gümüş içeriğini birden yüzde 44 kaybetmiştir. Üç yüzyıl süren yeni dönemde akça yüzde 40-50 değer kaybına uğramıştır. Ne zaman ki, gümüş akça tağşiş ile altın karşısında *devalüe* olur, enflasyonist bir seyir alır; piyasa bunu malın "para etmemesi" biçiminde hisseder. Günümüzde altının yerini yabancı para almıştır.

Değerli maden esasına dayanan para sisteminin kamu idaresine yansıyan önemli bir sonucu da devletin gittikçe artan asker sorununda kendini açığa vurur. 60-70 bin kişilik bir sipahi ordusunu ayakta tutabilmek, sınırlı bir hazine ile imkânsızdır. Sipahileri köylere göndermek, gelir kaynaklarını tımar hâlinde bölüştürüp onlara devretmek ve gelirin yarıya varan önemli bir kısmını, yerinde *a'şâr* hâlinde aynen tahsil etmelerini sağlamak suretiyle sorun çözülmüştür. Erken dönemde ancak 10-12 bin yeniçeri vardı. 16. yüzyıl sonlarında ulûfeli, yani maaşlı yeniçeri ordusunu 30-40 bine çıkarmak gerekti; o zaman mali bunalım başladı. Ortaçağ devletlerinin sınırlı para stoku, onları tımar şeklinde *aynî* vergi tahsili sistemine zorlarken, ticarette de malı malla değişme, madara (*bartering*) yönteminin geniş ölçüde uygulanmasına yol açmıştı. Erken Ortaçağ Avrupası'nda 5.-7. yüzyıllarda Akdeniz'de uluslararası mübadelenin çok kısıtlı hâle gelmesi, para ekonomisinin çöküşü (6. yüzyılda Batı Avrupa'da hemen hemen hiçbir gümüş para basma faaliyetine rastlanmaz), aynî ekonomiye yol açmıştır (Spufford, s. 12, 35). Batı Avrupa'da 9. yüzyılda ticaretin canlanmasıyla beraber gümüş para darphâneleri çoğalmış (Spufford, 1988, s. 45), bununla beraber para ekonomisi ancak bazı bölgelere odaklanmış olup vergiler yine büyük kısımda aynî olarak toplanıyordu (Spufford, 1988, s. 48). Askerî sınıfın aynî gelire bağlılığı, Batı Avrupa'da feodal rejimin egemen olmasına yol açan faktörlerin başındadır. 14. yüzyılda ise para ile tutulan ücretli asker kumpanyaları harp alanlarında feodal kuvvetlerin yerini alacaktır (Mallet, 1924). Bu olay, ticaret ve para hareketleriyle, siyasi-sosyal değişimler arasındaki sıkı bağımlılığı vurgular.

IV. OSMANLI HAZİNESİ, VARİDAT VE İHRACAT DEFTERLERİ (BÜTÇELER)

Osmanlı mali kaynaklarını; tahıl vergisi (a'şâr), gayrimüslimlerden alınan cizye (baş vergisi), koyun vergisi, maden, tuz ve gümrük iltizamları, darphâneler, pazar resimleri ve vasal devletlerden alınan haraçlar oluşturmaktaydı. 1475'te bu gelir kalemleri içinde nakit olarak alınan cizye, madenler ve darphâne gelirleri, genel bütçenin yaklaşık yüzde seksenini karşılamaktaydı (1766 altın dukadan 1212 duka). 1500-1600 döneminde Sırbistan, Bosna ve Makedonya gümüş madenleri, gümüş üretiminin büyük bölümünü sağlamaktaydı. Kastamonu bakır madeni, 1475'te 150 bin altın duka getiriyordu. 1584'ten başlayarak ucuz İspanyol-Meksika gümüşünün Osmanlı pazarını istila etmesi sonucu, bu madenler rantabl olmaktan çıkmış ve zamanla terk edilmiştir.

1528 bütçesi 537 milyon akça veya 9.7 milyon duka altın değerinde olup bunun yaklaşık yarısı yerel tımar gelirlerini oluşturmakta, merkezî devlet hazinesi yaklaşık 5 milyon dukayı doğrudan kontrolü altında bulundurmaktaydı. 1600'lerde İspanya'nın yıllık geliri 9 milyon, Fransa'nın 5 milyon, Venedik'in 3900 milyon altındı.

Maden ve gümrük gelirleri genellikle iltizam yoluyla doğrudan hazineye gelirdi. Cizye vergisi, 1528'de 46 milyon akça (yaklaşık 1 milyon altın) duka getiriyordu. Vasal devletlerden Osmanlı hazinesine alınan yıllık haraç ödemeleri, 16. yüzyılda yaklaşık 120 bin altına ulaşıyordu. Mısır, yerel harcamalar çıktıktan sonra, sultanın emrindeki iç hazineye yarım milyon altın *irsaliye* yollamaktaydı.

Merkezî hazinenin en büyük gideri, ordu ve donanmaya harcanırdı. Sosyal hizmetlerin büyük bölümünün giderleri (cami külliyeleri, imaretler, hastane, kale, köprü, medrese ve mektepler, tekkeler) vakıf yoluyla karşılanırdı.

1523-1608 döneminde bütçe fazlalık ve açıkları şöyle bir seyir göstermiştir (tımar gelirleri dâhil değil) (Tabakoğlu, 1985):

(Milyon akça olarak)

Yıl	Fazla	Açık	
1527-28	127	-	Macaristan Seferi
1546-47	69	-	Barış
1565-66	-	6.569	Malta Bozgunu
1567-68	127	-	Barış
1582-83	36	-	-
1592-93	-	70.000	Avusturya Savaşı
1597-98	-	600.000	Savaş
1608	-	95	Barış

Merkezî hazine gelirleri 1527-28'de 277 milyon, 1565'te 183 milyon, 1582-83'te 313 milyon, 1592'de (züyuf akça hesabıyla) 293 milyondu. 1584'e kadar bir duka altın 55-60 akça idi. 1584'ten sonra akçanın değerini yüzde yüz kaybettiğine, 1 duka altının 120 akçaya, aşırı bunalım dönemlerinde 240 akçaya kadar çıktığına işaret etmek gerekir. Merkezî hazine, altın hesabıyla 1528'de yaklaşık 4.6 milyon altın iken, 1592'de 2.4 milyon altına düşmüş demektir.

Bütçe açıkları, bir çeşit rezerv bankası olan iç hazineden ikmal edilmekteydi. Harp zamanları iç hazinenin de iflas ettiği olurdu. Bu tablo Osmanlı mali çöküş tarihini aydınlatır. Anadolu'da 1593-1608 Celâlî eşkıya tahripleri, köylü halkın toprağından kaçması (Büyük Kaçgun), Avusturya ve İran'a karşı uzun yıpratıcı savaşlar (1593-1618) ve nihayet 1584-1600'de Avrupa gümüş paralarının (birçoğu sahte) Osmanlı pazarını istilası, askerî, siyasi, ekonomik ve mali çöküntünün sebep ve sonuçlarıdır.

V. İSPANYOL-MEKSİKA GÜMÜŞÜNÜN AVRUPA'YI İSTİLASI, FİYAT DEVRİMİ VE OSMANLI AKÇA TAĞŞİŞLERİ

Amerika'nın keşfinden sonra Avrupa'ya sel hâlinde kıymetli maden gelmesi, para darlığını tamamen aksi doğrultuda etkilemiş görünmektedir. Sonuçta büyük fiyat artışları görülmüştür. 1521-1544 arasında yıllık 90-200 bin kilo olan gümüş üretimi, Guanaxuato ve Potosi madenlerinin keşfinden sonra 1545-1560 arasında 311.600 kiloya yükseldi ve 17. yüzyılda ortalama yıllık üretim 300-400 bin kilo arasında kaldı. 1520-1620 arasında bir yüzyıl içinde gümüş üretimi beş misline çıkmıştır. Altın üretimi daha az, 1/6 nispetinde artmıştır (H. Sée, s. 52-53). Son defa Amerikalı iktisat tarihçisi Earl J. Hamilton'un (1934) hesaplarına göre, 1503-1660 arasında Amerika'dan Sevilla'ya 181 ton altın ve 17.000 ton gümüş gelmiştir. Avrupa pazarlarının değerli madenlere boğulması, iki misline varan bir fiyat artışına sebep olmuştur. *Fiyatlar Devrimi* denilen bu hareket bazı tarihçilere göre, tüm Avrupa'da ve Osmanlı İmparatorluğu'nda birtakım derin ekonomik-sosyal hareketlere yol açmıştır. Osmanlı İmparatorluğu'nda para hareketleri, Avrupa'daki bu gelişimin kuvvetle etkisi altında kalmıştır (Barkan, 1970 ve 1975; Ş. Pamuk, 1999, VIII. Bölüm).

Doğuya, İspanyol (Amerika) altın ve gümüşünün geçiş basamağı Ceneviz'dir. İspanyol gümüşü oraya 1550-1570 sıralarında gelmeye başlamıştır. O dönemde, Raguza Arşivi'ndeki belgelerde, Venedik altını ve Osmanlı akçasına ait kayıtlar varsa da henüz İspanyol real ve dukalarından bahis yoktur. Bu paralar henüz bu pazarı istila etmemiştir (Braudel, 1949, s. 387). 1561'de İstanbul'daki Venedik balyosu "büyük dinar (dinaro) darlığı"ndan bahsetmektedir. 1580'den sonra Sevilla'dan Ceneviz'e büyük miktarda İspanyol kıymetli madeni geçmeye başladı ve bu gittikçe artan bir tempo ile devam etti. İtalya, İspanyol parası ile dolu bir hâle geldi. 1584'e doğru "Türkiye'ye giden başlıca ticaret eşyasından biri sandık sandık gönderilen İspanyol realleridir" (Braudel, 1949, s. 393). 1599'da, Raguza'dan Tekirdağı'na ve İskenderiye'ye "talleri" ve "reali" gönderilmekteydi. 1585'teki altın karşısında büyük devalüasyon, züyuf akça çıkarılması, İspanyol gümüşünün Osmanlı ülkelerini istilaya başladığı zamana rastlar. İ. Galip'in cetvelinde (*Takvîm-i Meskûkât-ı Osmaniye*, s. 505, tarife 2) H. 992'de (M. 1584-1585) akçanın 3 kırattan 2 kırata indirildiği görülmektedir. Çağdaş tarihçi Selânikî'ye göre "yüz dirhem gümüşten beşyüz akça kesilmek kanun-i pâdişahî iken yüz dirhem ikibin züyuf akça olup hiçbir türlü amele yaramayıp giderek gümüşün dirhemi onikişer akçaya satılıp alınmağa başladı... ve altın altmış akçadan yüzyirmi akçaya çıkıp..." Braudel'e göre Akdeniz para tarihinde üç genel aşama vardır: Sudan altını, Amerikan altını ve gümüşü ve kalp para devri. Osmanlı İmparatorluğu'nda son iki aşama birbirini süratle izlemiştir.

Braudel'e göre (419-420), 1585 *devaluation*'ı 17. yüzyıl ortasına kadar süren mali bir krize yol açmış, iktisadi-içtimâi yıkıcı etkiler göstermiştir. Osmanlı kaynakları bunu yineliyor. Batı ve Doğu Akdeniz'de ekonomik gelişmelerin ve para hareketlerinin birbirine sıkı sıkıya bağlı olduğunu büyük Fransız tarihçisi Braudel, parlak bir şekilde ortaya koymuş, Türkiye'de bu sahada ilk araştırmalar 1950'lerde yapılmıştır (H. İnalcık, 1951).

Avrupa'da ucuz gümüş para alıp Osmanlı ülkelerinde altın karşılığı daha yüksek fiyata satmak suretiyle kolayca elde edilen kâr, birçok tüccarı bu ticarete çekiyordu. Antonio Serra'ya göre, 1613'e doğru Venedik, her yıl Levant'a beş milyon nakit para gönderiyordu. Osmanlı hükûmeti de ithal edilen yabancı paradan vergi almamakla bu para ticaretini teşvik ediyordu. 16. yüzyıl sonunda birçok Fransız tüccarın kumaş vs. Fransız sınaî mahsulleri yerine kendisini tamamen para ticaretine vermesi merkantilist Fransız hükûmetini kaygılandıracak bir hâl aldı. Tüccar, İspanya'dan Sevilla veya Meksika gümüş kuruluşlarını satın alıyor ve Türkiye'de satarak aradaki farktan büyük kârlar sağlıyordu. 1614'te krala verilen bir raporda aynen şunlar yazılıdır: "Birkaç yıldır yalnız gümüş para götürülüyor, sadece Marsilya şehrinden giden para yedi milyon ekü'dür, başka yerlerden giden bu hesaba dâhil değildir" (P. Masson, I, 1896, XXXIII).

1581'de bir İngiliz gemi kafilesinin Halep'e 325 bin *reale*, 300 bin *esedî* getirdiği rapor edilmiştir. Bu yolla, 16. yüzyıl sonlarından itibaren *riyal* (reale) ve esedî (Hollanda *rixdale*, Arslanlı veya Abu-kelb) kuruş gibi türlü türlü yabancı gümüş paraları Türk piyasalarını istila edecek ve bundan akçaya dayanan Osmanlı para sistemi büyük değişime uğrayacaktır. Kayda değer bir noktadır ki, 1585'te İran'da %50 bir devalüasyon yapmıştı. Osmanlıların Amerika'nın keşfi ve etkilerine merak duymaları tam bu tarihlere rastlar. İspanyolca veya İtalyanca eserlerden derlenip tercüme edilmiş *Tarih-i Hind-i Garbî* adlı eser, 1583'te III. Murad'a sunulmuştur. Eser, geniş ölçüde Colomb'un keşiflerinden, Amerika kıtasından ve Hint Okyanusu'ndaki adalardan bahseder. Esere sonradan yapılan derkenarlardan birinde Osmanlı ülkeleri de İran ve diğer Doğu ülkeleri için kıymetli madenlerin nispeten bol, dolayısıyla ucuz bulunduğu bir bölgeydi. Bir Venedik raporunda işaret edildiğine göre, 1572'de Türkiye'den İran'a gümüş sevk etmekle %20, altın götürmekle %14-15 kazanılıyordu. Bu altın-gümüş mübadelesinde kazanç oranı anlamlıdır. İran'da gümüşün altına değer oranı 1539'da onda birdi. Aynı tarihlerde bu oran Osmanlı

İmparatorluğu'nda 1/12'dir (akça 3.5 kırat, 17.5 kırat altın 60 akça olduğuna göre). Avrupa'da bu oran daha yüksektir. Bu yüzden batıdan doğuya gümüş, doğudan batıya altın akımı önemli bir ticaret konusu oluyordu.

İran'a kıymetli madenler kaçırılması karşısında hükûmetin hiçbir önlemi sonuç vermiyordu. Öte yandan Türkiye, doğudan İran ipeği, Hint malları (baharat, değerli taşlar, basma bezler, şal ve pahalı ince sarıklık pamuklular) ithal ediyor, bu ticaret sonucu batıdan gelen gümüş doğuya gidiyordu.

Fiyat, kıymetli maden stokunun mübadele edilen eşya yekûnuna oranı ve dolaşım hızı saklı kaldığı takdirde değişmez. Fakat mübadele eşyasının yekûnu ile kıymetli maden stoku oranı sürekli değişir. Değişme, meselâ Amerikan gümüşünün istilası gibi hâllerde bir devrim ifade eder. Şimdi Osmanlılardaki durumu bu ölçüye göre gözden geçirelim: Buğday 15. yüzyıl ortalarından 16. yüzyıl sonlarına kadar on kat pahalanmıştır (Akdağ, 1949, s. 522). Bundan en çok zarar gören sabit gelirlilerdir. Para kıymetten düşünce esnaf derhâl fiyatları artırıyor, fakat ücretler aynı kalıyordu. 1585'te Selânikî bu olguyu şöyle ifade ediyor: "Altın, altmış akçadan yüz yirmi akçaya çıkıp ve buna göre cümle narhlar tüccar beyninde iki bahaya itibar olunup ve me'külât ve melbûsat dahi bu ecIden ziyâdeye çıkmağla, farazâ herkes ulûfe on altın alırken beş altın almağa başlamağın bir gün sipah güruhu cemiyetle..." isyan çıkarmışlardır.

Klasik dönemde Osmanlı ülkelerinde gümüş madenlerinin tam kapasite ile işletilmesine daima dikkat edilmiştir. Rumeli'de en aktif gümüş maden merkezleri Novaberda (Novobrdo), Rudnik, Karatova (Kratovo), Sidrekapsa, Srebrenica, Zablina'dır (Zaplanina) (İnalcık, 1994, I, s. 96-103; Pamuk, 1999, s. 96-121). Novaberda'da daha II. Murad devrinde Osmanlılar gümüş akça basmaya başladılar. Anadolu'da başlıca gümüş maden merkezleri Gümüşhane, Keban, Ergani ve İnegöl'dür (A. Refik, 1931). Fakat bu eski maden ocaklarının verdiği gümüş miktarı, akçanın kıymetini büyük ölçüde etkileyecek kadar geniş görünmüyor. Osmanlı memleketlerinde gümüş stokunun birden artışı, Amerikan gümüşünün gelmesinden sonra kendini gösterecek ve fiyatları yükseltecektir. E. J. Hamilton, İspanya'ya Amerika'dan gelen gümüş miktarlarını tespit ederek fiyat yükselmeleriyle gümüş stoku arasındaki bağlılık üzerinde durmaktadır (bunu tadil eden yeni araştırmalar için bkz. Vilar, 1976; Pamuk, s. 124-129).

Kuşkusuz, fiyat yükselmesinde gümüş stokunun artışını esas alanlara (bullionistler) karşı nüfus patlaması (Barkan, Osmanlı ülkesinde 16. yüzyılda en az yüzde 50-60 bir artış tespit etmiştir) gıda maddelerine talebin artışı ve para tedavülündeki hızlanma (*velocity*), kamu harcamalarında olağanüstü bir artış ve Celâlî kargaşası dolayısıyla üretimde düşme gibi başka ekonomik faktörlerin önemini belirtenler (Cipolla, Miskimin, D. Flynn) haksız değildir. Osmanlı ülkesinde 1590-1610 döneminde uzun ve masraflı savaşlar, Celâlî ayaklanmaları ve kıtlıklar anormal yükselmelere sebep olmuş, gerçek bir ekonomik darlık kendini göstermiştir. Genel olarak fiyatların hızlı ve sürekli yükselmesi, paranın istikrarsızlığı; iktisadi-mali hayatta, maaşlarda, dolayısıyla sosyal bünyede derin karışıklıklara ve krizlere yol açmıştır. Fakat bütün bu faktörlerle birlikle hatırdan çıkarılmaması gereken temel olgu, Osmanlı para hareketlerinin ülkede altın-gümüş stoku ve bu ikisi arasındaki parite ile yakın ilişki içinde olduğudur.

Son kez, Şevket Pamuk, *Osmanlı İmparatorluğu'nda Paranın Tarihi* (Tarih Vakfı Yurt Yayınları, İstanbul 1999) eserinde para ve fiyatlar üzerinde yaptığı istatistikî araştırmalarla konuya hayli açıklık getirmiştir. Burada sadece birkaç noktaya dokunacağız (Şevket Pamuk, önsöz, V-VI). Hamilton, Braudel gibi büyük fiyat artışlarını gümüş stokunda artışa atfeden *bullionist*lerin görüşlerini tadil etmek gerektiği düşüncesindedir. Barkan, fiyat oluşumunda, çeşitli faktörleri önemle belirtmiştir. Pamuk; Goldstone ve Flynn'i izleyerek ve Osmanlı arşiv belgelerinin tanıklığını öne sürerek (VII. Bölüm) Osmanlı para hareketlerini açıklamada, imparatorlukta ve dünyada ekonomik gelişme ve koşulları tümüyle göz önünde tutmak gerektiğine işaret ediyor. 16. yüzyıldan sonra da para ekonomisinin yaygınlığına işaret ediyor ve haklı olarak kırsal kesimde geniş kredi ağından söz ediyor (bkz. İnalcık, "Village Microeconomy", *Bloomington*, 1993, s. 161-176). Hakikatte, 16. yüzyıldan önce de Ceneviz ve Venedik'le yoğun ticaret ilişkileri sayesinde Osmanlı İmparatorluğu, buğday, şap, deri, yün, pamuk ve pamuklular, ipek gibi hammadde ticaretinden büyük miktarda nakit sağlıyordu ve köyde tımar vergilerinin önemli kısmı nakit olarak ödeniyordu. İtalyan büyük şehirleri, Batı Anadolu'dan ihraç edilen buğdayla besleniyordu.

Osmanlı'nın aşırı müdahaleciliği görüşü (Pamuk, VIII) her zaman doğru değildir. Devlet, düşük fiyat verildiği zaman tahıl üreticisinin ekimden vazgeçtiğini göz önünde tutarak doğru bir fiyat belirlemeye çaba gösterir. Narh, müdahalecilik; ordu ve halkın geçimiyle ilgili hayati alanlarda uygulanıyor, tüccar buna tâbi olmuyordu (İnalcık, 1969). Pamuk (VIII), parasal hareketleri, genel ekonomik ve siyasi koşulları göz önüne alan geniş bir açıdan incelemek gereğini vurgularken haklıdır, ama bunu hakkıyla başarmak güç görünüyor. Bunun için Osmanlı tarihini iyi bilmek gerekir. Pamuk, 16. yüzyıldan sonra sürekli bir gerileme tablosu çizenleri haklı olarak eleştirir. 16. yüzyıldan sonra Osmanlı'nın vergi sisteminde toptan bir değişme ve uyum dönemine girdiği doğrudur (H. İnalcık, 1980). 1585'ten sonra sürekli gümüş akça tağşişlerine gelince, yukarıda belirttiğimiz gibi devlet rasyonel bir yaklaşımla piyasayı kaplayan ayarı düşük paralar yüzünden buna başvuruyor, ayarı yüksek akçanın piyasadan kaçtığını görerek akçanın ayarını düşürüyordu. Biz, ancak Osmanlı arşivlerinin zengin kaynaklarını kullanarak uzun dönemleri kapsayan fiyat listeleri çıkarmadıkça para ve ekonomi tarihinin yazılamayacağı hakkında inancımızı burada bir kez daha tekrarlamalıyız. Pamuk, bu işe el atmıştır (1999, s. 122-142). Kendisi gram gümüş hesabıyla fiyat grafikleri çizerek (s. 133 ve 261), 1590-1650 döneminde büyük artışlar, 1700-1750 döneminde büyük düşüşler, daha sonraki dönemde ise aşırı fiyat artışları tespit etmektedir. Pamuk'un hesaplarına göre, (1999, s. 135) "1585'ten sonraki fiyat artışlarının büyük bir bölümünün akçanın tağşişinden kaynaklandığı anlaşılıyor" (Bu arada Osman Bey'e atfedilen akçanın sahte olduğuna işaret etmek isterim).

Osmanlı ülkesi söz konusu olduğunda, ucuzlayan gümüş karşısında değerini koruyan uluslararası bir gümüş-altın akımının ekonomiler arasında dengeyi ve fiyat mekanizmasını belirlediğini eski bir yazımızda (*Belleten*, 1951) belirtmiştik. A. Watson (1967), Avrupa-Asya arasında bu altın-gümüş mübadele ve akımını çok daha eski dönemlerde gözlemlemiştir. Bu olayın fiyat hareketlerinde önemi şimdi tekrar gündeme gelmiştir (D. Flynn ve A. Giraldez, 1995; Pamuk, s. 125-128). Osmanlı-Avrupa ticari dengesinde, hiç olmazsa 16. yüzyılda Avrupa'nın pasif durumda bulunduğu, dengeyi korumak için Avrupa'dan Osmanlı ülkesine gümüş akışının önemli nedeninin bu durumdan kaynaklandığı gözlemlenmiştir. Venedik, yılda bir Halep darphânesine 800 kilece gümüş teslim etmek zorundaydı. 1686-1687'de yıllık bilançoda Batılı tüccarın Levant'a 3.735.000 kuruşluk mal getirdiğini, buna karşılık 4.735.000 kuruşluk mal aldığı tespit edilmiştir (Fontenay, s. 350).

Osmanlı alçak gümrük resmi sistemine bağlı kapitülasyon rejimi bu durumu sağlamaktaydı. Osmanlı ekonomi felsefesi, iç pazarda mal bolluğu ve ucuzluğunu öne alan ve dolayısıyla gümrük resmini asgariye indiren (1450'lerde yüzde 2, 1470'lerde yüzde 5, 16. yüzyıl sonlarından itibaren yüzde 3) bir ticaret rejimini yeğlemekteydi. Gümüş ithalini ise her türlü resimden muaf tutmuştu. Yukarıda anlatıldığı üzere Avrupalı tüccar, gümüş getirip doğu malları ve altın alıp geri gitmekteydi. Batı Avrupa gümüş paralarının bu dönemde Osmanlı pazarını istila etmesi de başka faktörlerle beraber aynı olaydan kaynaklanmaktaydı.

Günümüzde, dolar başta olmak üzere güçlü Avrupa paralarının Türk lirasına karşı sürekli yükselişi ve devalüasyon, Osmanlı deneyiminin bir bakıma benzeridir. Serbest pazar ekonomisi, Avrupa Birliği'yle gümrük bütünleşmesi bir bakımdan Osmanlı kapitülasyon rejimini andırmaktadır. Bu koşullar, aşırı bir yabancı malı tüketimi ve devletin aşırı masrafları sonucu cari işler açığı ve dış borçlanmayı getirmiştir. Paranın tedavül hızının artmasının (günümüzde kredi kartıyla fazlasıyla artan aşırı tüketimcilik), enflasyonun başlıca nedeni olduğu kuramı da ortaya atılmıştır. Osmanlı toplumunda 1587-1606 savaş dönemi, sayısı 40 bine çıkan yeniçeri ordusuna, ücretli sekban ve sarıca askerine nakit maaş yetiştirme zorunluluğu, yüz binlik orduların nakli ve beslenmesi tüketimin fazla artış gösterdiği bir dönemdir ve fiyat artışı ve enflasyonla aynı zamana rastlamaktadır.

İthâl kalp kuruşlar ve mağşuş akçalar ile piyasada paranın nispeten bollaşması, artan tüketimin paranın tedavül hızını anormal biçimde yükseltmesi hep birlikte enflasyonu ve Fiyat Devrimi olgusunu açıklayabilir. Pamuk (129-142), hükûmetin tağşiş politikasıyla birlikte, nüfus baskısı ve tedavül hızı kuramını, Fiyat Devrimi'nin gerçek nedenleri sayanların yanında yer alıyor. Osmanlı enflasyonunun önemli bir sonucu da pazarda, ödemelerde ve devlet harcamalarında geleneksel aynî ekonomi karşısında para ekonomisinin gelişmesidir. Osmanlı vergi sisteminde nakit vergi sisteminin gelişmesi (H. İnalcık, 1980) bunun bir göstergesidir. Osmanlı ülkesi; Batı'daki gelişmelerin dışında değil, kendini onun tam ortasında bulmuştur. Pamuk, fiyat ve ücretler üzerinde, arşiv ve narh defterlerini okuyabilen bir ekibin yardımıyla, Barkan'ın hesaplamalarını kontrol etmiş (1999, s. 132-137) ve düzeltmeler yapmıştır.

1600'lerden sonra Osmanlı sanayiinin, özellikle madenlerde ve tekstilde Avrupa rekabeti karşısında çöküşü süreci haklı olarak fiyat hareketleriyle ilişkili görülmektedir. Olgu; deri, yün, pamuk gibi hammaddelerde Batı'nın yüksek fiyatlarla rekabetine bağlanmaktadır (Barkan, 1970). Buna karşı Pamuk'un (1999, s. 142) kesin hükmü, "Osmanlı sanayii 19. yüzyıla kadar Avrupa'dan ciddi bir rekabetle karşılaşmamıştır" hükmü abartmalı görünmektedir. Meselâ, Selânik yünlü kumaş sanayiinde bunalım, yüksek fiyat veren Batı'ya artan ihracat dolayısıyla yün fiyatlarında yaşanan artış ile ilişkilidir. Osmanlı ipek sanayiinde çöküşü M. Çizakça incelemiştir (Çizakça, 1980). Yukarıda işaret ettiğimiz gibi, Osmanlı gümüş madenleri ve darphâneleri çoğunlukla kapanmış; Osmanlı,

İngiltere'den çelik ve barut ithal etmeye başlamıştır. Merkantilist Avrupa, daha etkin bir teknoloji ile 16. yüzyılda ipekli, 17. ve 18. yüzyılda pamuklu sanayii kurarak ezici bir rekabete girmiştir (İnalcık, 1980). Değerli sof kumaş ihracı, Fransa'nın Lille'de kurduğu sof sanayii karşısında gerilemiş; Türkiye, ancak tiftik yünü ihraç eder duruma düşmüştür. Avrupa 16. yüzyıldan sonra bilim ve teknolojide, mali ve ticari örgütlenmelerde (korporatif kumpanyalar) öyle ilerlemeler kaydetmiştir ki, Osmanlı geleneksel teknoloji ve lonca sistemiyle, 19. yüzyıldan çok önce bir hammadde ihracatçısı durumuna düşmüştür.

VI. KAPİTÜLASYONLAR

Hıristiyan dünya ile Osmanlı ticareti, kapitülasyon rejimi altında büyük gelişme göstermiş, Osmanlı ve Avrupa pazarı bütünleşmiştir. Osmanlı Devleti'nde *harbî* statüsündeki (İnalcık, 1971) Batılılara serbest ticaret imtiyazları tanınırken, daima İslâm hukuku, özellikle de Hanefî mezhebi esaslarına riayet edilir, yeni bir kapitülasyon düşünüldüğünde şeyhülislâmdan fetvâ istenirdi. Aynı şekilde, eğer kapitülasyon himayesi altında bulunan bir yabancı tüccarla (*müste'men*) bir Müslüman arasında sorun çıkarsa, kadı mahkemesine gidilir, bazen konuyla ilgili fetvâ alınırdı. Bir harbîye *amân* garantisi vermenin ön şartı, dostluk ve sadakat vaadiyle sultana başvurmasıdır. Nitekim, konuyla ilgili ahidnâmelerin ilk satırlarında daima bu husus belirtilir.

Bu koşul yerine getirildiğinde devlet başkanı amânı yeminle onaylar, kapitülasyon tek taraflı bir bağış niteliğinde bahşedilir; *ahidnâme* ('ahdnâme) şartları Osmanlı yetkililerine (kadı, beylerbeyi) gönderilen fermanlarda bildirilir ve onlara uyulması emredilirdi. Diğer bütün beratlar gibi ahidnâmeler de onu veren padişahın hükümdarlık süresince geçerliydi. Sultan, bir ahidnâme verirken fıkıh prensiplerini, talepte bulunan devletten siyasi beklentileri, iktisadi ve mali çıkarları göz önünde tutar; Hıristiyan dünyasında müttefik edinmeyi, temininde zorluk çekilen hammadde veya mamul eşyanın sağlanması gibi hususları hesaba katardı. Ayrıca gümrük gelirlerinin artırılması, hazineye sağlam nakit para sağlanması gibi konular da önemliydi. Avrupalı tüccarın Osmanlı limanlarını bırakıp gitme tehdidi, Bâbıâli'yi daima kaygılandırmıştır. Avrupalı devletler, kendi konsolos ve tüccarıyla görüştükten sonra çıkarları olan bazı hususları ahidnâmeye dâhil etmek için uğraşırdı. Ahidnâmenin verilmesinden sonra herhangi bir ihtilaf durumunda, çözüm bir hatt-ı hümâyun hâlinde ek olarak çıkarılır, yenilenme sırasında ahidnâme metnine dâhil edilirdi. Ahidnâme ile kanun ve nizâmnâme arasında bir çelişki olduğunda ahidnâme esas alınırdı.

Kapitülasyon aslında tek taraflı bir imtiyaz olarak bağışlanır; menfaatler karşılıklı olarak gerçekleşmezse padişah daha önce mevcut olan dostluğun bozulup ihlal edildiğini belirterek ahidnâmeyi kaldırma yetkisini elinde tutardı.

Osmanlı şehir ve limanlarında oturan yabancı ticaret erbabı, yetkililerle temasları sağlamak üzere *balyos, konsolos, emin* adlarıyla bilinen temsilciler seçerdi. Bu temsilciye, görevlerinin ve yetkilerinin sınırlarını belirleyen bir padişah beratı verilirdi. Böylece Osmanlı limanlarında *millet* veya *tâife* adıyla bilinen bir Avrupalı cemaat oluşmuştur.

17. yüzyılda Batılı devletler, kendi konsolos statüsü anlayış ve yorumlarını Osmanlı hükûmetine benimsetmeye çalıştılar. İstanbul'daki elçiler başlangıçta sultanın beratıyla görevlendirilmiş birer konsolos muamelesi görüyordu; sonraları kendi devletlerinin Bâbıâli nezdinde siyasi temsilcileri gibi kabul edildiler.

Konsolosun yargı yetkisi, ilk kapitülasyonlar döneminde hukukun şahsiliği ilkesine dayanıyordu. Fransız hükûmeti, bunu kendi kanun ve kurallarıyla düzenlemişti. Ama *müste'min* ile Müslüman arasındaki ceza davaları ve hukuki anlaşmazlıkların Osmanlı mahkemesinde görülmesi zorunluydu.

Harbînin köle yapılmaksızın ve malları ganimet olarak alınmaksızın Dârü'l-İslâm'da serbest seyâhat hakkını garanti eden *amân* şartı bütün Osmanlı ülkesinde geçerliydi. Müste'minin ikametgâhı, ancak bir suçlu kaçağı veya köleyi barındırma ve saklama ya da kaçak eşya bulundurma gibi durumlarda aranabilirdi. Bu konudaki kötüye kullanmalar, ahidnâmelere yeni maddelerin eklenmesine sebep olmuştur.

Osmanlı ülkesinde ölen bir *müste'min*'in mal ve mülkü, vasiyetnâme bırakmışsa vârislere verilirdi. Vasiyetnâme bırakmadan ölürse veya vârisleri başka bir yerde oturuyorsa, o takdirde malları kadı tarafından emanete alınır ve kadı vasıtasıyla konsolosa ya da ölenin ortak ve arkadaşlarına teslim edilirdi.

Osmanlı ahidnâmelerinde, müste'mine denizde serbest seyir hakkı ve Müslüman gemilerinin saldırılarına karşı güvenlik, Müslüman limanlarında demirleme, sahillerden her türlü ihtiyacını giderme ve su alma, gemi ve tayfasının her türlü angaryadan muafiyeti, denizde ve kıyıda himaye ve yardım, gemilerinin karaya oturması hâlinde korsanlara karşı ortak himaye, korsanların verdiği zararların tazmini gibi imtiyazlar verilmiştir.

Yabancı tüccar, Osmanlı Devleti'nin iç pazardaki talebi korumak için zaman zaman hububat, deri, pamuk ve bazı eşya için ihraç yasakları koyması, bazı malların, ancak iltizamla satılması gibi çeşitli engellerle karşılaşabilirdi. Buna karşı genel olarak başvurulan organize kaçakçılık yoluydu.

Gümrük ve türlü resimler, toplam miktarı en az %9'u buluyordu. Yabancı devletler sonunda, mal tarifesini sabitleştirmeyi ve bunu ahidnâmelere dâhil etmeyi başardılar.

Tarihî Seyir: Osmanlılar 1352'de Rumeli'ye ilk geçtiklerinde o sırada Venedik'le savaş hâlinde olan Cenovalılar ile dostane ilişki içindeydiler ve onlara ilk Osmanlı kapitülasyonunu verdiler.

1403 tarihli barış antlaşmasında ilk defa Venedik, Bizans, Ceneviz ve Rodos şövalyelerinden oluşan ittifak üyelerine önemli imtiyazlar verildi.

Fatih Sultan Mehmed, İtalyan kolonilerini haraçgüzâr statüsüne indirme siyasetini uyguladı. Her ne kadar 1463-1479 Osmanlı-Venedik Savaşı, Venedik ticaretine bir darbe vurmuş ise de ticaret tamamen kesintiye uğramadı. 25 Haziran 1479 tarihli antlaşma ve onun II. Bayezid tarafından 1481'de yenilenmesiyle Venedik daha önceki imtiyazlara ilâveten Karadeniz'de Kefe ve Trabzon'da da ticaret yapma imtiyazını aldı. 1498'de Venedik'le savaşa girişmeden önce Osmanlılar, Napoli kralına kapitülasyon verdiler. 24 Mart 1503'te imzalanan Osmanlı-Venedik Barış Antlaşması ile imtiyazlar daha da genişletildi.

1570-1573'te Osmanlılarla Venedik arasındaki savaş yeni bir rakip olarak Fransa'nın Levant'a girmesini kolaylaştırdı. O zamana kadar Venedik ticari üstünlüğünü devam ettirmişti.

1536'da Fransa kralı, yakın ilişki kurduğu Osmanlı padişahlarından yararlanma yoluna baktı ve Fransız Elçisi De La Forest, İbrahim Paşa ile müzakereler sırasında bir kapitülasyon taslağı kaleme aldı; bu taslak İbrahim Paşa'nın idamı dolayısıyla sultan tarafından tasdik edilemeden kaldı, daha sonra elçilik arşivinde ortaya çıktı. Fransa ile tasdikli genel kapitülasyon 1569 Kapitülasyonu'dur. De La Forest tarafından yazılan taslak, iki taraf arasında yapılmış bir antlaşma formundadır. Halbuki 18. yüzyıla kadar bütün kapitülasyonlar padişah tarafından tek taraflı verilmiş bir bağış niteliğindedir. Bu metnin müsvedde hâlinde kaldığı, Elçi Rinçon'un gönderdiği mektuptan anlaşılmaktadır.

Fransa ile ilk resmî genel Osmanlı kapitülasyonu, 18 Ekim 1569 tarihli olanıdır. Elçi Noailles 1572'de bu ahidnâmenin Levant'ta şimdiye kadar alınmış en avantajlı antlaşma olduğunu belirtmektedir. I. Selim'in 1517'de onayladığı kapitulasyon Mısır ve Suriye'yi ilgilendiren Memlûk kapitülasyonunun onaylanmasından ibaretti.

Bu imtiyazlar sayesinde Levant'ta Fransız ticareti hızla gelişti, öteki Avrupa devlet tüccarları şimdi Fransız bayrağı altında Osmanlı ile ticaret yapabiliyorlardı. Bu yabancı tâcirler İngiliz, Portekiz, İspanyol, Katalan, Sicilyalı ve Anconalılardı.

Bu dönemde Osmanlı, kapitüler devlet olarak yalnızca Fransa, Venedik ve Lehistan'ı tanıyordu. Yüzyılın ortalarından itibaren İngiliz tüccarları Moskova, Kafkaslar ve Hürmüz üzerinden Hindistan'la ticari temaslar kurmaya çalışıyorlardı. Bu proje Osmanlıların Azerbaycan'ı ele geçirmesiyle suya düştü; bunun üzerine İngilizler bir kez daha dikkatlerini Levant'a çevirdiler. Osborne ve Staper adlı iki Londralı tüccar kendi temsilcileri William Harborne'u İstanbul'a gönderdiler; Harborne belirtilen şahıslar için bir *izn-i hümâyun* elde etti. Kraliçeye cevabında III. Murad dostluk ve itimat devam ettiği müddetçe ticarete amânla izin veriyordu.

Bu gelişme, İspanya'ya karşı siyasi düşüncelerle teşvik edildi. İktisadi açıdan da İngiliz kumaşlarının nispeten ucuza sağlanması, silah yapımında kullanılan kalay ve çelik gibi hammaddelerin temini sebebiyle ilişki gelişti. I. Elizabeth, 25 Ekim 1579 tarihli bir mektubunda ticari imtiyazların bütün İngiliz tebaası için verilmesini istedi. Ayrıca o dönemde, bazı devlet adamlarının İspanya'ya karşı İngiliz dostluğunun önemini belirtmesi sebebiyle, Fransız kapitülasyonu esas alınarak 1580'de İngiltere'ye benzer kapitülasyonlar verildi.

Avrupa devletleri arasındaki şiddetli mücadeleler sonucunda "en imtiyazlı millet" maddesi kapitülasyonlarda belirmeye başladı. Lello tarafından 1601'de elde edilen yeni İngiliz kapitülasyonlarında on yedi yeni madde bulunur. Burada İngiltere'nin en imtiyazlı millet statüsü tasdik edildi. Hollandalılar, İngiliz bayrağı altına alındı, bu durum Fransızlar için bir gerilemeydi. Altın ve gümüş para gümrük vergilerinden muaf tutuldu ve bunların serbestçe dolaşımına izin verildi. Diğer önemli bir madde ise İngilizleri, getirdikleri eşyalarda yalnız %3'lük bir gümrük vergisine tâbi tutuyordu.

Osmanlı-Fransız siyasi ilişkilerinde vuku bulan değişimle birlikte Fransız kapitülasyonları ve uygulamaları da 17. yüzyılda gelişme gösterdi. III. Mehmed ve I. Ahmed zamanındaki yenilemeler sıcak ilişkiler dönemine rastgelir. Böylece Fransızlar bazı önemli imtiyazlar elde ettiler. Yeni ahidnâmede Venedikliler ve İngilizler dışındaki bütün milletlerin Fransız bayrağı altında seyretmesi, hububat ihracı, gümüş para ticaretinde özgürlük ve Kuzey Afrika korsanlarına karşı garantiler vardı.

Fransız Bakan Colbert'in Levant dünyasındaki ticareti canlandırma çabaları sonucu Fransızlar, 1679 yılında bazı önemli maddelerle birlikte kapitülasyonlarını yenilemeyi başardılar. Bu arada gümrük vergilerinin %3'e düşüşü, en imtiyazlı millet muamelesi ve Osmanlı'daki Cezvit ve Capucin misyonerlerini koruma hakkı önemli hususlardır. 1683 Viyana Bozgunu'ndan sonra Avrupa'daki Osmanlı varlığı tehlikelerle karşılaşıp Bâbıâli, Batı devletlerinin diplomatik desteğine ihtiyaç duyduğunda kapitülasyon kurumu yeni bir döneme girdi. Böylece tanınan yeni imtiyazlar, politik yardımın göstergesi olarak verildi. 1690 yılında çıkarılan bir hatt-ı şerifle Fransızlar, Mısır'da gümrük resminin %10'dan %3'e düşürülmesi ve Katoliklerin Kudüs'teki bazı kutsal yerlere dönmesi hakkını kazandılar.

Fransa, 1697'de Osmanlı ile savaşan Habsburglarla barış yaptığında, Bâbıâli İngiltere'ye döndü ve İngilizler, Mısır ile İstanbul arasındaki deniz ticareti ve Mısır'da bir İngiliz Konsolosluğu açılması hakkını elde ettiler. 1716-1740 arasında Fransa ile uzlaşma hâli şartları yeniden değiştirdi. Belgrad Antlaşması'nda görüşmelerde aracı olan ve Fransa kralının garantisini getiren Marquis de Villeneuve, ülkesi için en geniş imtiyazları elde etti; hatta sultan halefleri adına da bu kapitülasyonları onayladı. Sonraki yıllarda Fransızlar, Levant ticaretinde ve Osmanlı limanları arasındaki taşımacılıkta karşı konulamaz bir üstünlük elde ettiler. Artık Avrupa'da ekonomisi birazcık düzelen her devlet, bir Levant şirketi kuruyor; Bâbıâli'den kapitülasyonlar elde etmeye çalışıyordu. Osmanlılar; Fransa, İngiltere ve Hollanda tarafından elde edilen ayrıcalıklı konumları zayıflatma politikası izleyerek tepki gösterdiler ve kapitülasyonları birçok devlete vermeye başladılar. Aslında Osmanlı Devleti'nin kapitülasyonları vermekten beklentisi Avrupa'da kendisine dost ülkelerin sayısını artırmaktı.

Levant'ta Batı Avrupalı milletlerin üstünlüğü Osmanlı'nın iki güçlü düşmanı olan Habsburglar ve Rusya'ya baskı altında isteksiz verilen kapitülasyonlarla yeni ve tehlikeli bir döneme girdi. 15. yüzyıl gibi erken bir tarihte Augsburg ve Nürenberg'den gelen Alman tüccarlar Venedik koruması altında İstanbul'da faaliyet gösteriyorlardı. Gümrük belgeleri, Breslau'dan Osmanlı Macaristanı'na kumaş ithal edildiğini göstermektedir. 1547'de sultan ile İmparator V. Karl ve Ferdinand arasında barış antlaşması imzalanınca tüccarlar, verilen amândan yararlanarak Osmanlı ülkesinde serbestçe seyâhat etmeye başladı. 1616'da yenilenen Zitvatorok Antlaşması; Avusturya, İspanya ve Flandr tebaası tüccarlar için %3'lük bir gümrük vergisiyle seyâhat ve ticaret hakkını bağışladı. Ayrıca Cezvit rahiplerinin Osmanlı topraklarında oturmalarına ve kiliselerini korumalarına izin verildi. 1667'de Avusturya bir ticaret şirketi kurarak Levant ticaretinde aktif bir pay almak istedi. Sonuçta iki imparatorluk arasındaki sürekli düşmanlık, bu ticari imtiyazlardan yararlanmayı önledi. 1768-1774'te Osmanlı Devleti felaket bir savaş döneminden sonra Rusya'ya da imtiyaz tanımak zorunda kaldı (1783). Bundan sonra kapitülasyonlar, Avrupa devletleri elinde devamlı ve zorunlu bir ekonomik sömürü aracı hâlini aldı. Osmanlı ekonomisini kötürüm eden bir hâl aldığı anlaşıldığı zaman da Avrupa devletleri, dost düşman bu imtiyazları bırakmaya yanaşmadılar.

VII. OSMANLI DÜNYA TİCARETİNDE DARALMA

Değerli maden stokunun artması; tabii başta ticaret ve carî hesap dengesiyle ilişkilidir. Genelde ticaretin batıya karşı aktif, doğuya karşı pasif olduğunu biliyoruz (bkz. yukarıda bölüm V). Osmanlı İmparatorluğu'nun dünya ticareti içindeki rolü, Batı'ya hammadde ve erzak satmak, doğu mallarını özellikle İran'ın ham ipeğini aktarmak suretiyle batıdan aldığı altın ve gümüşü -doğu malları, başlıca baharat ve ipek karşılığı- doğuya aktarmak biçiminde bir aracılıktan ibaret biçiminde algılanır (Braudel, Akdağ, Berov, İnalcık, Gandev, Pamuk). İran ve Arabistan'da paranın bugüne kadar *riyal* adını taşımış olması bir rastlantı değildir.

1525-1571 döneminde, Osmanlı Devleti siyasi bakımdan gerçekten bir dünya devleti rolünü üstlenmiştir, Avrupa'da Fransa'yı destekliyor, İspanya'ya karşı Endülüslü Müslümanları (Moriskoları) ve Hollanda isyancılarını bağımsızlık mücadelesine teşvik ediyor; Hindistan'da Gücerat Sultanlığı ve Sumatra'da Sultan Alâeddin ile ittifak hâlinde Portekizlilere karşı mücadeleye girişiyor, bu Müslüman devletlere fiilen yardım ediyordu (Sumatra'ya top ve kale yapmak için bir Osmanlı uzman heyeti gönderilmiştir). Kazan ve Astrahan'dan Rusları atmak için ve Don-Volga arasında kanal kazmak için Don Nehri üzerinden bölgeye bir donanma gönderiyor; Orta Asya hanlarına Safevilerle mücadelelerinde yardımcı olmak üzere ateşli silahlarla donatılmış yeniçerilerden bir fırkayı sevk ediyordu. Bu dönemde Osmanlı Devleti yalnız siyasi bakımdan değil, ekonomi bakımından da kıtalararası ticarette bir geçit bölge olmaya çalışıyordu. 16. yüzyıl ortasında Avrupa'da baharat ticaretini elinde tutan Yahudi Mendès ailesi Amsterdam'dan gelip İstanbul'a yerleşecektir. Kanunî, müttefiki Fransa Kralı I. François'ya 100 bin duka altını yardım yapmış ve onun halefi II. Henri, Osmanlı'dan iki milyon altın bir istikraz yapma girişiminde bulunmuştur. Kıbrıs'ın fethinden sonra Kutsal Liga'nın kazandığı büyük deniz savaşı (Lepanto: 7 Ekim 1571), Osmanlı'nın dünya devleti olma konumunu yitirmeye başladığı tarihtir. Bunu ekonomik gerileme izleyecektir.

İlkin, Uzakdoğu ve Hindistan'la Avrupa arasında Yakındoğu'dan geçen uluslararası ticaret yolunun, Güney Afrika deniz yolu keşfedildikten sonra terk edildiğini kabul eden eski iddiayı düzeltmek gerekir. Özellikle A. H. Lybyer, F. Lane, F. Braudel, E. Ashtor ve H. Kellenbenz gibi bilginlerin araştırma ve eleştirilerinden sonra şimdi kabul edilmektedir ki, Ortadoğu Baharat Yolu daha bir yüzyıl Lizbon'la rekabet hâlinde bulunmuştur. Osmanlıların Mısır Memlûk İmparatorluğu'nun yerini alarak Kızıldeniz yolunu Portekizlilere karşı koruması, Basra Körfezi ve Hint Denizi'nde Portekizlilere karşı mücadelesi, bu eski ticaret yolunun tamamen kesilmesi tehlikesini önlemiştir (H. İnalcık, 1994). 16. yüzyılın birinci yarısında Akdeniz'den Avrupa'nın büyük baharat pazarı

Anvers'e bile biber gelmeye devam ediyordu (Braudel, s. 423-425). Kızıldeniz ve Basra Körfezi yoluyla gelen Asya'nın kıymetli malları; Halep, Şam, Trablus ve Kahire pazarlarında Avrupalı tâcirler ile hararetli bir ticarete konu olmaktaydı; 1554'te sade Venedikliler, İskenderiye'den 6000 kental baharat aldılar (Braudel, s. 428). 1560-1564 arasında Ortadoğu'dan yıllık 12 bin kental baharat alımı, Vasco da Gama'nın Hint yolunu keşfinden önceki miktar kadardır. 1564'te bir Portekiz casusu, İskenderiye'ye 30 bin kental baharat geldiğini hükûmetine bildirmekteydi. Osmanlıların Portekizlilere karşı mücadelesi (1516-1571), Lizbon baharat pazarında zaman zaman bunalıma sebep olmaktaydı (H. İnalcık, 2000, s. 373-420). Ancak Osmanlılar bu mücadeleden vazgeçtikten sonra Lizbon eski durumunu tekrar kazanabildi (Braudel, s. 428-433). 1583'te Basra'yı ziyaret eden İngiliz J. Eldred, her ay bu limana yanaşan Hürmüz gemilerinin Hint eşyası, baharat, ecza, indigo boyası ve kalikut kumaşları getirdiklerini yazar. 1590'lara doğru her yıl baharat yüklü kırk elli gemi hamulesini Mekke'ye sevk etmekteydi (Braudel, s. 443). 1548 tarihli bir Şam kanunnâmesine göre, Mekke'den gelen baharat ve kumaştan deve yüküne 7 altın gümrük tahsil ediliyor, şayet bu "efrenc tâifesine" (Avrupalılara) satılırsa 9'u "efrenc"den olmak üzere 19 altın gümrük alınıyordu. Bu kayıtlar, yalnız 16. yüzyıl sonlarına kadar Kızıldeniz yolunun Hint ticaretine kapanmadığını göstermekle kalmıyor, aynı zamanda bu ticaretin gümrük resmi olarak devlete ne kadar önemli bir gelir bıraktığını da ortaya koyuyor.

Ancak 1580'lerde Mustafa Âlî, dikkate değer bir kaydında (*Künhü'l-Ahbâr*), Cidde Limanı'na her yıl Hindistan'dan gelen gemi sayısının yirmiden 3-4'e düşmesini gümrük emînlerinin yolsuzluklarına yormaktadır.

Bu dönemde İran ipeği, Levant ticaretini canlandıran ve Osmanlı hazinesini dolduran başka bir zenginlik kaynağı olmuştur. Bu tarihe doğru ipeğin Avrupa ekonomisinde önem kazanması üzerine, Ortaçağlardan beri meşhur olan İran ipeği Bursa, Halep ve İzmir'de Batı tâcirlerinin en çok aradıkları ve büyük meblağlar yatırdıkları canlı bir ticaretti (İnalcık, 2000, s. 269-309). Hazar Denizi'nin güney kıyıları, Gilân, Mâzenderân, Arrân, Şirvân Ortaçağlardan beri Akdeniz için başlıca ipek üretim merkezlerini oluşturmaktaydı. Bursa'ya, Suriye'den ve İran'dan her yıl yaklaşık 1000 deve yükü ipek gelirdi. Ortaçağlardan beri ipeğin ikinci büyük pazarı Halep'ti. 1618 baharında Bağdad yoluyla Halep'e 1000 yük ipek gelmişti. 17. yüzyılda İzmir gelişerek İran ipek ticaretinin büyük bir kısmını kendi üzerine çekecektir. Bir Fransız kaynağına göre, 1670'e doğru İran'ın ürettiği 22 bin balya ipekten 3000 balyası İzmir'e gelmekte ve oradan ihraç edilmekteydi.

İran, Şah Abbas zamanında (1587-1628) büyük rakibi Osmanlı Devleti'ni bu servet kaynağından yoksun etmek için büyük bir çaba gösterdi. İran-Osmanlı savaşı, gerçek bir iktisadi savaş, bir karşılıklı abluka manzarası göstermeye başladı. Şah Abbas, İran ipeğinin Osmanlı ülkesine gitmesini yasakladı. İpeği Avrupalılara başka yollardan satmak ve Osmanlı ülkelerinin transit vazifesine son vermek gayesiyle büyük diplomatik faaliyetler gösterdi; o, ipek ihracını yasakladığı gibi, Osmanlılar da altın ve gümüşün gitmesini yasakladılar. Bu durum, İran'da para buhranını şiddetlendirdi. 1617'de İngilizler Hint Denizi yolundan İran ipeğine doğrudan doğruya tâlip oldukları zaman yalnız İngiltere için bu satın alma 3-4 milyon altına varmaktaydı. İngilizler bu kadar parayı krallık dâhilinde bulmanın güçlüğünü düşünmekte ve esasen paranın dışarı çıkmasını istemediklerinden karşılığında mal teklif etmekteydiler. Hatırlamalıdır ki, İngilizler ham ipeğin önemli bir kısmını Avrupa pazarlarına sevk etmekteydiler. 1580 kapitülasyonlarından sonra, öncelikle Levant'ta gelişen İngiliz ticareti, kapitalizmin gelişmesinde önemli bir rol oynamıştır. İngilizler, 1620'ye doğru baharat ve ipek ticaretinin kesilmesiyle, Osmanlı hazinesinin yılda en aşağı 300 bin altın gümrük geliri kaybedeceğini hesaplamaktaydılar. Venedik balyosuna göre, Hint ticareti, gümrük vergisi olarak padişaha senede yarım milyon altın getirmekteydi.

Şah Abbas, Osmanlıları ezmek için Hıristiyan âlemi ile ve özellikle onların o zaman Batı'daki en büyük düşmanı olan Habsburglarla ittifak yapmayı düşünüyordu. Hatta, İran Şahı'nın İspanya'ya elçi göndererek, Osmanlı İmparatorluğu'nun Asya tarafı İran'a, Avrupa yakası İspanya'ya ait olmak üzere bölüşülmesini önerdiği söylentileri dolaşıyordu.Öte yandan 1583'ten sonra Portekiz'in ve kolonilerinin sahibi sıfatıyla Hint denizlerine gelen kudretli İspanya Kralı II. Philip, Hint yolunu tamamen kapatarak Osmanlı Devleti'ne ağır bir darbe vuracağını düşünüyordu.

1590'da İran'la Osmanlı Devleti arasında barış imzalandı. Fakat bu barış geçiciydi. Şah Abbas, 1599 yazında belli başlı Avrupa saraylarına, Hüseyin Ali Bey adında bir adamını, hizmetinde bulunan İngiliz Sir Anthony Sherley ile beraber elçi olarak gönderdi. Bu heyetin görevi, Osmanlı İmparatorluğu aleyhine Hıristiyan hükûmetleriyle büyük bir ittifak yapılmasını ve ticaret yolunun Osmanlı ülkelerinden başka tarafa çekilmesini sağlamaktı (İnalcık, 1951). Karadeniz ve Kafkaslara doğru ilerleyen Moskof Çarlığı ile Osmanlılar arasındaki gerginlik, İran ile Moskova arasında dostça ilişkilere yol açtığından Osmanlı İmparatorluğu her yandan çember içine alınmış olacaktı. Osmanlılarla harp hâlinde bulunan imparator, İran elçilerini iyi karşıladı ve şaha teşvik edici bir cevap yazdı. Hıristiyan hükûmetleri arasında Osmanlı'ya karşı bir Liga teşkili çabalarına devam edeceğini vaat etmesinin yanı sıra, Hıristiyanların Türklerle ticaretini önlemeye çalışacağını, İran şahının da kendi tarafında Gürcüler ve Moskoflarla aynı şeyi yapması gerektiğini bildiriyordu. Papa tarafından da kabul edilen İran elçi heyeti İspanya'ya, oradan da İngiltere'ye gitti. Osmanlı hükûmeti bu girişimlerden haberdardı ve İngiliz elçisini sorguya çekiyordu. İran diplomatik atağı, o zaman için görünürde bir sonuç vermedi. 1603'te İranlılarla Osmanlılar arasında savaş yeniden başladı. Şah Abbas, Avrupa'ya yeniden elçi heyetleri gönderdi. 1610'da Avrupa'ya giden bir İran elçi heyeti Lizbon'a beraberinde denemek maksadıyla 200 balya ipek getirmiş ve deniz yolunun daha ucuz olduğunu göstermişti. O zaman Madrid'teki Venedik elçisinin istihbaratına göre, İranlıların başlıca amaçlarından biri, padişahı ipek üzerinden aldığı büyük gümrük gelirinden mahrum etmekti.

İngiltere'ye giden bir İran heyeti, ipek ticareti için İran'a gemiler ve Türklere karşı silah gönderilmesini istediyse de görüşmeler bir sonuç vermedi. Londra'ya aynı tarihte İstanbul'dan çavuşlar geldi ve İngiliz kralı, İran elçisini kabul etmedi. O yıl, Türkiye'ye önemli miktarda İngiliz çeliği ve kılıç gönderildi.

Bununla beraber İngilizler, çok geçmeden Hollandalılarla beraber Osmanlı'nın Hint ve İran ticaretini ciddi surette baltalayacaklardır. İngilizler ve Hollandalılar, 1590'dan beri ateş gücü yüksek kalyonlarıyla Akdeniz'de egemen duruma geldikleri gibi, 1613 tarihine doğru Hint Okyanusu'ndan Kızıldeniz'e saldırılar yapmaya başladılar; bu saldırılar o kadar arttı ki, Osmanlı divanı buna karşı ciddi önlemler almak gereğini hissetti ve Kızıldeniz'de bir donanma yapılması için Mısır'a beş kalyon kereste gönderdi. Çok geçmeden İngiliz hükûmeti, İran'ın ipek ticareti için yeni bir yol arama girişimini benimsedi.

1619'da İran'a İngiliz gemilerinin gidip ipek aldıkları haberi, Osmanlıları ve Venedik'i çok kaygılandırdı. İstanbul'daki Venedik balyosu, Osmanlı hükûmetini uyarıyor ve Suriye yolu üzerinden ipek ve diğer eşya ticaretinin tamamen duracağını söylüyordu. Veziriâzam, bilhassa deniz yolunun uzunluğunu öne sürerek bu endişeye katılmaz göründü. Gerçekten bu sırada İran'la barış imzalanmış (1618 Serav Barışı); Halep pazarına Bağdad yoluyla büyük miktarda ipek ve diğer maddeler gelmeye başlamıştı. Fakat şimdi İran ipeğinin bir kısmı İngiltere'ye Güney İran'dan, Hint Okyanusu yoluyla gidiyordu. Bu sırada, Halep'te Osmanlı'nın yanlış bir siyasetle ipek üzerinden yeni yeni vergiler almaya kalkışması, yeni bir ipek yolu açmaya çalışanların çabalarını arttırmalarına sebep oldu. 1622'de Londra'daki Venedik elçisi, Hint Okyanusu'ndan gelen üç geminin İngiltere'ye önemli miktarda İran ipeği getirdiğini bildirmekteydi. Osmanlı hükûmeti, içinde bulunduğu güçlükler yüzünden, bazı önemsiz tedbirler almakla yetindi. Şahın yeni kurduğu Bender-Abbas Limanı, İngiliz ve Hollanda ticareti sayesinde süratle gelişmiş, Güney Asya'nın en büyük limanlarından biri hâline gelmişti. İran ticaretinin kısmen

Hint Denizi'ne yönelmesi, Osmanlı transit ticareti için o nispette bir kayıp demekti. Bağdad'ı zapt etmiş olan şah, Osmanlılardan Halep'i de alarak ipeği daha kısa yoldan ulaştırma imkânını öne sürmekteydi. Bağdad ve Halep'in aynı elde bulunması, Hürmüz-Basra-Bağdad'dan geçen Hint ticaret yolunun işlemesi için gerekliydi. İşte Osmanlı Devleti'nin Bağdad'ı geri almak için, o kadar büyük çaba göstermesinin bir sebebi budur. Bağdad, ancak 1638'de IV. Murad tarafından geri alınacaktır. Bu kadar fazla miktarda ipek için, İran'ın istediği altın ve gümüşü bulma güçlüğü, güney yolunun uzunluğu ve Portekiz-İspanyol saldırıları ve nihayet hızla gelişen *Levant Company*'nin geleceği sorunları, şahın teklifleri karşısında İngilizleri kararsızlık içinde bırakıyordu. İngilizler, arkasından Hollandalılar, bu tarihte Hint denizlerinde İspanyol-Portekizlerin yerini almışlardı. Onlar şimdi, Basra Körfezi'nde yalnız şahla iş birliği yapmakla kalmıyorlar, Hindistan'dan Mekke'ye giden hac ve ticaret gemilerini de vuruyorlardı.

Türkiye ile İran arasında 1639'da imzalanan Kasrışirin Antlaşması uzun bir dönem için savaşa son verdi. Şah Abbas ölmüş (1628) ve halefi onun ülkede ipek tekeli siyasetini terk etmişti. 17. yüzyılda İzmir'i Halep'ten daha ileri bir ticaret merkezi hâline getiren başlıca âmillerden biri İran ipek ticareti olmuştur.

Osmanlı İmparatorluğu, İran ipek ticaretini kısmen kurtarabildiyse de Hint baharat ticaretini 1630'a doğru tamamen kaybetmiş sayılabilir. Bağdad, Halep, Kahire; Doğu ile Batı arasında dünya ticaretinin transit merkezleri olmaktan çıktılar. Servet ve kudretini bu ticarete borçlu olan Venedik, 1628'de bu ticarette düşüşü itiraf etmekteydi. Beş Sabiilerin 31 Mart 1628 tarihli raporunda şöyle denmekteydi: "Eskiden Levant ticareti bu pazarın (Venedik'in) temeliydi; bütün Almanya'ya baharatı bu pazar temin ederdi; şimdi ise bunu İngilizlerle Felemenkliler sağlamaktadır."

Öbür yandan, İngilizlerin ve Hollandalıların Akdeniz'e gelişi (1590), sadece Levant ticaretinde Venedik'in ve 16. yüzyılın ikinci yarısında onun yerini almış olan Fransa'nın ikinci plana düşmesi sonucunu vermekle kalmadı, bizzat bu ticaretin konusunu değiştirdi; Hint yollarının yeni hâkimleri Hollandalılar ve İngilizler, baharatı şimdi kendileri Akdeniz'e getirmekteydiler. Levant ticareti, şimdi esas itibariyle, Osmanlı İmparatorluğu'nun ihracatı ile (pamuk veya pamuk ipliği, pamuklu bezler, mazı, sof, tiftik, yün, deri, maroken, balmumu, şap, sabun, kahve ve ayrıca mühim miktarda İran ipeği) Batı'nın sanayi mamulâtı ve sömürge ürünleri (özellikle kumaş, baharat, kalay, kurşun, kırmızı boya ve ayrıca nakit para) arasında bir mübadele niteliğini kazandı. 1620'ye kadar Fransa'nın Levant ile ticareti 30 milyon liranın altına düşmedi. Bu, Fransa'nın bütün deniz ticaretinin yarısını oluşturmaktaydı (Masson, I, s. 429). Fakat İngilizlerin ve Hollandalıların yerleşmesinden sonra Fransa'nın ticareti geriledi. Ancak Colbert'den sonra yeniden gelişti ve Fransız ticaret ve sanayiinin en büyük desteği oldu. *Chambre de Commerce*'in hesaplarına göre 1670-1715'te Fransa, Levant'tan 304 milyon altın liralık ithalâtta bulundu (Masson, II, s. 510). Öte yandan, İngiltere'deki Venedik elçisine göre (1635), Levant Company her yıl Osmanlı limanlarına 4-6 gemi göndermekteydi. İngiltere'de yünlü sanayiinin gelişmesine Levant ticareti yardım etmiştir. Bu ülkede yılda 300 bin parça yünlü kumaş imal ediliyordu. İngilizlerin Levant'tan dönüşlerinde getirdikleri başlıca mallar, samur kürk, ipek, mazı ve bazen İtalya'ya sevk ettikleri deridir.

1580-1630 döneminde Osmanlı'nın dünya ticaretindeki kayıpları, kuşkusuz, genel ekonomik düşüş ve değerli maden stokunun azalmasında başlıca etkenlerden biridir ve para hareketlerini kuvvetle etkilemiştir. Osmanlı bütçe hareketleri bu düşüşü açık biçimde yansıtmaktadır. 1527-1528 mali yılında 277 milyon akçaya (4.6 milyon altın) varan ve 127 milyon akça fazlalık veren merkezî hazine, 1597-98'de 300 milyon akça (düşük ayar akça karşılığı 2 veya 2.4 milyon altına) düşmüş ve o yıl 600 milyon akça açık vermiştir (Tabakoğlu, 1985).

KAYNAKÇA

Akyıldız, A., *Osmanlı Finans Sisteminde Dönüm Noktası: Kağıt Para ve Sosyo-Ekonomik Etkileri,* Eren Yayınları, İstanbul 1995.

Anhegger, R. ve H. İnalcık, *Kanunnâme-i Sultânî ber Mûceb-i 'Örf-i Osmânî,* Türk Tarih Kurumu Yayınları, Ankara 1956.

Anhegger, R., *Beiträge zur Geschichte des Bergbaus im Osmanische Reich,* I-III, İstanbul 1943-44.

Artuk A. ve C. Artuk, *İstanbul Arkeoloji Müzeleri, Teşhirdeki İslami Sikkeler Kataloğu,* I-II İstanbul 1970, 1974.

Ashtor, E., *Levant Trade in the Later Middle Ages,* Princeton 1983.

Ashtor, E., *Les métaux Précieux et la Balance des payments du Proche Orient à la Bass Epoque,* Paris 1971.

Attman, A., *American Bullion in the European World Trade, 1600-1800,* Göteborg 1986.

Bacharach, J. L., "Thoughts About Pennies and Other Monies", *Middle East Studies Association Bulletin,* 35 (Yaz 2001), s. 2-14.

Barkan, Ö. L., "Osmanlı İmparatorluğu'nun Bütçelerine Dair", *İstanbul Üniversitesi İktisat Fakültesi Mecmuası,* XV, s. 239-329.

Barkan, Ö. L., "Les mouvements des prix en Turquie entre 1490 et 1655", *Histoire Economique du monde méditerranéen, Mélanges en l'honneur de Fernand Braudel,* I-II, Toulouse, 1973.

Barkan, Ö. L., "XVI. asrın ikinci yarısında Türkiye'de Fiyat Hareketleri", *Belleten* 34 (1970), s. 557-607; çeviri J. McCarthy, "The Price Revolution of the Sixteenth Century", *IJMES,* VI-I, (1975), s. 3-28.

Barkan, Ö. L., "İstanbul Saraylarına ait Muhasebe Defterleri", *Belgeler,* 13 (1981), s. 1-380.

Barthold, V., *İslâm Medeniyeti,* F. Köprülü Yayınları, İstanbul 1960.

Bulut, M., *Ottoman-Dutch Economic Relations, 1571-1699,* Hilversum 2001.

Beldiceanu, N., *Réglements Miniers, 1300-1512,* Paris ve Laflaye 1964.

Beldiceanu, N., "La crise monétaire Ottomane au XVI ème siècle et son influnce sur les princi pautés roumaines", *Südost-Forschungen,* vol. 16, s. 70-86.

Berov, L., "Changes in Price Conditions in Trade Between Turkey and Europe in the 19th Century", *Etudes Balkaniques,* 3 (1974). Blair, S. S., "The Coins of Later Ilkhanids", *American Numismatic Society Museum Notes,* vol. 27, s. 211-230.

Bloch, M., *Esquisse d'une histoire monétaire de l'Europe,* Paris 1954.

Boubaker, S., "Le transfert des capitaux entre l'empire Ottoman et l'Europe", *Revue d'Histoire Maghrébine,* 21 (1994), s. 199-218.

Braudel, F., *The Mediterranean and the Mediterranean World in the Age of Philip II,* New York I-II, New York 1972.

Challis, C. E., *Currency and the Economy in Tudor and Early Stuart England,* Oxford 1989.

Chaunu, P., *European Expansion in the Later Middle Ages,* Amsterdam 1979.

Cipolla C. M., *Prices and Civilization in the Mediterranean World,* Princeton 1956.

Cipolla, B., "Currency Depreciation in Medieval Europe", *Economic History Review,* 2nd series, S. Thrupp (ed)., *Change in Medieval Society,*New York 1964, s. 227-236.

Cook, M. A. (ed.), *Studies in the Economic History of the Middle East,* Londra 1970.

Çizakca, M., "Price History and the Bursa Silk Trade in the Ottoman Empire", *The Journal of Economic History,* 40 (1980), s. 533-549.

Davies, R., *The Rise of the Atlantic Economies,* Londra 1973.

Duby, G., *The Early Growth of the European Economy,* Londra 1974.

Flynn, D. O., "Use and Misuse of the Quantity Theory of Money in Early Modern Historiography", I. van Cauwenberghe ve F. Irsigler, *Minting, Monetary Circulation and Exchange Rates,* Trier, 1984, s. 383-417.

Godhino, V. Magalhaes, *L'economie de l'empire portugais aux XVe et XVIe siècles,* Paris 1969.

Goodrich, T. D., *The Ottoman Turks and the New World,* Wiesbaden 1990.

Goldstone, J. A., "Urbanization and Inflation: Lessons from the English Price Revolution of the Sixteenth and Seventeenth Centuries", *American Journal of Sociology,* 89 (1984), s. 1122-1160.

Goitein, S. D., *Mediterranian Society*, vol. I: *Economic Foundations*, Berkeley 1967.

Grierson, Ph., *Monnaies du Moyen Age*, Frieburg 1976.

Grierson, Ph., *Byzantine Coins*, Londra 1982.

Hamilton, E. J., *Money, Prices and Wages in Valencia, Aragon and Navarre, 1351-1500*, Cambridge, Mass., 1936.

Harvey, P. D. A., "The English Inflation of 1180-1220", *Past and Present*, 61 (1973).

Heers, J. "The 'feudal' economy and Capitalism", *Journal of European Economic History*, III (1974), s. 609-653.

Heers, J., *l'Occident aux XIVe et XVe Siècles*, Paris 1966.

Hendy, Michael F., *Studies in the Byzantine Monetary Economy, c. 300-1450*, Cambridge University Press, 1985.

Ibn Battuta, *The Travels of Ibn Battuta A. D. 1325-54*, çeviri H. A. R. Gibb, I-II, Cambridge, 1962.

İnalcık, H., "Capital Formation in the Ottoman Empire", *Journal of Economic History*, 29 (1969), s. 97-140.

İnalcık, H., "Osmanlı İmparatorluğu'nun Kuruluş ve İnkişaf Devrinde Türkiye'nin İktisadî ve İçtimaî Tarihi üzerinde bir Tedkik münasebetiyle", *Belleten*, 15 (1951), s. 629-690.

İnalcık, H., "Dār al-Darb", *Encyclopedia of Islam*, 2. Baskı, 1961.

İnalcık, H., "Imtiyāzāt", *Encyclopedia of Islam*, 2. Baskı, 1971.

İnalcık, H., "Military and Fiscal Transformation in the Ottoman Empire, 1600-1700", *Archivum Ottomanicum*, VI (1980), s. 283-337.

İnalcık, H., *Osmanlı İmparatorluğu'nun Ekonomik ve Sosyal Tarihi*, cilt I, 1300-1600, Eren Yayıncılık, İstanbul 2000.

İnalcık, H., "The Ottoman Cotton Market and India: The Role of Labor Cost in Market Competition", *The Middle East and the Balkans Under the Ottoman Empire*, Bloomington 1993, s. 264-308.

Jahn, K., "İran'da Kağıt Para", *Belleten*, 23-24 (1942), s. 269-309.

Jones, E. L., *The European Miracle*, CUP, Cambridge 1981.

Kouyumjian, D. (ed.), *Near Eastern Numismatics, Iconography, Epigraphy and History: Studies in Honor of George C. Miles*, Beyrut 1974.

"La Monnaie et les monnaies dans l'empire Ottoman (1680-1850)", İstanbul 1997, *A. Festschrift presented to Ibrahim Artuk*, Turkish Numusmatic Society, İstanbul 1988.

Lane, F. C., *Venice, A Maritime Republic*, Baltimore 1973.

Lane, F. C., *Venice and History*, Collected Papers, Baltimore 1966.

Landry, A., *Essai économique sur les mutations des monnaies dans l'ancienne France*, Paris 1910, 2. Baskı 1969. *Chrétiens et Musulmans à la Renaissance, Actes de Colloque international du CESR (1994)*, yay.: B. Bennassar ve R. Sauzet, Paris 1998.

Latimer, P., "Early Thirteen Century Prices", S.D. Church, *King John, New Intepretations*, Woodbridge, 1999.

Latimer, P., "English Inflation of 1180-1220 Reconsidered", *Past and Present*, no. 171 (2001).

L'Occident e l'Islam nell'alto medievo, Settimane di Studi del Centro Italiano..., Spoleto, 1965.

Mallett, M. A., *Mercenaries and their Masters, Warfare in Renaissance Italy*, Totowa, 1924.

Mayhew, M. J., "Population, Money Supply, and the Velocity of Circulation in England", *Economic History Review*, XLVIII-2 (1995), s. 238-257.

McNeill, W. H., *The Rise of the West*, New York 1965.

Metcalf, D. M., *Coinage in South-Eastern Europe, 820-1396*, Londra 1979.

Monroe, A. E., *Monetary Theory before Adam Smith*, Cambridge, Mass. Harvard, 1923.

Nef, J. U., "Silver Production in Central Europe, 1450-1618", *Journal of Political Economy*, XLIX (1941), s. 575-91.

Pamuk, Ş., *Osmanlı İmparatorluğu'nda Paranın Tarihi*, İstanbul 1999.

P. Earle (ed.), *Essays in European Economic History*, Oxford 1974.

Pegolotti, F. B., *La pratica della Mercatura*,ed.A. Evans, Cambridge, Mass., 1936.

Pike, R., "The Genoese in Seville and the Opening of the new world", *Journal of Economic History*, 22 (1962), s. 348-378.

Postan, M. M., "The Rise of a Money Economy", *Economic History Review*, XIV (1944), s. 123-134.

Richards, J. F. (ed.), *Precious Metals in the Later Medieval and Early Modern World,* Carolina Academic Press, 1983.

Rodinson, M., *Islam and Capitalism,* University of Texas Press, 1978.

Sahillioğlu, H., *The Role of International Monetary and Metal Movements in Ottoman Monetary History,* J. F. Richards, 1983, s. 269-305.

Sée, H., *Les origines du capitalisme moderne,* Paris 1936.

Spandouyn Catacassin, *Petit Traicté de l'origine des Turcs,* yay.: Ch. Schefer, Paris 1896.

Spufford, P., *Money and its Use in Medieval Europe,* Cambridge: CUP, 1988.

Subrahmanyan, S., "Precious Metals Flows and Prices in Western and Southeastern Asia, 1500-1600", *Studies in History,* 7(1991), s. 79-105.

Sundhaussen, H., "Die Preisrevolution im Osmanischen Reich während der zweiten Häfte des 16. Jahrhunderts", *Südost-Forschungen,* 42 (1983), s. 168.

Veinstein, G. ve Maxim. M., *l'empire ottoman et les pays roumaines, 1544-1545,* Paris, 1982.

Watson, A., "Back to Gold and Silver" *Economic History Review,* 2nd series, XX (1967), s. 1-34.

Vilar, P., *A History of Gold and Money,* Londra 1976.

VAKIF MEDENİYETİ*

Vakıflar yalnız dinî hizmetleri yerine getirmek için cami, mektep, medrese, imaret ve külliyeler değil, onları idâme etmek için gerekli ekonomik kurumlar; hanlar, bedestanlar, çarşılar vücuda getiriyordu. Tüm vakıf eserleri devletin nezareti altında ise de evkaf bütünüyle Tanrısal müeyyide altına konmuştur.

İslâm toplumunun, dinin öngördüğü kurallar çerçevesince yaşamını emniyette sürdürebilmesi için gerekli koşulları ve kurumları devletin devamlı sağlaması mümkün değildir. Tarihte İslâm devleti bu görevi esas itibariyle vakıf yoluyla yerine getirmiştir. Devlet, siyasetin kararsızlığı, geçici karakteri dolayısıyla İslâm toplumu için gerekli sosyal hizmetleri devamlı bir görev, bir hayır işi olarak hayır kurumuna bırakmıştır. Genelde dinî görevler cami, mescit, medrese, mektep inşası, idâmesi, fakirlerin, yolcuların korunması için zâviye ve imaret tesislerin kurulması, halk için hastane, tıbbî hizmetler, hatta ilaç temini, bunun gibi yüzlerce sosyal hizmet devamlı olarak ancak bu yolla sağlanabilmiştir.

İslâm devlet düzeninde bu hizmetler siyasi otoriteye bırakılmamış, hayrat denilen kurumlar, doğrudan doğruya Allah'ın gözetiminde, zamanla bozulmaz, mutlak, ebedî, tarafsız bir müesseseye; vakfa bağlanmıştır. Kısacası vakıf, toplumun bekâsı ve refahı için en emin sosyal örgüt görevini üstlenmiştir.

---

* "Vakıf Medeniyeti", *Vakıflar Dergisi Özel Sayısı.*

Bugün devletin yüklendiği birtakım kurumları, meselâ eğitim kurumlarını Osmanlı döneminde devlet karşılamıyordu. Vakıf, toplum için zaruri bazı kamusal hizmetleri üzerine alarak geniş ölçüde uygulamıştır. Bugün vakıflar arşiv fonları, bu zenginliği ortaya koymaktadır. Vakıflar yalnız dinî hizmetleri yerine getirmek için cami, mektep, medrese, imaret ve külliyeler değil, onları idâme etmek için gerekli ekonomik kurumlar; hanlar, bedestanlar, çarşılar vücuda getiriyordu. Tüm vakıf eserleri devletin nezareti altında ise de evkaf bütünüyle Tanrısal müeyyide altına konmuştur. Yani prensip olarak devlet müdahale edemez. Tüm vakfiyelerde, vakfiye şartlarını değiştirene karşı, sultan da olsa Tanrı'nın laneti zikredilmiştir. Vakfın karşıladığı hizmetler daima dinî bir hayır hizmeti olmalıdır. Osmanlı Devleti'nde yolculara barınak sağlama maksadıyla vakıf olarak yüzlerce zâviye ve imâret tesis edilmiş, bu zâviyeler, devletin sağladığı vakıflarla bir nevi devlet tesisi niteliği kazanmıştır. 1530 tarihinde yalnız Anadolu'da 622 zâviye sayılmıştır. Su yolları için Hicaz'da ve Kudüs'teki büyük girişimler, sultan evkafı, sultan külliyeleri devletin ne kadar önemli rol oynadığını gösterir. Bu su yolları bugün hâlâ câridir.

Şehirlerin imarı, şenlenmesi için vakfın nasıl hayati bir rol oynadığına dair bir misal vermek isterim. Fatih, İstanbul'u harap bir şehir olarak aldı ve şehri yeniden inşa ödevi karşısında kaldı. 1459'da vezirlerini toplayıp emretti; her biri surlar içinde bir bölgede cami, medrese, mektepten oluşan bir imaret, bugün yanlış bir deyimle külliye inşa edecekti. Böylece Mahmud Paşa, Gedik Ahmed, Murat Paşa, Davut Paşa külliyeler kurdular, etrafında mahalleler oluştu. Kendisi de vakıf olarak Fatih Camii Külliyesi'yle medreseler ve etrafında saraçhane ve başka tesisler kurdu. Fatih Mahallesi ortaya çıktı. Türk-İslâm İstanbulu işte böyle kuruldu, vakıf sayesinde.

Vakfın bağımsızlığıyla beraber Osmanlı Devleti'nde her çeşit vakıf, devletin gözetimi altında tutulmuştur. Dinî makam kadı, dinî formüllere göre vakfı ve şartları vakfiyede tespit eder, mahkeme siciline kaydını yapar, fakat siyasi irade bir nâzır tayin eder ve kadı ve nâzırlar şartların yerine getirilip getirilmediğini, hesaplarını devamlı kontrol eder. Zaman zaman kadıasker genel teftişleri yapar.

Eğer bir vakıf, vakfın niyetine aykırı bir şekle döndürülmüşse veya vakfın gayesine hizmet etmiyorsa, devlet müdahale edebilir ve şer'an haklı başka bir hususa tahsis edebilir. Vakıfların son dönemi üzerinde kapsamlı bir araştırma yapmış olan Profesör Nazif Öztürk, vakıfların ne kadar geniş suistimallere uğradığını ayrıntılarıyla göstermiştir.

Bu arada evladiyelik vakıfları ele alalım. Bu şekil; vakfın, vakıf idaresini, mütevelliliğini kendi soy sopuna tahsis etmesidir. Vakfın mütevellisi vâkıfın akrabası olduğundan neması hayır amacından saptırılmış, aileye sürekli gelir kaynağı sağlama maksadı güdülmüş gibi yorumlanmış, bu nedenle de gayr-ı sahih sayılmıştır. Fakat yakından incelendiğinde görülür ki durum bu kadar basit değildir. Vâkıfın, vakfını muhafazada en yakın ilgili kişi tabii kendi soyu sopudur. Mütevelli, vakıf idaresi karşılığı bir maaş alır, bu genelde gelirin onda biridir, ayrıca vakıf akarlarının kiralanmasından bir ödün alır. Evladiyelik vakıflar zamanla bir hayli suistimale konu olmuştur.

Tanrı garantisi altına konmuş olsa da, insan tabiatının güvenilmezliği sonucu, vakıfların, devletin veya şahısların tamamına konu olduğu daima görülmüştür. Tarihte devletin vakıflara el koyması, vakfiyenin neshi, devletçe bir gasp sayılmamış, ulema bazı şartlar altında neshi, haklı ve meşrû bulmuştur. Nesh hareketini yalnızca Osmanlılarda bulmuyoruz, neslı başka devletlerde de uygulanmıştır. Mısır'da Fâtımîler, Memlûkler, İran'da İlhanlılar ve Akkoyunlularca da nesh, şer'i kaideler dairesinde, alınması zaruri bir önlem olarak gösterilmiştir. Fatih döneminde Karaman eyaletinde bazı vakıfların neshi için Kadı Vildan'ın Karaman vakıfları defterine yazdığı dibâcede, vakıf eserinin harap durumda olduğu, maksada hizmet edemediği belirtilmiştir. Fatih, ülke ölçüsünde yaptığı nesh için daima bu prensipten hareket etmiş ve daha önemli saydığı başka İslâmî bir prensip olan gazâyı idâme için vakıfların büyük bir kısmının tımar sahiplerine dirlik olarak verilmesini emretmiştir.

Bilindiği üzere İslâm medeniyeti Ortaçağ'da; felsefede, tıpta, astronomi ve matematikte, hatta teknolojide Batı Hıristiyan dünyasına örnek olmuştur. Bir Amerikalı araştırmacı Liebesney, Hıristiyan dünyasının vakıf kurumunu da taklit ettiği tezini ortaya atmıştır. Liebesney'e göre Batı dünyasında Ortaçağ'da ilk kez Fransisken tarikatı, gayr-ı şahsi yatırımları birarada toplama usûlünü benimsemiş; sonraları İngiltere'de bu usûl, Fransiskenleri takliden ticari alana uygulanmış, şahısların hisse yatırarak gayr-ı şahsi bir ticaret kumpanyası, bir korporasyon kurmalarına örnek olmuştur. Ekonomide korporasyon sistemi, Avrupa'da kapitalist sistemin temel taşıdır. Dolayısıyla İslâmî vakıf, Avrupa'da en önemli ekonomik gelişimin temelini hazırlamış olmaktadır.

Türkiye devleti, modern bir cumhuriyet rejimine intikal edince, vakıf, toplum için vazgeçilmez hizmetleri karşılayan bir kurum olarak benimsenmiş ve devamlılığı sağlanmıştır.

II. BÖLÜM
YAKIN TARİH

ATATÜRK VE ATATÜRKÇÜLÜK*

30 Ekim 1918 Mondros Mütarekesi'nin imzalanmasıyla herkes, hiç olmazsa, Türk millî varlığının korunması ümidine bel bağlamıştı. Mütareke, bu amaca ulaşmak ve âdil bir barış elde etmek ümidiyle imzalanmıştı. Bu arada Anadolu'nun çeşitli bahanelerle İtilâf devletleri tarafından paylaşılıp bölge bölge işgal edilmesi ve nihayet Yunanların İtilâf devletlerinin yardımıyla İzmir'e çıkması (15 Mayıs 1919) bütün yurtta bir galeyanın başlangıcı oldu.

Durum, 24 Nisan 1920 tarihinde Mustafa Kemal Paşa'nın TBMM kürsüsünden verdiği söylevde şöyle anlatılmıştır: Mustafa Kemal, Amerikan Cumhurbaşkanı Wilson'un beyannâmesinde vaat edilen "Milliyetler esasına müstenid âdilâne bir sulha nâil olmak" ümidiyle mütarekenin kabul edildiğini söylemiş ve kendisinin "Millî vicdanın yüksek iradesine uyarak milleti, müstakil vatanı güvenlikte görünceye kadar çalışmak ödeviyle İstanbul'dan ayrıldığını" vurgulamıştır. İtilâf devletlerinin Türkiye'yi parçalamak niyetleri şimdi tamamen açığa çıkıyordu. Lloyd George, Türkleri savaştan başka bir şey bilmeyen Amerikan yerlilerine benzetiyor, onların Anadolu'yu tamamen boşaltmaları gerektiğini ilan ediyordu. Avrupa'da Haçlı zihniyetinin bir ifadesi olarak bütün yazılarda yer alan bu Türk imajı, sonradan Mustafa Kemal'in Türk tarihine verdiği önemin ne kadar yerinde olduğunu kanıtlamaktadır. İşgallere karşı bütün yurtta, batıda Yunanlara, güneyde Fransızlara, doğuda Ermenilere karşı kendiliğinden başlayan direnç hareketi,

* *Doğu Batı*, Sayı: 29.

Türk tarihinde yeni bir dönemin başlangıcını göstermekteydi. 19 Mayıs 1919'da Samsun'a çıkar çıkmaz Mustafa Kemal'in gönderdiği beyannâmelerde, milletin kendi iradesiyle kurtulacağı konusu üzerinde durması bu açıdan anlamlıdır. Millî ayaklanmayı örgütlemek için "Müdafaa ve muhafaza-i hukuk-i millet ve memleket" adı altında örgütlenmeler başlamıştı. Mustafa Kemal, 24 Nisan 1920 nutkunda durumu yorumlayarak, o zaman millî ayaklanmanın tam anlamıyla gündeme geldiğini, bu hareketin "millî vicdanın azim ve iradesinden doğmuş" olduğunu vurgulamıştır. Bu örgütlerden Mustafa Kemal'e gelen telgraflarda, kendisi, millet ve vatan hizmetine çağrılıyordu. "İşte!", diyordu Mustafa Kemal, "Ben milletimizin bu haklı talebi üzerine Amasya Tamîmi ile bu millî çağrıya yanıt verdim... Ve dedim ki, istiklâl-i millîmiz uğrunda bütün mevcûdiyetimle çalışacağımı temin ederim. Bu kutsal emel uğrunda milletle beraber nihayete kadar çalışacağıma mukaddesâtım nâmına söz veririm." Anadolu halkı işte böylece Çanakkale kahramanı Mustafa Kemal'in kişiliğinde ve etrafında bağımsızlık savaşının önderini bulmuş oluyordu. Anadolu'da başlayan bu hareketlenme karşısında İstanbul'daki sarayın başka bir planı vardı. İngilizler, kendi vesâyetlerini kabul eden halife-sultanın kişiliğinde Anadolu ile beraber Mekke-Medine ve Arabistan'ı içeren Osmanlı İmparatorluğu'nun kurtarılabileceği ümidini veriyor ve sultanla beraber Damat Ferit Paşa hükûmeti böyle bir planı benimsiyordu. Böylece, Anadolu'da beliren ve tam bağımsızlığı amaç edinen millî kalkınma karşısında, Osmanlı hanedanı kendi varlığını İngiliz himayesinde sürdürebileceğini umuyordu. Bundan sonra gelişen olaylar, Anadolu ile İstanbul arasında bu iki siyasetin çarpışması niteliğinde olacaktır.

O zaman İngiliz hükûmeti, Hint Müslümanlarının protestoları karşısında, geçici de olsa, böyle bir siyasi taktik kullanmayı zorunlu görmekteydi. Mondros Mütarekesi'nden hemen sonra Müslümanlar, Hindistan'da *The Muslim League* adı altında bir örgüt kurmuştu. Bu örgüt gelecek barış antlaşmasında, Arabistan'ın, Mekke ve Medine'nin Osmanlı Halifesi idaresinde bağımsız kalmasını isteyen bir karar almıştı. Kararda, "Halifenin bağımsızlığı Müslümanlar için dinî bir zarûrettir" deniyordu. O zaman Hindistan'da 'Hilâfet Hareketi' denen bu girişim, İngiliz hükûmetini hayli kaygılandırmaktaydı. Halifeyi himaye altına almak suretiyle İngiliz hükûmeti, bu girişimleri kendi kontrolü altına almak amacını gütmekteydi. Hilâfet hareketini Ghandi de destekliyor ve "İngiliz başbakanı Müslüman isteklerinin haklı olduğunu kabul etmiştir" diyordu. Aynı zamanda İngiliz hükûmeti, halifenin İngiliz himayesini aradığı söylentilerini Türkiye'de yaymaktaydı.

Damat Ferit hükûmetinin hilâfeti, dolayısıyla Arabistan dâhil imparatorluğu kurtarmak hayâli, İngiliz hükûmetinin bu siyasetinden kaynaklanmaktaydı; buna karşı Mustafa Kemal, Anadolu'da milletin "Muhâfaza-i İstiklâliyet-i Millîye" için harekete geçtiğini, İngiliz himaye söylentilerinin asılsız olduğunu anlatmaya çalışıyordu. Kayda değer ki, sadrâzama gönderdiği telgrafta Mustafa Kemal, imzasını "Üçüncü Ordu Müfettişi ve Fahrî Yâver-i Hazret-i Şehriyârî M. Kemal" şeklinde atmaktaydı. Başka bir deyişle, o bu zamanda sadrâzam karşısında, kendisinin de padişaha yakınlığını ve rütbesini vurgulamaktaydı. Bu karşı siyasetler daha başlangıçta, halife-sultan ile Anadolu'da millî ayaklanmayı temsil görevini üzerine alan ve ilk TBMM'de kendisine "Millî Kahraman" unvanı verilen Mustafa Kemal arasında uzlaşmaz siyasi ayrılığı ortaya koymaktadır. Türk milletini derinden sarsan olay, İzmir'e Yunan çıkartması olmuştur ve Mustafa Kemal bütün gücünü, bu saldırının ardında memlekette uyanan millî ayaklanmaya borçludur. İngiliz baskısıyla Mustafa Kemal'i İstanbul'a getirip millî ayaklanmayı bastırma girişimi üzerine, millî önder doğrudan doğruya sultana başvurdu. "Yâver-i Hazret-i Şehriyârî" unvanıyla gönderdiği telgrafta, ancak padişah başta olmak suretiyle Anadolu'da millî ayaklanma, "vatanı ve istiklâl-i devlet ve milleti ve hânedân-ı celilü'ş-şânınızın altı buçuk asırlık mübeccel târihini kurtarabilir" diyor, sarayı son ziyaretinde İzmir olayının padişahı ne kadar mahzun ettiğini ve kurtuluş üzerinde "ilhâmâtını" unutmadığını kendisine hatırlatıyordu.

15 Mayıs'ta padişah dâhil, bütün Türkleri heyecanlandıran olay, Yunanların İzmir'e çıkıp Anadolu'yu istilaya başlamalarıdır. Bu olay, sultanı birtakım vaatlerle oyalayan İngiliz politikasının ikiyüzlülüğünü ortaya koyuyor ve Anadolu'da önüne geçilemez millî ayaklanmanın önemini gündeme getiriyordu. Mustafa Kemal, 1920'de milletvekilleri önündeki nutkunda -kayda değer ki henüz Sakarya zaferi kazanılmamıştır- milletin geleceğine yine milletin hâkim olma azmini özellikle belirtmekteydi. Bu görüş, 1919'da Amasya Tamîmi'nde de vurgulanmıştır. Mustafa Kemal, sultanın "ilhâmâtını" bu nutkunda şöyle açıklamaktadır: Padişah, kendisini İstanbul'dan ayrılmadan önce saraya çağırmış ve "Boğaziçi'nde bulunan İngiliz zırhlılarının saraya müteveccih olan toplarını göstererek, 'Görüyorsun,' demiş, 'ben artık memleket ve milleti nasıl kurtarmak lâzım geleceğini tasavvurda tereddüde duçâr oluyorum.' Ve ellerini kaldırarak, 'İnşâllah millet mütenebbih ve mutayyakkız olur, bu vaziyet-i elîmeden gerek beni ve gerekse kendisini tahlîs eder' demiş." Padişaha telgrafında Mustafa Kemal, kendisine tevdî edilen vazifelerin yerine getirilmesine (vezâif-i mevdû'anın ifâsı) karşı padişahtan, İstanbul'daki hükûmet adamlarının iftiralarına kulak vermemesini rica ediyordu. Belli bir tarihe kadar Mustafa Kemal, Anadolu'daki harekâtın daima "Mesned-i Hilâfeti" ve milleti kurtarma ödevine yönelik olduğunu vurgulayacaktır. Burada, belli bir tarihteki koşullara göre, Mustafa Kemal'in nasıl bir siyasi ustalıkla durumu idare ettiğini, 1920 yılı Nisan ayında meşrû hükûmeti Ankara'da kendi kontrolü altına alıncaya kadar sultanı nasıl kullandığını tespit etmek tarihçi için ilginçtir.

Atatürk, millî direnci bütün yurt kapsamında birleştirme çabasıyla Müdafaa-i Hukuk örgütlerinin yayılmasına hız veriyor; güneyde, doğuda ve batıda yerel silahlı çatışmaları bir yönetim altında toplayarak düzenli bir Millî Mücadele cephesi kurmaya çalışıyordu (Ankara'da 20. Kolordu Ali Fuad Cebesoy, doğuda 15. Kolordu Kâzım Karabekir kumandasında, İtilâf devletleri kontrolü dışında kalmış ordu birlikleriydi). İstanbul'da toplanması öngörülen Meclis-i Mebusân seçimlerini Müdafaa-i Hukuk kazandı. Bu,

Mustafa Kemal için, İstanbul hükûmetine karşı kazanılmış bir zafer anlamına geliyordu. Başka bir deyişle, millet Anadolu'da millî direnç hareketini bütünüyle desteklemekteydi. Mustafa Kemal, meclisin İstanbul'da toplanmasına karşıydı. Muhalifleri ise orada serbest hareket edebilecekleri ümidiyle kendisinin bu isteğini önlediler. Meclis-i Mebusân 12 Ocak 1920'de İstanbul'da toplandı. Kemal'e bağlı genç mebuslar grubu, Sivas Kongresi'nde alınan kararları onaylattılar ve meclis Türk vatanının sınırlarını ve bağımsızlığını tespit eden Misak-i Millî'ye and içti. Meclisin bu tutumu, açıkça İtilâf devletlerine karşı bir meydan okuma anlamına geliyordu. İşte bunun üzerine bazı mebuslar tutuklandı ve 16 Mart 1920'de İstanbul'un işgaline resmiyet verildi.

16 Mart 1920'de İstanbul'un resmen işgali, bir yıl önce 1919'da Yunanların İzmir'e çıkması üzerine kendini gösteren millî ayaklanma gibi, bütün yurtta derin yankılar uyandırdı. Dahası Anadolu'da Mustafa Kemal önderliğinde başlayan bağımsız millî hareketi güçlendirdi. İstanbul'da Meclis-i Mebusân ve sultan hükûmeti işgal güçlerinin kontrolü altındaydı. Kaçabilen milletvekilleri Ankara'ya sığındılar. Bundan sonra, seçilen yeni milletvekilleri İstanbul'dan gelenlerle beraber Ankara'da TBMM'ye vücut verdiler (23 Nisan 1920). Artık devletin yeni merkezi Ankara'ydı.

Mustafa Kemal, bu meclis tarafından başkanlığa ve hükûmetin başına getirildi. Yeni meclis, Türkiye Büyük Millet Meclisi (TBMM) adını aldı. Böylece, fiilen millî iradeye dayanan yeni millî devlet doğmuş oluyordu. TBMM üstünde başka bir güç olmadığı vurgulanarak bu gerçek belirtiliyordu. "Sultan-Halife baskıdan kurtulduğu zaman meclisin düzenleyeceği esaslar içinde durumunu alır" ifadesiyle, fiilen millî egemenlik esası da ilan ediliyordu. Bundan sonra meclisin ve hükûmetin meşrû başkanı Mustafa Kemal, fiilen bir devlet başkanı olarak göreve başlamış bulunuyor, gelen elçiler kendisine bir devlet başkanı gibi muamele ediyorlardı. TBMM'yi oluşturan 390 üyeden 233'ü asker ve memur; 47'si din adamı; kalanlar çiftçi, tüccar ve aşiret reisiydi. Mustafa Kemal'i destekleyen çoğunluk aydınlardan oluşmaktaydı. Bunların 54'ü de askerî bürokratlardandı.

Bu meclisin önemli işleri arasında, anayasanın tadil edilerek 20 Ocak 1921 Anayasası'nın yayımlanması olmuştur. Anayasanın ilk tasarısını, 13 Ağustos 1920'de Mustafa Kemal hazırlayıp meclise sunmuştu. "Egemenlik kayıtsız şartsız milletindir" maddesi en başa temel prensip olarak konuyor, kurtuluş mücadelesini sağlıklı bir şekilde yürütmek üzere yasama ve yürütme güçleri meclisin kendisinde toplanıyor, milletvekillerini meclis seçiyordu. Yedinci maddede, "Ahkâm-i Şer'iyyenin tenfîzi" meclise ait bir prensip olarak tespit edilmişti. Bu maddeyle, bir anlamda, hilâfet yetkileri meclise aktarılmış sayılabilir. Bununla beraber meclis, "hilâfet ve vatan ve milletin istihlâsı ve istiklâlinden ibaret olan gâyesinin husûlüne kadar... in'ikâd eder" denmekteydi. Mustafa Kemal'in yeni mecliste, hâlâ makam-ı hilâfeti kurtarma politikasını sürdürmesi, Anadolu halkını ve Hindistan'da Müslüman hilâfet liderlerini yanında tutmak için zorunlu gördüğü bir taktikten ibaretti. Bununla beraber, şimdi Damat Ferit'e karşı meşrû gücünü TBMM'ye dayandıran Mustafa Kemal, sert önlemler almaya başladı. Evvela, Şeyhülislâm Dürrîzâde'nin millî hareketi halifeye karşı isyan olarak niteleyen fetvâsına (11 Nisan 1920) karşı 5 Mayıs'ta Ankara Müftüsü Rıfat, bir fetvâ çıkararak Anadolu Millî Hareketi'ni İslâm adına onayladı. Bu gelişmeler karşısında Damat Ferit hükûmeti, gerçek gücünü kaybediyordu. Ankara hükûmetini açıkça bir isyan biçiminde yorumlayarak, Dürrîzâde'nin fetvâsına göre "hâinlerin devlete karşı ayaklandığı ve katilleri meşrû olduğu" ilan ediliyor ve bu fetvâ, İngiliz-Yunan uçakları tarafından Anadolu'da halkın üzerine atılıyor, TBMM hükûmetine karşı halk açıkça isyana kışkırtılıyordu.

Gelişmeleri dikkatle izleyen İtilâf devletleri, 24 Nisan 1920'de San Remo'da barış taslağını hazırlayarak bir an önce İstanbul hükûmeti ile işi bitirmeye çalışıyordu. Bu taslağı Tevfik Paşa reddetmiş, fakat öteki hükûmet üyeleri onaylamışlardır. Buna göre 10 Ağustos 1920'de Sèvres Antlaşması resmen imzalanmıştır. İngiliz desteği ile saray ve hükûmeti, bu antlaşmayı Türk milletine kabul ettirmek için, hâince bir kampanya açmaktan çekinmemiştir. Mustafa Kemal idama mahkûm edildiği gibi, Anadolu'nun çeşitli bölgelerinde Hilâfet Orduları harekete geçmiştir. On yıldır cepheden cepheye koşarak kanını dökmüş Türk halkı tabii sulh arzusundadır. İstanbul'a göre, Ankara hükûmeti onları yeniden sonu belirsiz başka bir savaşa doğru götürmektedir. Memlekette ikilik, hilâfet ve millî hükûmet yanlıları arasında ayrılık vardır. Birçok yerde askerden kaçanlar olmuştur. Meclis ve hükûmet başkanı Mustafa Kemal, bu güç koşullar altında duruma hâkim olmak için insanüstü bir gayret göstermektedir. İşgal altında olmayan yerlerde ordudan terhis kaldırılmıştır. Memleketin çeşitli bölgelerinde kendiliğinden ortaya çıkan yerel güçleri, Kuva-yı Millîye'yi, TBMM'ye bağlamak üzere Mustafa Kemal buralara komutanlar göndermiş ve millî bir ordu kurmaya başlamıştır.

Sèvres Antlaşması'nı uygulamaya koymak ve buna engel olan Anadolu millî hareketini bertaraf etmek üzere İtilâf devletleri, Haziran ayında Yunanları geniş ölçüde yeni bir saldırı hareketine teşvik etmişlerdir. Bursa dâhil birçok önemli merkez düşman eline geçmiştir. Düşman, Ankara üzerine yürümektedir. Sakarya Irmağı'na ulaşmıştır. Mustafa Kemal çok güç bir durumdadır. Mecliste, kendisine karşı suçlamalar ve saldırılar yapılmaktadır. Nihayet millî önder, meclise bir millî ordu düzenleme gereğini kabul ettirir. Millî hareket karşıtı güçleri bastırmak için İstiklâl Mahkemeleri adı altında olağanüstü yetkilerle ihtilâl mahkemeleri kanunu çıkarılır. Halktan para ve eşya toplamak üzere yeni olağanüstü kanunlar meclisten geçirilir. Dünyaya karşı 8 Eylül 1920'de bir beyannâme çıkarılarak "Türkiye halkı emperyalizmin egemenliği ve zulmü altındadır" sözleriyle, yapılan mücadelenin dünyadaki bütün esir milletler adına yapıldığı ilan edilir. Bu beyannâme, özellikle Hindistan'da Müslümanlar ve Hindular arasında, İngiliz hükûmetini telaşlandıran mukavemet hareketlerini teşvik etmiştir.

CUMHURİYET'İN EVRELERİ

Burada, Mustafa Kemal önderliğindeki bağımsızlık mücadelesinin tüm aşamalarını gözden geçirmek olanaksızdır. Bağımsızlık savaşı, Atatürk ve Cumhuriyet Türkiyesi, ancak Osmanlı'nın son iki yüzyıllık tarihî gelişimi, başka bir deyişle "uzun süreç" kapsamında açıklanabilir. Osmanlı Devleti'nin son iki yüzyıllık değişim ve dönüşümü, 1923'te Cumhuriyet'in ilanı ile noktalanmıştır. 1700-1923 dönemi bu radikal devrimle son bulur ve Türk tarihi yeni bir oluşum içine girer. Bugün Türkiye, bu yeni dönemin "uzun süreci" içindedir. Atatürk devrimi ve tek partili dönem (1919-1946), Demokrat Parti önderliğinde liberal tepki ile belirlenen çok partili dönem ve darbeler (Demokrat Parti ve onu devam ettiren partiler, 1960, 1972, 1980 askerî darbeleri), gelenekçi-İslâmcı tepkinin güçlendiği dönem (Refah Partisi, 1996-1997) ve içinde bulunduğumuz evre bu sürecin başlıca dönüm noktalarıdır. Bu yeni sürecin ne zaman köklü bir dönüşümle noktalanacağını kestirmek güçtür. Kesin olan husus, içinde bulunduğumuz sürecin dinamizmini Atatürk devriminin belirlediğidir. Türk tarihinin bu yeni dönemine dinamizmini veren büyük liderin kişiliği, Atatürk devriminin felsefesi ve getirdiği dönüşümün gerçek tarihî karakteri bu yazının konusu olacaktır. Toplumumuzda Atatürk devrimi ile ona karşı ortaya çıkan tepkinin dramatik bir boyuta eriştiği günümüzde, iki tarafın görüşlerini karşılaştırmak da tarihçi için bir ödevdir.

Bu sürecin incelenmesinde tarih metodolojisi izlenmelidir. Başka bir deyişle, her olay ve gelişim kendi tarihî koşulları içinde değerlendirilmelidir. Atatürk'ün kişiliğinin, sözlerinin, kararlarının, devrimlerinin, yeni kurum ve kuralların, belli bir zamanda belirli koşulların etkisi altında nasıl ortaya çıktığının ve nasıl belli bir biçim ve yön aldığının objektif bir şekilde açıklanmasına çalışılmalıdır. Tarihî süreci ve koşulları göz ardı eden kimi yazarlar için 1919'da Erzurum Kongresi'ndeki Mustafa Kemal, 1923'te Cumhuriyet'i ilan eden gazi, daha sonra devrimleri gerçekleştiren CHP başkanı aynı adam değildir. Bu yüzden de sözde tarihçiler yazılarında çelişkilere düşmüş ve anlaşılır, mantıklı bir anlatım getirememişlerdir. Atatürk ve Atatürk devriminin tarihini yazmada bazı aşamaların ayrı ayrı belirlenmesi gereklidir.

Birinci aşama, kuşkusuz, Mustafa Kemal'in millî direnci örgütlemesi, TBMM'yi açması ve Sakarya Zaferi'yle sonuçlanan aşamadır. Tarihte unvanlar, kişilerin ve devletlerin kendileri hakkında semiyotik algılamalarını en anlamlı biçimde yansıtan belgelerdir. Mustafa Kemal, 19 Mayıs 1919'da padişahın ve hükûmetin onayıyla Samsun'a çıktığı zaman sadece Osmanlı Devleti'nin bir paşasıdır. İstanbul'daki halife-sultanı, milleti ve yurdu yabancı istilasından kurtarmak için başlayan hareketin örgütleyicisi olarak kabul edilir. Sonra İngiltere'ye baş eğen İstanbul hükûmeti, onu ihtilâlci girişimleri dolayısıyla bütün resmî görevlerinden azleder. Fakat o yine, Anadolu'da daima Mustafa Kemal Paşa olarak saygı görür. Şimdi onun unvanı, Anadolu ve Rumeli Müdafaa-i Hukuk Cemiyetleri'nin Heyet-i Temsiliye Reisi'dir. 23 Nisan 1920'de TBMM'de kendisine, o zamana kadar gerçekleştirdiği etkinlikler dolayısıyla teşekkür için verilen takrirde "Harb-i Umûmî'de gösterdiği cesaret-i askeriye ve medeniyye, bilhassa mütarekeyi müteâkip vatan ve milletimiz demir çember içerisine alındığı bir sırada istihkâr-ı hayat ederek en evvel meydan-ı mücâhedeye atılan ve şu suretle bugünkü millî varlığımızın husûlüne sebep olarak bihakkin milletimizin minnettarlığını celb eyleyen *millî kahramanımız* Mustafa Kemal Paşa hazretleri" diye anılmıştır. Mustafa Kemal, Ankara'da TBMM'yi toplaması üzerine, bu meclisin başkanı ve onun hükûmet başkanı olur. Hâkimiyet-i Milliye prensibi ile meşrûluğunu ilan eden ilk meclisin yapısı gerçekten demokratik niteliktedir. Bu mecliste farklı görüşlere sahip gruplar oluşmuştur.

İttihâdcılar, Mustafa Kemal'in ezelî rakibi Enver Paşa'yı çağırıp başa geçirmek düşüncesindedirler. Meclis başkanlığı seçiminde Mustafa Kemal'in 110 oy almasına karşı, Celâleddin Ârif Bey 109 oy almıştır. Mustafa Kemal'in etrafındaki grup, Müdafaa-i Hukuk mensupları olup ileride Halk Fırkası'nı oluşturacaklardır. Vatanın kurtuluşu ortak kaygı olduğundan bütün bu gruplar, zaman zaman sert bir muhalefet göstermelerine rağmen, sonunda birleşip Mustafa Kemal'e güven gösteriyor ve kendisine istediği yetkileri veriyordu. Mustafa Kemal bağımsızlık savaşının en bunalımlı günlerinde, düşmanı Sakarya üzerinde durdurup geri püskürttüğü zaman (23 Ağustos-3 Eylül 1921) TBMM, kendisine, *Gazi* unvanı ile *Müşirlik* (maraşellik) rütbesi tevcih eder. Bundan sonra ölümüne kadar *Gazi Paşa* diye anılır. *Gazilik,* 11. yüzyıldan beri Türkler için en kutlu unvandır. Anadolu'yu Bizans'tan alıp yurt yapan, orada Batı'nın Haçlı ordularına karşı yüzyıllarca savaşan ve sonunda Yunanları öne sürerek Anadolu'yu paylaşmaya kalkışan Avrupa emperyalist kuvvetlerini Sakarya'da durdurup geriye atan hep o gazi Türklerdir. Sakarya, gerçekten Mustafa Kemal'in ve yeni Türk devletinin tarihinde kesin bir dönüm noktasıdır. Bu tarihten sonra Mustafa Kemal'in vatan kurtarıcı önderliğine kimse karşı gelememiştir. O zamana kadar Kafkas sınırında bekleyen Enver Paşa bu zafer üzerine bölgeyi bırakıp gitmiştir. Sakarya'dan sonra bütün dünya, Anadolu'da yeni bir Türk devletinin yükseldiğini kabul etmeye başlamıştır. Bu tarihten kısa bir süre sonra Sovyet hükûmeti, Kars'ta söz konusu yeni devletle bir antlaşma yapmıştır (13 Ekim 1921). İngiltere ile Yakındoğu'nun paylaşılmasında anlaşmazlığa düşen Fransa, şimdi Ankara hükûmetini tanıyarak, Ankara İtilâfnâmesi'ni imzalamıştır (20 Ekim 1921).

İkinci aşama, Sakarya'dan Lozan Antlaşması'nın imzalanmasına kadar geçen süredir. Bu dönem, Mustafa Kemal idaresinde Yunan ordusuna karşı-saldırı hazırlıklarının yapıldığı (4 Şubat-6 Ağustos 1922), Büyük Taarruz ve Başkumandanlık Meydan Muharebesi'nin kazanıldığı (26-30 Ağustos), İzmir'in Yunan işgalinden kurtarıldığı ve düşmanın denize döküldüğü (9 Eylül) dönemdir. Bu dönemde Mustafa Kemal Paşa, "Halâskâr Gazi", "Vatan Kurtarıcısı Gazi" unvanıyla nüfuz ve gücünün doruk noktasına ulaşır. Bu büyük zaferler, düşmanla uzlaşan sarayı hâin durumuna düşürür ve millî hareketin haklılığını ortaya çıkarmış olur. Mustafa Kemal idaresindeki TBMM, 1 Kasım 1922 toplantısında saltanatın hilâfetten ayrılması ve kaldırılmasını kabul eder. Böylece altı yüz yıllık Osmanlı hanedanı tarihe karışmış olur. Bunun ardından hanedandan Sultan Abdülmecid TBMM tarafından halife seçilir (bu olay hakkında aşağıda ayrıca bilgi verilecektir). Aynı dönemde İsmet Paşa başkanlığında bir heyet, Lozan'a hareket ederek İtilâf devletleriyle barış görüşmelerine başlar (22 Kasım 1922).

Üçüncü aşama, Lozan Antlaşması'nın imzalanmasından (24 Temmuz 1923) Cumhuriyet'in ilanı (29 Ekim 1923) ve Hilâfet'in kaldırılmasına (3 Mart 1924) kadar geçen zaman dilimidir. Bu aşamada yeni Türk devleti tüm dünyaca resmen tanınmıştır. Yeni devletin millet egemenliğine dayanan Türkiye Cumhuriyeti biçiminde kurulması, Mustafa Kemal'in 1919'dan beri düşlediği bir amaçtı. Anadolu'da millî bir Türk devleti kurma tasarısının böylece tam olarak gerçekleşmesi, kuşkusuz Türk tarihinde büyük bir devrimi ifade eder. *Halâskâr Gazi*, Türkiye Cumhuriyeti'nin ilk *Reisicumhuru* (Cumhurbaşkanı) olarak siyasi gücünün doruğuna erişmiş oldu. Onun için şimdi söz konusu yeni devleti Batılı devletler modeline göre kurma, Türkiye halkını çağdaş bir toplum hâline getirmek için karizmatik kişiliğini kullanarak bir sıra *inkılâbı* gündeme taşıma zamanı gelmiştir. Başka bir deyişle, büyük asker şimdi tam bir devlet kurucusu işlevini üstlenecektir. Nitekim o, inkılâpların planlamasını, daha 1922 Aralık ayında Halk Fırkası'nı kurmayı kararlaştırdığı zaman tespit etmişti.

HİLÂFETİN KALDIRILMASI: BÜYÜK DEVRİM

Bu aşamada, devrimlerin başlangıcı olarak büyük önemi olan olay hilâfetin kaldırılmasıdır. Bağımsızlık savaşında kendisiyle beraber olan eski silah arkadaşları, Rauf, Re'fet ve Kâzım Karabekir, hilâfetin kaldırılmasına karşı cephe almışlar, gerçekte onun bütün devlet iktidarını kendi tekeline almasına karşı çıkmışlardır. O zamana kadar Mustafa Kemal başta olmak üzere bu paşalar, *kolektif* bir liderlikle bağımsızlık savaşını yürütmüşlerdi. Mustafa Kemal ise Kurtuluş Savaşı'ndaki olağanüstü başarısından sonra, çağdaş

Türkiye'yi yaratmak için, saltanat ve hilâfetin ardından meclisteki bu muhalefetin de bertaraf edilmesi gerektiğini hissediyordu. Başka bir ifadeyle kendisi, radikal devrimlerini uygulamak için bizzat devletin başına geçmeli, tam ve mutlak bir iktidara sahip olmalıydı. Bunun için başlangıçtan beri en çok güvendiği yakın arkadaşları İsmet, Fevzi ve Kâzım (Özalp) paşalarla birlikte bir devrim kadrosu oluşturdu. Bu kadro ve mecliste kendisine bağlı Müdafaa-i Hukuk grubu ile beraber, Cumhuriyet'in ilanı, Hilâfet'in kaldırılması gibi devrim kanunlarını bir bir meclisten geçirmeyi başardı. Bütün bu devrimlerin meşrû ve kalıcı niteliği, ancak kayıtsız şartsız egemen TBMM'nin kararlarıyla güvence altına alınabilirdi. Bu devrim stratejisi, ancak onun gibi karizmatik bir kişilik kazanmış, aynı zamanda hitabeti ve ikna gücü kuvvetli bir lider tarafından gerçekleştirilebilirdi. Mustafa Kemal, daha 1923 yılı başlarında tasarladığı radikal devrimleri meclisten geçirmek için Müdafaa-i Hukukçuları bir siyasi parti, Halk Partisi olarak örgütleme gereğini duydu ve gelecek seçimlerde TBMM'de çoğunluğu kazanmak için yurt içinde bir propaganda gezisine çıktı. Belli başlı Anadolu şehirlerinde yaptığı konuşmalar, onun çağdaş Türk devletini ve toplumunu yaratma konusundaki düşüncelerini oldukça güzel açıklamaktadır.

HİLÂFET, HİNDİSTAN VE TÜRKİYE

Türk devriminin en derin etki yaptığı memleket Hindistan'dır. Bu geniş memlekette gerek Müslümanlar gerek Hindular, İngiliz koloni idaresine karşı özerklik ve bağımsızlık hareketlerinde Türkiye'de gelişen olaylardan ilham almışlar ve Türkiye ile dayanışma hâlinde bulunmuşlardır. Birinci Dünya Savaşı'nda İngiltere hükûmetinin savaş sonunda özerklik verme vaadi üzerine İngiltere'yle iş birliği yoluna giden Hindular, hükûmet sözünü tutmayınca, Türkiye'de emperyalizme karşı yapılan mücadeleye destek vermişlerdir. 1920 yazında Yunanların Ankara'yı almak ve millî hükûmeti ortadan kaldırmak için giriştikleri genel saldırı karşısında Mustafa Kemal, Asya memleketlerini emperyalizme karşı ortak mücadeleye çağırmıştı (8 Eylül Beyannâmesi). Hindistan-Türkiye ilişkilerini bu dönemde ayrıntılarıyla araştıran Hintli Müslüman tarihçi M. Sâdık'a göre,[1] "Türk devrim hareketi, Hindistan'da millî bilinçlenmenin başlangıcını gösterir." Sâdık, İngiltere'ye karşı Türk ve Hint bağımsızlık mücadelesinin sıkı ilişkisini belirterek der ki: "Türk bağımsızlık hareketine Hintliler o kadar tabii ve içten bir ilgi gösterdiler ve bu ilgi Hindistan'da gerek aydınlar gerek halk arasında o kadar açık ve güçlü bir şekilde ifadesini buldu ki, bu iki hareket bir kader birliği gibi birbirine bağlantılı görülüyordu." Öte yandan, Hindistan geleneklerle o kadar yüklü bulunuyordu ki, Hint toplumunun değişiminde de Atatürk devrimleri örnek alındı. Türk devrimleri, Hindistan'da her kesime, aydınlara, tutucu İslâmcılara, reformcu devrimcilere ve seküler devlet isteyen inkılâpçılara örnek olacak biçimde her çeşit öğeyi içeriyordu. Hint Müslümanları arasında İslâmiyet, Hindistan'daki özel koşullar dolayısıyla, millî kimlik ve millî uyanış için en önemli kaynak olmuştur. Bu sebeple siyasi-millî hareket, Osmanlı hilâfetine bağlı bir Hilâfet Hareketi olarak ortaya çıkmıştır. Öte yandan Mustafa Kemal devrimi, yalnız Müslümanlar için değil, Hindu aydınları için de bir ilham kaynağı olmuştur. Sâdık'a göre "Türk devriminin kolonyalizm karşıtı hareketi kadar, dini taassuba karşı tutumu da Hint özgürlük hareketine, özellikle Hint aydınlarının millî, seküler ve ilerici fikirlerine ilham kaynağı olmuştur."

Türkiye ve Hindistan'daki mücadeleler, birbiri ile aynı doğrultuda gelişerek başlıca üç aşamada incelenebilir. İlkin, II. Abdülhamid'in Pan-İslâm ideolojisi etkisi altında, Hindistan'da Hilâfet Hareketi başlamış, İkinci Meşrûtiyet döneminde bu ilgi devam etmiş ve nihayet Mustafa Kemal'in millî bağımsızlık mücadelesi etkisi altında niteliğini değiştirerek doruk noktasına ulaşmıştır. Pan-İslâm hareketi, İngiliz hükûmetinin Osmanlı halifesini, Müslüman tebaa üzerinde kullanma girişimi biçiminde ortaya çıkmış, sonraları

1 Muhammed Sadık, *The Turkish Revolution and the Indian Liberation Movement*, New Delhi 1983.

Sultan Abdülhamid'in İttihâd-ı İslâm fikrini İngiltere kolonilerinde bu hükûmete karşı geniş bir propaganda aracı olarak kullanması şeklini almış; Afrika'da, Hollanda Endonezyası'nda ve özellikle Hindistan'da bağımsızlık hareketlerine öncülük etmiştir. Hint Müslümanları, İngiltere'ye karşı siyasi mücadelelerinde halifeyi kendilerinin gerçek dinî ve siyasi önderi olarak tanımışlar, böylece Hilâfet Hareketi özerklik ve millî kimlik için bir ideoloji, bir Amerikalı tarihçinin deyimiyle bir *proto-nasyonalizm* hareketi hâline gelmiştir.

Birinci Dünya Savaşı'nda İngiltere hükûmeti, harp sonunda özerklik vermek vaadiyle, Müslüman ve Hindu askerleri Irak Cephesi'nde Türklere karşı kullanmıştır. Fakat savaştan sonra bu vaat yerine getirilmeyince, Müslümanlar İngiltere'ye karşı Osmanlı halifesini ve Türkiye'yi destekleme politikasına geri dönmüşlerdir. O tarihte Hint Müslümanları, gelecek barış anlaşmasında Osmanlı halifesinin bağımsızlığı, Arabistan, Mekke ve Medine'nin bağımsız Osmanlı idaresi altında kalması isteğiyle eylemlere girişmişlerdir. Hindistan'da Hilâfet Hareketi denilen bu dinî-siyasi girişim, ilkin İslâmî ideolojiyi esas almakla beraber zamanla siyasi-millî bir hareket hâline bürünmüştür. Böylece, *The Muslim League, Câmi'atü'l-Ulemâ, The All India Khilafat Conference* gibi örgütlenmeler ortaya çıkmıştır. O zaman Hindistan'da yetmiş milyon kadar Müslüman vardı. Bu halk için halifeye bağlılık, bir din-kültür kimliği ifade ediyor ve siyasi-millî bilinci güçlendiriyordu (Sâdık, s. 52). Böylece, onlar Türkiye ve halifenin kaderiyle ilgili sorunlarla yakından ilgilenmeye başladılar. Kongreler toplayarak, koloni hükûmetine karşı beyannâmeler yayınlayarak, yapılacak barış antlaşmasında Osmanlı Devleti lehine kararlar alınmasını isteyerek, Türkiye'nin kaderiyle yakından ilgilendiler. Özetle Hilâfet Hareketi, tüm Hindistan'da kurtuluş hareketlerinin başlangıcı olmuştur.

Özerklik için çalışan başlıca İslâmî örgüt, *The Muslim League,* Ghandi'nin liderliğinde aynı amaçla harekete geçen Hindularla iş birliğine gitti ve Hindistan'da özerklik için ortak bir mücadele yürütüldü. 1919 Aralık ayında Amritsar'da Hindu ve Müslümanların yaptıkları toplantıda Ghandi, Müslümanların davalarını desteklediğini ilan etti; Hilâfet Kongresi toplantısında, barış koşulları Türkler aleyhinde olursa, Britanya hükûmeti ile her türlü iş birliğini durduracaklarını söyledi (Sâdık, s. 58). Hilâfet Hareketi, zamanla halk kitlelerine mâl olarak siyasi-millî bir ayaklanmaya dönüştü ve İngiltere'yi ciddi şekilde kaygılandıran bir boyuta ulaştı. Oysa İngiltere hükûmeti, Anadolu'da başlayan millî hareketi bastırmak için gerekirse Hindulardan ve Müslümanlardan asker toplamayı düşünüyordu. İngiliz halkı ve koloniler, yeni bir savaşa karşıydılar. İşte bu koşullar altında, Hindistan'daki Müslüman ve Hindular İngiltere ile iş birliği yapmama, *non-cooperation*, kararı almış, dolayısıyla Anadolu'da millî hareketi desteklemişlerdir.

15 Mayıs 1920'de İngiltere hükûmeti, Osmanlı Devleti ile antlaşma için ağır barış koşullarını ilan edince, Hint Müslümanları ve Hindular protesto hareketlerine giriştiler. Bu barış koşulları değiştirilmezse, İngiltere hükûmeti ile her türlü iş birliğine son vereceklerini ilan ettiler. *Câmi'atü'l-Ulemâ* örgütü bir fetvâ yayınlayarak, orduda ve polis kuvvetlerinde Müslümanların hizmet etmesini haram ilan etti. Öteki İslâm örgütleri, *The India National Congress* ve *The Muslim League* bu kararı onayladılar (Eylül 1920). Bu tarihte Müslümanlar, halife ile beraber açıkça Mustafa Kemal'i desteklemeye başladılar; ümitlerinin Ankara'da olduğunu gördüler (Sâdık, s. 64-65). Halife-sultanın Sèvres Barışı'nı imzalaması üzerine (10 Ağustos 1920) Hint Müslümanları gözlerini tamamen Ankara'ya çevirdiler. Hilâfet Hareketi lideri Muhammed Ali Roma'ya gitti ve İtalyan Dışişleri aracılığıyla Ankara ile temasa geçti. Hindistan'da protesto hareketleri, halk kitle hareketleri hâline dönüştü. Şimdi Mustafa Kemal, emperyalizme karşı mücadelenin kahramanı olarak görülüyordu (Sâdık, s. 108). 1921 yazında Yunan ordusunun Anadolu içlerine doğru ilerlemesi Ankara hükûmetini bunalıma sürüklemişti. Hindistan'da bu durum heyecan yarattı. Şayet İngiltere, Türk-Yunan savaşında tarafsız kalmazsa, bu savaş tamamen İslâm'a karşı bir hâl alır deniliyordu. İngiltere mallarına karşı boykot başladı. Müslümanlar kendi aralarında *The Angora Fund*'ı kurarak para toplamaya giriştiler; öbür yandan Mustafa Kemal'e

katılmak için gönüllü toplanmasına karar verildi; Dacca'da küçük bir grup askerî tâlimlere başladı.

Hilâfetin kaldırılmasına kadar (3 Mart 1924) Türk-Hint ilişkileri halifenin bağımsızlığını destekleme konusu üzerineydi. Saltanatın kaldırılmasından sonra Hint Müslümanları, Sultan Abdülmecid'in meclis tarafından halife seçilmesini İslâm geleneğine uygun bulmuşlardır. O zaman Mustafa Kemal'e *Seyfü'l-İslâm, Mücâhid-i Hilâfet* gibi unvanlar verildi. Fakat Cumhuriyet'in ilanı ve reisicumhur unvanıyla bir devlet reisinin seçilmesi üzerine, halifenin durumu Hint Müslümanları için bir sorun olarak ortaya çıktı. Hint Müslümanları için hilâfet, İslâm'ın siyasi bağımsızlığının ve gücünün simgesi sayılıyordu. Hindistan'da İngiltere hükûmetinin bir yanlısı olarak tanınan Ağa Han'ın halifenin siyasi durumunun korunması iddiasıyla yazdığı mektup, Ankara hükûmetine erişmeden bazı İstanbul gazetelerinde yayınlandı. Bu olay, Ankara hükûmetini hilâfete son verme kararına götürmüştür (3 Mart 1924). *All India Khilafat Conference*'da, Ankara'nın İslâm çıkarlarını bıraktığı tenkit edildi, fakat Ankara'yla mesafe açılmadı. Lucknow Toplantısı'nda (Şubat 1921) Mustafa Kemal'i destekleme kararı alındı.

Mustafa Kemal'in Yunan ordularına karşı zaferi üzerine 1922'de Hindistan'da Hilâfet Hareketi tavsamış ve İngiliz koloni hükûmeti ile iş birliğini terk etme kararından vazgeçilmişti. Aynı zamanda, Müslüman-Hindu iş birliği de kaybolmaya yüz tutmuştu. Bununla beraber, Hint Müslümanları Türkiye davası için, her zamanki gibi yakın bir ilgi duymaktaydılar. Fakat şimdi dava, onlar için hilâfetten çok, emperyalizme karşı mücadele biçiminde algılanıyordu. Hatta, İslâmcı *Câmi'atü'l-Ulemâ* örgütü, hilâfetin Osmanlı hanedanının tekelinde olmadığını, İslâm dünyasının yeni bir halife seçmesi gerektiğini ileri sürdü. Şimdi Hint Müslümanları, ortak düşman İngiltere'ye karşı Mustafa Kemal'in zaferini İslâm'ın bir zaferi gibi yorumluyor, bütün İslâm dünyasının ona şükran borcu olduğunu ifade ediyorlardı (Sâdık, s. 113). Ankara'nın, İslâm'da reform için bütün İslâm dünyasını bir toplantıya çağıracağı ümit ediliyor; Mustafa Kemal Asya'da özgürlük hareketinin lideri olarak selâmlanıyordu. Fakat Hint Müslümanları yeni Türkiye'nin gerçek niteliğini yakından bilmiyorlardı.

Hilâfet'in kaldırılmasından iki yıl önce, 14 Kasım 1922'de Lozan Konferansı'na giderken İsmet Paşa, Hint Müslümanlarının temsilcilerine şu beyanatta bulunmuştu:

> Hintlilerin istediği gibi, halifenin İslâm'ın mukaddes makamları Mekke ve Medine üzerinde egemenlik iddiası, Türkiye'nin Arabistan'da egemenliğini devam ettirmesi şeklinde yorumlanacaktır; bunu da ne Araplar ne de dünya kabul edecektir. Kaldı ki, Türkiye millî devletinin böyle emperyalist bir iddiada bulunması söz konusu olamaz; biz öbür Müslüman milletlerin de özgürlüğünü candan isteriz. Aynı zamanda dinî bakımdan hilâfete bağlıyız ama hilâfeti siyasi bir araç olarak kullanmayız.

İsmet Paşa, öte yandan, Lozan görüşmelerinde Hintlilerin desteğini yararlı gördüğü için şunu da ilâve etti: "Biz hilâfetin koruyucusuyuz (Hatırlanmalı ki, o zaman Sultan Abdülmecid İstanbul'da halife bulunuyordu). Gerekirse, hilâfetin hukukunu korumak için savaşmaya dahi hazırız." Aynı zamanda İsmet Paşa, Hindistan Merkez Hilâfet Komitesi'nin desteğine teşekkür etmiştir. Sonunda Hint Komitesi, bütün İslâm dünyasının şimdi gözlerini Türkiye'deki yeni kuvvete çevirdiğini ifade etmiş, Türkiye'nin hilâfet makamını müdafaa edeceğini memnuniyetle müşahede ettiğini bildirmiştir. Aynı tarihlerde İstanbul'da Halife Abdülmecid, *Tanin Gazetesi*'ne verdiği beyanatta; "İrade-i milliye ile bugün işgal ettiğim bu makamda... dinin şerefini milletinin şevketinde bulan her vatandaş gibi, ben de hayatımın olanca zevk ve mefharetini bu şeref ve şevketin ittihâdında arayacağım" diyordu. Meclise gönderdiği telgrafta kullandığı unvan şudur: "Halife-i Müslimîn Hâdimü'l-Haremyni'ş-Şerîfeyn Abdülmecid bin Abdülaziz."

ATATÜRK TÜRKİYESİ VE İSLÂM DÜNYASI

Çanakkale ve Sakarya zaferleri, yalnız Türkiye ve Yakındoğu tarihinde değil, dünya tarihinde de derin yankıları olan büyük olaylardır. Bu zaferlerin kahraman siması Mustafa Kemal Atatürk'tür. 1881'de Selânik'te dünyaya gelen Makedonyalı çocuğun, kısa hayatında bir büyük askerî deha, emperyalist dünyaya meydan okuyan milliyetçi bir lider, altı yüz yıllık bir saltanatı tarihe gömen bir ihtilâlci ve yeni bir devletin kurucusu olacağını o zaman kimse kestiremezdi. Sakarya ve Lozan, Asya'da Batı emperyalizmine karşı uyanış ve mücadelenin hareket noktasıdır. Mustafa Kemal'in önderliği altında Anadolu'da millî ve seküler bir cumhuriyetin ortaya çıkması, bütün İslâm dünyasını temellerinden sarsan gelişmelerin başlangıcıdır. İtilâf devletlerine yenik düşen milletler arasında, galiplerin dikte ettiği ağır barış koşullarını reddeden ve eşit koşullarla onları yeni bir barış imzalamaya zorlayan ilk millet Türklerdir. Bu başarı, Almanya'da derin yankı uyandırmış ve kuşkusuz İkinci Dünya Savaşı'na götüren yeni gelişmelere yol açmıştır.

İslâm devletleri arasında Mustafa Kemal'in emperyalizme karşı mücadelesini heyecanla izleyen ilk Müslüman devlet Afganistan'dır. Afganistan, Anadolu'da millî Türk devletini erkenden tanıdı ve bir dostluk anlaşması imzaladı (1 Mart 1921). Afgan Kralı Amanullah Han, Türkiye'deki gelişmeleri hayranlıkla izleyerek, memleketini çağdaş bir toplum yapmak için Atatürk'ü örnek aldı ve 20 Mayıs 1928'de Ankara'ya geldi. Dönüşünde, birçok Türk aydınını ve uzmanını memleketine çağırdı. Fakat İran'da olduğu gibi Afganistan'da da Atatürk çizgisinde modern bir devlet yaratma girişimi başarısızlıkla sonuçlanmıştır. Bu dönemde bu memleketlerin başarısızlığı, çağdaşlaşma doğrultusunda Osmanlı Türkiyesi gibi uzun bir geçmişe ve deneyime sahip olmaması, fikrî bir aydınlanma devresi geçirmemesi ve toplumda kabile geleneğinin güçlü olmasından ileri gelmiş olmalıdır.

Amanullah Han gibi İran'da Rıza Şah Pehlevî de Atatürk'ü örnek alarak çağdaş bir devlet yapısı meydana getirme girişiminde bulunmuş, fakat oğlu zamanında Batılılaşma, mollaların tepkisine yenik düşmüştür. Mustafa Kemal, Rıza Şah'ın Ankara ziyaretine (16 Haziran 1934) özel bir önem vermişti. Rıza Şah'ın oğlu döneminde, 1962 yılı Ekim ayında, şah hükûmeti kadınlara rey hakkı tanıyan yerel meclisler kurmaya çalıştığı zaman cami ve medreselerde protestolarla karşılaşmış ve konunun uygulanması durdurulmuştur. O zaman Humeynî, bu konunun kadınların iffetiyle uzlaşmaz olduğunu, gayrimüslimlere tanınan eşitlik hakkının, memleket ekonomisini emperyalistlerin kontrolü altına vermek anlamına geldiğini iddia ediyordu. Şah, ertesi yıl toprak reformunu ilan edince, Humeynî aynı suçlamaları tekrarlayarak hücuma geçti. Humeynî'yi *Bâzârî* denilen esnaf, geleneklere bağlı halk kitleleri desteklemekteydi. Onlar, endüstrileşme ve kapitalist ekonominin gelişimi ile beraber saray yandaşlarının bu alanları tekelleri altına alması karşısında kendilerini dışlanmış hissediyorlar ve bu çeşit bir çağdaşlaşmaya karşı çıkıyorlardı. Bernard Lewis'e göre,[2] İran'da İslâmî hareket, ideolojik hazırlanma, dikkatli bir planlama ve geniş halk kitlelerinin desteğiyle sonunda başarılı bir karşı-devrim gerçekleştirebilmiştir. Bu memleketteki gelişmelere karşın Atatürk, çağdaş Türk toplumu tasarısını seküler bir eğitim sistemi ile genç kuşaklara mâl etmesini bilmiş, devrimlere yasal ve kurumsal bir çerçeve kazandırmış ve bunları merkeziyetçi aydın bir bürokrasinin eline vermiştir. Başka bir deyişle Atatürk, devrimlerini sistemli bir şekilde halk egemenliğine dayanarak, halk için gerçekleştirdiği imajını verdiği hâlde, Afganistan ve İran'da reform şahsi patrimonyal bir egemenliğin eseri olarak gündeme gelmiştir. Bu iki memlekette halk kitlelerinin beklentilerini, devrimci-gelenekçi İslâmî kurumlar üstlenmiştir. İran'daki gelişmeler, bugün Türkiye'deki gelişmeleri anlamak bakımından dikkatle incelenmeye değer bir husustur. Biz, 1969 yılında şahın düşmesinden altı ay önce İran'daydık. Tebriz'de Kapalıçarşı'yı gezerken çarşıya bitişik bir medreseye uğradık. Orada sarıklı ulema ile konuştuk. Bu din adamları, şah rejimine şiddetle karşı çıkmaktaydılar. Kendilerine nereden maaş aldıklarını sordum. "Şahtan tek bir kuruş almayız. Geçimimizi vakıflarla idare ederiz, ona hiçbir şey borçlu değiliz" dediler.

2 *Islam in History*, Chicago 1993, s. 396.

Arap memleketlerinde, Mısır, Irak ve Suriye'de darbe hareketleriyle iş başına gelen askerî bürokrasiler, genellikle Atatürk örneğini benimsemekle beraber, devrimi halk egemenliği çerçevesinde demokratik kurumlar temeline oturtamamışlardır. Türkiye'nin başarısı buradadır, serbest seçimler bunu kanıtlamaktadır.

ATATÜRKÇÜ DÜŞÜNCENİN KAYNAĞI OLARAK 1890-1914 TÜRK AYDINLANMA ÇAĞI

Son araştırmalar ortaya koymuştur ki, II. Abdülhamid dönemi, siyasette Batı fikirlerine karşı olmakla beraber, kültür ve eğitim alanında büyük atılımların gerçekleştiği bir dönemdir. Sivil Batıcı eğitimin genelleşmesi, mektebin, kitabın ve gazetenin etkisi altında aynı ilkeleri paylaşan bir kamuoyunun ortaya çıkması, Batılı zihniyette bir elitin oluşması, Mustafa Kemal kuşağını ve onun düşüncelerini anlamak bakımından birinci derecede önemlidir. Eğitimde ve dünya görüşünde pozitif ilmi egemen kılmak, devleti halk egemenliği temeline oturtmak, toplumu sınıf kavgasından âzâde bir halk ve bütün insanları eşit görmekten ibaret Atatürkçülüğün temel ilkeleri, onun gençliğinde aydınlar arasında yaygın fikirlerdi. Özetle, Türk tarihinin Batı'ya, yani yeni bir hayat görüşüne yöneldiği son yüzyıllık gelişme, başka bir deyişle *Türk Aydınlanma Çağı*, Atatürkçülüğü açıklamak bakımından önemlidir. Böylece Atatürkçülük, Türk tarihinin doğal gelişiminin kesin, lojik, vazgeçilmez bir sonucu olarak görünmektedir. Bugün Türkiye demokrasisinde bu süreci geriye çevirme çabası tarihin akışına ters düşer. Türk halkı, serbest seçimlerde bunu ispatlamıştır.

Tanzimat döneminin Batıcı, sivil eğitim projesi (Saffet Paşa'nın 1869 tarihli *Nizâmnâme-i Ma'arif-i Umûmiye* tüzüğü) II. Abdülhamid döneminde 1880'li yıllarda uygulanmaya konmuş, 1908 yılına kadar Hicaz dışında bütün vilayet merkezlerinde ve önemli sancak merkezlerinde lise düzeyinde *idâdî*ler açılmıştır. Rüşdiye ve idâdî mekteplerinde pozitif ilimlere öncelik veren "nizâmcı, maddi terakkiyatçı, padişah ve milletine sadık" insanlar yetiştirme ilkesi benimsenmiştir. Bu eğitimden beklenen amaç, böyle bir laik eğitimle devletin Müslim ve gayrimüslim tebaasını Osmanlılık ideolojisi çerçevesinde birleştirmekti. Sultan Abdülhamid rejiminden kaçarak Avrupa ve Mısır'da faaliyette bulunan Hürriyetçiler, İkinci Meşrûtiyet'in ilanı (1908) üzerine dönerek memleketin yeni arayışlarında, serbest basında Pan-İslâm'dan milliyetçilik ve sosyalizme kadar her türlü fikir ve teoriyi serbestçe tartışmaya başladılar. Bu dönemde, Cumhuriyet devri ideolojisini hazırlayan gerçek bir Türk Aydınlanma Çağı'ndan, bir kültür rönesansından, bir devrim *intelligentsia*'sından söz edilebilir. Şu açık bir gerçektir ki, Batıcı laik mekteplerde yetişen Mustafa Kemal ve onunla beraber yürüyen aydın subaylar, bu dönemde tartışılan fikirleri hayata geçirmek için ihtilâlin ön safında yer almışlardır. Bu dönemde, Batı'nın pozitif ilimleriyle ve pozitivizmle tanışan tıbbiyeli bir aydınlar grubu, aşırı bir Batılılaşma akımını bir fikir hareketi olarak gündeme getirmişlerdir. Tıbbiye gibi öteki laik ve Batıcı birer irfan merkezi olan askerî mektepler, değişim, ihtilâl isteyen yeni bir kuşak yetiştirmiştir. Bu kuşağın bir temsilcisi olan Atatürk, birçok fikrini bu kaynaktan almış ve onları uygulamaya sokmaya çalışmıştır. Bu aydınlanma çağının önde gelen ismi Dr. Abdullah Cevdet'ti. *Garpçılar* adını alan grupta, Kılıçzâde Hakkı gibi ileri gidenler ve Celâl Nûri gibi daha ziyade Avrupa emperyalizmini hedef alan ılımlı bir grup ortaya çıktı. Kuşkusuz *Garpçılık* hareketi, Atatürkçülük ve bugünkü gelişmeleri anlamak bakımından son derece önemlidir.

Garpçılar'ın temel düşünceleri şöyle özetlenebilir:[3] Din, halkın anladığı biçimde alındığı takdirde, birtakım hurâfelere, İsrâiliyyât denilen hikâyelere körü körüne inanmak ister. *Garpçılar*'a göre, bu şekilde yorumlanan bir İslâmiyet, çağdaş medeniyeti benimsemeye engeldir. Onlara göre, seçkinlerin dini ahlâktır, namaz ve niyazla Müslüman olunmaz. Onlar, hurâfelerden arınmış "ilmî bir İslâmiyet" önerisinde bulunurlar. Modern ilme inanan Müslüman, bilgisiz bir

3 Ş. Hanioğlu, "Garpçılar", *Studia Islamica*, 86 (1997), s. 133-158.

Müslüman'dan yüz kere daha Müslüman'dır. *Garpçılar*'ın bir diğer görüşü de şudur: İslâm dini, 7. yüzyılda her şeyden önce bir çöl toplumu için kurallar getirmiş olup 20. yüzyılda bunlar ileri bir toplum ve yaşam tarzı için yeterli değildir. Selâmetin yolu, güçlü olmak, zengin olmak, ilim ve kültür sahibi olmakla mümkündür. Ekonomik refahı sağlayamayan bir toplum için günümüzde hayat hakkı yoktur. *Garpçılar*'a göre, bize kadar gelen İslâmiyet, modern uygarlığa ayak uyduramaz. Yeni bir ahlâk, geleneksel İslâmiyet'in yerini alacaktır. Başka bir deyişle, Batı'daki Protestanlık gibi, İslâmiyet'te de köklü bir reform gerekmektedir. *Garpçılar*, 1908 Devrimi'nden önceki yazılarında İslâmiyet'i yenileştirmeyi önerirler. Dünyanın ve insanın yaratılışı hakkında Kur'ân'daki âyetlere karşı Darwinizm'i savunurlar. *Garpçılar*'a göre, bu dünya öteki dünyadan daha önemlidir. Bu dünya, öteki dünyaya hazırlık için bir geçit değildir. 1908'den önce Sultan Abdülhamid döneminde, İkinci Meşrûtiyet (1908) ve Balkan Harbi'nden (1912) sonra ve nihayet 1923'te Cumhuriyet'in ilanını izleyen dönemde, İslâm ve çağdaşlaşma hakkında gittikçe daha aşırı fikir akımları ve ayrılıklar ortaya çıkmıştır. İttihâd ve Terakki hükûmeti, dine karşı aşırı görüşleri dolayısıyla Birinci Dünya Savaşı sırasında *Garpçılar*'ın yayın organı olan *İctihad*'ı kapattı. 1918-1922 arasında *Garpçılar*'ın etkisi çok sınırlı kaldı. Ulema, *Garpçılar*'ın Hz. Peygamber'i ve İslâmiyet'i hedef alan düşüncelerine karşı şiddetli bir tepki göstermekteydi. Öyle ki, Mekke Şerîfi Hüseyin, isyan hareketini haklı göstermek için *İctihad Dergisi*'nin İslâm'a karşı tutumunu ileri sürecektir.

1923'te Cumhuriyet'in ilanından sonra *Garpçılar*, açıkça din aleyhine kampanya başlatırlar. Onlara göre, din bireyin bir vicdan işidir. Ş. Hanioğlu'na göre, *Garpçılar*'ın fikir ve tasarıları, Atatürk'ün din ve toplum üzerindeki Cumhuriyet dönemi siyasetine yön vermiştir. Bu grubun aşırı kanadında bulunan Kılıçzâde Hakkı'nın "Garplılaşma Planı", Atatürk tarafından TBMM'den geçirilen kanunlarla Cumhuriyet'e mâl edilmiştir (Kılıçzâde'nin kendisi TBMM'nin bir üyesiydi). Kılıçzâde, Atatürk'ten önce Latin alfabesinin alınmasını, kılık-kıyafette Batılı insan gibi giyinilmesini, fes yerine şapkanın kabulünü, tesettürün bırakılmasını, medreselerin kaldırılmasını önermiştir. Aşırı garpçı fikirlerin organı olan *İctihad Dergisi*, 1932'de Hüseyin Cahid'in ölümü ile kesin olarak kapanmıştır.

İctihad, aydınlarca aranan ve okunan bir dergi idi. CHP'nin önemli üyeleri arasında, *Garpçılar*'ın aşırı düşüncelerini benimsemiş, İslâm'da köklü bir reformu savunan, hatta ateistlerden oluşmuş bir grup vardı. Hanioğlu'na göre, *Garpçılar* düşüncelerini siyasi bir ideoloji hâline getirememişlerdir. Ancak Atatürk döneminde, bu fikirlerden birçoğu milliyetçilikle bağdaştırılarak bir ideoloji konusu olmuş; serbest düşünce, ilim bu ideolojide merkezî bir yer kazanmıştır.

Atatürk üzerine şimdiye kadar yazılan eserlerin en çok eleştiriye açık tarafı, tarihî koşulların ve aşamaların göz önünde tutulmamasıdır. 1920'de TBMM'de Fahrî Yâver-i Pâdişâhî unvanıyla söylediği sözlerle, 1924'te hilâfetin kaldırılması dolayısıyla söyledikleri arasında tabii çelişkiler bulunacaktır. Bundan başka, Mustafa Kemal'in belli bir tarihte, belli bir amaçla uyguladığı siyasi strateji göz önüne alınmaksızın o dönem anlaşılamaz. Atatürk, yalnız büyük bir askerî stratejist değil, aynı zamanda usta bir siyaset stratejistidir. "Vatanı kurtarma", "milletin bağımsızlığını sağlama", "milletin kayıtsız şartsız egemenliğini sağlama", "Türk milletini çağdaş medeniyetler düzeyine ulaştırma" uğrunda yaptığı siyasi mücadeleler, aynı zamanda bir iktidar mücadelesi niteliğindedir. Onun, tam iktidarı elinde tutmak, bu iktidara meşrûluk kazandırmak için en uygun söylemleri seçen, siyasi manevralar yapan usta bir siyasetçi olduğunu unutmamak gerekir. Mustafa Kemal, son kertede, gayelerine ulaşmak için tehdide başvurmaktan da çekinmezdi.

Atatürk, gerçekçi bir siyaset ve devlet adamı karakteri yanında başarılı bir diplomattı. Dış güçlerle, büyük devletlerle ilişkilerinde çok başarılı bir diplomasi yürüttüğüne Ankara'da hizmet eden birçok büyükelçi tanık olmuştur. 1919'da mütareke sonunda İtalya, Fransa ve İngiltere arasında imparatorluk topraklarını paylaşmada ortaya çıkan rekabeti, Rusya'da Bolşevik İhtilâli yöneticileri ile Batı devletleri arasındaki uzlaşmaz düşmanlığı, Mustafa Kemal usta bir diplomasi ile değerlendirmiştir; onun bu dehası, bağımsızlık savaşını başarıya götüren en önemli faktörlerden biridir.

Atatürk, 1789 Büyük Fransız İhtilâli'ni yapanların anladığı biçimde, Aydınlık Çağı'nın pozitivist felsefesine bağlıdır. O, pozitif bilim düşüncesinin, Türk insanının sosyal ilişkilerinde, toplum ve kâinat anlayışında kılavuz olmasını, gelenek yerini aklın almasını özlüyordu. Bu, Türk insanının zihninde halife-sultan egemenliği yerine millet egemenliğini yerleştirmek ne kadar güç ise o kadar güç; belki ondan da problemli bir sorundu. İslâm dini, sosyal ilişkiler ve yaşam tarzı söz konusu olduğunda öbür dinlerden, özellikle Hıristiyanlık'tan çok farklıdır.

ATATÜRK'TE MODERNİTE VE MODERNLEŞME

Modernleşmede Atatürk *inkılâbı* topyekûn bir ihtilâldir. O, Batı'yı hayat felsefesi ile ve onun bütün sembolleri ve değer-hükümleriyle benimsiyordu. 1925'te diyordu ki: "Medeniyim diyen Türkiye Cumhuriyeti halkı zihniyetiyle medeni olduğunu ispat ve izhâr etmek mecburiyetindedir... Aile hayatiyle, yaşayış tarziyle medenî olduğunu göstermek mecburiyetindedir." 1927'de de: "Yaptığımız ve yapmakta olduğumuz inkılâpların gayesi Türkiye Cumhuriyeti halkını tamamen asrî ve bütün mâna ve eşkâliyle medenî bir heyet-i içtimâiye hâline îsal etmektir. İnkılâbımızın umde-i asliyesi budur." "Beş altı sene içinde kendimizi kurtarmışsak bu, zihniyetimizdeki tebeddüldendir. Artık duramayız. Behemehal ileri gideceğiz."

Dünya görüşünde değişiklik, topyekûn değişme; işte bu kelimelerde Atatürk'ün radikal devrimci modernleşme fikri ifadesini bulmaktadır. Amaç; Türk toplum düzenini, sosyal ilişkileri, maddi ve manevi medeniyeti Batı medeniyeti tipine çevirmek, radikal bir sosyal değişimi, *inkılâbı* ger-çekleştirmektir. Modernleşme, Atatürk tarafından *asrîleşme, muâsır medeniyet seviyesine erişme* veya *Garplılaşma* terimleriyle ifade edilmiştir.

1924 yılı Şubat ayında der ki: "medeniyete girmek arzu edip de Garb'a teveccüh etmemiş devlet hangisidir?" Şüphesiz modernleşme, mutlaka Batılılaşma değildir. Bu fikirde olanlar Batı kültürünün mayasında tarihî Hıristiyan kültürünü bulurlar ve ondan evrensel ve aklî olan ilmi ve teknolojiyi ayırt etmek isterler. Ziya Paşa daha 1896'da: "Avrupalıya taklit ile ileri gitmek dâiyesinde bulunduğumuz hâlde Avrupa'da cāri olan riâyet-i kanun ve icrâ-yı ahkâm-ı mükâfat ve mücâzât ve terakki-i sanâyi ve tevsî-i ticâret ve temîn-i hukuk ve usûl-i meşveret-i millîye gibi esbâb-ı terakkiden hiçbirini taklit etmeyip fakat tiyatro yapmak, baloya gitmek, zevcesini kıskanmamak, tehâretsiz gezmek misillû şeylerde tatbik-i harekete çalıştığımızı" ve ahlâk-ı millîyeyi bozduğumuzu yazıyordu.

ATATÜRK'TE MODERNLEŞME YÖNTEMİ: YUKARIDAN SÜRATLİ DEĞİŞİM: "İNKILÂP"

TBMM kararıyla saltanatın kaldırılması (1 Kasım 1922) ve Cumhuriyet'in ilanından (29 Ekim 1923) sonra Hilâfet'in kaldırılması (3 Mart 1924) Yeni Türk devleti tarihinde en önemli dönüm noktasını oluşturur. Olay, Türk tarihi ve İslâm dünyasında yeni bir devir açmıştır. 1924'te Halife Abdülmecid'in ve hanedan üyelerinin Turkıye sınırları dışına sürülmesiyle Osmanlı hanedanının yeni Türk devleti içinde hiçbir yetki ve sorumluluğu kalmıyor; Osmanlı Sultanlığı tamamen ve kesinlikle son buluyordu. Laik (seküler) devlet kanunlarının hepsi, Şer'iyye ve Evkaf Vekâletleri'nin kaldırılması, Şer'iyye Mahkemeleri'nin ve medreselerin kapatılması, eğitimin devlet kontrolü altında birliği (*Tevhîd-i Tedrîsât*) hep aynı zamanda kanunlaşmıştır. Bununla beraber, yeni Türkiye devletinin anayasasında (20 Nisan 1924) "Türkiye devletinin dini İslâm'dır" maddesi muhâfaza ediliyordu. Mustafa Kemal, o zamana kadar kendisiyle beraber yürüyen Anadolu halkının ve mecliste kendisini destekleyen din adamlarının karşısında açıkça tam seküler bir devlet kavramını savunamazdı. Anayasadaki bu madde, ancak 1928'de III. TBMM'de muhâlifler dışarıda kaldığı zaman anayasadan çıkarıldı ve Türkiye devleti tam seküler bir temele oturdu. Bunun hemen arkasından Latin harflerinin kabulü meclis tarafından kanunlaştırılacaktır (1 Kasım 1928). Devleti sekülarize eden bu radikal kararlar, Türkiye'de İslâmiyet'in kaldırıldığı şeklindeki yorumlara hak verdirmez. Hilâfetin kaldırılmasıyla beraber "Dîn-i Mübîn-i İslâm'ın bundan mâ'adâ itikâdât ve ibâdâtına dâir" hüküm ve kurumları göz önünde tutulmuş ve bu işler *Umûr-i Dîniyye Riyâsetî*'nin (sonradan *Diyânet İşleri Başkanlığı*) sorumluluğu altına verilmiş, "yüksek dîniyyât mütehassısları" yetiştirmek üzere İstanbul Dârülfünûnu'nda bir İlâhiyat Fakültesi açılması, "imâmet ve hitâbet gibi hidemât-i dîniyyenin ifâsı vazifesiyle mükellef memurların yetişmesi için İmam-Hatip Mektepleri'nin açılması öngörülmüştür (İlâhiyat Fakültesi ve İmam-Hatip Mektepleri ilkin 1949 tarihinde açılmıştır). 1924'te Mustafa Kemal bu radikal sekülarist devrimlerini Türk milletine ve İslâm dünyasına şu biçimde açıklamakta idi: "İntisâbı ile mutmain ve mesûd bulunduğumuz diyânet-i islâmiyyeyi asırlardan beri mütemâyil olduğu vechile bir vâsıta-i siyâset mevki'inden tenzîh ve i'lâ etmek elzem olduğu hakîkatini müşahede ediyoruz... İ'tikâd ve vicdaniyâtımızı... her türlü menfaat ve ihtirâsâta sahne-i tecelliyyât olan siyâsiyatten... bir an evvel kat'iyyen tahlîs etmek, milletin dünyevî ve uhrevî sa'âdetinin emrettiği bir zarûrettir." Bu beyânında Mustafa Kemal, sekülarizmin zorunluluğunu şu kanıtlarla açıklamaya çalışmaktadır: 1. Müslüman'ız. Müslümanlığı reddetmiyoruz. 2. Fakat tarih gösteriyor ki, din siyaset vasıtası yapılarak menfaat ve ihtiraslara âlet edilmiştir. 3. İnanç ve vicdanımıza ait kutsal duygularımız, böyle ihtiraslara âlet edilmemelidir. Onu bu durumdan kurtarmak vazifemizdir. 4. (Dünya ve din işlerini ayırmak) Müslümanların bu dünyada ve öbür dünyada mutluluğu için zorunludur. İslâm dininin gerçek büyüklüğü bununla meydana çıkacaktır.

Mustafa Kemal bu din görüşünde, 1890-1914 arasında Türk eğitiminde laikleşme ve aydınlanma çağının İslâmiyet görüşünü benimsemiş ve uygulamaya koymuştur. 19. yüzyılda İslâm dünyasında İslâmiyet'in *nass* denilen temel kaynaklarına, Kur'ân ve hadîse inerek hurâfelerden arınmış saf bir İslâmiyet anlayışı, özellikle *Salafiyye* (Selefiyye) ve *İslâh* (reform) hareketleriyle ortaya çıkmış, II. Abdülhamid devrinde bu akımlar etkili olmuştur (Cemâleddin

Afgânî, 1838-1897) 1908 İttihad ve Terakki döneminde[4] din ve devlet işlerinin ayrımı fikri güçlenmiş; Ziya Gökalp'ın etkisiyle Türk millî kimliği, İslâm kimliği karşısında öncelik kazanmıştır. Atatürk'ün din fikirleri kuşkusuz bu fikrî akımın etkisi altındadır. Mustafa Kemal'e göre İslâm dini her şeyden önce akla, mantığa dayanan tabii bir dindir. Onun içindir ki, insanlık için son din olmuştur (1922 ve 1923'teki beyanları). Ona göre, gerçek İslâmiyet, dine sonradan bulaşmış bâtıl inançlardan, hurâfelerden arınmalıdır (1923 yılı Mart ayındaki beyânı). Hükümdarlar "akvâmın cehlinden ve taassubundan istifade ederek, binbir siyasi ve şahsi maksat ve menfaat temini için dini âlet ve vasıta olarak kullanmak teşebbüsünde" bulunmuşlardır. İslâmiyet'te mümin ile Allah arasında aracı bir ruhban sınıfı yoktur. Din ve ibâdet kişinin bir vicdan işidir.

"Gerçi bir *heyet-i içtimâiyyenin zamanla kökleşmiş örf ve âdet, hissiyat, duygu ve telâkkiyâtı (anlayışları) mühimdir*. Ahvâl-i dâhiliyemizi ıslah ile millel-i mutemeddine meyânında faâl bir uzuv olmak için siyasi mesaiden ziyade içtimâi mesaiye ihtiyaç vardır. Hiçbir delîl-i mantıkîye istinat etmeyen birtakım anlamların, akidelerin muhafazasında ısrar eden milletlerin terakkisi çok güç olur, belki de hiç olmaz. Hayat felsefesi vâsi gören milletlerin taht-i hâkimiyet ve esaretine girmeye mahkûmdur." "Biz daha çok hatveler atmak mecburiyetindeyiz. Bu hatveler hem çok seri hem de çok uzun olmalıdır." "Avrupa ile Türkiye yekdiğerine karşı bir vaziyettedir. Bizi madûn (aşağı) olmağa mahkûm bir kavim olarak tanımakla iktifa etmemiş olan Garp, harabîmizi tâcil için, ne yapmak lâzımsa yapmıştır."[5] Sosyal Darvinizm teorisi Mustafa Kemal'de güçlü bir mümessilini bulmuştur: Hayatta kalmak, var olmak yalnız ve yalnız güçlü olmaya bağlıdır. Bu hedef, her şeyi haklı ve meşrû kılar.

ATATÜRK'TEN SONRA ATATÜRKÇÜLÜK

27 Mayıs 1960 Askerî Darbesi ve 1961 Anayasası'ndan sonra Atatürkçülük ve Türkiye'nin sorunları bir kere daha düşünülmeye

4 Bu hareketler için bkz. toplu orijinal bir eser: *Modernist Islam, 1840-1940, A Sourcebook*, ed. Charles Kurzman, Oxford 2002.

5 E. Z. Karal, *Atatürk'ten Düşünceler*, 3. baskı, 1969, s. 65-75.

başlamış; özellikle CHP'ye yakın bazı aydınlar, Atatürkçülüğün temel ilkelerini ve özünü tanımlamaya, ona yeni bir ruh ve atılım kazandırmaya, Atatürkçülüğün taassupla bağlanılan dogmatik bir sistem olmadığını anlatmaya çalışmışlardır.[6]

Atatürk'ün yakınlarından Falih Rıfkı Atay, Atatürkçülüğü en başta millî egemenlik, anti-emperyalizm, Türkçülük ve laiklik (sekülarizm) olarak tanımlar. Falih Rıfkı'ya göre Atatürk, her şeyden önce öğretim birliği ve seferberliği sâyesinde kafanın, zihniyetin değişmesini amaçlıyordu. Mesele "bütün halk çocuklarının müspet bilgiye dayanan ilkokul terbiyesinden geçerek bir gün gene irticâ'ın tahrikleriyle kaynaşmasının önüne geçebilmek meselesi idi." Böylece, "Türkiye'de yeni ve uzun bir mücadele devri açılıyordu" diyor Fâlih Rıfkı.

Fâlih Rıfkı, Atatürk'ün yukarıdan hızlı değişim, *inkılâp* metodunu şu misalle açıklamaktadır: Mustafa Kemal'e, harf inkılâbı için beş-on yıl bir hazırlık dönemi gerektiği söylenmiş; Atatürk, "Hayır! Bu iş üç ayda olur yahut hiç olmaz. Bir buhran çıkar, bizim teşebbüs de Enver'inkine döner" demiştir. Atatürk, bütün inkılâplarını, savaş meydanındaki bir kurmay gibi hızla getirmiş ve uygulamıştır. Gerçekten Atatürk, *inkılâp*larını bir kurmay subayının yaklaşımıyla planlar: Hedefi ve hedefe ulaştıran koşulları açıkça maddeleştirir, sonra harekete geçer, planı süratle uygulamaya koyar.

Fâlih Rıfkı, onun inkılâbı meşrûlaştırma metodunu da iyi belirtmektedir: "Halkı övmek, yapacaklarını ona mâl etmek ve bir halk emaneti yerine getiriyor gibi görünmek Atatürk'ün metodu idi." Kendisi bunu şöyle ifade etmektedir: "Biz, umûmî işlerimizde halkın temâyüllerini dikkate almak zorundayız. Fakat prensipler bahis konusu olduğu zaman tek başımıza da kalsak onlardan hiçbirini fedâ edemeyiz." Mustafa Kemal, hareketlerine meşrûluk kazandıran temel prensip olarak daima millî egemenlik prensibini

6 *Atatürkçülük Nedir?*, Yayınlayan: Y. Nabi, Varlık Yayınları, İstanbul 1963.

öne sürmüştür. Bu prensiplerin başında çağdaşlaşma geliyordu: "Geriliklerimize mukaddes gelenekler gibi yapışarak kör bir savaş veriyorduk. İlk yapacağımız şey çağımızda olmaktı. Batı toplulukları içine katılmaktı." Kemalizm, Asya'da geri kalmış milletler için bir ihtilâl planı, bir örnek oluşturmaktaydı. Çin, kapitülasyonlardan ancak Türkiye örneğinden sonra silkelenebilmiştir. "Müslüman topluluklar içinde hürriyetlerine ve haklarına kavuşan ilk kadın Türk kadınıdır" diyor Fâlih Rıfkı.

Atatürk'ün yakınlarından biri olan Yakup Kadri Karaosmanoğlu, Falih Rıfkı gibi, Mustafa Kemal'i her şeyden önce bir vatan kurtarıcısı ve modern Türk devletinin kurucusu olarak gösterir ve onu zulüm altındaki bütün milletlere "kurtuluş yolunu gösteren bir hürriyet ve istiklâl örneği" olarak selâmlar. Kurtuluş Savaşı'nın, "her milletin kendi mukadderâtına kendisinin sahip çıkması" prensibi ile işe başladığını belirtir. Karaosmanoğlu'na göre Mustafa Kemal bir dünya lideridir. Mustafa Kemal için "günümüzün dünyasını biçimleyen bir lider" diyor Karaosmanoğlu. Emperyalistlere karşı direncin simgesi olan *Kemal* adı, Hint'te, Çin'de, Asya'nın bütün sömürgelerinde "bir buçuk milyar insanın ağzında" kurtuluş parolası olmuştur. Karaosmanoğlu, Atatürk'ün ölümünde, Güney Vietnam'ın merkezi Saygon'da kalabalık halk kitlelerinin tapınaklarda toplanarak mâtem tuttuklarına bizzat tanık olmuş.

Ata'nın son sekiz-dokuz yıllık yaşamında, yanından ayırmadığı yakını Âfet İnan'ın hatıraları, Atatürk'ün düşüncelerine inebilmek için son derece önemli ipuçları vermektedir. Âfet İnan diyor ki: "1929 dünya ekonomi bunalımı Cumhuriyet Türkiyesi'ni de kötü vurmuştur. Halk kitleleri darlık ve sefâlet içindedir. İsmet Paşa'nın kalkınma önlemleri, özellikle pahalı demiryolu siyaseti ciddi eleştirilere hedef oluyor. Halk arasında sızlanmalar artmıştır. Atatürk yeni çıkış yolları aramak için rejimde değişiklik yapmak, Batı parlamentoları gibi çok partili bir rejime geçmek gereğini anlamıştır." Bu arada, sosyal sorunları ortaya çıkarmak üzere kadro hareketi denen sosyalist düşünceyi teşvik etmektedir. İşte bu koşullar içinde,

1930 yazında Yalova'da Fethi Okyar'ı çağırmıştır. Âfet İnan, orada yapılan görüşmeleri şöyle anlatmaktadır: "Fethi Okyar kendisine İngiltere ve Fransa'da hükûmeti denetleyen çok partili gerçek demokrasilerden söz ediyor ve İsmet Paşa'nın hükûmetini tenkit ediyor (unutmayalım ki, Fethi Okyar Atatürk'ün güvendiği en yakın arkadaşlarından biridir). O zaman Atatürk "Fethi Bey, bu dediklerinizi yapabilmek için bir siyasi parti kurunuz; ben size bu işte müzâhir (yardımcı) olacağım" der. Böylece, 1930 yazında Serbest Cumhuriyet Fırkası, Cumhuriyet Halk Fırkası karşısında muhâlif bir parti olarak siyaset sahasına çıkar.

Oy serbestliği yoluyla bağnaz, tutucu bir partinin iktidara gelmesi, bir kelime ile Atatürkçülüğün tehlikeye düşmesi kendini gösterince, Atatürk tekrar tek parti rejimine dönmek gerektiğine inanmıştır.

Sonuçta, Cumhuriyet Halk Partisi memlekette tek parti olarak kaldı. Milletvekilleri bu partinin üyelerinden Atatürk'ün onayıyla seçilirdi. Reisicumhur ve hükûmet, bu fırkanın ileri gelenlerinden olurdu. Atatürk'ün bu rejimini haklı göstermek için Âfet İnan'ın eklediği şu düşünceler ilginçtir: "Bizde Gazi zamanında böyle bir ihtimal (yani diktatörlük) asla hatıra gelmez. Gazi'den sonra onun yerine gelecek herhangi bir devlet reisi aynı tarzı tâkibe devam edebilir... Zamanla bu vaziyetin nasıl şekil alacağını kestirmek güçtür." Atatürk, kendisinden sonra aynı yetkilere sahip bir devlet reisinin gelmemesini kesin olarak amaçlıyordu. Kendisi, bu açıdan, Roma'da cumhuriyetten dikta rejimine nasıl geçildiğini bizzat anlatmıştır (*Cumhuriyet* Gazetesi, 10 Kasım 1961).

Atatürkçülüğün dokunulmaz bir dogmatik sistem, bir taassup konusu olmadığını, özellikle düşünce alanında H. V. Velidedeoğlu, siyasette Bülent Ecevit göstermeye çalışmıştır. 1960'larda CHP'li tanınmış hukukçumuz Hıfzı Veldet Velidedeoğlu'nun Atatürkçülüğü nasıl anladığı, bu bağlamda ilginçtir. Velidedeoğlu, Atatürkçülüğü, onun ilkelerini, donmuş kalıplar olmaktan kurtarmak gerektiğini vurgular. Onun deyimiyle, sahte, çıkarcı Atatürkçülere karşı, Bülent Ecevit gibi, o da devrimcilik ilkesini öne alır. Devrimciliği, toplumu ileriye götüren dinamik bir prensip kabul eder ve Ata'nın ölümünden çeyrek yüzyıl sonra meydana çıkan yeni koşullar karşısında devrimcilik, "toplumsal sorunları ele almalıdır" der. Velidedeoğlu'na göre, "ileriye, daima ileriye, aydınlığa ve refaha doğru götürmek Atatürkçülüğün özüdür." Ona göre toplumda fakirliği giderecek önlemler almak, "zayıfı kuvvetliye ezdirmemek", devrimciliğin bir amacıdır. "Aşırı ve geniş fakirlik yanında sayılı zümrelerin aşırı lüksü ve serveti", sonunda toplumda çatışmalar doğurur. 1963'e doğru Velidedeoğlu "Çıkarcılar ve sömürücüler daima üst plandadır" tanımını yapıyor ve bununla mücadele etmek gerektiğini vurguluyor. Velidedeoğlu, dinci ve solcu hareketlerin birbiri karşısında mücadele ettiği o yıllarda Atatürkçü ilkeler bakımından karamsardır. "Büyük tehlikelerle karşı karşıya bulunuyoruz... Zıtlaşmalar, ikilik... Türk halkı... yarım yüzyıldan beri bir türlü okutamadığımız Türk halkı, dinî taassubu ile uyutulup maddi ve manevi çıkarlara âlet olarak kullanılıyor" gözlemini yapmaktadır. Atatürk, fikir köleliğine karşı idi. Türk kadınını köle gibi kullanmaya, ağaya ve şeyhe taparcasına bağlılığa karşı idi. "Şimdi", diyor Velidedeoğlu, "toplumumuzda çıkarcı Atatürkçüler onun için heykeller dikmek, bayramlar ve mâtem günleri düzenlemekle, Atatürk'ü 'putlaştırmakla' meşguldürler. Atatürk'ün ölümünden beri inkılâp prensiplerinin özü unutulmuş, yüz üstü bırakılmış, çiğnenmiştir" ve şunu ilâve ediyor: "Cahil halk doğal olarak tutucudur, onu eğitmek gerekir." Eğitimin, Atatürkçülük için hayatî önemini kabul etmemeye imkân yoktur. Ama CHP'nin 1950'den beri süren siyasi başarısızlıklarının, tam da bu zihniyetten, yani halkı eğiterek belli bir amaca götürmek çabalarından ileri geldiğinden Velidedeoğlu habersiz görünmektedir. Amerikan devriminin ilk kuruluş yıllarında, "Halk câhildir, oy verme hakkını aydınlara ve varlık sahiplerine verelim", teorisine gerçek demokrat Thomas Jefferson karşı çıkmış, "Halkın çıkarını en iyi yine halk kendisi bilir" prensibiyle genel oy hakkını kabul ettirmiştir. Türkiye'de son yıllarda siyaset mücadelesinin neden eğitim konusu üzerine odaklandığını iyi anlamaktayız.

Velidedeoğlu'na göre, Atatürkçü olmak dindar olmaya engel değildir. "Atatürk dini kaldırdı" propagandası bir siyaset aracı gibi kullanılmıştır. Vicdan özgürlüğüne saygı gösteren kimse, Velidedeoğlu'nun deyimiyle, "Câmiye gitmeyene kâfir, zındık, komünist denmez; câmiye devam edene de yobaz diye hakarete yeltenilmez."

Öbür yandan Velidedeoğlu, Atatürk'ü putlaştıran zihniyete karşı çıkmakta, "Bazı davranışlar Atatürk'ü putlaştırma iddialarına hak verdirecek şekilde sürüp gitmektedir" demektedir. Atatürk, kendisinin ve fikirlerinin öylesine putlaştırılmasına göz yummazdı. Atatürk, kendisi hakkında diyor ki: "Benim şahsen kuvvet ve kudretim, halkın bana gösterdiği emniyet ve itimattan ibarettir" (Mart 1923).

1960'tan sonra Türkiye'nin girdiği yeni koşullar karşısında, özellikle genişleyen bir işçi sınıfının ortaya çıkması üzerine, halkçılık ve devrimcilik ilkesi yeniden yorumlanıyor; sosyal adalet üzerinde Bülent Ecevit, Velidedeoğlu gibi ısrarla duruyordu. Sosyalist düşünce, Atatürk devriminin başlangıcından, 1919'dan beri aktif bir siyasi düşünce olarak gündemdeydi. 1930'larda dünya ekonomik bunalımı sırasında *Kadro Dergisi* etrafında toplanan sosyalist yazarlar, özellikle açıkça Marksist teoriyi benimseyen İsmail Hüsrev, *Dün ve Yarın* yayın serisi, Zekeriya Sertel'in çıkardığı *Tan Gazetesi* bu akımı işlemişlerdir. Hareket, daha çok 1929 dünya iktisadi bunalımının vurduğu köylü kitlesini, topraksızları ele almakta idi. Özellikle, Doğu Anadolu'yu göz önünde tutan toprak reformu tasarıları, Atatürk'ün son yıllarında gündeme gelmiş çok önemli bir siyasi sorun hâlinde idi. Köylü ve tarımsal ekonomide gelişim konusunu liberal bir zihniyetle ele alan Demokrat Parti'nin ortaya çıkması, doğrudan doğruya bu toprak reformu tartışmalarıyla ilgilidir. Demokrat Parti iktidarında toprak reformu tasarısı rafa kaldırılmış, fakat CHP bürokratlarının sıkı para rejimi yerine köylüye elverişli koşullarla bol kredi sağlayan enflasyonist bir para rejimine geçilmiş; Türkiye'de traktör sayısı 1939'da 3200 iken, 1959'da 42.000'e yükselmiş, Türkiye'nin bozkırları yeşermiş, refah artmış, böylece Atatürk'ün partisi CHP karşısında Demokrat Parti geleneği siyaset alanında ön plana geçmiştir. CHP'de "şahinlerin" gündeme getirdikleri siyasi akım, Demokrat Parti'nin liberal felsefesine karşı sosyalist reform akımını temsil etmektedir. 1960'larda CHP çevresinde devrimcilik, ilkin Atatürk ilkelerinin korunmasıyla beraber bundan öte yeni atılımlarla aydın ve ileri gelişim, sosyal sorunlara çözüm getirecek dinamik bir siyasi ortam biçiminde yorumlanmaya başlamıştır. CHP'ye getirilen bu ileri dinamik felsefe için Atatürk'ün şu sözleri anılmaktadır: "Kendi gidince terakkî ve hareket durur zannetmek bir gaflettir."

Halkçılık ilkesi kapsamında, köylü ve çiftçi anlaşılmaktadır. Ancak 1960'lardan sonraki yıllar işçi sınıfının güçlenmesiyle ilişkili olarak çeşitli solcu hareketlerin, komünist, maoist, hatta nihilist doktrinlerin gençleri sokağa döktüğü yıllardır. Birçok solcu dergi ve gazete gerçek bir sosyal devrimin özlemini duymakta, Atatürk'ün anladığı biçimde bir düzene karşı yıkıcı hareketleri kışkırtmaktadır. Bir gelecek umudu olmayan işsiz güçsüz gençliği ve aydınları sarsan bu hareketler, Halk Partisi içinde yankılar uyandırmakta gecikmedi. Atatürk'ün son yıllarında, toprak reformu ve sosyal konular üzerinde büyük bir duyarlılık gösterdiği biliniyordu. Partide halkçılık ve devrimciliğin yeni bir hız, öncelik ve içerik kazanmasını arzulayanlar çoğaldı. İşte genç Ecevit bu koşullarda siyaset sahnesinde ön plana çıkmıştır. Bu yeni ruhla yaptığı konuşmaları Ecevit *Atatürk ve Devrimcilik* adlı kitabında (İlk baskı Tekin Yayınevi, Ankara 1970) toplayıp yayınlamış ve 1970'te CHP 20. Kurultayı'na sunmuştur. Ecevit yeni ruh, yeni atılım ihtiyacını gündeme getirirken muhafazakâr particilerin "Atatürk'ü putlaştırdıkları" ve devrimciliği dondurduklarını ileri sürmektedir. Giyim-kuşamda Batılılaşma, hatta laiklik, eski gelenek ve âdetlerin bırakılması, Ecevit için yüzeysel, üst yapı değişimleridir. Bu devrimler, Türk halkını "ezilmekten, sömürülmekten, yokluktan kurtarmış değildir." O, eski CHP kadrosunun başta kalmak kaygısıyla nasıl "tutucu bir duruma geldiğini" vurguluyor, yeni genç devrimci bir kadronun iş başına gelmesini savunuyordu. Eskiler, devrimi ve devleti kendi çocuklarına, yakınlarına belli bir zümre ve sınıfa emanet etmişlerdir (s. 28); "Atatürk gerekli devrimleri yapmış, tamamlamıştır" demektedirler (s. 39). Oysa "Atatürk sürekli devrimcilik isteyen bir önderdi" (s. 19). Ecevit'in devrim diyalektiğine göre, yeni devrimler mevcut devrimleri ayakta tutmak için de kaçınılmaz bir zarûrettir. O, "Bugün halk hâlâ eski geleneklerine sıkı sıkıya sarılmakta, Atatürk devrimlerine karşı sağır kalmaktadır." diyor. Geniş köylü kitleleri, hâlâ ağa ve şeyhlerin nüfuzu altındadır. Kırsal kesimde eski "âyan tipi eşraf ve mütegallibe, CHP tutucularıyla çıkar ortaklığı içindedir" (s. 38-43). Böyleleri, köylünün yaşam koşullarını iyileştirecek gerçek altyapı devrimini, başlıca toprak reformunu istememektedirler (Ecevit'in altyapı-üstyapı kavramı, tamamen Marksist bir kavramdır). Ecevit'e göre, 1970'lerdeki Türkiye "yoksul, yorgun, eğitim düzeyi düşük" bir toplumdur. A'şârın kalkması, köylüye düşük fâizle kredilerin artması, işçi hakları alanında verilen güvenceler tamamen yetersizdir. Ecevit "altyapı" devrimlerini şu alanlarda zorunlu görmektedir (Bu düşüncelerin 1969'da ileri sürüldüğü unutulmamalıdır): Ecevit'in o tarihte toprak reformunu öne çıkarmasının nedeni, o tarihte Türkiye nüfusunun yüzde 70'ini köylülerin oluşturmasıydı. Atatürk, 1 Kasım 1936 meclis açış söylevinde demiştir ki: "Her Türk çiftçi ailesinin geçineceği ve çalışacağı toprağa mâlik olması behemehâl lâzımdır."[7] Ecevit'e göre halk; tutucu, çıkarcı bürokratların toprak reformunu geciktirdikleri inancındadır (s. 44) (1960'ta 27 Mayıs Darbesi'nden sonra Doğu Anadolu'da bir inceleme gezisine gittiğimizde, köylerde halk daima toprağın ne zaman dağıtılacağını bize sormaktaydı!). Ecevit, şu esasları yeni devrimcilik hareketinin hedefleri olarak önermekteydi:

7 Her çiftçi ailesinin belli genişlikte toprağa sahip olması ve onu bağımsız şekilde işlemesi, Osmanlı Toprak Rejimi'nin temel prensibi idi. Kırsal hayatı düzenleyen kanunnâmeler ve tahrir sistemi böyle bir düzeni ayakta tutmak üzere işlemekteydi. İmparatorluğun Balkanlarda yayılışı ve tutunması büyük ölçüde böyle bir siyasetin sonucudur. Bu konuda bkz. H. İnalcık, "Köy, Köylü ve İmparatorluk", *Osmanlı İmparatorluğu: Toplum ve Ekonomi*, Eren Yayınevi, İstanbul 1994.

Demokrasi bütün gerekleriyle yerleşmeli. Halkın çıkarını en iyi yine halk bilir (s. 60). Ecevit'e göre "Tek parti dönemi, yeni devrimler yapabilme gücünü yitirmiş bir dönem olarak geride kalmıştır" (s. 48). Demokrat Parti'nin 1950'de zaferi halkın CHP politikasına karşı tepkisini ifade ediyordu. Ecevit, şu gerçekçi gözlemi yapmaktan da kendini alamamıştır: "Gerçek demokrasinin özgürlük ortamında, ilerici akımlar kadar gerici akımlar da daha serbestçe ve daha taşkınca yüze çıkar... Atatürk devrimlerine karşı tepkiler yer yer ve zaman zaman kaygı verici ölçülere varmıştır" (s. 50). Gençler, yıkıcı devrimci hareketlere değil, demokrasi ortamında halka inmeli, sorunları öğrenmeli ve demokratik yollarla bu sorunların çözümünü aramalıdır. O, kesinlikle yıkıcı bir devrime karşıdır. Ecevit, "kimseyi kendi düşünce ve inançlarından ayrılmaya zorlamamak" (s. 53) anlamında sekülarizmi, demokrasinin temellerinden biri olarak anlamaktadır. Ecevit son 20-30 sene içinde geniş halk kitlelerinde beliren yeni gelişimlerin gerçek sebebine de parmak basıyor: Halk kendisine yukarıdan kanun tehdidi altında getirilen reformlara, "kendisine tepeden bakan bürokrasiye", tek parti çevresinde toplanarak güçlerini koruyabilmiş "eşraf ve mütegallibeye" karşıdır. Halk, horgörülmekten kurtulmak istiyor; kendi duygularına önem veren, kendi isteklerine kulak veren, insanlığına saygı gösteren bir devlet görmek istiyor. Bugün toplumumuzu ikiye ayıran, birbirine düşüren ve devletle karşı karşıya getiren temel sorun budur. Ecevit'e göre İslâm, bu temel sosyal sorunun sembollerini temsil ettiğinden, halk için o kadar önemli hâle gelmiştir. Esas sorun, işsizlik, topraksızlıktır; sosyal adaletin, dengeli gelir dağılımının henüz gerçekleştirilememesidir. Ecevit, sorunun "altyapı" reformlarıyla çözümleneceği düşüncesindedir. 1990'larda Amerikalı siyaset bilimcisi Fukuyama, halk idaresinin, demokrasinin temel olayı olarak şu olguyu belirtir: Milletin çoğunluğunu oluşturan sıradan halkın demokrasiden asıl beklediği şey eşitliktir. Kendisinin patronla beraber oy sandığına gitmesi, insan haysiyetine uygun muamele görmesi ve hayat şartlarının bunu sağlayacak bir düzeye gelmiş olmasıdır. Zorlamalar, halkın olumsuz direncini artırır (Osmanlı Sultanı II. Murad câmide halk arasında namaz kılardı. Müslüman halk, hükümdarla dirsek dirseğe oturduğu, İslâm'ın getirdiği eşitliği yaşamında görüp hissettiği içindir ki, daha çok Müslüman'dır. İslâmiyet'in karmaşık vahdâniyyet teolojisini kavradığı için değil). İslâmcı politikacıların halk psikolojisini iyi anladıklarını, bunun için demokrasi kahramanı olarak ortaya çıktıklarını, yazık ki, öbür politikacılar anlayamamaktadırlar. Ecevit, Kastamonu'da bir konuşmasında şapka reformundan söz ederken diyor ki: "Halk arasında tek kişi şapkalı değildir. Hepsi kasketlidir. Köyde Türk kadını tesettür yanlısı değildir" (s. 77). Fırsatçılar, halkın yoksulluğunu devrimlere atfederler ve devrimlerin karşısına çıkarlar. Halk devrimlere ilgisizdir, çünkü hâlâ "altyapı" reformları yapılmamıştır.

ATATÜRKÇÜLÜĞÜN SOSYOLOGLARCA ANALİZİ

Değerli sosyolog S. N. Eisenstadt, gelişme teorisindeki yeni yaklaşımların ışığı altında, Kemalist inkılâbın özelliklerini bir yazısında tartışma konusu yapmıştır.[8] Klasik sosyolojide çağdaşlaşma, aklîlik (*rationality*), özgürlük ve ilerleme (*progress*) gibi birtakım temel kavramlarla hareket eder. Buna karşı yeni geleneksel ve modern toplumların karşılaştırmalı incelemesinde, her birinin sosyo-kültürel, teknolojik-ekonomik çevrede mevcut tarihî verileri önemle göz önünde tutulmaktadır. Büyüme ve değişmeyi hazmetme kapasitesi bakımından geleneksel toplumların çok daha sınırlı ve dışlayıcı bir karakter gösterdiği gözlemlenmektedir. Eski modernleşme teorisi, geleneksel toplumların, klasik evrim teorisini izleyerek ve ekonomik, siyasal ve toplumsal kurumlarda belli bir gelişme çizgisine uyarak sonunda Batı'yla aralarındaki farkı kapa-

8 Şu eserde: J. M. Landau (ed.), *Atatürk and the Modernization of Turkey*, E. J. Brill, Leiden 1984, s. 3-16. Özellikle, S. N. Eisenstadt ve Wolfgang Schluchter, "Paths to Early Modernities: A Comporative View", Daedalus: 1998 yaz; 1996 Uppsala Conference: Cultural Foundations of Contemporary Societies, Political Order in Early Modernity.

tacağı düşüncesindeydi. Atatürk de çağdaşlaşma sürecinde belli önlemleri alarak modernite amacına ulaşılabileceği inancında idi. Başka bir deyişle, fabrikalar, demiryolları yapılması sonucunda, eğitimin objektif ilim esaslarına göre örgütlenmesi hâlinde modern Türkiye doğacaktır düşüncesi egemendi. 1950'lerde, gelişmekte olan toplumlar üzerinde yapılan araştırmalar gösterdi ki, yukarıda söylenen algılamalar, gerek modern, gerekse modernleşme yolundaki toplumlarda farklı, özgün değişimleri açıklamaktan uzaktır. Modernleşmede çeşitli sosyo-demografik veya yapısal göstergeler, sadece geleneksel toplumun ne dereceye kadar çözülme yolunda olduğunu göstermekte, fakat geleneksel karakterini aşmış bir toplumun ne dereceye kadar gelişmiş olduğunu ve bir toplumun nasıl meydana geldiğini belirleyememektedir. Böylece geleneksel yaşam biçimlerinin sadece ortadan kaldırılması, bir modern toplum gelişimini garanti edememekte; geleneksel ailenin, cemâat hayatının, hatta siyasi yapıların tahrîbi, çoğu zaman kargaşanın, sosyal çöküntünün, suçluluğun artması ve anarşiyle sonuçlanmaktadır. Oysa, bazı memleketlerde modernleşme, geleneksel semboller altında başarılabilmiştir. Böylece, geleneksel toplumun ne olduğu, modernleşme araştırmalarında ön planda bir araştırma konusu hâline gelmiştir. Sonuçta görüldü ki, gelişme durmasa bile farklı toplum modelleri ortaya çıkmaktadır.

Eisenstadt'a göre, Türkiye'de demokratik rejimdeki istikrarsızlığı, askerî darbeleri, sağlıksız şehirleşmeyi, kamu medyasının aşırı etkinliğini, gelişimle açıklama imkânı yoktur. Bu durumu, Türkiye'nin kendine özgü tarihî koşullardan kaynaklanan Kemalist rejim çerçevesinde analiz edebiliriz. Özellikle, memleketin temel kültür doğrultusu, seçkin grubun yapısı ve yapısal kontrol tarzlarını incelememiz gerekir. Türk devriminin; İngiliz, Amerikan, Fransız ve Rus devrimleriyle karşılaştırıldığında, farklı ve benzer tarafları ortaya çıkmaktadır. Bu devrimlerin ortak karakterleri; sosyal yapıda farklılaşma, uluslararası örgütlere açılma, pazar ekonomisine geçme, sınıflar düzeninde bir sınıftan ötekine geçişte açıklık ve kolaylık (*social mobility*) ve bu hareketlilikte eğitim önlemlerinin egemen olması gibi özelliklerdir. Bu örgütlenme biçimlerini devrim imajındaki temel kavramlar belirler ki, bunlar da özgürlük, dayanışma ve bunlardan kaynaklanan kurumlar, geleneksel meşrûluk prensiplerinin aşılması, merkez ve taşra ilişkilerinin yeni baştan yapılanması ve toplum odak merkezlerinin ve onlara erişme kurallarının temelli değişimidir. Modernleşme derecesini anlamak için özellikle, toplumsal kimlik ve rejimin meşrûluk sembollerinde değişme derecesi araştırılmalıdır. Kemalist devrimin sonuçları, ötekilerden büyük ölçüde ayrılır. Türkiye'de daha önceki rejimden ayrılık konusunda en önemli özellik, siyasi prensiplerde, siyasi toplum sembollerinde görülür. Toplum, İslâmî çerçevesinden çekilerek yeni bir Türk milleti kurgulanmak istenmiştir. Avrupa'daki gelişimden esaslı farkı, eski dinî kimliğin ve dinî meşrûluk prensibinin terk edilmesi, önceki idareci sınıf yerine bürokrat ve aydın seçkinlerin gelmesidir.

Devrimin ilk yıllarında siyasete katılım tamamen idareci grubun kontrolü altındadır. İslâm medeniyeti çerçevesinde Osmanlı imparatorluk rejiminin özelliklerinden olarak, devletçe ümmetin yaşamını dinin sâfiyeti doğrultusunda koruma görevi, bir ideal olarak devam edegelmiştir. Osmanlı devlet-toplum yapısı, her fırsatta tekrarlanan "Dîn ü Devlet" deyiminde açık ifadesini bulmuştur. Eisenstadt'a göre bu yolla devlet içinde siyasi elit, bir özerklik, üstünlük kazanmıştır. İşte bu tarihî önyapı, Kemalist devrimi ve devrimi gerçekleştiren seçkinler grubunun yapısını açıklar. Devrimi, subaylar yapmıştır. Bu subaylar, modern eğitim almış, ideolojileri laik, akılcı, milliyetçi ve din karşısında serbest düşünceli kişilerdi. Sosyal politika alanında güttükleri amaçlar nispeten zayıf olduğundan, devrim öncesi yukarı ve orta sınıf mensuplarıyla çatışma durumuna gelmemişlerdir. Bunlar sadece siyasi güç odaklarından uzak tutulmuşlardır. Başka bir deyişle, devrimden sonra bürokrasinin yapısında esaslı bir değişiklik olmamıştır. Bu bağlamda, aşağı sınıflar devrim dışında kalmıştır. Fakat modernleşme, Osmanlı rejiminin patrimonyal karakterini değiştirmiş, merkezî iktidar dışında kalanlar için üst yöneticiler sınıfına katılma imkânları açılmıştır. Bu durum, esaslı bir ayrılık ifade eder. İngiliz devrimlerinde aynı karakter görülmez. Türkiye'de devrim sonrası istikrarsızlık, bağımsız dinî elemanların zayıflığı ile beraber devrimci seçkinler grubunun nispeten kendi içine çekilmiş kültür yapısı ile açıklanabilir.

Eisenstadt modernite ve modernleşme problemini Wolfgang Schluchter ile ortaklaşa yazdığı bir makalede daha geniş bir açıdan yeniden ele aldı. 1950 ve 1960'larda formüle edilen teoriler modernite ve modernizasyonun, belli kültür, kurum, sosyal yapı, inanış ve düşünüş biçimlerindeki farklılıkları tamamen ortadan kaldırması biçimindeydi. İlk modernite görüşü Avrupa'da doğmuş olup bir modern medeniyetin 19. yüzyılda ortaya çıktığı görüşü yaygınlaştı. Bu görüş Asya, Lâtin Amerika ve Afrika'da yayıldı. Bu yayılışı, aynı şeyin bir tekrarı süreci değil, daha çok yeni farklı medeniyetlerin oluşması şeklinde anlamalıdır. Sosyoloji bakımından bu, evrensel dinlerin ve büyük imparatorluk yapılarının yayılışına benzer. Ancak modern dönemde yayılış çok daha hızlı, yoğun ve evrensel biçimdedir. Modern dönemde süreç, uluslararası çerçevelerde gelişerek her biri kendi dinamiğini doğuran çok merkezli ve farklı modern medeniyetler ortaya çıkarmıştır. Öbür yandan örnek alınan toplum da biteviye değişmiştir.

Avrupa veya Kuzey Amerika örnek alınmışsa da, Asya'da, Ortadoğu'da bambaşka kültür-medeniyet biçimleri ortaya çıkmıştır. Atatürk Türkiyesi veya Rusya hiçbir zaman bir Fransa veya İngiltere olmamıştır ve olamazdı. Atatürk'ün modern Türkiyesi başka bir modern memleket hâline gelmiştir. Eisenstadt Türkiye'nin modernleşmesi üzerindeki analizinde bunu kuvvetle belirtmiştir. Ona göre Türk modernleşmesi, memlekette mevcut sosyal ve siyasi koşulların etkisi altında bir Batı modernitesi değil, bir Türk modernitesini doğurmuştur.

İlkin Avrupa'da ortaya çıkan modernite; birbiriyle ilişki hâlinde sosyal farklılaşma, şehirleşme, serbest pazar ve endüstrileşme, yoğun iletişim gibi yapısal karakterler gösterir. Kurumsallaşma bakımından bu süreç, ulus-devlet, rasyonel kapitalist ekonomi, kültür bakımından ulus-devlet çerçevesinde yeni kolektif kimlikler (işçi, patron, bürokrat) ifade eder.

Modernleşme teorisi veya programı; Marx, Durkheim ve bir ölçüde Weber'in önceki klasik teorileri gibi, erken Avrupa modernitesinde ortaya çıkan temel kuramsal tasarı ve çerçeveler, yani sosyal farklılaşma, şehirleşme, endüstrileşme vb. şeklindedir; sonunda bütün bunlar modernleşme çabasındaki tüm toplumlarca benimsenecektir. Türkiye'de Cumhuriyet döneminde 5 yıllık planlar böyle bir teoriye dayanıyordu. Bir kelime ile üstün Avrupa örneğinde, aynı tipe ircâ edilebilen (dönüştürülebilen) bir modernite tasarısının olduğu sanılıyordu. Ama gerçek tamamen farklı çıktı.

Gerçekte ortaya çıkan örnekler, bu aynı tipe ircâ teorisinin bir hayâl olduğunu gösterdi. Bu gerçek, Avrupa ve Amerika'da da böyle oldu. Her tarafta *convergence* (aynı hedefte birleşme) yerine *divergence* (farklılaşma) ortaya çıktı. Toplumlarda yapısal, kuramsal ve kültürel boyutlarda bağımsız gelişmeler görüldü.

Türkiye'de ulus-devlet, laik eğitim sistemi, endüstrileşme ile demokrasi birbirinden bağımsız gelişmeler gösterdi. Fabrika ve tren yolları mutlaka zihniyet değişimi getirmedi. Batı modernitesinin kültür gelişim prensiplerinin, meselâ laik bir eğitim sisteminin mutlaka toplumda yapısal ve kuramsal değişimler getireceği teorisi, günümüzde yapılan gözlemlerin ışığında her gün daha çok sorgulanıyor, eski tek çizgide gelişim teorisinin yetersizliğini ortaya koyuyor. Herhâlde Batılılaşma, her yerde aynı gelişmeyi getirmiyor.

Bugün İslâm ülkelerinde, yalnız sıradan halk değil, Batı üniversitelerinde eğitim görmüş aydınlar dahi Batı kültür değerleri yerine, geleneksel tarihî-dinî değerlere dönüyor. Eisenstadt'a göre modernite dünyanın büyük bir kısmına yayılmıştır, fakat bir tek ortak medeniyete vücut vermemiştir. Batı toplumlarında dahi moderniteden anlaşılan şey dışında derin değişiklikler ortaya çıkmaktadır. Batılı bugün; insanın evrendeki rolü, gelişme-ilerleme, kişi ile toplum, akıl ile duygu hayatı ve başka alanlarda, eski Batı değer yargılarından hayli farklı düşünüyor. Batı'da devlet ve sivil toplum, yalnız siyasi otorite konusunda farklı kurumsallaşmada değil, siyasi protesto ve faaliyet alanlarında da farklı tarzlar göstermektedir.

Herhâlde modernitenin kültürel boyutları; daha çok toplumların kültür değer sistemiyle dışarıdan veya kendi içinden kaynaklanan etkenlerin karşılıklı etkileşimi sonucunda şekilleniyor.

Eisenstadt'ın bu gözlemi, bize Ziya Gökalp'ın belli bir topluma özgü *harsın* (kültürün) tüm sosyal hayatı şekillendiren kavrayıcı gücü üzerindeki gözlemini anımsatıyor. Karşılıklı etkileşim; elit ile elit karşıtı sınıflar arasında protesto hareketlerini tetikleyen eşitlik yorumlarında kendini gösteriyor. Ortaya çıkan yeni elit sınıf, değişime karşı durumunda daha çok mevcut geleneklerin etkisi altındadır.

O hâlde birçok moderniteden söz etmek mümkündür. Avrupamerkezli Batı kültür emperyalizmi, oryantalizm iddiası bir derece haklı görünüyor. "Batı kültür örneği modernleşen öteki toplumlara uygulanabilir mi?" sorusu ortadadır. Öyle ise karşılaştırma yöntemiyle beraber Batı-dışı toplumlarda iç dinamikleri değerlendirmek sorusu karşımıza çıkmakta.

Max Weber'in dinî *sektarianizm* ve *heterodoks* akımlar üzerinde görüşleri de bugüne dek önemini korur. "Her geleneksel kültürün kendi koşulları içinde araştırılması düşüncesi de dar kapsamlı bir teori, bir historisizm olmaz mı?" sorusu da gündemdedir. Herhâlde kültürde evrim teorisini bir tarafa bırakmak gerek.

Meselâ Müslüman toplumlarda İslâm'ın aldığı çarpıcı zıt şekiller, medrese İslâm'ı yanında itizaller-heterodoksileri, bir Taftazânî ve bir Râzî'yi, bir Muhammed İbn Abd al-Wahhâb'ı veya bir Muhammed Abduh'u, İslâm'ın iç dinamikleri çerçevesinde incelemek gerekmez mi? Bu düşünce akımlarını Batı dünya görüşüyle ele almak, oryantalizm bizi yanlış sonuçlara götürmez mi? Batı gelişme teorisine uymayan bir akımı, noksan ve olumsuz saymak hatasından nasıl korunabiliriz?

Ama mukayese yöntemini kullanırsak ortak bir ölçü kullanmak zorunda değil miyiz? Böylece Max Weber'in "ideal tip" ve aykırı hâller teorisi önümüze çıkar. Burada Avrupa'nın hümanizma ve Aydınlanma Çağı ölçütleri hesaba girmez mi? Böylece, öteki medeniyetlerde rastlanan farklılıkları kavramak mümkün olmaz mı? Herhâlde Avrupa tarihindeki gelişim hakkındaki sosyolojik ve tarihî tespitleri, öbür medeniyetlerin dinamiğinin incelenmesinde başlıca ölçüt olarak almak hatasına düşmemek gerek.

İzlenecek yöntem şudur: Her medeniyet, kendine has kurumsal formasyonlar ve kültür altyapıları geliştirmiştir ve bu medeniyetlerin özgün çizgileri Batı'ya uzaklık veya yakınlığına göre değil, kendi koşulları içinde araştırılmalıdır. "İlk" modernite saydığımız Avrupa modernitesinde bir bölüm kurum ve kültür öğeleri bizim için bir hareket noktası olabilir. Bunlar nelerdir? İlkin, mutlakiyetçi devletin oluşumu, modern ulus-devletin menşeidir. Bu gelişime denk gelişme, sivil toplumun ve kapitalist ekonominin ortaya çıkışıdır. Buna paralel olarak ortaya çıkan kolektif kimlikler; ülke bütünlüğü, sekülerizm ve sivillik (başkasının haklarına saygı) ve bu ölçütlere bağlı olarak bazı ideolojik reçeteleri uygulamakta güçlü bir eğitim.

Türkiye'de Cumhuriyet döneminde Batı'dan alınan ulus-devlet ideolojisi bu tarife uyar: Bölünmez ülke bütünlüğü, herkes için Türk vatandaşlığının zorunlu olması, bu yüzden de devletin seküler-laik olması, dinlerin bireysel vicdana bırakılması ve bütün bunların kanun zorunluluğu altına alınması. Son on yılda Batı'dan gelen bu kavram ve kurumlara karşı bir direnç ve sorgulama akımının güçlü bir biçimde kendini gösterdiği ortadadır. İslâmlaşma akımının toplum ve politikada güçlenmesi, etnik sorunların ilk sırayı almasını, Türkiye misalinde ulus-devletin ortaya çıkan özgün gelişmeleri olarak algılayabiliriz.

Öte yandan, Batı'nın ulus-devlet modeli, bugün tüm Asya'da ve koloni döneminden gelen Ortadoğu Arap devletlerinde izlenmekte, ona karşı bir İslâm birliği bilinci güçlü biçimde kendini göstermektedir.

Tarihe bakarsak, ulus-devlete doğru gelişme, Osmanlı'da, Hint-Türk imparatorluğunda, Ming ve Ching Çin'inde, Tokugawa Japonyası'nda, Vietnam'da izlenebilir. Tabiî bu gelişmeler Avrupa'dakilerle kıyaslanamaz. Ancak bu devletlerin kendi iç dinamikleri çerçevesinde açıklanabilir. Halk dilinin resmî dil düzeyine gelmesi, kolektif kimliklerin ve siyasi niteliklerin yeni baştan yapılanması bunu kanıtlar.

Herhâlde Avrupa modernitesinin, öbür medeniyetlerin araştırılmasında yetersizliği açıktır. Bu bağlamda sivil toplum ve ulusalcılık konularına eğilmek gerekir. Sivil toplum kavramı, 17. ve 18. yüzyıl Aydınlanma geleneği (*Enlightenment*) çerçevesinde, özellikle mutlakiyetçi monarşilerden ulus-devlete geçiş döneminde incelenmelidir. Hegel'den kaynaklanan bir görüşle sivil toplum kavramı, Wilhelm von Humboldt'ın modern üniversitede düşünce özgürlüğünün temel kurumları üzerindeki yorumunda ifadesini bulmuştur. Gelenekçi monarşilerin müdahaleci "polis devlet" geleneğine karşı üniversitede bir özerklik alanı yaratmak gereğini vurgulamıştır. Bu prensip, toplumun herhangi bir faaliyet alanına uygulanabilir. Başka bir deyişle devlet otoritesinin yönlendirmediği özerk bir toplum faaliyet alanı, sivil toplum yaratır.

Fakat sivil toplum kavramı, daha çok kamu hayatında ele alınmalıdır. Bu kamusal alan, resmî devlet faaliyet alanı ile özel hayat arasında aranmalıdır. Halkın yararına olan *kolektif* iyileştirmeler; devlet faaliyet alanı dışında kalan halka ait kamusal alanlarda devlete bağımlı olmayan grupların gerçekleştirdiği işler, sivil toplumun faaliyet alanını oluşturur. Kamu faaliyet alanının (*public sphere*) gücü, dağınık veya birleşik, merkeze yakın veya uzak oluşuna göre değişiklik gösterir. Kamusal alan, ilkin yüz yüze bir etkileşim ötesindedir, esnektir, toplum yararına olan problemlerde tartışma kabul eder, sınırlarını genişletir, daraltır, "öteki"nin tanınmasını tartışır. Devlet faaliyetleriyle yakından ilişki içindedir, fakat onun dinamiğine bağlı değildir.

Türk sosyoloji ve siyaset bilimcileri, başlıca Şerif Mardin ve Metin Heper, esas itibariyle Max Weber sosyolojisi kavramları çerçevesinde Atatürkçülüğü analiz etmişlerdir. Mardin'e göre Atatürk, reform için topluma yeni bir biçim kazandırmak üzere kafasında yeni bir "toplum haritasıyla" harekete geçmiştir. Tarihçi ve sosyolog, her şeyden önce bu "haritayı" belirlemek zorundadır. Osmanlı toplumunda da bürokratlar, sultanın siyasi otoritesini kullanarak, toplumu bir biçimde örgütlemeye çalışmışlardır. Osmanlı toplumunda "onur ve mevki" hükümdarın iradesiyle belirlenir. Max Weber sosyolojisinde *honor* ve *rank,* sosyal düzenin temel prensipleridir. Bağımsız bir otorite kaynağı sayılan ilmiye bile hükümdarın düzenleme iradesine tâbi idi. Mardin'e göre, Atatürk devrimi böyle bir onur ve sosyal kademelenme yerine, tamamen farklı bir onur sistemi getirmiştir.

Atatürk, patrimonyal kişinin otoritesi üzerine kurulu bir onur ve mevki anlayışı yerine kurallar ve yasalar üstüne dayalı bir onur sistemi getirmiştir. Meşrûluk kaynağı artık kişi değildir. Bunun ayrıntıları, evren düzenini yorumlamada, yani din yerine pozitif bilimin konmasında, avâm-havâs ayrılığı yerine halk kavramının gelmesinde ve nihayet siyasi düzende ümmet kavramından ulusal devlete geçiş kavramında kendini gösterir. Tanzimat dönemi, Mustafa Kemal kuşağını ve Batılı düşünce potansiyelini hazırlamıştır. Tanzimat ve II. Abdülhamid dönemindeki gelişmeler, Atatürkçülüğün temel kavramlarını getirmiştir. Temel insan hakları fikri, daha 1839 Gülhâne Hatt-ı Hümâyûnu'nda ifade edilmiştir. Fransa'nın Aydınlık felsefesi ve Fransız ihtilâl fikirleri, Genç Osmanlılar döneminde Şinasî ve Namık Kemal ile gündeme gelmiştir. Şinasi, o dönemde Reşid Paşa'nın getirdiği kanun egemenliği prensibini ifade ile: "Bildirir haddini sultana senin kanunun" diyebilmektedir. Bu hareket, 1876 Osmanlı Anayasası'nın ilanı ve parlamentonun toplanmasıyla doruk noktasına erişmiştir. Şerif Mardin'in bir "ütopya", bir "toplum haritası" olarak tanımladığı Batılılaşma tasarısı, Mustafa Kemal'in karizmatik kişiliğiyle hayata geçirilmeye çalışılmıştır. Şerif Mardin, onun başarı sırrını, "gerçekten olağanüstü özelliği, ütopyacılıkla realizmi dengeli biçimde yürütebilmiş" olmasında bulmaktadır.

Metin Heper, Atatürk döneminde karizmanın, siyasi objektif bir modele dönüştüğünü ileri sürmektedir. Başka bir deyişle Atatürk, kaynağı Fransız İhtilâli'ne giden millî irade, popülizm ve devletçilik biçiminde ifadesini bulan değerleri, devlet kontrolünde bir eğitim programıyla yetiştirdiği aydın-bürokrat grubuna emanet etmiş ve onların eliyle gerçekleştirmeye çalışmıştır. Bu değerler sistemi, millet kavramında; millî tecânüsü olan, merkeziyetçi bir idareye sahip, mutlak egemen bir devlet idealinde ifadesini bulmaktadır. Atatürk, büyük asker, vatan kurtarıcısı olarak kazandığı karizmayı, kişisel otoritesi veya belli bir sınıfın çıkarları doğrultusunda değil, yukarıda saydığımız belli bir değerler sistemini gerçekleştirme yolunda kullanmıştır. Halk kitleleri gözünde Atatürk'ün karizması, "dinimizi, bayrağımızı ve şerefimizi kâfire karşı kurtarması" inancından kaynaklanmaktadır (Weber sosyolojisinde gördüğümüz şeref, onur kavramı). Heper, bu Atatürk imajının resmî araçlarla âdeta bir "putlaştırmaya" kadar gittiğini kaydeder. Bu karizmatik kişilik, belli bir değerler sistemini örgütleme ve meşrûlaştırma için kullanmıştır. Atatürk, meşrûlaştırma sürecinde, siyasi kongreler, TBMM gibi hukuki kurumları, hatta gerektiğinde geleneksel kurumları, câmiyi ve müftüleri politikasına uyumlu kılmaktan kaçınmaz. Heper'e göre, Atatürk devriminin başka karizmatik liderlerin uyguladığı devrimlerden farkı, belli bir programa bağlı olması ve bu programı egemen bir sivil bürokrasi aracılığı ile gerçekleştirmeyi hedef tutmasıdır. Bu amaçla, Atatürk'ün programına gönül veren bir bürokrat elit grubu yetişmiştir (CHP).

Heper, Atatürkçülüğü ve onun inkılâp taktiğini irdeleyen bir çalışmasında modern devleti, kurumsallaşan, kişisel eğilimlerden arındırılmış sistemli bir kurallar bütünü, objektif yasalar olarak tanımlar. Bu devlet tipinde, kişisel patron-kul ilişkileri söz konusu olamaz. Bu kavram içerisinde Heper'e göre, Atatürk'ün bütün etkinlikleri titizlikle yasal ve kurumsal çerçevede yürütülmüştür. Atatürk, hanedana karşı bir ihtilâl hareketine giriştiği zaman, Erzurum ve Sivas kongreleri, Anadolu ve Rumeli Müdafaa-i Hukuk Cemiyeti, Heyet-i Temsiliye başkanlığı ve nihayet TBMM başkanlığını temsilen hareket etmiştir. Söylemeye hacet yoktur ki, sultan-halifenin altı yüzyıllık patrimonyal egemen otoritesi karşısında hareketlerine meşrûluk kazandırmak için başka bir yol da yoktu. Mustafa Kemal; başından beri millî iradeyi egemen kılma prensibiyle adım adım yürüyerek, Türkiye Cumhuriyeti'ni, sultan-halifenin patrimonyal devleti yerine gerçekleştirmiştir. Mustafa Kemal'in düşlediği devlet, bir yandan sultan-halifenin şahsi egemenliğinden, öbür yandan Avrupa'nın emperyalist sömürüsünden ve egemenliğinden kurtulmuş, Avrupa devletleriyle eşit, haysiyetli, modern bir devlet ideolojisi idi. Mustafa Kemal, Samsun'a ayak bastığından bu yana, bu ideolojiyi bir aksiyon hâline getirmiş, fiilî durumlardan yararlanarak onu adım adım uygulamış ve gerçekleştirmiştir. Onun Türk tarihinde devlet işlevi bu açıdan değerlendirilmelidir. Atatürk, bu ideolojiyi özetlerken "İrade-i Milliye... bi'l-umûm efrâd-ı milletin arzularının, emellerinin muhasalasından ibarettir" der. İşte bu noktada Atatürkçülüğün stratejisi ortaya çıkmaktadır. Atatürk, bu "emellerin", bu "ma'şerî fikrin" ilkin aydınlarda bilinçli bir hâle geldiğini ve aydınların halkı bu doğrultuda yönlendirmeleri gerektiğini söylerken, kendi inkılâp taktiğini açıklamaktadır. Ziyâ Gökalp'ın özetlediği gibi, toplumda mevcut "ma'şerî fikri" keşfetme, gelenekçi topluma rağmen bu fikri, bu projeyi yukarıdan, kanun yoluyla halka mâl etme, aydınların görevi ve ödevidir. İşte, Atatürk inkılâplarının mantığı ve "meşrûlaştırma" taktiği, böyle bir anlayıştan kaynaklanır. Heper'e göre, yukarıdan empoze edilen ideoloji ve onun aksiyona dönüşmesini ifade eden *inkılâp*, çağdaş devlet ideolojisini gerçekleştirdiği için haklı ve meşrûdur. İnkılâplar, son tahlilde, halkın gerçek ihtiyaçlarını ve gelecekte kurtuluşunu ifade eder. Heper, bu inkılâp taktiğini, "kamu çıkarlarını sağlama işlevi" olarak tanımlar ve *modern* devlet kavramını ifade ettiği için gerekli ve meşrû bulur. Çoğunluğu aydınlardan kurulmuş bir millet meclisinin yaptığı kanunlar biçiminde inkılâplar yukarıdan gelir ve ileri çağdaş devlet idesini gerçekleştirdiği için de meşrûdur. İnkılâpları "ma'şerî vicdan" ve TBMM onaylamaktadır. Bu "kavramlaştırma" ve "yasallaştırma" bir evrimi amaçlar. Fakat burada, doğal olarak bir sorun ortaya çıkmış ve Atatürk'ün ölümünden itibaren bu sorun, Türkiye politik hayatında karşı partiler ve darbeler biçiminde ağır bunalımlarla kendini göstermiştir. Eğer halkın vicdanında mevcut "ma'şerî fikir", aydınların algıladığından farklı bir biçimde ortaya çıkarsa ne olacaktır? Atatürk, inkılâplarını yukarıda anlatılan taktik çerçevesinde ortaya koymaya özen göstermiş ve kendisini diktatör olarak tanımlayanlara daima karşı çıkmıştır.

Bütün ihtilâllerde, yeni toplum ve devlet tasarısını gerçekleştirmeye çalışan önder, daima toplumun iyiliği için gerekli olanı yaptığını ileri sürer. Böylece devrim, halk nâmına meşrûlaştırılmış olur. Atatürk, "ma'şe-rî vicdanı" izlediğini ileri sürerken, kuşkusuz, Türk tarihinde yüz elli yıldır özlenen Batılı devlet düzeni için yapılan reformları göz önünde tutmuş olmalıdır. Bu reformların bürokrat kuşaklar ve bir *intelligentsia* tarafından benimsenmiş olması, onun tarihî değerini küçültmez. Çünkü, Büyük Fransız İhtilâli dâhil, bütün devrimlerde, devrimin bilinçli ifadesini daima aydınlar temsil etmiştir. Türk tarihinin yüzyıllar boyunca en büyük sorunu, Avrupa ile boy ölçüşme kompleksidir. Önce sorunu, onu altetmekle yanıtlamış; bunu başaramadığı zaman da onunla bütünleşmekte aramıştır. Atatürkçülük, yüz elli yıllık bir tarihî gelişimin son ve radikal ifadesi olarak yorumlanabilir.

TÜRKİYE VE AVRUPA: DÜN VE BUGÜN*

16. yüzyılda Osmanlı dünya gücü, Avrupa siyasi coğrafyasını ve ekonomisini belirleyen başlıca etkenlerden biri olmuştur. Aşağıda bu konuları açıklamaya çalışacağız.

I. AVRUPA DEVLETLER SİSTEMİ VE OSMANLI İMPARATORLUĞU (1500-1815)

Ortaçağ Avrupası'nın, papa ve Kutsal Roma-Cermen imparatoru egemenliği altında birleşik bir *Respublica Christiana* oluşturduğu farz edilirdi. 1087'de Selçuklu Süleymanşah İznik'e yerleştiği zaman Bizans'ın çağrısıyla Haçlı seferleri başladı. Haçlı ideolojisi, Batı Hıristiyan birliğinin temel ideolojisi hâline geldi. O zaman İslâm dünyası Türk Selçuklu egemenliği altındaydı ve Haçlılar daima onları karşılarında bulmaktaydı. Türk adı korkulan, fakat aynı zamanda saygı duyulan bir ad olarak Batı Hıristiyan dünyasının belleğine o zaman yerleşti.[1] 15. yüzyılda İspanya, Fransa, İngiltere gibi millî monarşilerin doğuşundan itibaren bu birlik çözülmeye başladı. Daha sonra Avrupa'da yükselen millî güçler için temel mesele, bir taraftan rakip millî monarşiler arasında kuvvetler dengesini sağlamak (Avrupa *state-system*), öte yandan

* *Doğu Batı*, Sayı: 2.

1 Son kez Haçlılar ve İslâm dünyası kültür ilişkileri üzerine önemli bir çalışma: Carole Hillenbrand, *The Crusades: Islamic Perspectives*, 1999.

millî monarşiler ile Kutsal Roma İmparatorluğu arasında kuvvetler dengesini sürdürebilmekti. 16. yüzyılda Doğu'da üstün bir güç olarak yükselen Osmanlı İmparatorluğu, Avrupa birliği ve Haçlı ideolojisini savunan Kutsal Roma İmparatorluğu ve papalık ile uzun bir savaş dönemine girdi.

İmparator Şarlken (V. Karl) ile mücadelesinde, Fransa Kralı I. Fransuva (François) (1515-1547), imparatorun tüm Avrupa üzerinde hâkimiyetini engelleyebilecek tek gücün Kanunî Sultan Süleyman (1520-1566) olduğunu itiraf etmiştir. Rakibinin eline tutsak düşen Fransuva, Osmanlı baskısı sonucu krallığına dönebilmiş, bundan sonra da mücadelesinde hep Osmanlı askerî yardımı sayesinde ayakta kalabilmiştir. Fransuva'dan sonra gelen Fransa Kralı II. Hanri (Henri), aynı politikayı izledi. Üstelik imparatora karşı savaşı finanse edebilmek için, Osmanlı Yahudi banker ailesi Mendes firması yoluyla Osmanlılardan yüklü miktarlarda borç almak zorunda kaldı. Yine Fransız hanedanından öteki Hanri, Polonya'da Habsburgların arka çıktığı namzede karşı, kuvvetli Osmanlı desteğiyle Polonya tahtına oturdu (1573). Osmanlılar, ayrıca Almanya'daki Protestanlar gibi Habsburglara karşı isyan eden Hollandalılara da yardım vaat ederek onları desteklemiştir. Tarihçiler bugün, Doğu'dan gelen Osmanlı tehdidi sayesinde Almanya'da Protestanların, imparatordan önemli tavizler koparttıkları gerçeğinin altını çizmektedirler.[2] Daha sonra İngiliz Kraliçesi I. Elizabeth (1558-1603), İspanyol donanmasının İngiltere'yi istila etmesi tehdidiyle karşılaştığında, İspanya'ya karşı Osmanlıları ortak deniz harekâtına ikna etmeye çalışacaktır.[3] 16. yüzyılda Osmanlıların Avrupa kuvvetler dengesinin muhafazasında ne kadar önemli bir rol oynadığını kanıtlayan bu örnekler çoğaltılabilir. Özetle Osmanlı Devleti, Avrupa'daki bir kuvvetin, tüm Avrupa'yı kendi hâkimiyeti altında toplaması ve Haçlı seferi

2 SA. Fischer-Galati, *Ottoman Imperialism and German Protestanism, 1521 1555*, Cambridge, Mass. 1959; C. M. Kortepeter, *Ottoman Imperialism During the Reformation, Europe and the Caucasus*, New York, 1972.

3 S. Skilliter, *William Harborne and Trade with Turkey*, 1576-1582, Londra 1977.

örgütleyebilmesine karşı zayıf devletleri destekleme politikasını temel politika olarak seçmiş, böylece bugünkü "Avrupa Siyasi Coğrafyası"nın ortaya çıkmasında birinci derecede etken olmuştur.

Nihayet, Doğu'da ve Batı'da iki süper güç, Osmanlı ve Habsburg imparatorlukları, mücadelelerinde Orta Avrupa ile Akdeniz'de bir çeşit kuvvetler dengesine vararak, 1547'de bir ateşkes imzaladılar. Böylece Osmanlıların Avrupa'daki topraklarına istikrar getiren ve Avrupa'da bir kuvvetler dengesi kuran yeni bir dönem açıldı. Avrupa'da Katolik reformasyon ve tepkisi ile Otuz Yıl Savaşları'nın (1618-1648) ardından Fransa Kralı XVI. Louis'nin (1643-1715) imparatora meydan okuması ve Almanya aleyhine ülkesini genişletmeye başlaması Osmanlıların Habsburglara karşı yayılmacı emellerini kamçıladı. 1683'te Osmanlıların Viyana Kuşatması sonrası büyük bozgunu, Avrupa'da Osmanlı Devleti'ne karşı, Habsburglar tarafından papalığın takdisiyle bir Kutsal İttifak yapılmasıyla sonuçlandı (1684). İttifaka Polonya ve Venedik'ten başka 1686'da Rusya da katıldı. Dört cephede savaşan Osmanlılar, perişan bir duruma düştüler. Sonunda Osmanlılar, Avrupa'da kendilerine karşı birleşik Haçlı saldırısının gerçekleşmesi karşısında kaldılar. Rusya, ittifaka katılarak ilk defa Avrupa devletler sistemi içinde yer alıyor ve bunu Osmanlı ülkelerini istila için kullanmaya hazırlanıyordu. Nihayet Fransa'nın Ren Vadisi'nde ilerlemelerinden telaşlanan İngiltere ve Hollanda, Habsburglara baskı yaparak Karlofça'da barışı sağladılar. Batılıların bu yardımına müteşekkir kalan sultan onlara yeni ticari imtiyazlar bağışladı. Bu, İngiltere'nin Osmanlı Devleti üzerinde siyasi ve ekonomik alanda 1878 yılına kadar sürecek olan nüfuzunun başlangıcıdır. Bu iş birliği, özellikle Ortadoğu pazarı ve Hint yolunun güvence altına alınması bakımından İngiltere için hayati bir önem kazanmıştır. 1699 tarihi, aynı zamanda Osmanlıların nihayet Avrupa savaş teknolojisinin üstünlüğünü kabul edip örnek almaya karar verdiği tarihtir. Bundan sonra Osmanlı ordusunu modernize etmek üzere Avrupa'dan uzmanlar çağrılacak ve tarihimizde ordunun Batılılaşma sürecinde ön safta yer alması süreci başlayacaktır. İlk Batılı mektepler ve mühendishaneler XVIII. yüzyılda faaliyete geçecektir.[4]

Uzun süren 1683-1699 savaşları sırasındaki bir başka önemli gelişme, Rusya'nın Mukaddes İttifak'a katılarak 1696'da Azak'ı zapt etmesi ve Karadeniz'e girmesidir. Artık İstanbul tehdit altındadır.

II. RUS EMPERYALİZMİ, OSMANLI İMPARATORLUĞU, BATI İÇİN ŞARK MESELESİ'NİN DOĞUŞU

18. yüzyılda Rusya'nın, Avrupa devletler sisteminin parçası olarak resmen tanınmasıyla çar, Osmanlı Devleti'ne karşı güçlü bir duruma gelmiş ve Balkanlardaki Ortodoks Hıristiyanların koruyucusu olma iddiasıyla, İstanbul'da Osmanlı İmparatorluğu'nun yerini almak için planlar yapmaya başlamıştır. Rusya ile Habsburgların saldırıları karşısında şimdi Osmanlılar, Avrupa'da güçler dengesini korumaya çalışan Batılı devletlere, Fransa ve İngiltere'ye yaklaşmıştır. Osmanlıların Avrupa'da denge siyasetini hayati önemde saymaları, Polonya'nın Rusya, Habsburglar ve Prusya (1772-1795) arasında paylaşılmasına karşı protestolarında açıkça görülür.[5] 1768-1774 döneminde Rusya'nın Osmanlılara karşı kazandığı ezici üstünlük bir dönüm noktasıdır. Zaferler, çoğunlukla Türk kökenli Müslümanların oturduğu Kırım ve Kuzey Karadeniz ülkelerinin Rusya tarafından ilhakı (1783) bütün Avrupa'yı telaş içine sokmuştur. Rusya, şimdi Karadeniz'de Akyar (Sivastopol) ve Odesa'da yeni deniz üsleri kurmuş, İstanbul ve Boğazları da tehdit eder hâle gelmiştir. Bu durumda Bâbıâli, Batılı güçlerden toprak bütünlüğü için teminat arama yoluna gitmiştir. Avrupa, kuvvetler dengesi için gerekli sayılan Osmanlı İmparatorluğu'nun muhafazası

---

4 K. Beydilli, *Türk Bilim ve Matbaacılık Tarihinde Mühendishane Matbaası ve Kütüphanesi (1776-1826)*, Eren Yayınları, İstanbul 1995.

5 K. Beydlli, *Die Polnische Königswahlen und iterregnen von 1572 und 1576 im lichte der osmanischer Archivalien; Ein Beitrag zur Geschichte der osmanischen Machtpolitik*, München 1976.

sorunu bundan sonra Avrupa diplomasisinde *Şark Meselesi* olarak adlandırılmıştır. Batı literatüründe Osmanlı İmparatorluğu'nun daima Türk İmparatorluğu (*Turkish Empire*) olarak tanımlanması, tamamen yanıltıcıdır. Devleti bir baba mirası sayan patrimonyal bir hanedan imparatorluğu olan Osmanlı Devleti'ni, 1923'te kurulan bugünkü Türkiye millî devletiyle özdeşleştirmek, Avrupa devletlerinin modern Türkiye ile ilgili meselelerde Türkiye Cumhuriyeti'ne karşı zaman dışı haksız muamelelerinin nedenlerinden biridir. Yunanistan, Türkiye aleyhindeki çabalarında Batılılara daima bu görüşü kabul ettirmeye çalışır. Osmanlı'nın milletlerarası hukukun teminatı altına girmek amacıyla Batı ile yakınlaşma siyaseti, sonunda 19. yüzyılda onu Avrupa Devletler Sistemi'nin fiilî bir üyesi durumuna getirecektir. Fakat fiilî iş birliğine karşın, Osmanlı Devleti'nin Avrupa devletler sisteminin bir parçası sayılmamasından Rusya ve Yunanistan'ın din ayrılığını ileri sürmeleri sorumludur. Ancak şunu eklemek gerekir ki, Protestan ülkelerin tutumu farklı olmuştur. Özellikle İngiltere, papanın Müslümanlara stratejik mal satma yasağını göz ardı ederek 16. yüzyıldan beri Osmanlı İmparatorluğu'na yüksek kaliteli barut ve çelik ihracatını sürdürmüştür. Diğer yandan Osmanlılar da tüm Avrupa'da sistemli olarak Protestanları ve Kalvinistleri desteklemişlerdir. Osmanlı İmparatorluğu'nda pragmatik düşünceli bürokrat devlet adamları, devletin menfaatini her şeyin üstünde tutarken, İslâmî ideolojiyi temsil eden ulema, Batı ile yakınlaşmaya karşı çıkmıştır. Başka deyişle, bugün Türk dış politikasında pratik zaruretleri göz önünde tutan bürokratik yaklaşımın tarihî kökenleri buradadır.

III. AVRUPA GÜVENLİK SİSTEMLERİ VE OSMANLI DEVLETİ (1815-1878)

Milletler Cemiyeti ve Birleşmiş Milletler'in kuruluşundan bir yüzyıl önce, Avusturya devlet adamı Metternich, Napoleon'un bertaraf edilmesinden sonra, Avrupa'yı birbirleriyle sürekli mücadele hâlindeki devletler ve milletlerden oluşmuş bir kıta olarak değil, tersine tek ve birleşik bir Avrupa birliği yapma görüşünü ortaya attı. Ona göre, bu birlik büyük bir devletin egemenliğiyle değil, devletler arasında bir örgüt içinde iş birliği ile sağlanabilirdi. Avrupa'da barışın ve mevcut monarşik düzenin muhafazası ve garanti altına alınması için, dört büyük devletten oluşan birliğe, Avrupa'nın herhangi bir yerindeki ihtilâl hareketine karşı müdahale hakkı getirildi. 1815 Viyana Kongresi'nde Dörtlü İttifak, Metternich Sistemi'ne uygun olarak, Avrupa'nın durumunu görüşmek üzere her sene toplanmayı, böylece Viyana'da kurulan statükoyu sürdürecek daimî bir mekanizma oluşturmayı kararlaştırdı. Özel niteliği ve fonksiyonu dikkate alınmazsa, Metternich Sistemi yirminci yüzyılın milletlerarası örgütlenmelerinin habercisi telakki edilebilir.[6]

Bâbıâli, Viyana Kongresi'nde temsil edilmedi. Osmanlı devlet adamı ve tarihçisi Cevdet Paşa, Bâbıâli'nin o zaman Viyana Kongresi'ne katılma fırsatını yakalayamadığını üzülerek yazmaktadır.[7] Kongre'nin son aşamasında, görüşülen konularla herhangi bir şekilde ilgisi olan her Avrupa devleti, temsilci göndermişti. Tabiatıyla, Osmanlı Devleti'nin de en azından kendisini doğrudan ilgilendiren birçok konuda görüşmelere katılma hakkı vardı. Fakat Cevdet Paşa'ya göre o zaman devlet, imparatorluk içindeki iç sorunlarla uğraşmak (özellikle âyanlar ile mücadele) yüzünden bunun gibi önemli dış olaylarla ilgilenmedi. Oysa, Fransız heyetine verilen talimatta Charles Talleyrand, Avrupalı Büyük Güçlerin Osmanlı İmparatorluğu'nun toprak bütünlüğüne ortaklaşa teminat vermesi gerektiği fikrini ortaya atmıştı. Cevdet Paşa'nın inancına göre, Osmanlı Devleti'nin kongreye katılması, Rusya'nın saldırgan politikasının dizginlenmesinde yararlı olabilirdi. Fransa ve Avusturya ile beraber İngiliz hükûmeti de "Osmanlı Devleti'nin Avrupa statükosunu teminat

6 H. R. von Srbik, "Metternichs Plan der Neuordnung Europe 1815/21", *Mitteilungen des österreichischen Instituts für Geschichtsforschung*, s. 60.

7 (1925) pp. 109-126; H. W. Schmals (1940), *Versuche einer gesamteuropaliscehen Organisation*, 1815-1820, Aaran; H. Tuncer, *Metternich'in Osmanlı Politikası* (1815-1848*)*, Ankara 1996; *Tarih-*i *Cevdet*, 2. Baskı İstanbul, XI. Cilt, 1309, s. 156-161, 181.

altına alan genel bir antlaşmaya dâhil edilmesi" fikrini desteklemiştir. İngiliz devlet adamı Canning, kongreden böyle bir sonuç beklemiş, fakat Rusya'nın itirazı üzerine Osmanlı İmparatorluğu için genel bir teminat fikri suya düşmüştür.[8]

Osmanlı İmparatorluğu'nu Avrupa'dan tecrit için, Eylül 1815'te kurulan Mukaddes İttifak'ta Çar I. Alexandr, ittifakın Hıristiyan niteliği üzerinde ısrarla durmuştur. Günümüze kadar bu tür bir siyaset, Türkiye'ye karşı Yunan diplomasisinin de temel taşı olmuştur. Olacakları tahmin eden Metternich'in başlıca kaygısı, Osmanlı İmparatorluğu'nun parçalanmasının Avrupa kuvvetler dengesini bozacağı ve bunun genel bir savaşa yol açacağıydı.

1832-1833 Mısır bunalımı sırasındaki gelişmeler, Metternich'in korkularını tamamen haklı çıkarmıştır. Napoleon'un düşmesinden sonra Rusya, Avrupa siyasetine hâkim duruma gelmiş, Balkanlarda ve İstanbul'da Osmanlıların yerini alma hayâline her zamandan daha çok bir umutla devam etmiştir. 1832'de Mısır Valisi Mehmed Ali Paşa ordularının Anadolu'yu işgal etmesi karşısında çaresiz kalan II. Mahmud (1809-1839), Rusya lehine Avrupa kuvvetler dengesini değiştiren ve fiilen Osmanlı sultanını âdeta çara tâbi hâle getiren 1833 Hünkâr İskelesi Antlaşması'nı imzalamıştır. Bu antlaşma ile Osmanlı hükûmeti, Boğazlarda Rusya'ya özel bir statü tanımak zorunda kalmıştır.[9] Böylece çar, Mısır meselesinin ilk aşamasında Batı Avrupa devletlerinin çekingen siyasetinden yararlanmıştır. İkinci aşamada ise (1837-1839), Fransa'nın Mısır yanlısı tavrı, Osmanlı İmparatorluğu'nun bütünlüğü hususunda Batılı iş birliğini engellemiştir. Fakat Osmanlı ordusunun Nizip yenilgisi (24 Haziran 1839) ertesindeki nazik durumda, İngiltere ve Avusturya'nın öncülüğü ile Rusya, Fransa ve Prusya da dâhil büyük devletler birleşmişler, Bâbıâli'ye bir nota vererek soruna

---

8 M. A. Anderson, *The Eastern Question, 1774-1923*, Londra 1972, s. 57-48.

9 Hünkâr İskelesi Antlaşması'nın gizli maddesine göre, Rusya'nın padişaha askerî yardımına karşılık, "Devlet-i Aliyye Rusya Devleti lehine Çanakkale Boğazı'nı kapatmayı, yani hiçbir yabancı savaş gemisinin herhangi bir bahane ile girmesine izin vermemeyi" taahhüt etmiştir.

bir çözüm bulunmasını talep etmişlerdir. Böylece Avrupa'daki kuvvetler dengesini ciddi olarak tehdit eden bu tehlikeli durumda "Avrupa Konseyi" (*European Concert*) tekrar ortaya çıkmış, Rusya'nın Hünkâr İskelesi'nde sağladığı imtiyazlı durum bertaraf edilmişti. 1838 Ticaret Antlaşması ile Osmanlı topraklarında geniş ticari imtiyazlar alan İngiltere, imparatorluğun toprak bütünlüğünü ve Tanzimat reformlarını sıkıca desteklemeyi kararlaştırdı. Bu, İngiliz nüfuzunun Osmanlı İmparatorluğu'nun her alanında egemen hâle geldiği 1839-1878 yıllarını kapsayan yeni bir dönemin başlangıcıydı. Fransa hariç Büyük Devletler'in hepsi Londra'da bir araya gelerek 15 Temmuz 1840'ta, Mehmed Ali'yi, Osmanlı padişahınınkine rakip bir Arap İmparatorluğu fikrinden vazgeçmeye zorladılar. Bu noktada, Avrupa devletleri arasındaki rekabet devam etse de Avrupa kuvvetler dengesini koruma kaygısı onları yine de bir arada, birlik hâlinde tutuyordu. Böylece Osmanlı İmparatorluğu'nun alın yazısı, 19. yüzyıl Avrupa diplomasisinin en önemli ortak sorunuydu.

Aslında Büyük Devletler'in, 1815-1878 döneminde ikinci sınıf devletlerin içişlerine müdahale için öne sürdüğü nedenler esas olarak bugünkünden pek farklı değildir. Ancak bugün, genel bir savaşa yol açabilecek dünya sorunları Birleşmiş Milletler örgütü yoluyla küreselleşmiş bir düzen içinde ele alınmaktadır.

1841'de Fransa'nın da ittifaka katılımıyla beş devlet tarafından imzalanan önemli belge, Boğazlar Mukavelenâmesi eski statüyü geri getirirken, Rusya'nın imtiyazlı konumuna son vermiştir. "Yabancı ülkelerin savaş gemilerinin Çanakkale ve İstanbul boğazlarına girişi" yasaklanıyor ve beş Büyük Devlet bu karara saygı göstermeye ve alınan karara uymaya söz veriyorlardı. Bu sözleşmenin en önemli yanı, bu ortak taahhüdün Avrupa milletlerarası hukukunun bir parçası hâline gelmesi ve büyük devletleri bağlayıcılığı ilkesidir. Bu, Osmanlı Devleti'nin "Avrupa Konseyi"ne girme sürecinde ilk adım sayılmıştır. 1853 yılında çar, Osmanlı Ortodoks Hıristiyan tebaasının koruyucusu olma iddiasında bulununca Büyük Devletler harekete geçmiştir. İngiliz ve Fransız hükûmetleri Rusya'ya karşı Kırım Harbi'nde (1854-1856) Osmanlı'yı desteklemeye karar vermişlerdir. 1856 Paris Antlaşması'yla da Büyük Devletler, Türkiye'yi doğrudan Avrupa Konseri'ne dâhil devletler arasına sokmuşlardır. Antlaşmanın 7. maddesinde: "Majestelerinin, Osmanlı İmparatorluğu'nun toprak bütünlüğüne ayrı ayrı kefil oldukları" ifade edilmekte, böylece Türkiye ilk kez Avrupa milletler hukuku güvencesi altında Avrupa devletler sisteminin bir parçası hâline gelmektedir.

Buna karşılık Osmanlı Devleti, 1856 Hatt-ı Hümâyûnu ile tebaasının yaşam koşullarını iyileştirecek temel reformları yapmaya söz vermiştir. İngiltere, Fransa ve Avusturya, Osmanlı egemenliğini ve toprak bütünlüğünü ortaklaşa teminat altına alırken buna karşı girişimleri savaş sebebi saymışlardır. Tarihî olarak bu durum, Türkiye'nin Batı Avrupa ile uzun birleşme sürecinin başlangıcı anlamına gelmez mi?

IV. OSMANLI REFORMLARI VE MODERN TÜRKİYE'NİN DOĞUŞU

1856'dan sonra dış ve iç yapısında Osmanlı Devleti, Batı ile bütünleşme için ciddi önlemler aldı. Tanzimat'ın getirdiği reformlar (1839-1877); kanun önünde bütün tebaanın eşitliği, Batı'dan bazı temel kanunların alınması, şer'î mahkemeler yanında nizâmiye mahkemelerinin kurulması, Vilayet Kanunu ile Fransız örneği geniş yetkili mahallî idarelere vücut verilmesi (1864) ve yeni nizâmnâmelerle Hıristiyan azınlıklara temsilî meclisler çerçevesinde örgütlenme hakkının verilmesi gibi yenilikleri içeriyordu. Batılılaşma yolunda bu son derece ileri liberal reformlar, anayasanın ilanı ve 1876-1877'de ilk parlamentonun toplanması ile doruk noktasına ulaştı. Fakat Rusya, 1856 yenilgisinin intikamını almak için fırsat kolluyordu; Balkanlar'da büyük Bosna-Hersek ve Bulgar ayaklanmalarını destekledi, Osmanlı hükûmetinin mali iflas ilan etmesiyle Batılı kamuoyunu kaybettiği ve Batılı devletlerin tarafsız kalacağı inancı ile savaş ilan etti. 1877-1878 Savaşı, Balkanlarda büyük toprakların kaybedilmesi ve imparatorluğun parçalanmasıyla sonuçlandı. Bu durum, Türkler arasında o kadar derin bir hayâl kırıklığı yarattı ki, II. Abdülhamid'in (1876-1909) saltanatı boyunca, Batı nüfuzu ve Tanzimat politikasına karşı güçlü bir İslâmcı hareket, devlet politikasını kontrolü altına aldı. Birleşik güçlü bir Almanya'nın doğuşunun ardından da buna karşı Rusya'yı, Fransa ve İngiltere gibi Batılı güçlerin bir müttefiki yapan Üçlü İttifak kuruldu. Bu durumda 1878 Berlin Kongresi sonrası Avrupa kuvvetler dengesinde önemli değişimler gerçekleşmiş ve Osmanlı Devleti Rusya karşısında tekrar yalnızlığa itilmiş bulunuyordu.

Doksan Üç Savaşı'nda Balkanlar ve Kafkasya'daki Rus ilerlemeleri karşısında Osmanlı Devleti'nin çaresizliğinden yararlanan İngiltere, 1878'de Kıbrıs'ın, 1882'de Mısır'ın işgalinin yanı sıra, Kızıldeniz ve Basra Körfezi'ne girerek imparatorluğun parçalanmasından aslan payını aldı. Artık Hindistan yolunu bizzat kontrolü altına aldığına inanan İngiliz İmparatorluğu'nun eski teminat vaatleri unutuldu. Bu, geleceğini bir büyük devletin güvencesine ve kendi stratejik durumunun önemine bağlamanın bir devlet için ne kadar nazik ve tehlikeli bir siyaset olduğunu gözler önüne sermektedir. Yeni gelişmeler, Osmanlı dış politikasının tamamen yeniden yönlendirilmesini gerektirmekteydi. Batı tarafından terk edilen, Rusya'nın emperyalist emelleriyle karşı karşıya kalan Osmanlı Devleti, bir yandan da Bizans İmparatorluğu'nu tekrar diriltmeyi değişmez bir millî politika olarak izleyen Yunan Devleti'nin entrikaları önünde yalnız bırakılıyordu. Bu koşullarda Osmanlılar, Almanya ile tam bir iş birliği politikasına yöneldiler (Kayser II. Wilhelm'in 1899 İstanbul ziyareti). Birinci Dünya Savaşı sırasındaki olaylar ve özellikle müttefik donanmasının Çanakkale Boğazı'nda yenilgisi, dünyaya Türkiye ve Boğazların hayati stratejik önemini göstermiştir. Çanakkale savaşlarının bir başka tarihî önemi de Anafartalar galibi Mustafa Kemal'in şahsında Türklerin millî bir kahraman bulmalarıdır. Birinci Dünya Savaşı'nın ertesinde, becerikli bir diplomat olan Yunan Dışişleri Bakanı Eleutherios Venizelos, Bizans İmparatorluğu'nu canlandırarak Yunan hayâlini gerçekleştirmek üzere İtilâf devletlerinden tam destek sağladı. 15 Mayıs 1919 günü müttefik donanmasının himayesi altında Yunan kuvvetleri, bir yüzyıl önce Navarin Baskını'nı andırır şekilde İzmir'e çıkarma yaptılar.

Bunu izleyen olayların hikâyesi iyi bilinmektedir. O zaman saltanat merkezini işgal altında bulunduran müttefik devletlerin baskısı ile imzalanan 1920 Sèvres Antlaşması (65-83. maddeler) İzmir ve havalisini Yunanistan'a bırakırken, Anadolu'da geniş bölgeleri müttefikler arasında paylaştırıyordu. O zaman, Türk vatanının parçalanması için müttefiklerin Yunanları kullanmasının büyük bir hata olacağını ve bu plana karşı Türk milletinin topyekûn güçlü bir direniş göstereceğini kimse tahmin edememiştir. Üç yıllık mücadeleden (1919-1922) yeni bir millet doğmuştur. Yunanlı istilacılara ve Birinci Dünya Savaşı'nı kazananlara olduğu kadar, işgal altında bulunan İstanbul'daki halifenin manevralarına karşı yürütülen millî mücadelede vurgulanması gereken nokta şudur: Mustafa Kemal, Ankara'da millî bir meclis toplayarak devleti, millî iradeye dayandırmış, yurdun geleceğini ilgilendiren kararları daima Türk milletinin temsilcisi Büyük Millet Meclisi'nden çıkartmıştır. Bu suretle Kurtuluş Savaşı, aynı zamanda Türk Milleti'nin patrimonyal Osmanlı hanedan idaresine son vererek Avrupa devletler topluluğuna eşit koşullarla katılma kararlılığını vurgulayan millî bir devrimi ifade etmektedir. Avrupa bugün bu gerçeği göz ardı eden bir tutumla Türkiye Cumhuriyeti'ne karşı eski Şark Meselesi çerçevesinde yürütülen müdahaleci, vesâyetçi politikasını devam ettirme sevdasında görünmektedir. 1922'de Türk-Yunan cephesini ziyaret eden Arnold Toynbee, Türklerin Batılı ideallerin bayrağı elinde Batı'ya karşı savaştığını açıklamaktaydı. Lozan Barış Konferansı'nda (24 Temmuz 1923), Türk heyeti, görüşülen her meselede Avrupa devletleriyle daima eşitlik konusu üzerinde durmuştur. Osmanlı İmparatorluğu'nu Batılı devletlerin bir yarı sömürgesi hâline getiren kapitülasyonlar en ateşli tartışmalara konu olmuş ve görüşmelere üç ay ara verilmesine yol açmıştır.

V. 16. YÜZYIL OSMANLI ÜLKESİ, DÜNYA EKONOMİSİNİN EKSENİ

1250-1500 arasındaki dönemde Levant, yani iktisaden bütünleşmiş iç kesimleri de kapsayan Doğu Akdeniz ülkeleri, 1500'de büyük keşiflerden önce Doğu ve Batı arasındaki mal ve teknoloji alış-verişinin en canlı bölgesiydi. 1300-1453 döneminde Osmanlılar önce Fırat'tan Tuna'ya, Kırım'dan Ege adalarına kadar, Anadolu ve Balkanları fethederek tüm bölgeyi egemenlikleri altında birleştirdiler. 1453'te ise Batı'dan gelen bir Haçlı tehdidine rağmen İstanbul'u fethederek şehri imparatorluk başkenti yaptılar ve Boğazlar etrafında Anadolu ve Balkanları kapsayan büyük bir imparatorluk meydana getirdiler. 16. yüzyıl başlarında imparatorluklarına Suriye, Mısır, Arabistan ve Yemen (1516-1517) gibi Arap topraklarını da kattılar ve Hint Okyanusu'na çıktılar. Buradan kendilerini Portekizlilerle uzun bir mücadeleye itecek olan, Hint Okyanusu ve Kızıldeniz üzerinden geçen hac ve ticaret yollarını kontrolleri altına almaya çalıştılar. Tebriz-Bursa ve Tebriz-Halep ipek yolu üzerinde tam bir kontrol sağlamak amacıyla da doğuda çeşitli tarihlerde Tebriz (1517, 1534, 1585), Gürcistan (1549) ve Hazar Denizi'nde (1585) hâkimiyet kurdular. Kızıldeniz'den Portekizlileri geri attılar, Yemen, Aden ve Babülmedeb'i kontrolleri altına aldılar ve öte yandan 1534'te Irak'ın ilhakı ile Basra Körfezi'ne açılıp, burada bir deniz üssü kurarak, Portekizliler ve İran Safevilerine karşı Basra ve Bağdad üzerinden Hint Okyanusu ticaretini imparatorluk lehine yeniden canlandırdılar. Ortadoğu tekrar dünya ticareti için başlıca koridor hâline geldi (1517-1630). Vasco da Gama'dan sonra dünya ticaretinin en önemli kesimini oluşturan Hint-Avrupa ticaretinin tümüyle Avrupalıların eline geçtiği iddiası, bugün tarihçiler tarafından reddedilmektedir. 16. yüzyıl ortasında Lizbon'a Ümit Burnu yoluyla 30 bin kental baharat gelirken aynı ağırlıkta baharat, Kızıldeniz ve Basra Körfezi üzerinden Osmanlı ülkesine ulaşıyordu.

1453'te Boğazlar sistemi (Çanakkale Boğazı, Marmara Denizi ve İstanbul Boğazı) üzerinde tam hâkimiyet, Osmanlılara Karadeniz ve Doğu Avrupa ülkelerinin ticareti üzerinde kontrol sağlayarak önemli stratejik bir konum kazandırmıştır. 1452'de Fatih, İstanbul Boğazı'nda Boğazkesen (Rumeli) Hisarı'yla geçişi kontrol altına alırken, öbür yandan Çanakkale'de Sultaniye ve Kilidülbahr (Deniz Kilidi) Hisarlarıyla İstanbul ve Karadeniz'e Batı'dan gelebilecek saldırıların önünü kesiyor ve Karadeniz'i bir Osmanlı gölü hâline getiriyordu (1475'te Kırım'daki Ceneviz kolonisinin, 1484'te Akkerman ve Kilia'nın fethi, 1497'de Moskova ile ilk ticaret antlaşması).

İddia edildiği gibi Osmanlı, Rönesans İtalyası'nın Levant ticaretini engellememiş, tersine geliştirme imkânları sağlamıştır. Osmanlıların ilk olarak 1352 yılında Cenevizlilere, daha sonra da Venedik ve Floransa'ya verdiği ticari imtiyazlar (kapitülasyonlar), bu cumhuriyetlerin Levant ile ticaretlerini sürdürmelerini garanti altına almış ve bu suretle de Rönesans İtalyası'nın ekonomik refahına önemli katkıda bulunmuştur. XV. yüzyılda Galata'da 50 kadar Floransa ticaret firması faaliyetteydi. Aralarında Medici ailesinden tüccarlar bulunuyor, Floransa ticaretinin yıllık cirosunun 400 bin altın olduğu tahmin ediliyordu. Pera 1453'te teslim olduğu zaman birçok Cenevizli tüccar "hiçbir şey olmamış gibi" (Pistarino'nun ifadesi) eski ticari faaliyetlerine devam ettiler. Osmanlı'nın İtalyan tüccar cumhuriyetleri karşısında yaptığı yegâne değişiklik, onların Bizans'ın zayıf döneminde Ege'de, Anadolu ve Balkan kıyılarında kurdukları kolonileri kendi egemenliği altına sokmasıdır. Sakız (1566) ve Kıbrıs (1570) bu sürecin son halkalarıdır. Venedik, her savaş sonunda Osmanlı ile ticaret imtiyazlarını yenilemekteydi. Yalnız Halep'te Venedik mal alımı yılda bir buçuk milyon altın dukayı bulacaktır. Osmanlı sultanları aynı ticari imtiyazları 1569'da Fransa'ya, 1580'de İngiltere'ye ve 1612'de de Hollanda'ya vermek suretiyle Avrupa ile ticareti genişletmişlerdir. 16. ve 17. yüzyıllarda Fransa, dış ticaretinin yarısını Osmanlı ülkeleriyle gerçekleştirirken, büyük ticaret kumpanyalarının öncüsü olan İngiltere'de *Levant Company*, bu ülkenin dünyadaki ticari yayılışının ve kapitalist gelişiminin temelini atmıştır. Osmanlı'nın Avrupa-Asya arasında süper gücü temsil ettiği o yüzyıllarda, sultanlar bu imtiyazları sadece dost olan ülkelere bir bağış olarak veriyorlardı. O zaman tek taraflı olarak verilen kapitülasyonlar, ancak 1783'te Rusya'yla yapılan benzer bir kapitülasyon almasından sonra iki taraflı, bağlayıcı antlaşmalar hâline gelmiştir. Ticaret güvenceleri sağlayan ve her yenilenmesinde genişletilen kapitülasyonlar, %3'lük düşük gümrük vergisiyle yürütülmüş (o zaman Fransa gümrüğü yüzde onun üzerindedir) ve zamanla Avrupa'nın Ortadoğu'yu iktisadi sömürü aracı hâline gelmiştir. Osmanlı'nın açık pazar politikası, Avrupa merkantilizminin tamamen tersi bir ekonomik anlayıştan, iç pazarda malların bolluk ve ucuzluğunu ilke edinen bir ekonomi anlayışından (*economy of plenty*) kaynaklanıyordu. Bu politika, sonunda daha ucuz ve iyi kalite Batı mallarının karşısında yerli sanayinin çöküşünü hazırlamıştır. 1800-1850 döneminde Osmanlılar, pamuk bezini ve İstanbul için unu bile Batılı ülkelerden ithal eder duruma düşmüşlerdir. İngilizlere 1838'de verilen yeni imtiyazlar sonucu İngiltere'nin Ortadoğu'ya ihracatı, tüm dış ticaretinin üçte birine ulaşmıştır. Kısaca denilebilir ki, 1500-1890 arasında, Ön Asya, Balkanlar ve Arap topraklarını kaplayan geniş Osmanlı ülkeleri Avrupa'nın iktisadi gelişiminde, ilkin Avrupa-Asya ticaretinde bir antrepo, sonra bir pazar olarak kesin bir rol oynamıştır.

VI. "MEDENİYETLER ÇATIŞMASI" VE TÜRKİYE

Batı medeniyeti ile dünyanın öteki medeniyetleri arasında gelecekte olacak çatışmaları, tarihin başlıca konusu olarak gören Samuel Huntington, tartışmalı yazısında, Türkiye ve Batı ilişkileri üzerinde birtakım ilginç gözlemler yapıyor ve yorumlarda bulunuyor. İlkin onun, dünya sorunlarına bir siyaset bilimcisi olarak genelde nasıl yaklaştığını bir kere daha hatırlayalım.

Huntington'a göre, Sovyetlerin dağılmasından ve Soğuk Savaş'ın son bulmasından sonra, olası savaşlar artık millî devletler veya ideolojiler arasında değil, farklı medeniyetlere mensup olup birleşen ve kaynaşan devlet toplulukları arasında olacaktır. Daha bugünden millî devletler her alanda geri plana çekilmiştir. Artık insanlar, kendi kimliklerini etnik ve dinî adlarla tanımlamaya başlamışlardır. Huntington'a göre bu, küresel çapta hızlı etkileşim ve sosyal hareketliliğin bir sonucu olarak meydana gelmiştir. Ona göre, medeniyet veya kültür (o bu iki kavramı aynı anlamda kullanıyor) en yüksek ve en derin kimliği ifade etmektedir. Genelde Arnold Toynbee'yi izleyen yazar, farklı medeniyet veya kültürleri meydana getiren ve belirleyen en kuvvetli etken olarak din öğesini ileri sürmektedir. O, insanlığı İslâm, Konfüçiyan, Batı Hıristiyan, Doğu Hıristiyan şeklinde din/medeniyet esasına göre tasnif etmektedir. Huntington'a göre din veya medeniyet kimliği, en geniş, en derin ve en güçlü kimliktir. Huntington, bugün dünyada bu anlamda altı veya sekiz medeniyet sayılabileceğini ifade etmektedir. Ona göre, dinlerin önemi şuradan kaynaklanmaktadır: Dinler, devlet gibi yalnız siyasi değil, Tanrı-birey, birey-grup, aile, karı-koca ve çocuklar, fert ve toplum arasındaki ilişkileri düzenler veya düzenlemek iddiasındadır. Hemen şunu ilâve edelim ki, bu dinler arasında İslâm, Hazreti Peygamber'in hayatı ve sünneti kesin biçimde malum bir din olduğu için, insanın günlük ve sosyal hayatını bütün ayrıntıları ile Tanrı buyruğu olarak belirleyen bir dindir. Böylece İslâm, kesin biçimde tanımlanmış ve kurallaşmış bir yaşam tarzını ifade eder. Birey, bu yaşam tarzına Tanrı buyruğu olarak mutlak bir şekilde bağımlıdır. Huntington'a göre, günümüzde gittikçe zayıflayan millî devlet çerçevesinde her yerde dinî kimlik ön plandadır, yalnız güçsüz ve nasipsiz halk kitlelerinde değil, aydınlar arasında da böyle bir gelişme gözlenmektedir.

Huntington, "Türkiye'de İslâm kimliği, millî kimliği geride mi bırakıyor" sorusunu sormaktadır. O, din kimliğinin esas olduğunu belirtmekte ve örnek olarak ilâve etmektedir: "Fransa'da uzun süre yaşayan bir Arap yarı Fransız olabilir, ama yarı Katolik olamaz."

Küçülen dünyamızda dinler ve kültürler arasında etkileşim, son derece güçlü ve karmaşık bir hâle gelmiştir. Artık dünya insanları birbirini, bağımlı olduğu medeniyet veya dine göre tanımakta ve tanıtmaktadır. Yazar, din farklılığı ile birlikte etnik farklılığın da su yüzüne çıktığını, dünyanın her tarafında etnik kökün ve kimliğin öne geçtiğini de ayrıca vurgulamıştır. Bu noktada Huntington kendi teorisini önemli biçimde zayıflatmakta, çelişkiye düşmektedir. Huntington bir yandan medeniyet ve kültürü birbiri yerine geçebilen özdeş kavramlar gibi kullanmıştır ki, sosyologlar –meselâ Kroeber– bu ikisinin kesin olarak ayrı nitelikte sosyal olgular olduğunu belirtmektedir. Türk sosyolojisinin kurucusu Ziya Gökalp için de kültür, bir halkın sanat, folklor, örfüâdât, davranış biçimlerini belirleyen, onun duygu dünyasını kapsayan en aslî kimliğidir. Kültür, bir toplum için organik bir bütündür; vazgeçilemez, değiştirilemez ve başka bir kültürle bütünleşemez. Buna karşı Gökalp'a göre medeniyet, aklın, bilim ve teknolojinin yarattığı iradî ve yapay bir sistemdir ve medeniyet bir kültürden öbürüne nakledilebilir.

Huntington, Türkiye'nin bugün Orta Asya ve Türkî devletlerle yakınlaşma ve bütünleşmeyi yeğleyen bir politika benimsediğini ifade etmekte, fakat burada da çelişkiye düşmektedir. Türkiye neden Müslüman Araplarla değil de etnik akrabalık dolayısıyla bu topluluklarla birlik içine girmeye çalışıyor. Demek ki, etnik kimlik din kimliğinden önce gelmektedir.

Huntington, Türkiye Cumhuriyeti'nin AB üyeliğine kuvvetle yöneldiği gerçeğini vurgulayarak, Batı medeniyetini öteki medeniyetler karşısında inceleme konusu yapmaktadır. Huntington, günümüzde aynı medeniyete mensup devletlerin bloklar hâlinde birleştiğini belirtmektedir. Sonuçta medeniyet veya kültür birliği, millî devletler karşısında yeni bir gruplaşmayı öne çıkarmaktadır. Huntington'a göre AB, Avrupa kültürü ve Batı Hıristiyanlığı'nı paylaşan milletlerin birliğidir. Feodalizm, hümanizm, reformasyon, 18. yüzyıl Aydınlanma felsefesi, sekülarizm (laiklik), din-devlet ayrılığı, liberal parlamenter demokrasi, endüstri inkılâbı ve serbest pazar ekonomisi Avrupa'yı tarihî evrimi içinde yapan ve yaratan özelliklerdir. Ancak bu tarihî deneyimleri paylaşan milletler, AB sinesinde toplanıyor; AB'nin tabiî üyesi sayılıyor. Huntington, burada da çelişki içindedir. Çünkü bu iddiası ile medeniyetleri, tarihî deneyimlerin meydana getirdiği bir sonuç olarak algılamaktadır. O zaman medeniyetler ilâhî, değişmez dogmalara dayanan dinlerin değil, evrim geçiren, gelişen toplumların tarihî deneyimlerinin bir ürünüdür. Tarihî gelişimin ortaya çıkardığı sonuç, bir medeniyet veya kültür yahut bir millet olabilir. İslâm medeniyeti son şeklini, ancak uzun bir tarihî evrim sonunda gerçekleştirebilmiştir. Çeşitli dinî cemaat ve etnik grup, uzun bir tarihî beraberlik sonunda bölünmez bir kültür ve millet meydana getirir. Belki bunun ilginç misallerinden biri, Osmanlı topluluğudur. Tarihçiler, bugün gittikçe daha inandırıcı bir biçimde, bir Osmanlı medeniyetinden söz edebilmektedir. Bugün Anadolu'da uzak tarihten gelen çeşitli etnik gruplar, yüzyıllar boyu süren bir tarihî beraberlik sonucunda ortak bir Anadolu-Türk kültürünü yaratmış, onun kapsamında birleşmiş bir Türk milleti oluşturmuş gözükmektedir.

Huntington, dünya ölçüsünde yeni ekonomik, sosyal ve kültürel hızlı değişimler, şimdi moda olan bir deyişle küreselleşme karşısında, millî devletin gittikçe zayıfladığı inancındadır. Acaba Türkiye'nin bugün karşılaştığı problemler böyle bir diyalektik içinde açıklanabilir mi? Bugün artık millî Türk devletinin kuruluş döneminde uygulanan reformların, güdülen politikaların geçersiz olduğunu iddia eden kimseler var. Başlangıçtaki ideolojilere, meselâ Altı Ok'a taassupla bağlanan partiler ve bürokratlara karşı güçlü bir karşıtlık gelişmekte, meselâ bir Tevhid-i Tedrisat kanununun yeniden yürürlüğe konması imkânsız görülmektedir.

Medeniyet birliğinin millî devlet karşısında gittikçe güçlendiğinin başka bir göstergesi olarak Huntington, bölgesel ve ekonomik örgütlenmeleri ele almaktadır. Ona göre ekonomik bütünleşmenin önkoşulu kültür ortaklığıdır. Verdiği örnekler arasında Kuzey Amerika Ticaret Birliği Antlaşması ve 1960'ta kültürce birbirine yakın Türkiye-İran-Pakistan arasındaki RCD Antlaşması'nı zikretmektedir. Türkiye, İran ve Pakistan arasında kültür akrabalığının Türkiye ile Araplar arasındaki ortaklıktan daha kuvvetli olduğunu tarih araştırmaları teyit etmektedir. Yazara göre ekonomik bölgecilik, ortak medeniyet bilincini destekleyen bir mekanizma hizmetini görmektedir. Yazar, verdiği örnekler arasında, Türkiye'nin Orta Asya Türkî Devletler ile ekonomik birlik arayışını önemle kaydetmektedir. Buna paralel olarak, İslâm memleketleri arasında din-kültür temelinde bir ekonomik birlik ve örgütlenme girişimlerine tanık olmaktayız. Bütün bu gelişmeleri göz önüne alan Huntington, bu girişimleri dünyamızdaki derin değişikliğin işaretleri olarak kabul etmektedir. Ama burada da Huntington'u tashih etmek gerekir. Arap etnik bilincinin tercih edilen bir politika olarak İslâm kimliği yanında ön plana çıktığı gözden kaçmaz; İslâm devletlerinin kurdukları teşkilatlar dünyadaki benzeri teşkilatlar kadar etkin ve faal görünmemektedir.

Huntington'un gözlemlediği başka ilginç bir gelişme de Batı'nın her alanda üstünlüğü ve onu temsil eden medeniyete karşı öteki medeniyet-kültür gruplarında gittikçe kuvvetlenen bir karşıt hareket, bir direncin ortaya çıktığıdır. Bu meydan okumada yalnız gelenekçi halk kitleleri değil, çoğu Batı'da tahsil görmüş aydınlar dahi rol almaktadır. Bu arada Huntington, Batı'ya karşıt toplumlar içinde halk arasında Batı kültürünün gerçek özdeğerleri yerine popüler kültür iktibaslarının gittikçe yayıldığını vurgulamaktadır. Her hâlükârda, artık Batı, öteki kültür toplumlarını, pasif, itaatkâr, bağımlı bir durumda değil, mücadeleye kararlı kitleler olarak karşısında bulmaktadır. Sonuç olarak Huntington, gelecekte gerçek çatışmaların, savaşların bu medeniyet-kültür grupları arasında ortaya çıkacağını iddia etmektedir.

Huntington'a göre, bir din-medeniyet dünya yüzünden silinebilir. O, Toynbee'nin tespit ettiği 21 medeniyetten bugün yalnızca altısının devam ettiğine işaret etmektedir. Bunlar arasında Batı medeniyetini en sert biçimde tehdit eden din-medeniyet olarak İslâm'ı görmektedir. Vaktiyle Toynbee de, Batı'nın meydan okuması karşısında İslâm toplumlarında iki çeşit tepki ortaya çıktığını ileri sürmüştür. Toynbee'ye göre, tehdit karşısında o toplumda ya dinin çok daha mutaassıp bir biçimi kuvvet kazanmakta veya Batı medeniyeti ile uzlaşıcı bir tavır ortaya çıkmaktadır. Türkiye hangi taraftadır? Huntington, Türkiye'de Batı ile bütünleşmek isteyen grupla, Batı'ya karşı sert tepki gösteren ve İslâm dünyasına yönelen İslâmcılar olarak başlıca iki grubun varlığını gözlemlemektedir.

Canlılar kendi aralarında mensup oldukları türe göre birbirinden ayrılırlar. Birbirinden farklı hayvan türlerinin birbirine saldırma nedeni, kendini ve yaşam alanını korumaktır. Buna karşı insanlar farklı kültürleri ile birbirinden ayrılır. İnsanı hayvandan ayıran şey kültürdür, başka deyimle insan kültür yaratan hayvandır. Bu sebepten insanlar arasında çatışma, rekabet ve savaş, farklı kültürler arasında kendini gösterir. Lévi-Strauss'a göre, *ben* ve *öteki* bilinci kültürden kaynaklanan farklı sosyal davranışın sonucudur. İnsanlar arasında öteki, ayrı bir kültüre mensup olan insan veya gruptur. Ayrı bir kültür ve yaşam tarzı ne derecede gelişmiş ise farklılık, ben ve öteki bilinci o kadar derin ve güçlü olur. Gelişmiş insan grupları arasında, kavimler, milletler, din ve medeniyetler arasında ben ve öteki bilinci en keskin biçimde kendini gösterir ve en çetin çatışmalar o gruplar arasında ortaya çıkar. Batı medeniyeti ile İslâm arasında yüzyıllar süren Haçlı savaşları, öteki bütün etkenler yanında din ve kültür ayrılığı olgusu ile açıklanabilir.

Türkiye tarihinde toplumda din hareketleri, ulema ve Müslüman kitle arasında ilişkileri incelemek bugün İslâmcı hareketleri hakkıyla anlamak ve değerlendirmek bakımından çok önemlidir. İnsanlık düşünce tarihinde soyut akılcılık, mantık yöntemi yanında *intuition,* yani insanın aklı aşan evrensel sezgi gücü daima gerçeğe ulaşmanın öteki yöntemi olarak gündemde kalmıştır. İslâm düşünce tarihinde *mûtezile,* İbnirüşdçülük gibi akılcı düşünce sistemleri karşısında mutasavvıfların sezgi yöntemi, tarikatlara vücut vermiş, halk kitlelerini sürükleyen güçlü bir hareket olarak özellikle XI. yüzyıldan sonra İslâm dünyasında egemen olmuştur. Böylece Hüccet'ül-İslâm Gazâlî bu akımı şeriatçı İslâm'la bağdaştırmış, bu tarihten başlayarak İslâm toplumlarında tarikatlar görülmemiş bir önem kazanmıştır. Kayda değer ki, Osmanlı medrese geleneği, ulema arasında icâzet silsilesini Gazâlî'ye kadar çıkarır. İbadet kuralları yanında sezgi gücünü yükselten sema', raks, zikir teknikleri gibi vecd (*extase*) hâline götüren yöntemler özellikle Anadolu'da tarikatlarla yayılmış, şehirlerde yüksek kültür çevrelerinde tasavvuf felsefesi ve Mevlevî tarikatı ile en yüksek noktasına ulaşmışken Türkmen halk çevrelerinde, Babaî, Kalenderî, Abdal, Bektaşî erenleri ile bambaşka dinî bir hayat ve başka bir yaşam tarzı egemen olmuştur. Dervişler ile medrese uleması ve Danişmendler arasında şiddetli bir rekabet görülmüştür. Ama devleti temsil eden otoriteler, özellikle devletin selâmetini her şeyin üstünde tutan bürokratlar, her iki akımı aynı anlayış ile benimsemişlerdir. Padişahların ulemadan her hafta ders aldığı hocaları olduğu gibi, birer tarikat şeyhi de vardı. O dönemin başta gelen tarikat şeyhlerine camilerde vaizlik veriliyordu. 16. yüzyılda Mehmed Birgivî, 17. yüzyılda Kadı Mehmed'i izleyen Kadızâdeliler sünnetin en katı ve uzlaşmaz temsilcileri olarak İstanbul'un belli başlı camilerinde, vaazlarında Osmanlı toplumunda tespit ettikleri şeriata aykırı bidatlara şiddetle hücum etmişler, halkı kışkırtmışlardır. Meselâ Mehmed Birgivî, para vakfını şeriata aykırı bir bidat olarak tanımlarken, bu âdeti Müslüman toplum için, hayırlı bir kurum sayan şeyhülislâm Ebussuûd'a karşı hücuma geçmiş, şeyhülislâmı kâfir sayacak kadar ileri gitmişti. Bu şiddetli görüş ayrılığı Mehmed Birgivî'nin Hanbelî mezhebini izlemesi, ona karşı şeyhülislâmın ise çok daha liberal olan Hanefî mezhebine tâbi olmasından ileri geliyordu. 17. yüzyıl ortalarında belli başlı camilerde vaizliği ele geçiren Kadızâdelilerin din adına aşırı saldırıları toplumda derin bir huzursuzluk yarattı. Kadızâdeli vaizler tespit ettikleri bidatları (meselâ ölenlerden, velilerden şefaat beklemek gibi) şeriata aykırı ilan ediyorlar ve bu bidatları izleyenleri kâfir sayıyorlardı. Ateşli vaazları ile camilerde halk kitlelerini peşlerinden sürükledikleri için padişah IV. Murad ve saray halkı onları durduracak önlemler alamadılar ve sindiler; hatta bazı zamanlarda Kadızâdeliler'i destekler göründüler. Kadızâdeli vaizler, cami kalabalığı önüne düşerek İstanbul'da tarikat üyeleri üzerine yürümeyi, onları toptan katletmeyi vaaz edecek kadar ileri gittiler. Bu kargaşa ortamı içinde ülkeyi türlü felaketlerden kurtarmak üzere saraydan mutlak yetkiler alan Köprülü Mehmed Paşa, bu korkunç bağnazlık karşısında harekete geçti ve bütün kışkırtıcı Kadızâdeli vaizleri şehir dışına sürdü.

Huntington'un gözden kaçırdığı bir nokta da, aynı millî devlet yapısı içinde din-kültür çatışmalarının ortaya çıkabilmesidir. İslâmcı akım yanında, Batıcı, akılcı, pozitif dediğimiz kültür değerler sistemi aydın kesimlerin düşünce temelini oluşturur. Bu kartezyen düşünce, davranış ve yaşam tarzı, 18. yüzyılda ilkin Fransız Aydınlanma döneminde ortaya çıkmış, bütün Avrupa'da aydın çevrelerin düşünce ve davranış tarzını belirlemiştir. Sırf akılcı ve pozitivist dünya görüşüne dayanan bu hareket, Osmanlı İmparatorluğu'nu da etkisiz bırakmamıştır. Aydınlanma hareketi XVIII. yüzyılda ilkin Balkan *intelligentsia*sı arasında kendini göstermiş, İstanbul'da Dimitri Kantemir ve Rum aydınlar aracılığı ile Osmanlı bürokratları arasında da yayılmaya başlamıştır. Devleti perişan hâlinden kurtarmak kaygısında olan reform taraftarı Osmanlı bürokratları, bu fikirleri büyük istekle benimsemeye başlamışlardır. 1699'da Karlofça Barışı'nı imzalayan Râmî Mehmed Paşa, Kantemir'in dostuydu, sadrâzam olarak iktidara geldi. Bu tarih, Osmanlıların Batı medeniyetine yöneliş hareketinin başlangıcıdır. Bundan sonraki dönemde ulemanın ve gelenekçi toplumun direnci karşısında, ilk Batıcı bürokratlar yalnız en gerekli sahada, askerî teknoloji sahasında reform hareketine girişebildiler. Ulemayı ikna için İslâm'ın şu kuralı geçerli idi: Kendini korumak için düşmanın silahını almak, kâfiri taklit etmek demek değildir ve şeriata uygundur. Bu yüzden, 18. yüzyılda reformcular topçuluk, istihkâm işleri gibi askerî teknoloji üzerinde ilk Batılı mektepleri, mühendishâneleri açtılar. Atatürk'ten çok önce ilk Batıcı asker bürokratlar bu mekteplerde yetişmiştir. Bu dönemde Fransa ile kültür temasları sıklaştı. Öyle ki, 1789'da Fransız Devrimi patlak verdiğinde başlangıçta Osmanlılar devrimi selâmladılar. Böylece İslâmcılarla Batıcılar, tarihimizde çok eskilere giden iki karşıt kültür grubu olarak ortaya çıkmışlardır.

Görülüyor ki, bir millet veya din grubu içinde de zamanla kültür gelişmeleri ve farklılaşma ve sonuçta çatışma kendini gösterebilir. Anadolu Türk İslâm kültür dairesi içinde Kızılbaşlık her şeyden önce bir farklı kültür ve yaşam tarzını temsil eder. Bunun sonucu, Sünnî inanç ve yaşam tarzıyla Kızılbaşlar arasında bir karşıtlık ve çatışma ortaya çıkmıştır. Bugün toplumumuzda, kültür benliği aile içindeki geleneklerle yetişmiş bir genç ile seküler okullarda eğitim görmüş genç arasında birbirini dışlama psikolojisi her şeyden önce bir kültür çatışmasıdır.

Ziya Gökalp, insanın en derin benliğine hâkim olan kültür değerlerinin gücünü belirtmiştir. Gelenekçiler karşısında inkılâpçılar da ben ve öteki bilinci ile aynı derecede duygusal bir kültür kompleksi içinde karşı karşıya gelmişlerdir. Farklı kültür gruplarının mümessilleri olarak, sözde gerici ve ilerici diye adlandırılan politikacılarımızın ve bürokratlarımızın anlamadığı ve anlamadıkları için de yanlış önlemlerle çatışmayı gittikçe daha keskin hâle getirdikleri açık bir gerçektir. Karşı tarafı anlamak istemeyen bağnaz bir davranış yerine akılcı yaklaşımla insanlar, uzlaşmacı bir tutum içine girebilir. İnsan, kültür farklılığı ile birbirine karşı olabildiği gibi akıl sayesinde ben ve öteki bilincini aşabilen, yeni kültür sentezleri meydana getirebilen *varlık*tır. Medeniyet budur.

İslâm dini, insanın ahlâkî ve sosyal davranışlarını, dolayısıyla bütünüyle yaşam tarzını herhangi bir başka dinden ziyade kurallaştırmış bir dindir. Aynı toplum içinde farklılık, teorik inanç formüllerinden ziyade, inanç ve değerler sisteminin ötesinde, kendine özgü bir yaşam tarzından kaynaklanır. Farklı kültür mensubu olanların *ben ve öteki* ayrılığı, giydiği başlıkta, kıyafette, selâmlaşma gibi doğal eylemlerde, sembolik ifadelerini bulur. Bir tarihçi olarak şunu tespit ettik ki, tarihimizde *heterodoks* gruplar türlü türlü adlar aldıktan sonra nihayet XVI. yüzyılda Kızılbaş adıyla ayrı bir grup olarak tanımlanmıştır. Gördük ki bu tâbir, Türkmen *heterodoks* gruplar arasında kendini cihâda vermiş militan grupların, XIII. yüzyıldan beri başlarında taşıdıkları *kızıl börk*'ten adını almıştır. Kızıl börk, Kızılbaşların belli bir dinî kültür grubunun sembolü olmuştur.

Huntington, dünya devletlerinin medeniyet temelinde saflara bölündüğünü, gelecekte medeniyet grupları arasında dünyanın bir çatışmaya sahne olacağını söylerken, Batı'nın üstünlüğünü sürdürme çabalarına karşı öteki medeniyet gruplarının direniş durumuna geçmesi olgusundan hareket etmektedir. Ona göre Batı, askerî ve ekonomik rakipsiz üstünlüğünü sürdürmek için kendi safında iş birliğini örgütlemektedir. Birleşmiş Milletler, Güvenlik Konseyi, IMF, Batı'nın çıkarlarını ve üstünlüğünü korumak, öteki dünyayı kontrol altında tutmak ve kendi dünya sistemini güvenlik altına almak için meydana getirilmiş örgütlenmelerdir. Fakat bütün bu sözde global örgütlerin aldığı kararlar, "dünya topluluğunun arzularını yansıtırcasına takdim edilmektedir." Bu yaklaşımın temel felsefesi şudur: Batı, demokrasi, bireyin özgürlüğü, insan hakları gibi değerler sistemini insanın doğal, evrensel değerleri olarak sunmaktadır. Oysa, öteki değer sistemlerine bağlı kültürler ve milletler için bunlar laftan ibaret aldatmacalardan başka bir şey değildir. Batı kontrolündeki örgütlerin kararlarına meşrûluk kazandırmak için bunlar "dünya topluluğu" adına zor kullanılarak uygulanır. İnsan hakları, demokrasi, evrensel değerler olarak ortaya atılır, ötekiler milletlerarası örgütlere ve anlaşmalara imzaya davet edilir ve bu mekanizma öteki dünyayı kontrol altında tutmak, onların içişlerine karışmak ve onlara düzen vermek için kullanılır. Huntington, bunları bir siyaset bilimcisi olarak belirttikten sonra şunu eklemektedir: Batı, kendi üstünlüğüne meydan okuyan iki kültür-medeniyet grubunu, İslâm ve Konfüçiyan medeniyetlerini karşısında görmektedir. Ona göre Batı ile Çin arasında soğuk savaş şimdiden başlamış bulunmaktadır. Keza Batı, her yanda İslâm'ı karşısında bulmaktadır.

Türkiye'de Batı'ya direniş hareketi, ilkin sosyalist, sonra İslâmcı cepheden, Bülent Ecevit'ten ve Refah Partisi'nden geldi. Refah'ın karşı tutumu, o zamana kadar uysal bir çizgide Türkiye imajına alış mış olan Amerika'yı şaşırttı. *Washington Post* gazetesi, biz şimdiye dek Türkiye'yi çantada keklik sayıyorduk, diye gerçeği açıklamak cesaretinde bulundu. Gerçekçi politikacılar bunun kaçınılmaz zaruri bir şey olduğuna inanıyorlardı. Türkiye'nin içinde bulunduğu tehlikeli koşullar, özellikle ilkin Rusya, şimdi ise Yunanistan'ın her dediğini kendi davası yapan AB karşısında yalnız kalmamak, ordusunu modern silahlarla donatmak, helikopter ve firkateyn almak, sallanan ekonomisini ayakta tutmak için IMF kredilerini garanti etmek, bir kelime ile Türkiye'nin bütün hayati sorunları bakımından ABD'nin kapısına gitmek zorunlu görülmekteydi. İlginçtir ki Batı, Türkiye'nin bu sıkıntısını da kendi çıkarları açısından istismar etmekten çekinmemektedir. Ülke, bu darboğazda Batı bağımlılığına mahkûm edilmektedir. Batı, Kürt araştırma enstitüleri kurarak, Kürt parlamentosu, Kürt yayınları yapan medyaya kucak açarak, Kürt diasporasını himayesi altına alarak Türkiye'yi sürekli bağımlılık hâlinde tutma çabasındadır. Birilerince, serbest pazar ekonomisinin ve küreselleşmenin temelinde de Batı çıkarları yatmakta ve bu siyasetin Batı çıkarları doğrultusunda işleyen bir mekanizma olduğu gözlemlenmektedir. Yine birileri iddia ediyor ki, 1994'te Türkiye ve Meksika ekonomik krizleri ve hâlen Uzakdoğu ekonomilerinde tanık olduğumuz krizler, küreselleşmenin sonucudur; Batı serbest pazar ekonomisi romantizmine, böylece kendi ekonomisinde işsizlik seviyesini en aşağıda tutmak için sürekli genişleyen pazarlara muhtaçtır. Küreselleşme teorisinin altında bu gerçek vardır. Bunun için, dış dünyada tüketici toplumlar yaratmak amacıyla Batı, kapital ve teknoloji aktarmakta cömert görünmektedir. 1994'te Amerika'da bulunduğum aylarda Meksika krizinin hangi nedenlerden patlak verdiğini gözleme fırsatını buldum. Chicago Üniversitesi'nde Meksika Araştırmaları Merkezi diye bir kuruluş vardır. Onların gözlemine göre siyasi iktidar, seçimde halkoyunu kaybetmemek amacıyla gerekli ekonomik önlemleri almakta kasten gecikmiştir. Dolarla yerli para paritelerinin teşvik ettiği para spekülasyonları ve toplumun birden yabancı mallara yönelen bir tüketici toplum hâline gelmesi, aniden büyüyen dış ticaret açığı ve arkasından ani çöküş... Bıçak sırtında yürüyen Türkiye ekonomisi, her an 1994 krizine düşme tehlikesi karşısındadır. Ticaret dengesinde büyüyen açık, 80 milyarı aşan dış borç, bütçeyi yutan iç borçlar ve nihayet tüketici toplumu, ithal mallarının gönüllü propagandacısı olarak mütemadiyen kamçılayan bilinçsiz bir medya... İşte Türkiye ekonomisini çöküşe götürebilecek tablo... Batı, Güneydoğu sorununu ve Kıbrıs bilmecesini Türkiye'yi baskı altında tutmak için istismar etmekten de çekinmemektedir. Huntington'un işaret ettiği gibi Batı'ya bağımlılıktan kurtulmak çabasındaki Batı karşıtı her devlet, çıkış yolunu güçlü bir ekonomi, kendi silahlarını yapabilen güçlü bir endüstri kurmakta görüyor. Yine de mütemadiyen ilerleme yolunda olan Batı'nın üstünlüğünü hiçbir zaman kıramayacağını da biliyor. Türkiye için iyimser olmak imkânı da kaybolmuş değil, geniş dinamik nüfusu ile tüketiciliğe yönelen toplumu ile büyük bir iç pazar oluşturan ve ekonomisinde, siyasi istikrarsızlığa rağmen daima büyüme kaydeden Türkiye, bu potansiyeli ile krizi önleme şansına sahip olabilir. Fakat bunun için, siyasi istikrar şarttır. Seçim ekonomileri ve popülizmden kurtulmuş siyasi ortam, siyasi istikrar ve bunun yanında Japon vatandaşı gibi Türk vatandaşının da ülkenin genel durumu ile yakından ilgilenip bir self-disiplin içine girmesi aydınlığa çıkmanın kaçınılmaz koşullarıdır. Ya Batı ile tam bir bütünleşme yahut ona karşı olan devletler grubuna katılarak ümitsiz bir mücadeleye girişmek iki hayati alternatif olarak Türkiye'nin önündedir. Huntington, Türkiye'nin Batı ile bütünleşme sürecinde en ileride olan ülkelerden biri olduğu kanısındadır.

Batı ve öteki dünya arasında savaşın şimdiden ilk aşaması gözümüzün önünde cereyan etmektedir (Bu yazı 1998'de yazılmıştır). Saddam Hüseyin, dünyanın en büyük gücüne karşı meydan okurken tabiî kafasında güvendiği bir şey var. O, Birleşmiş Milletleri, Batı kamuoyunu değil, Arap dünyasını, İslâm dünyasını düşünüyor. İnanıyor ki, ülkesi ve halkı yerle bir edilse bile, o sonunda Batı karşıtı dünyanın kahramanı durumuna gelecektir. O, Arap dünyasında hükûmetleri değil, kendisini heyecan ve gururla izleyen Arap gençliğini düşünüyor. Onların kahramanı olduğunu biliyor. Saddam olayı aynı zamanda dünya ölçüsünde Batı karşıtı İslâmcılık hareketini güçlendirmektedir. Huntington, şu gözlemi yapmaktadır: "Popülist politikacılar, dinî liderler ve medya bu noktada kitle desteğini harekete geçirmenin ve mütereddit (Arap) hükûmetleri baskı altına almanın güçlü bir aracını bulmuşlardır." Bernard Lewis'in teşhisi şöyle: "Bizim Jüdeo-Hıristiyan mirasımıza, seküler varlığımıza ve her ikisinin dünya çapında yayılışına karşı kesinlikle eski bir rakibin (İslâm'ın) tarihî tepkisi karşısındayız."

Huntington'a göre Türkiye, Rusya gibi iki medeniyet arasında derin biçimde bölünmüş (*torn*) ülkelerden birisidir. O, bununla beraber Türkiye'yi Batı ile bütünleşme şansına en çok sahip ülkeler arasında sayıyor. Çünkü diyor, Türkiye'de aydın seçkinler kültürün yeni bir tanımlamasını kabul etmekte ve kamuoyunun büyük çoğunluğu bunu benimsemiş bulunmaktadır. Batı terbiyesi almış olanlar, Avrupa ile bütünleşmeyi samimi olarak istemekte ve bunun mümkün olacağına inanmaktadırlar. Bir kısım seçkinler de Türkiye'yi Orta Asya'dan Çin'e kadar etnik, dinî bir "medeniyeti" temsil eden halkların lideri olarak görme ümidindedir (Türk-İslâm sentezi). İslâmcılar ise birinci grup karşısına çıkarak, İslâm ülkeleri ile bir din-kültür birliği özlemekte ve bunun için kamuoyunu dinî temelde sistemli bir şekilde örgütlemektedir.

Bana öyle geliyor ki, ağır siyasi ve ekonomik sorunlar karşısında bulunan Türkiye'nin, son yıllarda istikrarlı bir hükûmete kavuşamamasının başlıca nedeni, siyasetin görülmemiş derecede kişisel bir nitelik kazanması, siyasiler arasında kişisel rekabetlerin her şeyi unutturacak kadar derin bir husumete dönüşmesidir.

Bir tarihçi olarak Türk devlet yapısı ve izlenen siyasetler üzerinde şu gözlemleri yapmaktan kendimizi alamıyoruz. Bugünkü siyasi rejimimiz, geleneksel Osmanlı rejiminin uzantılarından kurtulamamıştır. Bu sebepten de Türkiye, Batı'nın çok partili liberal demokrasi rejimini uygulamakta bocalıyor ve sürekli bir siyasi istikrarsızlık, darbeler, koalisyonlar içinde yuvarlanıp gidiyor. Osmanlı'dan günümüze etkisini sürdüren gelenekler, patrimonyalizm, faksiyonalizm ve popülizm olarak tanımlanabilir.

Osmanlı Devleti'nde siyasi iktidar, kanun ve her çeşit meşrûlaştırma hakkı, mutlak şekilde patrimonyal bir hükümdarın elinde toplanmıştı. Max Weber'in tanımladığı biçimde patrimonyal Osmanlı sultanı, ülkeyi, devleti ve tebaayı atadan miras bir mülk gibi algılamış ve bütün siyasi ve sosyal imtiyazlar, tasarruf ve mertebeler, ancak onun onayı ile meşrûluk kazanır olmuştur. Bu yüzden devlet içinde ve toplumda bir imtiyaz elde etmek isteyen herkes önce hükümdara mutlak bağlılığını kanıtlamak, onun kulu olmak ve bunu göstermek zorundaydı. Bütün sosyal kademelerde de patron-kul sistemi hâkimdi. Rejimin vazgeçilmez ilkeleri, tâbiiyet, sadakat ve itaattir

(Max Weber'in Osmanlı patrimonyal sistemini ele alan yazımız için bakınız: *Princeton Papers*, I, 1993). Bugün siyasi rejimimizde bu noktaları anımsatan özellikler meydandadır. Milletvekilleri, milletvekilliğini elde etmek ve gelecek seçim için garanti altına almak amacıyla parti liderlerine mutlak bağlılığını göstermek gereğini duymaktadır. Kuşkusuz bize özgü bu durumu değiştirmek için yeni bir hukuki düzenleme yapılabilir. TV'de milletvekillerinin liderlerini karşılamak için meclis kapısı dışında sıraya dizilip, başkanın elini öpmek için, koşuştuklarını gördüğüm zaman, vezirlerin Divan-ı Hümâyun'a gelen sadrâzamın elini öpmeleri sahnesi gözümün önüne geldi. Liderin, patronun veya memurun iyi niyetini ve desteğini sağlama ihtiyacını herkes her seviyede duymaktadır. Devlet gücünü ele geçiren kimse, bu emaneti ülkenin kaderi için kullanma sorumluluğunu duyacak yerde, her şeyden önce kendi kişisel maddi ve manevi nüfuz ve çıkarlarını öne almak eğilimini ve zafiyetini göstermektedir. Parti lideri, hazineden büyük tahsisleri kendi bölgelerine veya belediyelerine akıtır. Yoksullar tespit edilir ve hazineden sağlanan büyük meblağlar sadaka gibi dağıtılır. Bu sadaka dağıtma ve hediye verme eğilimi son zamanlarda her siyasimiz için bir âdet hâlini aldı. Bunun insan onurunu küçülten Ortaçağ niteliği bir yana, bu kitlelere geçim imkânları götürmek bakımından hiçbir kalıcı yararı da yoktur. Aslında rasyonel modern devlet, fakirliği ve işsizliği önlemek ve özürlüleri korumak için, birtakım hukuki düzenlemeler ve tarafsız örgütlenmeler getirmiştir.

Patrimonyalizm'in rasyonel modern devlete aykırı düşen kötü bir görüntüsü de *factionalism*'dir. Osmanlı Devleti'nde patron-kul ilişkisi içinde nüfuzlu kişinin etrafında bir müntesipler, taraftar grubu (*faction*) meydana gelir; her türlü devlet imtiyazları ve ona bağlı maddi manevi çıkarlar o grubun üyeleri arasında paylaşılırdı. Demokrasilerde parti içinde *faction*lar olması normal sayılır, ama yandaşlara yapılan lütuf ve kayırmalar, parlamento ve medya önünde kamuoyuna taşınır ve gerekli eleştiriler yapılabilir.

Yalnız yüksek mevkilerdeki bürokratlar değil, aşağı kademeler de iktidar partisinin yandaşları olmak zorundadırlar. İktidara gelen bir partinin ilk işi memurlar arasında tasfiye yapmaktır. Rejimimizde patrimonyalizmin ve *factionalism*'in en göze çarpan uygulama biçimleri yakınlarda görülmüştür: İktidara geçen parti gelecekte kendi iktidarının bir garantisi olarak memur tasfiyesini uygular. Şayet iktidardaki parti, toplum içinde çok belirgin eğilimlere, bir yandaş grubuna dayanmak istiyorsa, tasfiye, birçok suçsuz insanın hayat ve maişeti ile oynayan acımasız bir şekil almaktadır. Öbür yandan, ihtisas isteyen bürokratik hizmetlerde uzun yıllar boyunca uzmanlaşmış kişiler, gelişigüzel işlerinden alınıp yerlerine deneyimsiz kişiler getirildiği zaman bu hizmetler büyük ölçüde aksamaya mahkûmdur. Yakınlarda temas ettiğim bazı bakanlıklarda memur kadrolarının kişisel menfaatler gereği baştan aşağı değiştiğini görmekle derin bir hayret duydum. Demokrasilerde iktidara gelmek isteyen bir partinin belli gruplara vaatlerde bulunması normaldir. Fakat bu vaatler hiçbir zaman devletin iç ve dış siyasi çıkarlarının, sosyal yapısının ve ekonomisinin, bir kelime ile devletin ve milletin uzun vadeli menfaatlerinin aleyhinde popülist vaatler olmamalıdır. Sadece oy kazanmak için, şehirlerimizin yapısını kangren eden ve bunu bilerek gecekondu uygulamasını teşvik eden parti liderlerine ancak Türkiye'de rastlanabilir. Bir iktidar, enflasyonu önlemek için ekonomi ilminin gereklerini yerine getirmeye çalışırken, kaçınılmaz geçici sıkıntılar gündeme gelir. Bunu muhalefet adına kamuoyu önünde istismar etmek, yani *popülizm,* politikacılarımızın gözünde bir demokrasi mücadelesidir. Uzun vadede bu önlemlerin sıkıntıları kökünden gidereceğini kendisi de bildiği hâlde, sırf demagoji ve partizanlık uğruna halk kışkırtılır; birkaç aile ziyaret edilip sadaka ve hediye dağıtılır. Bunlar ilkel metotlardır. Ancak bu metodlar ülkemizde demokratlık sayılmakta ve medya bu gibi hareketleri şişirip kamuoyuna aktarmaktadır. Türkiye'de esas sorun, Osmanlının patrimonyal âdetlerini bir tarafa atıp, rasyonel modern devlet yapısını getirmektir.

Bu yazımızı okuyanlar, Huntington'u vesile yaparak Türkiye'nin Batı karşısında ve kendi iç yapısında, tarihteki ve bugünkü durumu hakkında, bir sosyal tarihçinin, herhangi bir siyasi eğilimi destekleme kaygısından uzak olarak, tarafsız bir inceleme denemesinde bulunduğunu hatırdan çıkarmamalıdır.

ZİYA GÖKALP: YÜZYILA DAMGASINI VURAN DÜŞÜNÜR*

Gökalp'ın yaşamı kısa oldu (Mart 1876-Ekim 1924), ama düşüncesi yüzyıla damgasını vurdu. Çevresi, menşei, ailesi ve müstesna kişiliği ona savaşlar, devrimlerle geçen dramatik bir dünyada müstesna bir kılavuz rolü hazırladı.

Babası Tevfik Efendi, Mustafa Kemal'in babası gibi, Güneydoğu Anadolu'da bir taşra merkezinde, Diyarbakır'da küçük bir memurdu; Namık Kemal neslinden vatansever, devrimci bir aydındı; var olma savaşında kurtuluşu Batılılaşmada arayan bir kuşaktan, Tanzimatçılar neslindendi. Ataları, bölgede eşraftan, şehirli seçkin bir aileden, Müftüzâdelerden idi. Tevfik Efendi'nin kardeşi Hasib Efendi, ulemadan sayılan eski kültürü iyi hazmetmiş ve ileride Ziya'yı İslâm kültürü ile tanıştıracak biriydi. Tevfik Efendi vilayet idaresinde, yazı işlerini iyi bilen bir memur sıfatıyla evrak müdürlüğü, resmî vilayet gazetesinin çıkarılması, Vilayet Salnâmesi'nin hazırlanması gibi kalem işlerinde hizmet ediyordu ve oğlu için, ilk fikir hazinesi olacak çok zengin bir kitaplığa sahipti. Gökalp'ın annesi tanınmış bir aileden, Pirinççizâdeler'den Zeliha Hanım'dı. Böylece Genç Ziya, eşraftan, eski ve yeni kültürü benimsemiş, Yeni Osmanlılar'ın devrimci zihniyetini, vatanseverliğini temsil eden bu aile çevresinde yetişecek ve babasının kitaplığında bol bol

---

* *Doğu Batı*, Sayı: 12.

okuma fırsatı bulacaktır. Ziya'nın yayıncılık, gazetecilik mesleğine de kuşkusuz babası örnek olmuştur. Ziya, kişiliğinin oluşmasında, babasını, idadî lisesindeki hocası Yorgi Efendi'yi (ondan Fransızcayı, doğa bilimlerini ve eski Yunan felsefesini öğrenecek) ve kendisine İslâm hukuku ve tasavvufunun ilk bilgilerini veren amcası Hasib Efendi'yi başta sayar (*Küçük Mecmua'da* yayımladığı *Vasiyet* yazılarında). Osmanlı Aydınlanma Çağı'nda (1880-1914), Fransızcadan yapılan çevirilerden, Gustave Le Bon, Alfred Fouillée, Gabriel Tarde gibi sosyologların fikirleriyle tanıştı, çelişkili düşünceler ve kültür etkileri arasında bunalıma sürüklenen bazı çağdaşı gençler gibi, Ziya da on sekizinde intihara kalkıştı. O kurşun yaşamı boyunca kafasında kalmıştır.

Etnik menşeini deşmek isteyenlere karşı Ziya'nın cevabı açıktır: "Cedlerim (atalarım) Türk olmayan bir bölgeden (Çermik) gelmiş olsa bile, kendimi Türk sayarım, çünkü bir adamın milliyetini tayin eden ırkî menşei değil, terbiye ve duygularıdır." Ziya'nın millî kimlik hakkında bu görüşü, modern Türkiye'nin millet-vatandaş anlayışına esas olmuştur. Onun düşünce hayatı ve kariyerine yön veren asıl kaynak *Genç Türkler* hareketidir (bkz. Ş. Mardin, *The Genesis*).

Sultan Abdülhamid'in istibdat rejimine karşı mücadele eden Genç Türkler'in propaganda yazıları, Güneydoğu Anadolu'nun fikir merkezi Diyarbakır'a kadar geliyor ve her aydın gibi Ziya'yı da heyecanlandırıyordu. İmparatorluğun fikir merkezi İstanbul'a gitmek için can atıyordu. 19 yaşında İstanbul'a gelip yatılı bir mektep buldu [Baytar (veteriner) Yüksekokulu]. Bu okuldaki müspet bilimlerle tanışması ileride sosyolojik görüşlerine etki yapacaktır. Orada gizli cemiyetlerle bağlantısı yüzünden hapse atıldı.

Meşrûtiyet'in ilanı üzerine 1908'de İttihâd ve Terakki Cemiyeti'nin Diyarbakır şubesini kurdu ve fiilen siyaset hayatına atılmış oldu. 1909'da Cemiyet'in Merkez-i Umûmî üyeliğine seçilerek Selânik'e gitti. Sosyoloji yazılarıyla tanınan Gökalp'tan cemiyetin ideolojisi için, Gökalp'ın deyimiyle "Yeni Hayat" üzerinde bir rapor hazırlaması istendi. İttihâd ve Terakki iktidara gelince de hukuk ve eğitim alanında aldığı ilerici yöntemlerde Gökalp'ın fikirlerinden yararlandı. Selânik'te idâdîde sosyoloji dersleri vererek Türkiye'de ilk kez bu bilim dalında öğretim yolunu açtı. 1912'de Ergani Sancağı'ndan Meclîs-i Mebûsân'a üye seçildi, İstanbul'da edebiyat dergilerine kültür ve sosyoloji üzerine yazılar yazarak fikir hayatının öncülerinden biri oldu. *Türk Ocağı* kurucuları arasında yer aldı. Dârülfünûn'da İlm-i içtimâ' (sosyoloji) dersleri okutmaya başladı (1915-1919). Birinci Dünya Savaşı bitip İstanbul müttefiklerin işgaline uğrayınca tutuklandı (1919) ve İngilizler tarafından 18 Mart 1920'de Malta'ya sürülenler arasındaydı. Orada sürgün arkadaşlarına sosyoloji ve tarih konuşmaları yaparak "tek hocalı bir üniversite" kurdu (1919-1921). Sürgün dönüşü Dârülfünûn'daki kürsüsü verilmedi, fakat o tabiatı gereği öğretici, hoca görevini yapmaktan, liderlere "doğru yolu" göstermekten geri kalamazdı. Hayâl kırıklığına uğradı, baba yurdu Diyarbakır'a gitti. Diyarbakır'da, 1921-1922 yıllarında çıkardığı *Küçük Mecmua*, İstanbul'da aydınlar tarafından hararetle izleniyordu.

Ziya Gökalp, Millî Mücadele'de İttihâdcıları terk ederek Mustafa Kemal'in safına geçmiş, Ankara'da çıkan gazetelere, *Hâkimiyet-i Milliye* ve *Yeni Gün*'e yazılar yazmış, Gazi'nin Cumhuriyet Halk Fırkası'nın programını hazırlamasına yardım etmiştir. Atatürk, birçok devrim kararında Garpçılar gibi onun da fikirlerini izlemiştir (hukukta kadın erkek eşitliği, Türk'ün ve Türk vatandaşlığının tanımı, Türk Dili ve Tarihi tezleri, her vatandaşın bir soyadı alması gibi). Gökalp'a göre Gazi Mustafa Kemal, Türkçülük emellerini gerçekleştiren kahramandır (Heyd, 80). Taşbaskı bir risâlede Ziya Gökalp, kadınların tesettürünü ve hareme kapatılmasını yermiştir: "Tesettür ibtidaî iştiyâklara (ilkel arzulara) ve çok eski içtimâi müesseselere kadar uzanan bir âdettir. Bu alışkanlığın hâlâ devam etmesi Türk kadınlarına en büyük hakarettir" diyor (Heyd, 69). Duâların Türkçe okunmasını istemiş, Türklerin İslâm öncesi din fikirlerini incelemiş, (*Türk Töresi*), bir Türk-İslâmiyeti'nin varlığını kabul etmiştir. Milletin kendi sinesinde yaşayan millî kültür öğelerinin keşfi ve geliştirilmesiyle Türk kültürünün egemen olması fikri, Atatürk zamanında eğitim ve sanat alanlarında rehber olmuştur. Atatürk onun kültür ve medeniyet ayrılığı ve sosyal gelişim teorilerini kabul etmemekle beraber, ona karşı derin bir saygı duymaktaydı. Kendisini, TBMM'nin II. döneminde Diyarbakır mebusu (1923-1924) olarak destekledi. Gökalp, 1924 Anayasası'nı hazırlayanlardandır. Kültür ve hukuk konularında fikirlerinden vazgeçilemez bir kişiydi. 1909'da Selânik'te İttihâd ve Terakki Merkez-i Umûmî üyeliğinden ölümüne kadar ve ölümünden sonra bu fonksiyonu devam etti. Gökalp'ın vefatında Gazi Mustafa Kemal eşine gönderdiği taziye telgrafında "büyük mütefekkir"in kaybından "bütün Türklerin" üzüntüsünü ifade etmiştir.

İnandığı ve milleti için gerçekleşmesini gönülden arzuladığı fikirlerini yaymak heyecanıyla Ziya Gökalp, basını kullanmaya önem vermiştir. Daha gençlik yıllarında Diyarbakır'da 1909'da *Peyman* adlı dergiyi çıkarmış, Selânik'te 1910-1912 yıllarında dilde sade Türkçeyi savunan Ö. Seyfeddin ve Ali Canib'le *Genç Kalemler*'e yazılar yazmış, 1912-1919'da *Türk Yurdu*'na Türkçülük üzerine bir dizi makale yazmış, 1917'de *İctimâiyat Mecmuası*'nı çıkarmış, 1917-1918'de yenilikçi yazarlar ile *Yeni Mecmua*'da yakın iş birliği yapmış ve 1922-1923'te Diyarbakır'da *Küçük Mecmua*'yı kendi başına yayımlamıştır.

Türkçülük (siyaset bilimcilerinin *Pan-Türkizm* veya *Turanizmi*), Türk dili konuşan, Rus boyunduruğu altındaki halkların kurtuluşu ve dayanışması fikri, Kırım'da İsmail Bey Gaspıralı ile güçlü bir biçimde başlamıştı. Ziya Gökalp gibi İsmail Bey, Türklerin çağdaşlaşması, uyanması için eğitim reformu istiyor, Kırım'da çıkardığı *Tercüman* gazetesiyle bütün Türk illerine, bu arada İstanbul aydınlarına yol gösteriyordu. Türkçülüğün programını Kırımlı büyük reformcu: "Dilde, Fikirde, İşte Birlik" sloganıyla özetliyordu. Gökalp, İstanbul'da Kazanlı Yusuf Akçura, Azerî Hüzeyinzâde Ali ve öbür Türkçüler'in yayın organı *Türk Yurdu* yazı ailesine heyecanla katıldı. Bu dergiye 1912-1919 arasında yazmış olduğu makaleleri sonradan *Türkleşmek, İslâmlaşmak, Muâsırlaşmak* adıyla çıkardığı önemli eserinde bir araya getirmiştir (Türkçülüğün öbür organı o dönemde Ahmed Cevdet'in çıkardığı *İkdam Gazetesi* idi). Gökalp, Birinci Dünya Savaşı sırasında yayımladığı *Altun Destan*'da Türkçü duyguları ateşliyordu. Bir manzumesinde şöyle diyordu:

Uygur, Kalaç, Karluk, Kanklı, Kıpçak
Türk Yurdu bir olsun kalmasın kaçak

O, Türk birliği için bir kahraman, bir ilhan arıyor:

Turan'dan yadları kovan nerede
Kimi Kırgız, Kazak kimi Sart olmuş

Öte yandan Gökalp, millî devlet kurulunca, Türk milletini oluşturan çeşitli etnik grupların, Amerika Birleşik Devletleri'nde olduğu gibi, kaynaşması gereğini vurgular (H. Z. Ülken, II, 493).

Cumhuriyet döneminde 1923-1980 yıllarında tehlikeli bir siyaset olarak yasaklanan Türk halklarının bağımsızlığı ve birliği fikri, Rus emperyalizmi çökünce hayati önemde bir siyaset olarak gündeme gelmiş ve Süleyman Demirel'in "Adriyatik'ten Çin Seddi'ne kadar" diye formüllendirdiği siyasette canlanmıştır.

Ziya Gökalp'ta, tüm İttihâdcı politikasında görüldüğü gibi, Türkçülüğe tam dönüş, Balkan Savaşları'nda Türklerin Rumeli'yi kaybetmesi üzerine kaçınılmaz bir politika olarak egemen oldu. O zaman bir "Türk-İslâm düalist imparatorluk" projesi de Müslüman tebaanın, Arnavutların (1912) ve Hicaz Arapları'nın (1916) ayaklanmaları üzerine terk edildi. Ziya Gökalp gibi aydınların büyük bir bölümü ve aydın subaylar, millî bir Türk devleti fikri üzerinde birleştiler. Mütarekeden sonra 1919-1920'de sarayın İslâmcı hilâfet politikasında direnişi karşısında, Anadolu'da Kuva-yı Millîyye hareketinin güç kazanması, Ankara TBMM hükûmetinin kuruluşu ile Anadolu'da millî Türk devleti bir gerçek hâlini kazandı.

Bu gelişme, Ziya Gökalp'ın çoktan beri düşündüğü ve yaydığı Millî Türk Devleti fikrinin zaferiydi. Gökalp'ın bazı fikirleri, özellikle Turancılığı ve kapsamlı mutlak milliyetçiliği, ölümünden sonra şiddetli eleştirilere hedef olmuştur. Onun inandığı gibi, bireyin iradesini ve bağımsızlığını "ma'şerî vicdan" adına inkâr eden sosyolojik yaklaşımı, dikta rejimlerine yol açan bir toplum felsefesi getirdiği iddiasıyla şiddetle eleştirilmiştir.

Gökalp'ın düşüncelerini en iyi analiz edenlerden biri, H. Z. Ülken'e göre, Gökalp gençliğinde Namık Kemal gibi "bir Osmanlı milliyetçisi", bir "Yeni Osmanlı" idi. Osmanlı'nın kurtuluş yolunu *ilm-i içtimâ'* (sosyoloji) öğretecektir inancındaydı; böylece bu alana kendini verdi. Tüm İttihâd ve Terakkiciler gibi, bu *uhuvvet-i Osmâniyye* yoluyla bir Osmanlı milleti meydana getirmenin mümkün olduğuna inanıyordu. Daha sonra 1909'da *Genç Kalemler*'de Gökalp, Ö. Seyfeddin'in *Genç Kalemler*'de dilde tasfiye (saf Türkçe) hareketini izleyerek "Türkçü" oldu. Selânik'te İttihâd ve Terakki Merkez-i Umûmî üyesi seçildikten (1909) sonra yeni bir Gökalp karşımızdadır. *Genç Türkler*'i izleyerek İkinci Meşrûtiyet'te siyasi devrimin içtimâi devrimle tamamlanması gereğini savundu. İçtimai devrim, "Yeni Hayat" ile gerçekleşecektir. "Yeni Hayat", sosyal hayatın her alanında eski değerler sistemi yerine yeni bir değerler sistemi getirmektir. Bu dönemde A. Fouillée'nin "idées forces" (fikir-güçler) teorisinin etkisi altındadır. "Yeni Hayat" fikir ile, ülkü ile yaratılır ve hayata geçirilir: "Yeni Hayat", öz Türk kültürüne dönmekle gerçekleşecektir. Gökalp için "üstün insan" Türk'tür; yüksek, güzel kültür, Türk kültürüdür. Gökalp'ın düşünce hayatında Türkçülük, Balkan Savaşı faciasından sonra egemen hâle gelecek, Osmanlıcılık ise unutulacaktır. Bu tarihlerde Gökalp, daha çok A. Fouillée ve G. Tarde'ın (taklit sosyolojisi) etkisi altındadır.

Dârülfünûn'da Fuad Köprülü, İsmail Hakkı (Baltacıoğlu), Necmeddin Sadak, A. Emin (Yalman), Şemseddin (Günaltay) ile birlikte, Batı bilim metotlarıyla çalışan ekip içinde yer aldı ve onların fikir odağı oldu. Kültür ve medeniyet ayrılığı tezini ilkin burada çıkan *İçtimâiyât Mecmuası*'nda ileri sürdü. Sosyolojinin temel kavramlarını tespite çalışan, sosyolojik olgu ve araştırma metodu üzerinde ilk etraflı yazısı ("Bir Kavmin Tetkikinde Takip Olunacak Usûl") Fuad Köprülü'nün çıkardığı *Millî Tetebbu'lar Mecmuası*'nda (I, 2, 1912, s. 193-205) yayımlandı. Orada kültür ve medeniyeti ayrı olgular olarak incelemekteydi. Bu dönemde sosyolojinin gerçek kurucusu saydığı

E. Durkheim sosyolojisinin pozitivist-strüktüralist yaklaşımını benimsedi (1917). Bu yeni yaklaşımda, ahlâkın sosyolojik niteliği üzerinde durdu. "Eski Türklerde İçtimai Teşkilât" adlı yazısında (*MTM*, III, 1914) Durkheim ve Mauss'un ilkel toplum tasnifini, Orta Asya Türk kavimlerinin incelenmesini esas aldı. Bu araştırmasında destanlardan yararlanması kayda değerdir.

Ziya Gökalp, Birinci Dünya Savaşı sırasında başlıca fikir akımlarını, yani İslâmcıların gerçek İslâmlaşma (Sırât-ı Müstakîm) fikirlerini, *Türk Yurdu* etrafında toplanan çoğu Rusya'dan göçen Türkçülerin Türçülüğünü ve laik bir toplum isteyen Garpçılar'ın muâsırlaşma (Hüseyin Cahid, Celâl Nûri gibi *İctihad* dergisi yazarları) tezlerini, sosyolojik bir yorum içinde uzlaştırma ve sistemleştirme girişiminde bulundu (*Türkleşmek, İslâmlaşmak, Muâsırlaşmak*, İstanbul 1918). Gökalp, bunu sosyolojinin bir görevi olarak görüyordu. Ona göre, sosyoloji toplum doktorudur. Bu kitap, Cumhuriyet döneminden bugüne dek Türkçülük (N. Atsız, Z. V. Togan, A. Türkeş), Türk-İslâm sentezi (Bkz. *Doğu Batı*, sayı II-5) fikir akımlarının ve siyasette Ülkücüler'in ve Millî Hareket Partisi'nin ilham kaynağı olmuştur. O, Türklerin büyük vatanını, Turan'ı şöyle tanımlıyor: "Turan, Türklerin ideal vatanıdır, Türklerin oturduğu, Türkçenin konuşulduğu ülkelerin toplamıdır." Türkiye, *Turan*'ın bir parçasıdır. Gökalp'ın zaman zaman değişen sistemleştirme çabalarında siyasi pragmatizm egemendir. Biz, sırasıyla Osmanlı, Türkçü ve Atatürkçü Gökalp'ı ayrı ayrı incelemek zorundayız.

Ziya Gökalp'ın etkinliği üzerinde hüküm verenler, olumlu veya olumsuz Türk düşünce hayatı ve siyaseti üzerinde onun derin ve sürekli etkisini tanımışlardır. "Gökalp kişiliğinin her safhasında yeni bir yaratılışta"dır, sosyolojide Durkheim'ı izlemekle beraber "sosyolojinin teorik cephesine esaslı (yeni) fikirler getirmiştir" (H. Z. Ülken).

Ziya Gökalp, "Türk milliyetçiliğinin babası"dır (U. Heyd). Ziya Gökalp, "Yeni Türkiye'yi biçimlendiren, Türkiye Cumhuriyeti'nin manevi kurucularından biri, belki de bu kuruluşta payı en büyük olanıdır" (W. Deeds). Ziya Gökalp "Şark'ta ilk defa olarak Garp'ın anladığı ilim kafasıyla Doğu faziletini nefsinde birleştiren" bir kişidir (Y. Kadri). "Türkiye'deki egemen korporatif düşüncenin en yetkin sistematik düşünürü Ziya Gökalp'tır. Gökalp'ın fikirleri sonraları basit sloganlara ve mitlere dönüşmüştür" (T. Parla).

Gökalp, sosyoloji teorilerinde özellikle E. Durkheim'ın metodolojisini izlemekle beraber, onun orijinal bir Türk düşünürü olduğu noktasında birçok düşünür ve sosyolog birleşir (bkz. H. Z. Ülken, Amerikalı sosyolog C. Zimmerman, Z. F. Fındıkoğlu, N. Akder, M. Turhan ve son zamanlarda S. H. Bolay ve S. Anar); ciddi eleştiriler arasında burada yalnızca T. Parla ve H. K. Kadri'yi analım. Aslında 1930-1990 arasında tüm solcu literatür onu hedef almıştır. Yakın zamanlara kadar onun sosyal bilimlerde icat ettiği terimler (hars, mefkûre, örf, içtimâiyat) kullanılagelmiştir. Türk toplum ve siyasetinin, saltanat döneminden Türk millî devletine geçiş döneminde radikal hızlı değişimleri bir sosyolog olarak gözlemlemesi, onun sosyolojik analizlerine ve hükümlerine kuşkusuz orijinallik kazandırmıştır. Yeni Türkiye doğarken, millet, devlet, hukuk, kadın hukuku, devlet-din ilişkileri, modern ekonomi ve millî eğitim, Türk kültür tarihi ve sosyolojisi, özellikle millî devletin ideolojisini formüle etmekte Ziya Gökalp gibi bir düşünür-sosyoloğa sahip olmak Türkler ve Türk dünyası için gerçekten bir şans eseri olmuştur. Sosyal olguya tam bir nesnellik (objektivite) ile yaklaşım metodu Gökalp'a kendi kuşağında güvenilir, pozitivist bilim adamı, yol gösteren hoca ayrıcalığı kazandırmıştır. Gökalp, bütün bu alanlarda düşüncesine başvurulan Türk "mütefekkir"i olarak anılmıştır.

1908-1924 arasında Türk fikir hayatında yazar/hoca, siyasi programcı, ideolog ve Türkiye'de sosyolojinin kurucusu olarak başardığı muazzam eseri ve ölümünden sonra Cumhuriyet dönemi düşünce hayatı ve araştırma alanları üzerinde derin etkisini bu kısa makalede göstermenin güçlüğünü biliyoruz. Burada, Gökalp'ın temel sosyolojik düşüncesini tespit amacıyla, kültür ve medeniyet tarihçisi A. Toynbee'nin fikirleriyle ilişkisi konusunu tartışacağız

(*Türk Kültürü*, III-31, Mayıs 1965'te çıkan yazıyı genişleterek yeniden ele almaktayız).

Büyük sosyal-siyasi değişim ve kriz devirlerinde, sarsıntının sebep olduğu kargaşa karşısında belirli bir çıkış yolu, yeni bir denge bulma ihtiyacı, insanı değişim sorunları ve değerler sistemi üzerinde etraflı incelemeler yapmaya zorlamıştır. Veya Fransız Aydınlanma Çağı gibi, yeni bir düşünce sistemi, bir uyanış atılımı, sosyal-siyasi yeni bir yapılanmaya götürür. Osmanlı-Türk tarihinde, 1856 Kırım Savaşı'ndan sonra Batı'nın her alanda yıkıcı baskısı karşısında *Yeni Osmanlılar*'ın tepkisi, böyle bir ihtiyacın göstergesiydi. *Yeni Osmanlı*, Genç Osmanlı Hareketi'yle devrimci bir doğrultu aldı. 1878 Berlin Antlaşması'yla Osmanlı İmparatorluğu'nun parçalanışı onaylanmıştı. 1900'lerde patlak veren Makedonya bunalımı, *Genç Türkler'i* İttihâd ve Terakki'yi iktidara getirdi, saltanat fiilen son buldu. Ülke yeniden parçalanma tehlikesi karşısındaydı. Ziya Gökalp, bu krizli zamanda yeni bir denge ve düzen, yeni bir doğrultu arama ihtiyacına en yüksek düzeyde tercüman olmuş bir düşünürdür. Namık Kemal ve Ziya Paşa'nın açık bir şekilde ifade ettikleri toplum ve kültür krizi meselesi, II. Abdülhamid Devri'nde (1876-1908) Paris'te toplanan *Genç Türkler* tarafından *sosyal bir mesele* olarak ele alınmaktaydı. Onlar, hareket noktasını, aynı şekilde sosyal sorunla karşılaşan Fransız sosyolojisinin kuvvetli etkisi altında kaldılar. *Genç Türkler*'in lideri Ahmet Rıza Bey, Auguste Comte'un, *Ordre et Progrès* (Düzen ve İlerleme) fikrini benimsedi, onu siyasi programının temeli yaptı. 1906'da Prens Sabahaddin de Osmanlı toplumunun düze çıkmasını "fenn-i içtimâ'"dan bekliyordu. Fenn-i içtimâ' diyordu, bize toplumumuzun noksanlarını gösterebilecek bir anahtardır. Fakat o, *Le Play* sosyolojisini benimseyerek şahsi teşebbüs, özgürlük ve sosyal mutluluk sayesinde Osmanlı toplumunda bir uzlaşma ve ahenk, yeni bir denge yaratılabileceğini düşünüyordu. Bu kuşakta Ziya Gökalp, Genç Türkler'in içtimâiyatçılığının kuvvetli ve ciddi bir temsilcisi oldu. Daha Selânik'e gelmeden Diyarbakır'da Genç Türk yayınlarının tesiri altında 1909'da *Peymân*'da (Sayı 1, 28 Haziran 1909) yazdığı *İlm-i içtimâ'* adlı makalede, krize bir çözüm yolu bulmak için bu ilimle ciddi biçimde uğraşmak gerektiğini savunuyor, Osmanlı toplumunu oluşturan çeşitli etnik unsurlar arasında doğal düzen ve dengeyi yeniden kurmak için en doğru yolu gösteren araçlardan birinin ilm-i içtimâ' olduğunu iddia ediyordu. O, daha sonra Selânik'te İttihâd ve Terakkî Cemiyeti'nin Merkez-i Umûmî üyesi seçilince, kendisine "Cemiyet-i Mukaddese" nin, yani İttihâd ve Terakki Cemiyeti'nin ana prensiplerini açıklamak ve gençliği topluma bağlamak görevi verildi. İttihâd ve Terakki, daha 1906'da Mısır'da basılı *Nizâmnâme-i Esâsî*si'nde (Madde II, III) içtimâi politikasını şu satırlarla özetlemekteydi: "Her hususta sebeb-i muvaffakiyet olan ahlâk-i hasene-i millîyeyi takviye, ulûm ve maârif ve terakkıyât-ı medenıyye-ı hâzırayı âdât-ı kavmıyye ve ihtiyâcât-i mevkiiyemize tatbîkan memâliki Osmâniyye'de neşr ü ta'mîme çalışmak... Osmanlı anâsır-i muhtelifesi arasında samimî bir ittihâd meydana getirerek vatanın yükselmesine çalışmak..." İşte temel prensipler bunlardı. Gökalp kendisine verilen ödevi geniş bir açıdan bir sosyal mesele olarak ele aldı ve "Yeni Hayat ve Yeni Kıymetler" adlı makalesinde (*Genç Kalemler*, sayı VIII), asıl inkılâbın içtimâi nitelikte olması, yani topluma inmesi gerektiği fikrini savundu ve aynı yazıda bu *Yeni Hayat*'ı getirecek sosyal değerlerin niteliğini göstermeye çalıştı. 1911-1923 yıllarında, Balkan Savaşı facialarıı, Dünya Savaşı, yabancı işgali, Sevr Antlaşması gibi imparatorluğun yıkılış buhranları içinde Gökalp, daima sosyal sorun üzerinde durdu; kurtuluş yolunu daima sosyolojinin kılavuzluğunda aradı. Onun sosyolojisi, bu sebeple, dinamik bir sosyoloji, bir değişme sosyolojisi oldu. Gökalp, kendisi gibi içtimâi-ahlâkî sorundan hareket ederek içtimâi olayı esas alan Emile Durkheim sosyolojisini hararetle benimsedi. Toplumun nasıl ve nereye gitmekte olduğunu incelemek ve sorumlu mevkîde olanlara yol göstermek, onun daima başlıca kaygısı oldu. Gökalp, her dönemde bir ideolog rolü oynadı.

İngiltere'de Arnold J. Toynbee'nin hareket noktası da Birinci ve İkinci Dünya harpleri devresinde var olma veya yok olma sorunu karşısında kalan insanlığın büyük sosyal-tarihî sorunudur. O, 10 ciltlik dev eserinde, *A Study of History*, insanlığın tarih boyunca macerasını başından sonuna inceleyerek, krizin gerçek anlamını görmek ve bizi nasıl bir çözüm yolunun beklediğini göstermek istedi. O, Gökalp'ın millî çerçevede ele aldığı sosyal meseleyi, insanlık ölçüsünde incelemeyi denedi. Sosyal değişmeyi esas konusu sayan XIX. yüzyıl Amerikan sosyolojisi, Carl Zimmerman'a göre, 1920'lerden sonra sosyal yapı araştırmalarına yönelmiştir (*Yeni Sosyoloji Dersleri*, çev.: A. Kurtkan, İstanbul 1964). Sosyal değişme üzerinde incelemeleriyle tanınmış olan ve 1964'te İstanbul Üniversitesi'nde misafir profesör olarak sosyoloji okutan bu değerli Amerikan sosyoloğu, günümüzde tekrar dinamik değişim sosyolojisine dönme gereğine inanmaktadır. Atom çağının korkunç problemleri ve dünyada hızla gelişen modernizasyon-batılılaşma krizinin ortaya çıkardığı hayati meseleler, yeni sosyolojiyi, bir değişim (*development*) sosyolojisi şeklinde ele almaya bizi zorlamaktadır. Zimmerman'a göre, Gökalp ve Toynbee bu vadide bize öncülük etmektedirler. Zimmerman'a göre, Gökalp tek istikametli sosyal gelişim teorisine dayanan XIX. yüzyıl sosyolojisine bağlıdır ve her medeniyetin kendi "sosyal zamanı"nı göz önünde tutmamaktadır. Son zamanlarda İsrailli sosyolog N. Eisenstadt da aynı eleştiriyi yapar. Eisenstadt'a göre, gelişmeye açılan toplumlarda modernleşme belli bir reçete ile gerçekleşmez, daima yeni bir senteze götüren bir sosyal oluşum gündemdedir. Zimmerman'a göre Toynbee, çeşitli doğrultuda yürüyen ve kendi sosyal zamanını yaşayan medeniyetler kavramıyla, yeni dinamik değişim sosyolojisinin zeminini hazırlamıştır.

Zimmerman, misafir profesör olarak İstanbul Üniversitesi'nde bundan yarım yüzyıl önce Ziya Gökalp'ın kurmuş olduğu kürsüde ders verirken, onun tezini değerlendirmeyi ihmal edemezdi. Amerikan sosyoloğuna göre büyük tarihî devrimlerin "bir felsefeye ve halkın desteğine dayanan bir programa sahip olmaları lâzımdır" (*Giriş*, s. 1). Türkiye de kendisini yok etmeye uğraşan güçler karşısına kökten bir inkılâpla çıktı. Zimmerman'a göre Türk inkılâbı, insanlığın XX. yüzyıldaki köklü değişiminin bir parçasıdır. Sosyal bir hareket olarak anlaşılması gereken bu insanlık devrimi, günümüzde dünya ölçüsünde devam etmektedir. Türk devriminin "fikrî şerefi geniş bir manâda Ziya Gökalp'a ve onun rehberliği ile sosyoloji doktrinlerindeki öğretim faaliyetine aittir." Ziya Gökalp, "zamanının hâkim sosyolojisi olan Durkheim sosyolojisinden alınmış teferruatlı sosyal organizasyon teorileri vasıtası ile bu inkılâbın fikrî mimarı" oldu (Giriş, s. 1-2). Gökalp, Durkheim sosyolojisini alıp bir Doğu toplumuna uygulayabildiyse, bu ancak XIX. yüzyılda sosyolojinin soyut kavramlara göre kurulmuş soyut bir sistem olmasından ileri geliyordu. O dönemde, *her toplumun kendi tarihî "sosyal zaman"* kavramı sosyolojide yer etmemişti. Bugün "sosyal zaman"a bağlı bir araştırma konusu olan sosyolojiyi soyut kavramlara bağlı tutmak güçtür. Her toplumu kendi sosyal koşulları içinde izlemek gerekir. Amerikan sosyologları, Türkiye'de Ziya Gökalp'ın yaptığı gibi, ilkin sosyal değişme teorilerine yönelmişti (s. 3-9). Zimmerman, Gökalp hakkında çok dikkate değer başka bir görüş de ortaya atmaktadır. A. Toynbee, "sosyolojisinin büyük bir kısmını, burada, Türkiye'de belki vasıtalı olarak Ziya Gökalp'tan veya onun öğrencilerinden almıştır. Toynbee'nin "toplum" yapısına dair birçok ana fikri Gökalp'ın fikirlerinin benzeridir." Gerçekten Toynbee'nin 1914'ten beri Türkiye'ye sıkı ilgisi bilinmektedir.

Toynbee, Birinci Dünya Savaşı'nda İngiliz istihbarat servisinde Türkiye masasında, daha sonra Paris Barış Konferansı'na katılan İngiliz heyetinde çalışarak çağdaş Türk tarihinin en hareketli devirlerini yakından izlemek imkânını bulmuştur. 1921'de Atina yolu ile Anadolu'da Yunan cephesine gelmiş, Bursa, İzmir arasında bütün cepheyi gezmiş, dönüşünde İstanbul'a uğramıştır. Bu seyâhati sonunda yayımladığı kitapta (*The Western Question in Greece and Turkey, A Study in the Contact of Civilisations*, Londra 1922) Türk-Yunan mücadelesini, geniş bir tarihî yorum içinde, kültürlerin çarpışması şeklinde anlatmaya çalışıyor. Toynbee, medeniyetlerin birbirleriyle karşılaşmasının, insanlığın ilerlemesi veya başarısızlığa uğramasında daima hâkim bir faktör olduğunu vurguluyordu (Preface, VII-VIII). "Bir kimse herhangi çağdaş siyâsî, ekonomik, dînî veya fikrî bir hareketi incelerse, hemen hemen bunun Batı'dan gelen bir tahrike (*stimulus*) karşı bir yanıt (*response*) veya bir tepki (*reaction*) olduğunu görecektir" (s. 5). (Toynbee, *A Study of History*'de *stimulus* yerine *challenge* terimini yeğleyecektir). Ona göre, Batı kültürünün bu etkisi hakkında Batı'da tam bir anlayışsızlık ve ihmal hüküm sürmektedir ve işte bu kayıtsızlık, Batı etkisini Yakındoğu'da yıkıcı, anarşiye götüren bir faktör hâline getirmiştir. Ona göre, Batı Anadolu'ya saldıran Yunanlılar emperyalistler durumuna düşmüş, Türkler ise Batı'nın nasyonalizm fikrinin savunucuları hâline gelmiştir. İngiltere ise böyle bir durumda Yunanları desteklemiş, yani kendi temel prensiplerine ihânet etmiştir.

Toynbee, bu kitabında, tarihî mücadeleleri kültür / medeniyet mücadeleleri olarak anladığını açıkça belirtir. Burada çarpışan, ikisi de kuvvetle Batı medeniyeti etkisi altında bulunan iki medeniyet söz konusudur. Biri *Near East,* yani İstanbul ve etrafında gelişen Doğu Greko-Romen medeniyeti, öte tarafta *Middle East,* yani eski Mısır ve Mezopotamya medeniyetlerinin yıkıntıları üzerinde yükselen İslâmî medeniyettir. *Near East* medeniyetini Bizans yolu ile Yunanlılar, *Middle East* medeniyetini ise Osmanlılar temsil etmektedir. Osmanlı medeniyeti, daha XVI. yüzyıl sonlarında yaratıcılık gücünü kaybetmiştir. Bu medeniyetin çöküşünü o, şu sebeplere bağlar: Evvela merkezî imparatorluğun dayandığı kullar ayaklanmış, ardından Osmanlılar imparatorluklarına dâhil öteki medeniyetleri eritemedikleri için o medeniyetleri temsil edenler başkaldırmışlardır. Böylece, Osmanlı İmparatorluğu çökmüş, fakat İslâmiyet ondan sonra da ayakta kalmıştır. Ona göre bu hâl, dine dayanan medeniyetlerin, tarihte devletlerden daha sürekli ve aslî bir role sahip olduklarını gösteren bir misaldir. Osmanlı toplumunda Batılılaşma cereyanı, 1774 Kaynarca Antlaşması'ndan sonra kendini göstermiş, fakat daima şeriat tarafından duraklamalara uğratılmıştır. Bu devirdeki Batılılaşma da askerî teknik alanını aşamamıştır. Burada zaten tam bir Batılılaşma beklenemezdi; Ortadoğu'nun Batılılaşma karşısında problemleri, Doğu Greko-Romen medeniyetinden çok daha çetrefil bir manzara gösterir (Toynbee'nin bu görüşleri kuşkusuz eleştiriye açıktır. Türkiye'yi ziyaret ettiğinde SBF konferans salonunda kendisiyle tartışmamızı burada anmalıyım. Toynbee'nin görüşleri bugün Samuel Huntington tarafından gündeme getirilmiştir).

Toynbee'ye göre Ortadoğu, boş bir alan değildir. Orada vaktiyle üstün nitelikte bir medeniyet, İslâm medeniyeti canlı hâlde devam etmektedir. Batı medeniyeti ile uzlaştığı taktirde Orta-Doğu medeniyeti, Yunan Ortodoks âleminden daha başarılı olabilir (s. 14) Toynbee daha sonraki eserlerinde bu görüşünü korumuştur (Bkz. *Civilization on Trial*, 4. Baskı, Londra 1953, s. 204-212). Her iki medeniyet, modern dünyada hayatta kalmak için, Batı'nın büyük değer verdiği milliyet esasına dayanmak gereğine inanmış, yani yalnızca aynı dili konuşanlar bağımsız hükümran bir devlet teşkil etmelidir, esasını benimsemiştir; fakat Yakın ve Ortadoğu'da bu prensip, o zamana kadar aynı bölgede sükûnet içinde beraber yaşayan milletleri birbirinin gırtlağına sarılmaya götürmüştür. Daha kötüsü, Batı'nın büyük devletleri, baş gösteren bu şiddetli rekabetleri kendi yüksek politika oyunlarında bir damataşı gibi kullanmak hatasına düşmüştür. Her iki taraf aynı Batılılaşma cereyanını izledikleri hâlde, birbirine karşı düşmanlıkları herzamankinden daha şiddetli bir hâl almıştır. Batı'nın, kendisine daha yakın görünen Yakındoğu medeniyetini (Yunan Ortodoks âlemini), Ortadoğu medeniyetine karşı (Türk-İslâm âlemi) tutması, Ortadoğu ile Batı arasında uzlaşma ve dengeyi imkânsız kılabilir. Toynbee, bütün bu görüşlerini 1922 yılında ifade etmekteydi (Bu gün de sorulabilir: Yunanistan'ı destekleyen AB, Türkiye'ye karşı tutumu ile aynı sorun karşısında değil midir?). Daha sonraları millî Türk devletinin kuruluşunu, Atatürk devrimlerini izleyen Toynbee, bu gelişmeleri evrensel Batılılaşma hareketi bakımından dikkate değer bir misal olarak incelemeye devam etti. Bu arada, Ziya Gökalp'ın fikirlerine ilgi göstermiş olması tabiîdir. 1924'te Gökalp'ın ölümü üzerine onun fikirleri, Batı dünyasında M. Hartmann ve R. Hartmann'ın çevirileriyle ve J. Deny ve E. Rossi gibi oryantalistlerin incelemeleriyle daha iyi tanındı. Bu arada Ahmet

Muhiddin, *Kultur Bewegung in Modernen Turkentum* (Leipzig 1921) adlı eserinde Gökalp'a geniş yer ayırmıştı. Toynbee'nin, 1922'de yayımladığı adı geçen kitapta, Ziya Gökalp'ın izleyicileri Ahmet Emin'in *The Development of Modern Turkey as Measured by its Press* (N. Y. 1914) ve Tekin Alp'in *Türkismus und Pan-Türkismus* (Weimar 1915) adlı eserlerini gördüğü anlaşılmaktadır (Bkz. Bibliyografya, s. 373-374). Toynbee, kendi tarih görüşü üzerindeki etkileri anlatırken Spengler'den veya başkalarından bahseder (*Civilization on Trial*, s. 1-15), fakat Gökalp'ı hiç zikretmez. Toynbee, dikkatini medeniyetlerin doğuşu, gelişimi ve çöküşü meselesi üzerinde topladığını ve kültürler arasındaki farkları açıklamak için XIX. yüzyılda moda olan ırk ve çevre âmilleri yerine, başka çözüm yolları aradığını belirtir. Hemen ilâve edelim ki, o "challenge and response" teorisi ile yeni bir açıklama şekli getirdiği inancındadır. Özetle Toynbee, Yakın ve Ortadoğu'da krizin gerçek sebebini, çöküş hâlinde iki medeniyetin Batı medeniyeti karşısındaki durumlarına ve bunun ortaya çıkardığı sorunlara bağlamaktadır.

Toynbee, yukarıda özetlediğimiz yorum şekillerini daha sonra, *A Study of History*'de (Londra 1949) daha geliştirilmiş bir şekilde tekrarlayacak, *challenge and response* nazariyesini tarihin itici bir kuvveti olarak işleyecek, tarihî gelişmeleri medeniyetler arasındaki karşılaşmada görecek; başka bir deyişle, insanlık tarihini bir kültür dinamiği olarak yorumlayacaktır.

Gökalp'ın toplum, değişim ve gelişme (development) üzerinde temel görüşü, Toynbee'ninkine taban tabana zıttır. Gökalp'ın esas görüşü şudur: Toplum, doğada kendi kendine var olan, kendi kanunlarına bağlı apayrı bir realitedir. Toplum hayatı, fizyolojik yaşamın veya bireysel psikolojinin bir eseri değildir ve onunla açıklanamaz; aksine bireyin zihnî hayatı, davranışları, kültürü, bu realitenin, yani bireyin üstünde sosyal vicdan (*conscience collective*)'ın bir eseridir. Gökalp, toplumsal realite hakkında bu plüralist görüşten hareket etmekle (bu soru üzerinde bkz. Necati Akder, "Ziya Gökalp'ta Tarih Anlayışının Felsefî Temeli", *Türk Kültürü*, sayı II, s. 11-14 ve sayı XII, s. 10-13), E. de Roberty, L. Gumplovicz, E. Durkheim, F.

Oppenheimer, F. Tönnies gibi sosyologları birleştiren esas görüşü paylaşmaktadır (P. Sorokin, *Contemporary Sociological Theories*, Harper, 1928, s. 433-487).

Toynbee'ye göre, bireyin üstünde toplumsal bir realite olamaz veya toplumu biyolojik organizmalara benzer bir organizma saymak tamamıyla yanlıştır. Toplum, birbirleriyle ilişki içindeki bireylerin faaliyetlerinden ibarettir. Toplum hayatı insanlar arasında bir ilişkiler sistemidir (*A Study of History, Abridgement of vol. I-VI* by D.C. Somervell, Londra 1949, p. 211). Bu sosyolojik yorumu, esas itibariyle, Durkheim sosyolojisine karşı Max Weber sosyolojisinde buluruz. Sosyal olgu, bireyler arasında anlamlı ilişkilerden ibarettir; bireyler üzerinde egemen bir "ma'şerî vicdan" hayâlden ibarettir.

Kültür ve medeniyetin niteliğine gelince, Gökalp daima temel sosyolojik görüşünü izleyerek, kültürü bireyin üstünde âdeta organik bir realite sayar ve kültürü insanın iradî eseri olan medeniyetten kesin bir çizgi ile ayırır. Kültür; aşiret, kavim gibi "doğal" toplumlarda, o toplumu tutan ve birleştiren düşünce ve kurumların organik şekilde bütünleşmiş hâlidir. Bu düşünce ve kurumlar, genellikle birer değer yargısı taşır. Tamamıyla o topluma özgü olup sübjektif ve duygusal niteliktedir. Kültür, o toplumun özel kişiliğini ve o toplumun sosyal dayanışmasının temelini teşkil eder. Kültürün (Gökalp *medeniyet* kavramına karşı kültür için, daima Arapça'dan aldığı *hars* terimini kullanır) kendi içinde gelişen doğal bir evrimi vardır. Kültür, dışarıdan zorla değiştirilemez. Bir organizma gibi dışardan kendi yapısına uygun medeniyet unsurlarını alır, sindirir, uygun olmayanları atar. İlkel doğal cemiyetlerde kültür, topluma hâkimdir ve onu bütün oluşturan "idealler" "mefkûre"ler oluşturmaktadır. Kültürün temel fonksiyonu, belirli bir toplumun bireyler arasında dayanışmayı, yani bir toplum olarak bütünlüğünü ve devamını sağlamasıdır. Böylece kültür, temel bir sosyolojik olgudur.

Gökalp'ın bu kültür yorumunda, kültürü bir organizmaya benzeterek incelediği, onda organizmalara özgü bütün unsurları aradığı görülür. Kültür hakkında burada özetlediğimiz temel yaklaşımı o, her defasında bir yönünü açıklayarak çeşitli yazılarında tanımlamaya çalışmıştır (Gökalp'ın ciddi sosyolojik analizlerini popüler yazılarıyla karıştırmamak gerekir). Örneğin bir yerde ("Hars ve Medeniyet", *Yeni Mecmua,* No. 60, 1918, s. 142) diyor ki: "Bir cemiyetin bütün fertlerini birbirine bağlayan, yani aralarında tesanüt (dayanışma) husûle getiren müesseseler, harsî müesseselerdir... Hars kendi kendine değişir, tekâmül eder, fakat zorla ne geriye ne de ileriye götürülemez. Millî hars herkesin razı olduğu bu tabiî örflerin mecmûundan ibarettir." Harsın esas unsuru olarak ele aldığı *örf,* gelenek üzerinde yazdıkları konu bakımından özel bir önem taşır ("An'ane ve Kâide", *Türk Yurdu,* No. 39, 1913; "Örf nedir?", *İslâm Mecmuası,* No. 4, 1914; *Türkleşmek, İslâmlaşmak, Muâsırlaşmak,* İstanbul, 1918, s. 14-19). Örf, bir toplum tarafından genelde benimsenmiş, "içtimâi vicdana" mâl olmuş, bir davranış biçimidir. Topluma mâl olması onun temel şartıdır. Bu karakteri ile örf, bazen sosyal onayı sağlayamamış âdetlerden veya yapay olarak konmuş kural veya kanunlardan ayrılır. Gökalp, böylece kültüre ait toplumsal tasavvurları (*representations collectives*) örf kavramı ile ifade etmektedir. Örfün doğuş şekli incelenirse, kültürün niteliği daha iyi anlaşılır. Dışarıdan gelen bir âdet veya müesseseye karşı toplum, olumlu veya olumsuz bir tepki gösterir. Onu beğenir, alır veya reddeder. İşte bu tepki, "ma'şerî vicdanın" tepkisidir. Yabancı unsur kabul edilirken, değiştirilerek, o kültürün yapısına uygun bir hâle sokularak ve manâlandırılarak o cemiyete mâl edilir, sindirilir. Bundan şu önemli sonuç çıkar ki, tam bir kültürleşme (*acculturation*) bir kültürün bir milletten ötekine geçmesi, asla söz konusu olamaz. Örf, canlı olarak yaşadığı bir toplumda bireyler üzerinde güçlü çekicilik gösterir. Ona karşı gelenler üzerinde toplum tepki gösterir, baskı yapar. İşte bu özellikleridir ki, örfün birey dışında kültürü bir bütün olarak temsil eden "ma'şerî vicdanın" bir öğesi olduğunu ispat eder. Belirli bir zamanda "ma'şerî vicdan"da yaşayan örflerin tümü, o toplumun kültürünü meydana getirir. Onları organik bir bütün hâlinde tutan "ma'şerî vicdan"dır. Gökalp'a göre, *medeniyet,* sosyal menşe ve niteliği itibariyle kültürden ayrılır: "Medeniyet, usûlle yapılan ve taklit vasıtasıyla bir milletten diğer millete geçen mefhumların ve tekniklerin mecmûudur" (Osmanlı Batı'dan matbaa ve başka "medenî" teknik kurumları almış, fakat yaşatamamıştır. Taklit yeterli değildir. Bu kurumları doğuran ve yaratan sosyal kültürel koşullar Osmanlı toplumunda mevcut olmadığı için devam edememiştir. Demek ki, medeniyet-kültür ayrılığı o kadar kesin değildir).

Medeniyet kavramına dâhil ettiğimiz *öğeler*, doğuşlarında bireylerin irâdî bilinçli eseridir; taklitle yayılır, bir topluma veya bütün insanlığa mâl olabilir. Duygusal değil, objektif niteliktedir. Herkes için aynı değeri taşır. Genelde fayda düşüncesine dayanır. Gözetilmediği takdirde ma'şerî (toplumsal) vicdanın tepkisi ile karşılaşmaz (sağlık kurallarını gözetmediğimiz zaman bundan ma'şerî vicdan incinmez, biz hasta oluruz). Gökalp'ın yaptığı çeşitli tanımlamalar, onun medeniyet hakkında görüşünü parça parça açıklamaktadır. "Harsları ve dinleri ayrı olan müteaddi cemiyetler arasındaki müşterek müesseselerin mecmûuna medeniyet" denir. Böylece medeniyetin en önemli yanı, *uluslararası* (*international*) olmasıdır. "Bir cemiyetin üst tabakasını başka cemiyetlerin üst tabakalarına rapteden müesseseler medenî müesseselerdir. Bir nev'iden olan bunun gibi müesseselerin yekûnu medeniyet nâmını verdiğimiz mecmûayı vücûda getirir" ("Hars ve Medeniyet", *Yeni Mecmua*, No: 60, 1918, s. 142). "Hars, cemiyetlerin derûnî (iç) inkişâfından, medeniyet ise muhtelif harsların ihtilâtından (karışımından) husûle gelir" ("Harsla Medeniyetin Münasebetleri", *Yeni Mecmua*, No: 61, 1918, s. 162). Sonuçta bir medeniyet, belirli coğrafî sınırlar içinde birçok kavmi ve devleti içine alabilir. Kültür grupları karşısında medeniyet grupları, veya medeniyet daireleri vardır. Fakat burada işaret edelim ki, Gökalp, medeniyete daha sonraları, kültüre yakın özellikler tanımıştır. Ona göre, her medeniyet ayrı bir sisteme mensuptur. Başka bir mantığı, başka bir hayat görüşü vardır. Medeniyetler birbirleri ile karışmazlar, sahaları ve evrimleri ayrıdır. Meselâ bugün bir İslâm medeniyeti, bir Budist medeniyeti, bir Avrupa medeniyeti vardır. Bir millet, tarihinin bir döneminde bir medeniyetin, bir başka döneminde başka bir medeniyetin mensubu olabilir. Böylece, Türkler Orta Asya'dayken, Uzakdoğu medeniyet dairesine, İslâmî Sultanlık devresinde Ortadoğu medeniyet dairesine, millet devrinde ise Batı medeniyet dairesine girmişlerdir. Batı medeniyeti içinde birbirinden ayrı ve bağımsız bir İngiliz kültürü, Fransız kültürü, Alman kültürü vardır. Gökalp'a göre birbirine zıt medeniyetler, aynı toplum içinde yanyana yaşayamaz ve uzlaşamaz. İki dinli bir fert olamadığı gibi (aynı misal Huntington tarafından zikredilmiştir) iki medeniyetli bir millet de olamaz. Gökalp'a göre medeniyet, kültür gibi dinî, ahlâkî, hukuki, mukalevelî, bediî (estetik), iktisadi, lisanî ve teknik hayatı içine alır. Görülüyor ki, Gökalp böylece medeniyet tarifini genişletmiş kültüre yakın bir yoruma gelmiştir. Burada ilâve edilebilir ki, dogmatik medrese İslâmiyeti'yle yerli ve tarihî kültürle kaynaşmış yerel "millî" bir İslâmiyet'ten haklı olarak söz edebiliriz. Bir İran İslâmiyeti; bir Türk İslâmiyeti vardır. Gökalp ayırt edici bir nokta üzerinde ısrarla durmuştur: bütün bu öğeleri medeniyet *sun'î (yapay) olarak* meydana getirir. Meselâ bir Türk musikîsi vardır; yüzyıllar boyunca Türk kavminin ruhunda meydana gelmiştir. Bu musikî, milletin tümünü heyecanlandırır. Onun yanında teknik usûllerle meydana getirilmiş İslâm medeniyetine mahsus bir de klasik musikî vardır (bugün halk musikîsi ve sanat musikîsi diye ayırıyoruz). Milletin tümünü değil, bu teknik terbiyeyi almış belirli bir zümreyi heyecanlandırır. Edebiyatta, hukukta, lisanda ve başka alanlarda da aynı şeyi tespit etmek kolaydır. Medeniyet gruplarının; bir ma'şerî vicdanı, bir harsı yoktur. Osmanlı saray medeniyeti, halk kültürüne karşı İran ve Hint saraylarında egemen sınıfların ortaklaşa benimsediği yapay, kozmopolit "yüksek" bir kültürü temsil etmekteydi (Divan Edebiyatı-Halk Edebiyatı).

Kültür değişmelerine gelince, bir kültür dış etkiler altında kalır ve değişebilir. İlkin, "bir kavmin bütün şubeleri aynı dinin ve aynı devletin velâyeti altında birleşerek umûmî bir tesanüde tâbi olunca, hars da kısmîlikten kurtularak tamamıyla kavmî bir mâhiyet alır" ("Hars ve Medeniyetin Münasebetleri", s. 162). Öbür yandan, komşu kavimlerle temaslar sonucunda yeni unsurların girmesi ile de bir kültür değişmez, fakat zenginleşir. Anadolu'da Türk halk kültürü, "yüksek" kozmopolit kültürden birçok öğe almış, fakat aslî karakterini asla kaybetmemiştir. Bu kültür alımı işinin nasıl olduğunu yukarıda örften bahsederken kısmen açıklamıştık. Burada ilâve edelim ki, Gökalp, bir kültürde dış öğelerin benimsenmesinde şöhret ve nüfuzun, prestijin önemi üzerinde durur. Kültürün duygusal niteliği dolayısıyla, bu davranış (*attitude*), doğal olarak duygusal olacaktır. Bir kültürün başka bir kültür mensupları üzerinde meydana getirdiği hayranlık hissi, kültür alışverişinin ilk önemli şartıdır. Bu faktör çoğu zaman fayda düşüncesini bastırır [Osmanlılar, Avrupa medeniyetinin üstünlüğünü ancak Viyana bozgunu (1683-1699) yıllarında kabul ettiler, Avrupalı öğeler prestij kazandı ve Batılılaşma başladı. Paşaların konaklarında *alafranga* döşenmiş bir oda yapmak moda oldu. Bugün Amerikan kültür öğeleri bütün dünyayı sardıysa, bu Amerikanizm'in prestijli kültür düzeyine erişmesiyle açıklanabilir, yoksa içeriğinde, *intrinsic*, bir değer düşünülemez].

Gökalp'a göre, dinler gibi imparatorluklar da medeniyetlerin oluşmasına yol açmıştır. Bir kavim, fütûhat yolu ile bir imparatorluk kurar, çeşitli kavimleri ve harsları bir egemenlik şemsiyesi altında toplar. Harsların karşılaşmasından ve karışmasından ülkede ortak bir *medeniyet* meydana çıkar. Bir hars, bazen bu medeniyet çevresinde çözülür, ortadan kalkabilir; fakat çoğu zaman halk arasında anadil ve örfler saklanır ve demokratlaşmanın ilerlediği, imparatorlukların parçalandığı zamanlarda bu harslar yeniden hayat bulur ve hars birliğine dayanan millete vücut verir (Osmanlı fethinde yüksek medeniyet kurumlarını kaybeden Balkan halkları, XVIII ve XIX. yüzyılda halk kültürlerinin canlanmasıyla millî kültürlerini yaratmış ve millî devletlerini kurmuşlardır).

Toynbee'ye gelince, o medeniyet ve kültür arasında bir farklılık görmez. Medeniyet, bir kültürel yapı (*cultural entity*)'dır. Ona göre teknoloji –sanat ve dine göre daha gevşek olmakla beraber– kültürel bir unsurdur. Batı'dan evvela silah tekniğini alan bir toplum (meselâ Osmanlı) zamanla Batı medeniyetini bütünüyle almak zorunda kalacaktır (A. J. Toynbee, *Reconsiderations*, Londra 1963, s. 76-77, 110). Kültür sosyolojisi uzmanı A. L. Kroeber, Toynbee'nin bu fikrini eleştirmiş, onun medeniyetler (kültürler) arasında birbiriyle kaynaşamaz aykırılıkları, görmezlikten geldiğini belirtmiştir. Gökalp, sağ olsaydı, kuşkusuz aynı eleştiriyi yapacaktı. Toynbee'ye göre, günümüzde oluşan en büyük tarihî olay, Batılılaşmanın bütün insanlığı içine alan ve çok hızla gelişen bir akım hâlini almış olmasıdır (Bunu, teknolojik medeniyetin ezici üstünlüğünde aramalıdır). Bunun sonucunda, yakın bir gelecekle bütün insanlık tek bir toplum hâline gelecek ve tek bir tarih yaşamaya başlayacaktır. Bu da Fukuyama ve Huntington'un iddia ettikleri gibi tarihin sonudur. Fakat böyle bir tablo, çok çiçekli rengârenk bir bahçenin tek çiçekli bir hâle gelmesi gibi sevimsiz olacaktır.

Toynbee, kuşkusuz G. Tarde'ı ve Henri Bergson'u izleyerek, yaratıcı bireyi, medeniyetleri değiştiren temel dinamik faktör olarak görür: "Bütün sosyal yaratma faaliyetleri yaratıcı fertlerin veya hiç olmazsa yaratıcı azınlıkların eseridir" der. Göreneğe bağlı ve doğal olarak statik olan toplumu, alıştığı yoldan çıkarıp yeni bir doğrultuya yönelten kuvvet yaratıcı bireydir. Birey, ilkin evvela toplumdan çekilir; sonra ruhî bir coşkunluk içinde uzletinden çıkarak cemiyete geri gelir ve onu yeni bir hayata yöneltir (Hazreti Muhammed, Gazâlî ve Buddha gibi). Görülüyor ki, Toynbee ve Gökalp, toplum, kültür ve medeniyet ve medeniyetlerarası ilişki konularında kesin bir karşıtlık içindedirler (Toynbee yorumu, Atatürk reform yöntemini destekler; Gökalp ise bugünkü durumu açıklar gibidir).

Öbür yandan Gökalp'a göre, bir milletin kendi benliğini bulması, kendi hars ve medeniyetini tanıması, büyük millî felaketlere uğradığı zaman ortaya çıkan millî kahramanlar sayesinde olur. Millî önderler, millî ideali (mefkûreyi) keşfederler ve kişiliklerinde temsil ederler (Bu sözleri aynen Atatürk'te bulacağız). Yaratıcı mefkûre ölmez, zamanla milleti ve millî harsı yaratır. Mefkûre, "yaratıcı hamle"yi (*élan vital*) içinde taşır. ("Cemiyette Büyük Adamların Tesiri", *İçtimâiyât Mecmuası*, No: 2; "Ferd ve Şahsiyet",

Yeni Mecmua, No: 1). Gökalp'ın, Bergson'un kuvvetli etkisi altında kaldığı zamanlar olmuştur ve onu, Toynbee ile birleştiren fikirler şüphesiz bu kaynaktan gelmektedir. Fakat Gökalp, kahramanın ortaya çıkışını ve başarısını topluma, *ma'şerî vicdana* mâl ettiği hâlde, Toynbee bunu ferdin iradesine ve taklide bağlar.

Toynbee, tarihî cemiyetleri karşılaştırarak kültür değişimi hareketlerinin şekillerini saptamaya çalışmış, bir kültürün üstün bir kültür karşısında şu veya bu davranış şeklini gösterebildiğini, fakat bunun o kültürü yok olmaktan kurtaramadığını iddia etmiştir. Gökalp'a göreyse kültür ölmez.

Medeniyetle millet ve din arasındaki ilişkiler bahsinde de Toynbee ile Gökalp arasında benzerlikten çok ayrılık vardır. Yukarıda işaret etmiştik, Toynbee'ye göre, medeniyet ve kültür aynıdır ve bir medeniyet çeşitli kavimleri ve devletleri içine alabilmektedir. Ona göre, tarihî gelişmelerin gerçek değişmez birimi, millet veya devletler değil, medeniyetlerdir. Tarihi, millî tarihler şeklinde bölmek yapaydır. Devletler ise geçici kuruluşlardır (*Civilization on Trial*, s. 224). Ödevimiz tarihte meydana çıkmış olan medeniyetleri belirlemektir; ona göre bağımsız bir hayatı olup evrimini tamamlamış yirmi bir medeniyet gelip çatmıştır; konuyu karşılaştırmalı bir incelemeye tâbi tutmak, medeniyetlerin doğuşunu, yayılışını ve çöküşünü belirleyen sebep ve faktörleri bulmaktır. Medeniyetler, doğal varlıklar gibi doğar, büyür ve ölürler. Bu yorumda Toynbee, Gökalp'a yaklaşmaktadır.

Toynbee'ye göre, bir medeniyet ölünce, onun yıkıntılarından yeni bir medeniyet doğar ("Medeniyet, kendi kendini yeniden yaratmağa çalışan bir varlık türüdür", *Trial*, s. 216, 222). Medeniyetin bu yenilenmesi, yeniden doğuşu sürecinde yüksek dinler, metamorfozu sinesinde hazırlayan bir koza vazifesi görürler. Meselâ Hıristiyanlık, Greko-Romen medeniyeti ile Batı medeniyeti arasında bir geçiş-oluş devresini temsil eder. Medeniyetler dağılırken yüksek dinler doğar.

Toynbee, son defa çıkardığı *Reconsiderations*'de eski görüşlerini, yapılan eleştiriler karşısında yeniden gözden geçirmektedir. Orada dine, insanlık hayatında daha bağımsız bir yer tanımaktadır. Diyor ki evvelce dini medeniyete bağlı bir gelişme olarak kabul ediyordum. Bu sosyal hayatın ilkel safhalarında bir dereceye kadar doğrudur. Fakat yüksek dinler, yalnız sanatı ve sosyal yapıyı değil, siyasi ve iktisadi teşkilatları da içine alan kendi başına yaratıcı bir kuvvettir (*Reconsiderations*, s. 77-78). Dinler, medeniyetlerin anasıdır. Toynbee, burada önemli bir olguya parmak basmaktadır. Gökalp'ın söz ettiği millî kültürün alt tabakası saydığı örfüâdâtın oluşumu, Türk toplumunda yüzyıllar boyunca din etkisi altında meydana gelmiştir. Bu noktada Toynbee'nin yüksek dinlerde, Gökalp'ın kültüre, "ma'şerî vicdana" tanıdığı nitelikleri gördüğü söylenebilir. Toynbee'ye göre, çağımızda Batı medeniyetinin bütün dünya kültürlerini silip süpüren hızlı yayılışı her yerde şekilsiz kitleler yaratırken, bunun sonucunda bu kitleleri sînesinde toplayan ve yeni bir medeniyeti hazırlayan yeni bir dinin ortaya çıkmasını beklemek lâzımdır (*Trial*, s. 28, 40, 225-263). Toynbee, daha ileri giderek, dinlerin rolü hakkında mistik bir görüşü benimsemiştir. Ona göre, medeniyetler Allah'ın daha yüksek bir hayat şekli yaratma, daha mükemmeli meydana getirme iradesinin hayat sahnesindeki tecellileridir (*Trial*, s. 11-12). Bu görüşü son defa *Reconsiderations*'de daha kuvvetle tekrarlayan İngiliz düşünürü, eski dinlerin tarih felsefesini benimsemektedir. Batı medeniyeti, yirmi defa başarısızlıkla tekrarlanmış olan insanlık yaşama tecrübesinin son girişimidir. Bu noktada Toynbee, artık geleceğe ait keşiflerde bulunan mistik bir tarih felsefecisidir ve millî kültürleri tamamıyla bir tarafa bırakarak gözlerini gelecek bir dine çevirmektedir. Batı kültür-medeniyetini benimsemeyi yaşam kavgasında hayati önemde sayan (Türkiye'de *İctihad* dergisi etrafında toplanan Garpçılar ve Atatürk) aydınlar, Batılılaşmayı, belli bir reçete (N. Eisenstadt) veya bir "harita"yı (Şerif Mardin) izleyerek kendiliğinden olabilecek bir süreç gibi algılarlar. Ekonomik kalkınma planları, fabrikalar, demiryolları inşası, laik bir eğitim sistemi geleneksel toplumu modern Batılı toplum hâline getirir inancındadırlar. Bazı gelişme teorisyenleri, bu türlü yukarıdan gelen hızlı ve zorlu bir çağdaşlaşma sürecini mümkün görürler. Buna karşı Gökalp, çağdaşlaşmanın, ancak uzunca sosyal bir süreç içinde gerçekleşeceğine inanan sosyologlar arasında yer alır. Son defa Eisenstadt'ın gözlemi, klasik tek yönlü determinist bir çağdaşlaşma teorisine karşı, yeni gelişme teorisinin Gökalp'a hak verdiğini göstermektedir. Eisenstadt'a göre, "Modernleşmede çeşitli sosyo-demografik veya yapısal göstergeler, sadece geleneksel toplumun ne dereceye kadar çözülme yolunda olduğunu göstermekte, fakat geleneksel karakterini aşmış bir toplumun ne dereceye kadar gelişmiş olduğu ve nasıl bir toplum meydana geldiğini belirleyememektedir. Geleneksel ailenin, cemaat hayatının, hatta siyasi yapıların tahribi, çoğu zaman kargaşanın, sosyal çöküntünün, suçluluğun artması ve anarşiyle sonuçlanmaktadır" (*Doğu Batı*, III-10, Nisan 2000, s. 92).

Bugün, Türkiye'de kültür ve kimlik sorunları, hem Gökalp hem de "Garpçı"lara hak verdirecek sosyal-siyasi bir aşama göstermektedir. Gökalp'a göre, kültür temeline dayanan millet, "ma'şerî vicdan"ın ve içtimâi dayanışmanın en canlı ve kuvvetli olduğu toplum şeklidir. Atatürk, devrimlerini eğitim, halkevleri, dil ve tarih tezleriyle yeni bir millet kültürü yaratmaya çalışarak pekiştirmek gereğini anlamıştı. Çağımızda dinî zümre veya Batıcı zümre, millî kültür niteliğine sahip değildir. Gökalp, 1913'te *Türk Yurdu*'nda *Türkleşmek, İslâmlaşmak, Muâsırlaşmak* başlığı altında ünlü makalelerini yazdığı zaman bu inançtaydı. Bunları yazmaktan asıl maksadı da Türkçülüğün, diğer akımlar karşısında üstünlüğünü kanıtlamaktı. Balkan Savaşı faciasından sonra Türk milliyetçiliği tepkisel bir şekilde kendini göstermişti. 1913'te bir sosyolog olarak kendi rolünü, belirli bir zamanda "ma'şerî vicdan"a egemen olan akımı bulup ortaya çıkarmak ve ifade etmek şeklinde yorumlayan Gökalp, bu yazılarında milliyet esasının üstünlüğü üzerinde durmaktadır. Gökalp, din ve medeniyet bağlarını, açıkça milliyete bağımlı daha gevşek sosyal bağlar olarak görmekteydi. "Kavme, ümmete, devlete, vatana, aileye, sınıfa, hirfet ocağına ve ilâh... mensup ne kadar mefkûreler varsa, cümlesi millî mefkûrenin muavinleridir... İktisadiyat sahasında bile sınıf mefkûresi millet mefkûresinin bir tâbiidir." (*Türkleşmek, İslâmlaşmak, Muâsırlaşmak*, s. 58-59).

Gökalp'a göre, her millet, canlılığını korumak için, millî hayattan doğmuş, organik kurumları desteklemelidir. Millî gelenek, uluslararası nitelik taşıyan medeniyet ve din karşısında geriye çekilen bir unsur değildir. Millî kültür, milleti ileri götüren yaratıcı bir faktördür. Medeniyetten gelen öğeler, ancak ona aşılanmak suretiyle bir hayat ve gelişme imkânı kazanır; "âdî taklitte olduğu gibi çürüyüp düşmez." Milletin ruhunda yaşayan canlı gelenekler, milleti bir bütün hâlinde tutar ve yükseltir. Buna karşı artık toplum bilincinde yaşamayan bir medeniyet veya dine ait kurallar, ölü alışkanlıklar olarak devam eder ve milleti gelişme yolundan alıkoyarlar. Tutucu kesim, mevcut kuralların değiştirilmesine küfür nazarı ile bakar; buna karşı radikal devrimci, millî vicdana yabancı olup olmadığını düşünmeden birtakım yeni kurallar getirmeye çalışır. Gökalp'a göre her ikisi de kültürün gerçek yapısını ve dinamiğini göz önünde tutmamaktadırlar (*Türkleşmek*, s. 14-15). Gökalp'ın bu gözlemleri, bugün içinde bulunduğumuz kültür ve kimlik sorunlarımızı bütün çıplaklığıyla gözlerimiz önüne sermiyor mu?

Görülüyor ki, Gökalp millî kültürü, donup kalmış bir örfler örgü tü saymamaktadır. Dinamik ve daima gelişme hâlinde bulunan millî kültür, Gökalp sosyolojisinin temel görüşüdür. On yıl sonra, 1923'te yazdığı *Türkçülüğün Esasları* adlı eserine aynı ruh hâkimdir. O, millî kültürün medeniyet karşısındaki durumunu, bugün için de geçerli şu satırlarla belirtmektedir: "Bir milletin fertlerini duygu birliğinden mahrum eden yahut iş bölümüne mâni olan müesseseler, harsa münâfidir (karşıdır)... Bizde Levanten yahut kozmopolit nâmı verilen bir sınıf vardır ki... medeniyet nâmı altında başka milletlerin millî harslarını yalanyanlış taklide yeltenirler. Halk, millî harsı bırakıp başka milletlerin harsını taklit eden bu sınıfı kendi cinsinden saymadığı gibi bunlar da halkla zevken mütecanis olmayı nefsleri için zül addederler." Sanatkârlarımız "usûller ve fenniyeler (teknikler) almakla iktifa etsinler. Bize başka milletlerin *zevklerini* ve *meşreblerini* getirmeye sakın uğraşmasınlar. Hikâyecilerimiz de Avrupa'nın tekniğini öğrendikten sonra halk hayatını iyice tetkik etmeli, halk enmûzeclerini (örneklerini) doğru bir gözle görmelidirler. Bunun için de evvelemirde halkı canıgönülden sevmeleri lâzımdır... Her millî hars, kendi istiklâlini muhafaza edebilmek için beynelmilel medeniyeti temsil etmek ıstırarındadır." (*Hars ve Medeniyet*, s. 143). Zira biz "hars itibariyle hiçbir milleti kendimizden üstün göremeyiz. Bize göre, Türk harsı dünyaya gelmiş ve gelecek olanların en güzelidir. Binaenaleyh, ne Fransız kültürünün ne de Alman kültürünün mukallidi ve tâbi olmamıza imkân yoktur" (*Türkçülüğün Esasları*, s. 93). Gökalp, böylece millî kültürleri zamanla ortadan kaldıran bir enternasyonalizme hiçbir zaman inanmaz. Zirâ o zaman milletler, ruh ve kişilikten yoksun şekilsiz kitleler durumuna düşer ve eski imparatorluklarda olduğu gibi, dünya yüzünden hâkim bir kültürün potasında erir giderler. Halbuki, Gökalp'a göre, çeşitli kültürlerin dayanışma hâlinde yaşadığı bir insanlık, çeşitli doğrultularda gelişen zengin kültürlü bir insanlık manzarası göstermelidir. Bugün *Unesco*, (bkz. *History of Humanity*, ed. H. İnalcık ve P. Burke, V. Cilt, 1998) adlı büyük esere başlarken bütün kültürlerin eşitliği prensibiyle hareket etmiştir. Gökalp'a göre, esasen medeniyetler de kültürlerin karşılaşmasından ve karışmasından meydana gelir ve yükselir. Diğer yandan Gökalp'a göre, müspet ilimlerin ve teknolojinin gelişmesinden doğan modern medeniyet, milletler arasında yayılarak yeni bir enternasyonalizm meydana getirmekte ve dine dayanan milletlerarası bağlılıklar yerine geçmektedir. Japonya ve Türkiye gibi milletlerin Avrupa medeniyetini benimsemeleri bu medeniyetin enternasyonal niteliğini kuvvetlendirmektedir (*Türkleşmek*, s. 10; "Hars ve Medeniyet", s. 19). Milletler kuşkusuz Batılılaşacaktır ve öyle olmalıdır. Kendi sınırları içinde tutulduğu zaman medeniyet ve kültür arasında herhangi bir aykırılık da yoktur. Her millet kendi millî harsını titizlikle korumalı ve geliştirmelidir. Böylece milletlerden her biri belirli bir sahada ileri gider. "Bir medeniyet zümresine mensup olan millî harslar, beynelmilel işbölümünün meydana getirdiği medenî ihtisaslardan başka bir şey değildir. Harslar birbirine bakarak tekâmül ederler... Harslar itibariyle bütün milletlerarasında beynelmilel bir işbölümü, medenî bir tesanüt vardır." (*Yeni Mecmua*, No. 35, s. 163; *Türkleşmek*, s. 24). Gökalp, ileriyi görerek milletler arasında ortak bir örgütün meydana çıkmasını da beklemekteydi.

Bu karşılaştırmalı inceleme sonucunda diyebiliriz ki, Toynbee ile Gökalp ana fikirlerinde çoğu zaman bir aykırılık hâlindedirler. En çok yaklaştıkları nokta, medeniyete (kültür) tarihte (toplum hayatında) egemen bir rol tanımaları ve onda bir organizmanın niteliklerini görmeleridir. Organik benzetme, bizzat Zimmerman'ın belirttiği gibi XIX. yüzyıl değişme sosyolojisinin ortak ana fikirlerinden biridir. F. Tönnies'in cemaat ve cemiyet (*Gemeinschaft und Gesellschaft*), Max Weber'in ve O. Spengler'in tipolojisi, kuşkusuz, Gökalp ile Toynbee'nin bazı esas fikirlerinin ortak kaynaklarıdır (Gökalp, Tönnies'in görüşlerini, herhâlde yakından tanıdığı Fransız G. Richard'ın sosyolojisi vasıtasıyla öğrenmiş olmalıdır. E. Durkheim da açıkça mekanik ve organik dayanışma grupları nazariyesini Tönnies'ten almıştır). Gökalp, kendi çevresinde yaptığı dikkatli gözlemler sonucu, Durkheim'ın fikirlerine daha başka bir yorum ve kesinlik kazandırdığı gibi, Toynbee'nin de tarihî medeniyetler teorisi ve din üzerindeki fikirleriyle Gökalp'tan esaslı surette ayrılmaktadır. Nihayet Zimmerman'ın, Gökalp'ın "sosyal zamanı" göz önüne almadığı fikrini paylaşmak mümkün değildir. Gökalp, belki Toynbee'den daha açık şekilde kültürlerin kendine özgü bir iç evriminden söz etmektedir. O, sosyolojiyi temel araştırma konusu ve millî kültür araştırmalarının bir çeşit laboratuvarı yaparken, kültürün çeşitli alanlarında Türk örf ve kurumlarını meydana çıkarmaya ve Türklerin mensup oldukları medeniyet dairelerini dikkatle ayırt etmeye çalışırken, daima Türk toplumunun "sosyal zamanı"nı göz önünde tutmaktadır.

Burada Gökalp ile Toynbee'nin sosyolojik temel fikirlerini karşılaştırmakla aslında, modern felsefe ve sosyolojinin iki büyük akımını karşılaştırmış oluyoruz. Gökalp, cemaat (*Gemeinschaft*) sosyolojisini, fonksiyonel-strüktüralizmi temsil ederken; Toynbee, Max Weber çizgisinde cemiyet (*Gesellschaft*) sosyolojisini izlemektedir. Gökalp, 1900-1924 döneminde Türk toplumundaki kökten değişimlerin etkisi altında fikirlerini geliştirmiştir. Birinci dönemde imparatorluğun birlik ve devamını güvence altına almayı amaç edinen İttihâd ve Terakki ideolojisini benimseyerek İslâmlık ve Batılı Medeniyeti ile gittikçe koyulaşan Türk milliyetçiliği akımlarını bağdaştırmayı denemiş, bunların birbirine zıt kavramlar olmayıp tek merkezli üç daire gibi birbirini kapsayan ve tamamlayan toplumsal realiteler olduğu tezini savunmuştur. Millî Mücadele döneminde ise Gökalp, milletin ve millî kültürün tek ve gerçek sosyolojik realite olduğu fikri üzerinde durmuş, millî kahramanı (Mustafa Kemal'i) "toplum vicdanını", milletin ideallerini (mefkûre) temsil eden aksiyon adamı olarak görmüştür. Fakat belirtmek gerekir ki, Gökalp'ta başlangıçtan beri, millî kültürün yok edilemez gerçekliliği ve millî kültürü, millî örfüâdâtın oluşturduğu tezi, onun toplum felsefesinin temel taşıdır. O kanunla (emirle) yapılan devrimlerin, sosyal realitenin direnci karşısında kalacağını, kültürün devamlılığını, değişmenin bir sosyolojik sürece bağımlı olduğu noktası üzerinde daima ısrarla durmuştur. Kültür ve medeniyet ayrılığını kabul etmeyen ve yukarıdan kanunlarla hızlı Batılılaşma gereğine inanan lider ile Gökalp anlaşamazdı. Atatürk, 1923'te İttihâdcılar gibi Gökalp'ı Halk Fırkası'nın programını hazırlamakla görevlendirdi. Atatürk'ün Türk milliyetçiliğinin babası sayılan Gökalp'a derin saygısı vardı; fakat ona devrim hareketinde aktif bir rol vermedi.

Gökalp'ın temel görüşleri, özellikle Türk millî devletinin kuruluş döneminde kültür hayatımızda derin bir etki yapmış, ona yön vermiştir. Onun temel kavramlarını benimseyen Türk bilim ve sanat adamları; geleneksel Türk halk kültürünü, halk edebiyatını, tasavvuf ve tarikatları Türk folklor ve etnografyasını, halk musikîsini hararetle araştırmaya yönelmişler, millî varlığın temellerini bu doğrultuda görmüşlerdir. Gelecek kuşakta Mehmet İzzet, Fuad Köprülü, P. N. Boratav, Hilmi Ziya Ülken, Ziyaeddin Fahri Fındıkoğlu, İsmail Hakkı Baltacıoğlu, Mümtaz Turhan, Osman Turan, Necati Akder,

İbrahim Kafesoğlu, Adnan Saygun ve daha birçok bilim ve sanat adamı, araştırmalarını onun gösterdiği doğrultuda yapan fikir ve sanat adamlarıdır. *Halkevleri* de onun temel düşüncesinden doğmuş bir kurum sayılabilir. Lise öğretmenleri kendi bölgelerinde halk kültürü üzerinde araştırmalarını, Halkevleri dergilerinde yayımlamaya başlamışlardır. 1930'larda radikal Batılılaşma yöntemleri, total Batılılaşma, Anadoluculuk, İslâmcı derneklerin kuruluşu, Türk Kültür ve toplum hayatında yeni doğrultular ve sentezlere yönelecek, Gökalp'ın öz fikirleri daha dar bir Türkçülük-Turancılık akımıyla özdeşleşecektir. Daha yakın bir tarihte, *Türk-İslâm Sentezi* teorisi temel görüşlerini Gökalp'tan almıştır.

KAYNAKÇA

I. ZİYA GÖKALP'IN ÖNEMLİ KİTAP VE MAKALELERİ

Hayatı hakkında kendi otobiyografisi: "Babamın Vasiyeti", *Küçük Mecmua,* VIII, Eylül 1922, s. 1-3; "Hocamın Vasiyyeti" *Küçük Mecmua,* VIII-2, 1922, s. 1-5; "Pîrimin Vasiyyeti" K. M., IX, 1-5. *İlm-i İctimâ Dersleri,* Dârülfûnun'daki dersleri, İstanbul 1329/1913. *Şakî İbrahim Destanı,* Diyarbakır, H. 1324/1908 (zalim idarecilere karşı).

Kızıl Elma, İstanbul, 1914 (Şiir kitabı, Pan-Türkist düşünceleri bu şiirlerde).

Yeni Hayat, İstanbul, 1918 (fikir ve ideolojisinin popüler şiir kitabı).

Türkleşmek, İslâmlaşmak, Muâsırlaşmak, İstanbul 1918 (1913-1918 arasında siyasi ideolojisini özetleyen önemli bir eser).

Altın Işık, 1923 (millî hikâyeler).

Türk Töresi, İstanbul, 1923 (Türk antikitesi üzerinde bir deneme, ayrıca bkz. *Türk Medeniyeti Tarihi*).

Türkçülüğün Esasları, İstanbul, 1923 (Cumhuriyet'in kuruluşunda eski fikirlerini pekiştiren ve gözden geçiren temel eseri); İngilizce çevirisi: *The Principles of Turkism,* çev.: R. Devereux, Leiden, 1968.

Şiir ve hikâyeleri, Limni ve Malta Mektupları için F. A. Tansel, *Ziya Gökalp Külliyatı,* Türk Tarih Kurumu Yayınları, Ankara 1952-1965.

Doğru Yol, Ankara, 1339/1923 (Halk Fırkası seçim kampanyasını destekleyen yazısı).

Türk Medeniyeti Tarihi, İstanbul 1926 (Eski Türk toplumu ve kültürü üzerinde bu önemli eserin ilk taslağı *Millî Tetebbû'lar Mecmuası*, I-3, 1915'te çıkmıştır).

Başlıca makaleleri şu dergilerde yayımlanmıştır: *Genç Kalemler, Türk Yurdu, Halka Doğru, Türk Sözü, İslâm Mecmuası, İçtimâiyât Mecmuası, Millî Tetebbû'lar Mecmuası, Muallim* ve *Yeni Mecmua.*

Gökalp'ın önemli sosyolojik makalelerinin İngilizce çevirileri için N. Berkes, *Turkish Nationalism and Western Civilization*, Londra 1959.

Gökalp, bazı makalelerini takma adlar altında yayımlamıştır. Makalelerinin bibliyografyası: C. Tütengil, S. Baysanoğlu, S. H. Boldy, O. Durusoy, Rıza Kardaş, F. R. Tuncer.

II. GÖKALP ÜZERİNE YAZILAN BAŞLICA ESERLER

"Doğumunun 120. Yıldönümünde Ziya Gökalp ve Türk Düşüncesi", *Türk Yurdu*, özel sayı XVI-103 (1996).

1976 Yılı Sosyoloji Konferansları, Ziya Gökalp: XIV. İ. Ü. İktisat Fakültesi Yayınları, No 377 (1976).

Anar, S., "Ziya Gökalp", *TDV İslâm Ansiklopedisi*, XIV, s. 124-137.

Anar, S., *The Social and Philosophical Foundations of Modern Turkish Education*, Ph. D. Thesis, University of Maryland, 1976.

Baltacıoğlu, İ. H., *Ziya Gökalp*, İstanbul 1966.

Beysanoğlu, Ş., *Ziya Gökalp'ın İlk Yazı Hayatı*, İstanbul 1956.

Binark, Z. ve N. Sefercioğlu, *Ziya Gökalp Bibliyografyası*, Ankara 1971.

Eisentadt, N., *Comparative Perspectives on Social Change*, Boston 1968.

Erişirgil, M. E., *Bir Fikir Adamının Romanı, Ziya Gökalp*, İstanbul 1951.

Göksel, A. N., *Ziya Gökalp*, İstanbul 1968.

Güvenç, B., "Ziya Gökalp'ın Eğitim-Toplum-Kültür Düşünceleri Üzerine", *Cumhuriyet, Bilim, Teknik (Kasım 1999).*

Hartmann, R., "Ziya Gökalp's Grundlagen des türkischen Nationalismus", *OLZ*, XXVIII (1925), s. 578-610.

Heyd, U., *Foundations of Turkish Nationalism*, Londra 1950.

İnalcık, H., "Ziya Gökalp", *International Encyclopedia of Social Sciences*.

Kadri, H. K., *Ziya Gökalp'in Tenkidi*, İstanbul 1989.

Kırzıoğlu, F., *Yazılı Vesikalara göre Ziya Gökalp Müzesi ve Ziya Gökalp*, İstanbul 1965 (Müze 1956'da evinde açılmıştır).

Mardin, Ş., *Jön Türklerin Siyâsî Fikirleri*, İletişim Yayınları, İstanbul 1984.

Nirun, N., *Sistematik Sosyoloji Bakımından Ziya Gökalp*, 1981.

Malta Mektupları, yay.: A.N. Göksal, İstanbul 1981.

Parla, T., *The Social and Political Thought of Ziya Gökalp*, İstanbul 1985.

Şapolyo, E. B., *Ziya Gökalp, İttihâd ve Terakki ve Meşrutiyet Tarihi*, İstanbul 1943.

Tanyu, H., *Ziya Gökalp Kronolojisi*, Ankara 1971.

Türkdoğan, O., *Ziya Gökalp Sosyolojisinde Bazı Kavramların Değerlendirilmesi*, İstanbul 1978.

Tütengil, C. O., *Ziya Gökalp Üzerine Notlar*, İstanbul 1964.

Ülken, H. Z., *Ziya Gökalp*, İstanbul 1939.

Zimmerman, C. C., *Yeni Sosyoloji Dersleri*, İstanbul 1964.

Ziya Gökalp Dergisi (1974-1996), yay.: Ş. Baysanoğlu.

III. BÖLÜM
TARİHÇİLİĞİMİZ

FRANSIZ *ANNALES* EKOLÜ VE TÜRK TARİHÇİLİĞİ*

Türkiye'de Fransız tarihçiliğinin etkisi Fernand Braudel ile süregelmiş, yeni bir yön kazanmıştır. Braudel, *La Mediterranée* eserini neşrettiği zaman, Paris'te bulunuyordum. 1950'de *Milletlerarası Tarihî İlimler Kongresi*'ne katılmak için Londra'dan Paris'e gelmiştim. Kongredeki konuşmalar sırasında, bambaşka bir üslûp ve anlayışta yazılmış olan Braudel'in kitabı geniş yankılar yapıyor ve tartışılıyordu. Kitabı aldım ve orada, Osmanlı İmparatorluğu'nun o zamana kadar Avrupa tarihçiliğinde hiç görmediğimiz bir şekilde ele alındığını heyecanla fark ettim. Braudel, doğu Akdeniz'e hâkim olan Osmanlı İmparatorluğu'nda sosyal, demografik ve ekonomik *structural* niteliklerin Batı'dakilerle paralellik gösterdiğini, bu iki dünyanın karşılıklı yakın temas ve karşılıklı etki içinde bulunduğunu ve birbirinden ayrı incelenemeyeceğini gösteriyordu. Braudel, Osmanlı İmparatorluğu'nun Avrupa'da olmakla beraber, Avrupa dışında, Avrupa'ya düşman, âdeta normal bir gelişim ile tasvir edilmesi geleneğini bırakıyor, gerçek bir tarihçi görüşü ile iki ayrı kültüre tâbi bu iki dünyanın gerçekte birbirini tamamladığını ortaya koyuyordu. Bu gerçeğe yakın bir yorumdu. Braudel, beşerî coğrafya bilgisini Vidal de Lablache'in talebesi olarak, *geo-determinism* (coğrafya belirlemesi) anlayışı ve Bergson'u hatırlatan bir *longue-durée* (uzun *süre*de temel yapı-değişimi) kavramı ile tarihçilikte bir

* *Makaleler II*, Doğu Batı Yayınları, Ankara 2008.

devrim yapıyordu. Aslında, onun Lucien Febvre ve Marc Bloch ekolünü devam ettirdiğini biliyoruz. Onlar bu yazarlara *total history* toplum ve devletin kavramını getirmişlerdi ve toplumun sosyal-ekonomik kurumları, zihniyet, yaşam şartları ile yani toplum ve devletin tümü ile bir bütün hâlinde tasvir edilmesini istiyorlardı. Braudel, *total history* yaklaşımını Akdeniz halklarına ve bu arada Osmanlı toplumuna, uygulamaya çalışmıştır. Fakat kendi ifadesi ile Osmanlı İmparatorluğu "a zone of formidable uncertainty" (müthiş bir belirsizlik bölgesi)dir. O, sorduğu sorulara cevap veren pek az araştırma bulabiliyordu. Bu onu yazılanlarda çoğu kez yanlış hükümlere götürmüştür. Bununla beraber, üstat tarihçi, o parlak üslubu ile Osmanlı tarihinin temel yapısı üzerinde açık ve anlamlı sorular sormaktaydı. Bu soruların her biri biz Osmanlı tarihçileri için, bir araştırma yolu açmaktaydı. Eser, Türk tarihçiliği üzerinde devrimsel bir etki yapmıştır (bkz. yukarıda). Barkan, Braudel'in eserini Türk okuyuculara tanıtmış, onun ortaya attığı bazı önemli soruları sonraları inceleme konusu yapmıştır. Öbür taraftan ben de 1951'de *Türkiye'nin İktisadi Vaziyeti* üzerinde bir araştırmayı (M. Akdağ) tenkit ederken Braudel'in görüşlerini izledim, nüfus (*demography*) ve para meselelerinin özellikle Akdeniz'i istila eden Amerikan gümüşünün Osmanlı ülkesinde etkilerini, fiyat devrimini ele aldım. Barkan'ın davetiyle Braudel Türkiye'yi ziyaret ettiği zaman onunla tanıştım. Braudel etkisi, bugün dünya tarihçiliğinde en etkili akımlardan biri olduğu gibi, Osmanlı tarihçiliği için de aynı şey söylenebilir. Barkan, Braudel'in eserinin ikinci baskısında kendisine nüfus ve fiyat hareketleri üzerinde yaptığı araştırmaların sonuçlarını vermiştir.

Kaynaklarımızı bilimsel kritik bir metodoloji ile kullanmadığımız zaman, milliyetçi Balkan ve Arap tarihçiliğinde gördüğümüz gibi, milli veya Marksist ideolojilerin yanlış yorum ve çarpıtmalarına düşüyoruz. Yahut Batı tarihçiliğinde olduğu gibi, *Euro-centrism* veya kolonyalizm, Osmanlı tarihinin çarpıtılmış bir tasvirini vermektedir. Türk tarihçiliği de başlangıçta, millî devletin kuruluşu ve topyekûn batılılaşma hareketi üzerine Osmanlı tarihini belli bir dünya görüşüne göre yorumlama yoluna girdi. Ortadoğu ve Balkanlarda siyasi gelişmeler göz önüne alınınca, bunu tabii görmek mümkündür. Osmanlı imparatorluk idaresini amansız bir boyunduruk (*oppression*) olarak tasvir etmek, milli devletin ve kültürün oluşturulması ve milli kimlik (*identity*) için gerekliydi. İkinci Dünya Savaşı'ndan sonra Osmanlı boyunduruğu teorisi, Balkanlı milletlerin Türk fâtihler tarafından sömürüsü şeklini almıştır. Hiçbir Balkanlı tarihçi, o zaman Balkanlarda yerleşmiş yüzbinlerce Türk göçebe ve çiftçilerin *reaya* sıfatı ile aynı koşullar altında yaşadığını dikkate almıyordu. Öbür taraftan, Balkanlı ve Arap tarihçileri, kendi milletlerinin Batı Avrupa milletleri karşısındaki geriliğini kolayca Osmanlı boyunduruğu ile açıklamaktaydılar. İkinci Dünya Savaşı'ndan sonra, özellikle Osmanlı arşiv belgeleri ve tahrir defterleri üzerinde çalışmaların başlaması üzerine, bu görüşleri düzelten yeni bir akım ortaya çıkmıştır. Osmanlı döneminin, bir *tarih dönem* olarak açıklanması ve o zamanki tarihî koşulların incelenmesi, Osmanlı tarihî araştırmalarında gerçekten yeni bir dönem açmıştır. Bu alanda Macar oryantalistleri öncülük etmiştir. L. Fekete ve onun öğrencileri, Osmanlı tarihî araştırmaları üzerinde bu alanda değerli araştırmalar yapmışlardır. Macar tarihçilerinin arkasında Yugoslav, Bulgar, Romen, Arnavut ve Yunan tarihçileri Osmanlı dönemi tarihlerini, Osmanlı arşiv belgeleri ışığı altında değerlendirme yolundadırlar. Bu çalışmalar, daha ziyade Osmanlı kurumları, demografi, sosyal ve ekonomik koşullar şehircilik (urbanizm) gibi konular üzerinde durmaktadır. Bu istikametteki çalışmalara, Arap tarihçiler de (Bakhit, Râfik, Abdurrahim) katılmıştır.

Osmanlı tarihi üzerindeki ilmî çalışmaları etkileyen başka bir akım da sosyologların yorumlamalarından gelmektedir. Marksist ve Weberyan sosyolojilerin formüle ettikleri modelleri, Osmanlı tarihine uygulama çabaları, bu tarih araştırmalarına, muhakkak ki, yeni ilginç yönler ve konular getirmiştir; fakat öbür taraftan yapılan genellemeler bazen bizi yanlış yönlere götürmektedir. Osmanlı tarihine ait sosyal ve ekonomik konular üzerinde şimdiye kadar esaslı araştırma yapılmadığı için, bu genellemelerin çoğu tarihî bir temelden yoksun, temelsiz teoriler olarak kalmaktadır. Öbür taraftan, sosyolojik kavramlar ve genellemeler, bize tarihî problemleri belli formüllerle çözdüğümüz hissini vermektedir (bkz. yukarıda Modern Türk tarihçiliği). Marx ve Weber ile beraber, son zamanlarda tarihsel sosyolojinin ustaları A. Wittfogel ve Einsenstadt'ın genç nesil Osmanlı tarihçileri üzerindeki etkileri unutulmamalıdır. Orijinal kaynakları inceleme için gerekli araç ve bilgilere hakkı ile sahip olmadan, Osmanlı tarihinin büyük problemlerini bir takım sosyolojik genellemelerle çözümlenmiş saymak, bu son dönemde bir moda hâline gelmiştir. Bizim disiplinimiz, zamansız ve mekânsız genellemeler yapmak değil, zaman ve mekân içinde olayları ve gelişmeleri incelemektir. Son zamanlarda *hermeneutics*'in tarihçiler arasında yeniden önem kazanmasını hayırlı bir gelişme olarak selâmlamak gerekir.

Bugün Osmanlı tarihçiliğindeki yerimi, ilk araştırmalarıma göre tayin etmek isteyenler yanılmaktadır. Benim fikirlerimde ve araştırmalarımda dönemler vardır. Tarihçi kişiliğimin gelişmesine Marksist yorumun oldukça kuvvetli tesiri olduğunu ilâve etmeliyim. Bu etki daha 1935'lerde Kadro Hareketi sonucunda ortaya çıkan sol akımla başlar. Bu arada Prof. Yusuf Akçura'nın, Hukuk Fakültesi'nde verdiği tarih dersleri notlarından Marksist yorumu izlemiştim. Osmanlı tarihinin Marksist yorumu, 1970'lerde Türkiye'de devrimci Marksizm ve öğrenci hareketlerinin yoğunlaştığı yıllarda kuvvetlendi. Dışarıda iş bulamayan öğrencilerimiz, Türkiye sosyal ve ekonomik geriliği sorununu Osmanlı tarihinde aramaya yöneldiler. Genç yazarların uğraştığı konular, sosyal yapı konusu üzerinde toplanıyordu. Türkiye'nin geri kalmışlığının kökleri ve nedenleri soruluyor ve sonunda *Asian Mode of Production* (Asya Tipi Üretim) teorisi hararetle benimseniyordu. Gençler sorularına tarih literatüründe cevap aradıkları zaman başlıca Barkan'ın, Mustafa Akdağ ve benim tarih araştırmalarımıza dönüyorlardı. Marksistlerin sorduğu sorular, Braudel'in sorduğu sorulara yakındı. Sosyal yapı meselelerini incelerken, tarihî materyalizmin etkilerinden kurtulmaya imkân yoktu. Bu akımın öncülerinden biri Sencer Divitçioğlu *Asya*

Tipi Üretim Tarzı teorisi üzerine bir dizi eser verdi. Onun Osmanlı sosyal tarihi ile uğraşanlar üzerinde sürekli tesiri olmuştur. Son nesil sosyolog ve tarihçilerinden Huri İslamoğlu-İnan ve sosyolog Çağlar Keyder bu akımı son zamanlarda en iyi temsil edenlerdendir. Onlar, Braudel'in *total history* görüşüne paralel olarak Marx'ın sosyal temel yapı (*social formation*) kavramını esas alıyorlar.

İslamoğlu-İnan, bir sosyal tarihçi olarak ATÜT teorisinin katı kadrosunu ılımlı bir yaklaşımla Osmanlı sosyal yapısının özelliklerini belirtmeye çalıştı. 1980'lerde ATÜT teorisinin ortaya çıkardığı sorular üzerinde araştırmalarımı derinleştirmeye çalıştım, arazinin büyükler elinde toplanması köylü emeğinin istismârı, tarım ekonomisi, fiyat hareketleri, köy-şehir ilişkileri gibi konular üzerinde, arşiv belgelerine göre araştırmalar yapmaya giriştim. Marksist ATÜT teorisinin Osmanlı sosyal yapısı meselelerine cevap vermediği meydanda idi. Osmanlı belgelerini inceleyerek ortaya çıkardığım *çift-hane* sistemi Osmanlı tarihî realitesini göstermekteydi. Osmanlı sosyal yapısını klasik dönemde (1450-1600) belirleyen geniş köylü kitlelerinin üretim hayatını tayin eden *çift-hane* sistemidir. Marx'ın Hindistan şartlarını inceleyerek ortaya attığı ATÜT teorisi sosyal yapıyı âdeta anormal bir tarihî olgu ile görmektedir. Yani, Asya'da köylu toplumları, askerî fâtihler tarafından boyunduruk altına alınmış ve bunlar köylünün artı-üretimini (*surplus-product*) sürekli gasbeden bir sömürü rejimi kurmuşlardır. Bu açıklama tarzı, bizzat Marx'ın sosyal formasyon teorisine aykırıdır. Başka deyimle, ona göre sosyal yapı ve gelişim, Asya toplumlarında ekonomik bir mekanizma ile gerçekleşmiyordu. Hâlbuki bizim çift-hane sistemi, ekonomik mekanizmayı açıklamaktadır ve tarihî belgelere dayandığı için tarihî bir yorumdur.

Tanınmış sosyolog profesör Immanuel Wallerstein 1977'de *Fernand Braudel Research Center*'i açmak üzere, Binghamton'da uluslararası bir konferans topladı. Bu konferansa bir Braudelci olarak davet edildim, Braudel ekolünün Osmanlı araştırmaları üzerinde bir bildiri okuyarak Braudel'in koyduğu sorular üzerinde Türkiye'de ve dışarıda yapılan incelemeleri özetlemeye çalıştım (Bu katkım,

Review I. sayıda yayımlandı, İngilizce metin Ek'te). Wallerstein, Batı kapitalist dünya ekonomisi ve Osmanlı İmparatorluğu'nun sistem içindeki yeri ile ilgili idi. Onun *peripherilization* (bağımlılaşma) teorisine göre, Osmanlı ekonomisi Avrupa dünya kapitalist ekonomisine ne zaman ve ne derece entegre olmuştur. Wallerstein'ın görüşleri Türk tarihçilerini yakından ilgilendirdi, kendisini Ankara'da 1977'de toplanan I. Milletlerarası Türkiye Sosyal ve İktisadi Tarihi Kongresine davet ettik. Orada, Çağlar Keyder, Huri İslamoğlu gibi genç sosyolog ve tarihçiler kendisiyle tanıştılar ve Wallerstein'ın yanına öğrencilerini gönderdiler. *State University of New York at Binghampton*'da Wellerstein yanında yetişen öğrencilerle bir *Osmanlı Araştırma Grubu* teşkil ettiler. Bu grup, konferanslar düzenleyip yayınlar yaparak Osmanlı tarihini *peripheralization* teorisi açısından incelemeye koyuldular. Bu akım, Türk-Osmanlı tarihçiliği üzerinde başka çevrelerde de izleyici buldu. Bunlardan biri Dr. Bruce Mc Gowan olup Osmanlı sosyal ve ekonomi tarihine ait kitabı önemli bir katkıdır. Keza, Huri İslamoğlu ve Çağlar Keyder, ATÜT teorisiyle *peripheralization* çerçevesinde bir takım ilginç yayınlar yapmış bulunmaktadırlar. Wallerstein'a göre Osmanlı İmparatorluğu, Çin gibi, kendi kendine yeten ve Avrupa'nın ekonomik istilasına karşı koyan "bağımsız bir imparatorluk ekonomisine" *(imperial economy)* sahip olmuştur.

Wallerstein'a göre bu ekonomiler, Avrupa kapitalist dünya ekonomisi dışında bağımsız bir kategori temsil etmektedir. Bununla beraber, Osmanlı İmparatorluğu, Avrupa ile sıkı ticari ilişkileri dolayısıyla oldukça farklı bir karakter göstermektedir. Osmanlılar, Ortadoğu'da Avrupa sanayiine hammadde pamuk, deri, yün, boya) vermekte ve Avrupa endüstri mamûllerine önemli bir pazar teşkil etmektedir. Zamanla bu bağlılık kuvvetlenerek Osmanlı ekonomik-sosyal yapısında değişikliklere yol açmış sonuçta *peripherilization* burada da gerçekleşmiştir. Bu tarihî süreç üzerinde yukarıda sözünü ettiğim gençler bazı *tarihî* araştırmalara girişmişlerdir. Gerçek *peripherilization*'ı 18. yüzyıl ikinci yarısına kadar getiriyoruz. (bu bakımdan bkz *Türkiye Tekstil Tarihi*). Bu konu da daha önce Türkiye'de tartışılmış bir konudur. Kadro grubu, bu süreci Türkiye'nin yarı-sömürge hâline gelmesi biçiminde ele alıyordu. Wallerstein grubu ile bu akım, Türk tarihçiliğinde daha esaslı bir metodoloji ile ele alınmış bulunuyor.

FERNAND BRAUDEL VE ÖMER LÛTFİ BARKAN

Büyük Fransız tarihçisi Fernand Braudel,[1] 16. yüzyılda Akdeniz'in bütünüyle bir tek tarih yaşadığını, nüfus hareketleri, ekonomisi, ticaret ve para sistemi ve savaşlarıyla bir bütün oluşturduğunu, bu içdeniz etrafında Osmanlı âlemi, İtalya, İspanya, Kuzey Afrika'nın ortak bir tarih yaşadığını parlak bir tablo çizerek göstermiş, usta tarihçi, İtalyan, İspanyol, Fransız arşivlerinin sağladığı zengin belge koleksiyonlarının ışığı sayesinde Batı Akdeniz'i her cephesiyle gözler önüne sermiş, Osmanlı Doğu Akdenizi'ne gelince, bu dünyaya ancak Adriyatik kıyılarında Dubrovnik (Raguza) arşivlerinde yapılan araştırmalar (özellikle Tadić'in araştırmaları) sayesinde bir pencere açabildiğini işaret etmiştir. Fransız tarihçi bununla beraber "Doğu Akdeniz tarihinin karanlıkta kaldığını" itiraf eder. Braudel'in kapsamlı "total" "holistik" tarih görüşüyle, bir başka usta, Ömer Lûtfi Barkan, Osmanlı arşivlerinde bu dünyayı aydınlatmıştır. Barkan, Osmanlı toprak ve tarım sistemi, nüfusu, ekonomisi, para ve fiyat hareketleri üzerinde derinliğine araştırmalarıyla Braudel'in dikkatini çekmiştir. Braudel'in eseri çıkar çıkmaz Barkan onun bütüncü tarih yaklaşımını Türk okurlarına tanıttı,[2] sosyal düzen, para ve fiyat hareketleri konularını arşiv belgeleri ışığında günyüzüne çıkaran araştırmalarını peş peşe ortaya çıkarmaya başladı.

Bu satırları yazan 1950'de Paris'te toplanan *Tarih Bilimleri Kongresi*'nde Braudel'in eseriyle tanışmış, *Belleten*'de bir maka-

---

1 Yapıt kitabı, *La Méditerranée et la monde méditerranéen à l'époque de Philippe II*, Paris 1999.

2 *İ.Ü. İktisat Fakültesi Mecmuası.*

lesinde onun buluşlarından genişçe yararlanmış[3] ve zamanla Braudel-Barkan okulunun takipçisi olmuştur.

Barkan, böyle kapsamlı bir yaklaşımın, özellikle Osmanlı tarihi incelenirken izlenmesi gerektiği üzerinde durur. "Osmanlı tarihini dış âlemden tecrit edilmiş kapalı bir muhitte, yalnız kendi zâtî inkişaflarının mantığı içinde, müstakil bir varlık gibi" incelemenin mümkün olmadığı gerçeğini vurgular (yukarıda aktardığımız özelliği ve kullanılan dil, Barkan'ın genç kuşaklar tarafından neden gerektiği biçimde okunmadığını açıklar). Barkan, Braudel'in yaklaşım biçimini gösteren misaller verirken kendi tarih görüşünün aynı çizgiyi izlediğini belirtir; devlet başkanlarının ve çarpıcı siyasi olayların tarihi yerine "halk yığınlarının her günkü hayatları" ve olayların "devamlı neticeleri" üzerinde durmak gerektiğini işaret eder.

Braudel eserinde, coğrafî çevre ile insanın mücadelesini ve bunun ekonomik sosyal biçimlenmelerini uzun uzadıya ele almıştır (hocası Akdeniz beşerî coğrafyacısı Vidal de Lablache'in bunda payını kendisi önsözde belirtir). Tabii bu koşullar, belli bir devrede ve belli bir toplumda insanın doğa üzerinde egemenlik derecesi, teknoloji düzeyi ile "karşılıklı etkileşim" şeklinde anlaşılmalıdır. Bunun için Braudel *géohistoire* terimini önerir. Barkan, haklı olarak, burada coğrafî koşullara verilen önceliğin kaçınılmaz bir determinizme götüreceği kaygısını anımsatır, fakat Braudel'in "coğrafî bir kaderciliğe" düşmediğini işaret eder.

Barkan önemle belirtir ki, ileri sürdüğü tanımlamaları, Braudel gibi, arşivlerden çıkardığı belgelerle açıklamaya çalışmaktadır. Bu metod, Barkan'ın bütün araştırmalarının temelini oluşturmuştur. Braudel, Osmanlı arşivlerine girmek imkânına sahip olmadığından yalnız Dubrovnik (Ragusa) arşivinden ve bu arşive dayanan yayınlardan yararlanmıştır. Braudel, Akdeniz'in Osmanlı egemenliği altındaki doğu kesiminin, tarih için henüz keşfedilmemiş bir

3 "Türkiye'nin İktisadî Vaziyeti Üzerinde bir Tedkik Münasebetiyle", *Belleten*, XVI (1951), s. 629-690.

dünya olduğunu belirtir ve Türk tarihçilerini Osmanlı arşivlerinde araştırma yapmaya teşvik eder.

Barkan, hem araştırma konuları hem de Osmanlı arşivlerinde araştırma bahsinde Braudel'in tavsiyesinden çok önce bu işe el atmış bulunuyordu. 1951'den sonra Barkan ve Braudel birbirlerini keşfetmişler, aralarında yakın bir dostluk ve iş birliği kurulmuş ve Braudel eserinin ikinci baskısında Barkan'ın incelemelerine genişçe yer vermiştir (Braudel'in etkisi altında Barkan'ın Fiyat Devrimi üzerinde çalışmaları için ileride bkz.).

Malûmdur ki, Barkan çalışmalarını, belli konularda temel belgelerin yayımlanması işine çok erkenden hasretmiştir. Büyük tarih bilgini F. Braudel'in ve Barkan'ın "belgesiz tarih yazılmaz" uyarısını, genç kuşak içinde tersini düşünenlerin duyması yerinde olur. Barkan, Braudel'in eserinde üç genel bölümü, özellikle ilginç bulmuştur: A. Akdeniz demografisi; B. Amerika madenlerinden gümüş ithalâtının Akdeniz ülkelerinde sebep olduğu fiyat devrimi, bunun ekonomik ve sosyal sonuçları; C. Hindistan'a Avrupa'nın Atlantik Okyanusu'ndan varışı, bunun Ortadoğu'da etkileri. Bu konular, daha sonra Barkan'ın araştırmalarına ve belge yayınlarına yön veren araştırma konuları olmuştur. Ancak şu noktayı hatırlatmak gerekir ki, Barkan, Braudel'den önce Osmanlı İmparatorluğu tarihinde sosyal ve ekonomik konuları, özellikle tarımsal ekonomi ve demografik meseleleri başlıca araştırma konusu yapmıştı.

Braudel ve Barkan'ın üzerinde Marksist yaklaşım ne dereceye kadar etkili olmuştur. *Le Monde*'da (14 Mart 1963) Braudel ile yapılan bir söyleşide, Marksizm'in tarihçi için hâlâ yararı olup olmadığı sorulmuş; Braudel, cevabında "yazdıklarım üzerinde bunun işgal ettiği önemli yeri hayretle görüyorum" diyor ve ekliyor, "zaten günümüzde, siyasi veya felsefî ne olursa olsun hiçbir tarihçi onun etkisinden kaçamaz. 1945'ten beri Marx'ın kullandığı terminoloji, siyasetle birlikte çeşitli sosyal bilimlerin dilinde az çok kullanılagelmiştir. İkinci Dünya Savaşı'ndan sonra her şey zihnimizde sorgulanmaya başlamış ve Marx'ın bize öğrettikleri en ciddi kafalara kendini kabul ettirmiştir." "Biz tarihçiler de", diyor Braudel, "farkına varmadan Marx'tan gelen kelimeler ve tâbirleri kullanmaya alıştık. Bunlar arasında sınıflar arası kavga, üretim tarzları, emek, artı-değer, alt ve üst sosyal yapı, kullanım değeri, mübadele değeri, diyalektik, işçi diktatoryası gibi ifadeler herkesin dilindedir." Braudel devamında ekliyor:

> Şayet Marksizm'den kendimizi kurtarmak istersek -ki bildiğime göre hiçbir ciddi tarihçi bunu denememiştir- bu gerçek bir büyücü kovalaması hâlini alır. Hakikatte, devrimizin dilini kullanmadan tarih yazılamaz. Tarih için, her zaman için geçerli bilimsel bir lûgat icad etmek mümkün değil. Marx'ın kitapları ile çok önceleri, 1932'den beri ilgilendim. Ama daha çok yorumları izledim. Meselâ, Joseph Schumpeter, Marx'ta ayrı ayrı bir ekonomist, bir sosyolog, bir tarihçi görür. Hâlbuki Marx, taslak hâlinde bu 'dilimleri' devamlı bir bütünlük içinde birbirine katar. Marx'ta politika bu bilgi alanlarıyla karışmıştır. Braudel devam ederek, "Marx'ın *Capital*'i, tarihçi için daima yararlanabileceği bir akademik tez niteliğindedir. Bu eserde bana uygun gelen çok şey buldum. Ama kabullendiğim kelimeler ve tezler, bende özel bir anlam kazandı. Meselâ bana göre, üst yapıdakiler de güç bir hayat sürmektedir. Ben gerçek tarih (*l'histoire réelle*) ile gözümde belli bir şekil alan, canlanan şeye ilgi duyarım. Ancak bundan sonra onu açıklama deneyiminde bulunurum. Şu da âşikârdır ki, bir tarih araştırmasına önceden bazı sorular sormadan yaklaşılmaz. Bunlar bir çeşit problematikler yumağıdır, onları sonunda gerçekle denemeye koyar, kabul veya reddeder yahut değiştiririm. İlkin problematik, sonra gerçek tarih ve açıklama. Hâlbuki bir Marksist tarihçi için problematik daima önündedir, değişmez."[4]

NÜFUS SORUNU

Braudel, genel tahminlere dayanarak bir rakam verdiği hâlde Barkan Osmanlı arşiv belgeleri üzerinde yorucu araştırmalar sonucu 1520-1535 döneminde Osmanlı ülkesi için 12 veya 12.5 milyon

4 İkinci Dünya Savaşı'ndan sonra Osmanlı tarihinin Marksist teoriye göre yorumu için bkz. Halil İnalcık, "On the Social Structure of the Ottoman Empire", *From Empire to Republic*, ISIS, İstanbul 1993.

bir nüfus tahmin eder.[5] 16. yüzyıl sonunda Braudel ilhak edilen bölgeler nüfusuyla beraber 20-22 milyon, Barkan ise 30-35 milyon önerir. Barkan, yaklaşık % 40-60 bir doğal nüfus artışını göz önünde tutmuştur. 16. yüzyıl sonlarında zengin ve yoğun bir nüfus yapısı gösteren Fransa'nın nüfusu oldukça kesin bir rakamla 16 milyon, İspanya'nınki 8 milyon hesaplanmıştır.

Akdeniz nüfusunda değişiklikler konusunda Braudel ile Barkan farklıdırlar. Braudel, 16. yüzyılda sonunda nüfusun iki misli bir artış gösterdiğini vurgular; Barkan ise Osmanlı nüfusunda % 40-60 bir artış tespit etmiştir. Şehirlerde bu artış, nüfus yığılması nedeniyle % 72'ye kadar çıkar.

Braudel'in nüfus artışının ekonomik-sosyal sonuçları hakkında analizini Barkan son derece ilginç bulur. Nüfus baskısı, buğday ticaretinin büyük önem kazanması, işsiz ve serseri takımının yaygınlaşması gibi sosyal sonuçlar Türkiye tarihinin de meseleleri arasındadır.

Barkan, Osmanlı İmparatorluğu üzerinde eskimiş kısıtlı literatüre bağlı kalmak zorunda kalan Braudel'in bazı yanlış genellemelerini de düzeltmek gereğini hissetmiştir. Bu yanlış görüşlerden biri, Marx'ın ATÜT teorisine bağımlı olarak Braudel'in, Osmanlıları sırf yerli üreticileri istismar eden bir işgal ordusu biçiminde görmesidir. Oysa Barkan, çok önce 1942'de *Vakıflar Dergisi*'nde (II, 1942) "Osmanlı İmparatorluğu'nda bir İskân ve Kolonizasyon Metodu olarak Vakıflar ve Temlikler" adlı makalesinde, Osmanlıların boş

---

5 Bu bir tahmindir, zira Osmanlı tahrirlerinde *nefer* (bireyler) değil, temelde *hâne* (aile) sayılmıştır, vergiye tâbi olmayan önemli bir nüfus kesimi sayım dışında bırakılmıştır. Öte yandan tahrir defteri kayıtları ile başka belge verileri (meselâ avâriz defterleri) kontrol edilmemiştir. Esasen, böyle bir araştırmayı bir kişiden beklemek insaflıca olmaz. Barkan'ın nüfus tahminlerinde aile için katsayı 5 olarak kabul edilmiştir. Tarihî demografi uzmanı L. Erder katsayıyı 4 civarında tespit etmiştir. Bu katsayı, bölgeden bölgeye ve dönemden döneme değişir. Herhâlde Osmanlı belgeleri ile ancak tahminde bulunabiliriz. Barkan'ın nüfusla ilgili makaleleri için bkz. M. H. Şakiroğlu, "Ömer Lûtfi Barkan"; Fahri Çoker, *Türk Tarih Kurumu Kuruluş, Amaç ve Çalışmaları*, Ankara 1983.

toprakları "şenlendirme" için bilinçli bir iskân politikası güttüklerini belgelerle ortaya koymuştu. Bunu yaparken idarenin başlıca kaygısı, yol güvenliği ve vergi kaynaklarını genişletmekti. Ayrıca ricâle yapılan temlîklerden beklenen bir husus, boş toprakların işlenir hâle gelmesini sağlamaktı.

Göçebelerin, tarım bölgelerine gelip yerleşmeleri de Barkan'a göre nüfus baskısı sonucudur. Üstadın bu nüfus baskısı teorisi, sonraları birtakım araştırıcıyı (M. Cook, H. İslamoğlu) bu soru üzerinde araştırma yapmaya sevk etmiştir. 17. yüzyılda Güneydoğu Anadolu'dan Batı Anadolu'ya aşiret göçlerinin gerçek sebebi ise Orta Arabistan çöllerinden Kuzey Suriye'ye göçen Arap aşiretlerinin yaptığı baskı ile ilgili görülmektedir.

Arap ve Türk fâtihlerin yerli köylü kitlelerini toprak üzerinde alıkoymaları, Braudel'e göre fâtihlerin nüfusça az olmaları sonucudur. Barkan, İskân ve sürgünler üzerindeki makalelerinde, sorusunu geniş bir açıdan ele almıştır. Braudel, tabiî bu yayınlardan habersizdi. Barkan, sürgünler makalesinde ve ona ek olarak yayımladığı haritada gösterdi ki, daha 15. yüzyıl sonlarında Doğu Balkanlarda nüfusun çoğunluğunu Türkler oluşturmaktadır. Bu yoğun göç ve iskân, 1352-1500 döneminde gerçekleşmiş olmalı. Bu yerleşmeler için Fatih ve II. Bayezid dönemi tahrir defterleri geniş malzeme sağlar.[6] Osmanlı İmparatorluğu'nun uzun varlığını o zamanki İtalyanca yayınlar, bu arada Machiavelli, *Principo* adlı eserinde bu iskân siyasetine bağlar. Barkan, bu gerçeği kesin rakamlarla tespit etmiş bulunuyor.[7] Göç, devlet tarafından *sürgün* veya gönüllü göçmen ("kendi gelen") biçiminde gerçekleşmiştir. Osmanlılar fethettikleri bölgelerde anayollar üzerinde Yörükleri yerleştirir, keza şehirlere Türkleri sürgün yöntemiyle iskân ederlerdi.

6 Ahmet Refik, *Anadolu'da Türk Aşiretleri, 966-1200,* İstanbul 1930; C. Orhonlu, *Osmanlı İmparatorluğu'nda Aşiretleri İskân Teşebbüsü* (1961-1969), İstanbul 1963; Y. Halaçoğlu, *XVII. yüzyılda Osmanlı İmparatorluğu'nun İskân Siyaseti ve Aşiretlerin Yerleştirilmesi*, Ankara 1988.

7 Barkan'ın çalışmalarına ek olarak bkz. T. Gökbilgin, *Rumeli'de Yörükler, Tatarlar ve Evlâd-i Fâtihân*, İstanbul 1957.

Barkan, tüm bu konularda yayınlarıyla Türk demografi tarihinin gerçek kılavuzudur. Braudel, kitabının ikinci baskısında Barkan'ın buluşlarını ilâve etmiştir.[8]

BARKAN'IN "FİYAT DEVRİMİ" TEORİSİNE YAKLAŞIMI

Braudel'in Barkan'ın araştırmalarına yön veren başka bir araştırma alanı da XVI. yüzyıl "Fiyat Devrimi" üzerindeki gözlemleridir. Bu önemli konu üzerinde biraz ayrıntılı duracağız. Braudel'e göre, Osmanlı idaresinde Doğu Akdeniz Bölgesi, Avrupa'da ortaya çıkan fiyat devriminden derinden etkilenmiştir. Bu olgu, Akdeniz'in ekonomik sosyal birliği ve bütünlüğünü gösteren başka güçlü bir kanıt olarak ileri sürülmüştür. Biz, 1951'de yayınladığımız bir makalede[9] bu gözlemi Osmanlı kaynakları ve nümizmatiğinin ışığı altında inceleme denemesinde bulunduk. Braudel'in tarih araştırmalarına getirdiği yeni doğrultuları tartışmak için ABD'de Binghmapton'da toplanan konferansa sunduğumuz raporda[10] Osmanlı İmparatorluğu'nda fiyat devrimi üzerinde Barkan'ı tamamlama amacıyla ayrıntılı bir analiz sunduk.

14. yüzyıldan beri yoğun şehirleşme, İtalya'nın Levant'tan (Ege, Trakya, Batı Anadolu, Mısır) sürekli buğday ithalini zorunlu kılmakta, bunun sonucu İtalya'dan Osmanlı Levant bölgelerine gümüş akımı büyük ölçülerde sürüp gitmekteydi. Bu ekonomik bağlantı, Avrupa ile Levant arasında para ve fiyat konusunda sıkı

---

8 *La Mediterranée et le monde Mediterranéen à l'epoque de Philippe II*, İngilizce çevirisi: S. Reynold, *The Mediterranean and the Mediterranean World in the Age of Philip II*, Harper and Row, New York 1972.

9 "Osmanlı İmparatorluğu'nun Kuruluş ve İnkişafı Devrinde Türkiye'nin İktisadî Vaziyeti Üzerinde bir Tetkik Münasebetiyle" *Belleten*, XV (1951), s. 629-690.

10 "Impact of the Annales School on Ottoman Studies and New Findings" *Review*, I/3-4 (1978), s. 69-96. (bkz. Ek) Bighampton'da State University of New York'ta I. Wallerstein, o tarihte *Annales* Okulu'nu izleyen tarihçileri bir araya toplamış ve *Fernand Braudel Center of Historical Studies*'i kurmuştu. Bu toplantıda sunulan bildiriler sonra *Review*'da yayımlandı.

bir bağımlılık sonucunu doğurmaktaydı.[11] Bu bağlılığı Braudel, şu zarif ifade ile belirtir: "Akdeniz Türkiyesi Hıristiyan Akdeniz'le aynı ritimle solumakta ve yaşamaktadır."[12] Avrupa'daki hızlı fiyat artışı 1580'lerde Osmanlı İmparatorluğu'nda kendini gösterdi. 1570'ler, İtalya'ya Amerikan İspanyol gümüş ithalâtının hızlandığı zamana rastlar. Gümüşün Batı'da ucuz, Doğu'da pahalı olması sonucu Batılı tüccar sandık sandık gümüş para getirip altınla değiştirmeye başladı. Osmanlı pazarı, İspanyol riyalleri ve Hollanda *rixdal*'leriyle doldu.[13] Kıymetli maden ihtiyacı dolayısıyla Osmanlı devleti kıymetli maden ithalâtından gümrük almıyordu.

Braudel'in tezleri üzerinde bir dizi yazısında Barkan, konuya geniş biçimde ele aldı; 1954'ten bu yana Osmanlı fiyat hareketleri tarihine ait bir dizi arşiv belgesi yayımlandı. Bu belge koleksiyonları arasında *Bütçeler, Saray Muhasebe Defterleri* önemli bir yer tutar.

Her zamanki sağlam metodolojisini izleyerek Barkan, bu belge koleksiyonlarını yayımlayıp analiz ettikten sonra, Osmanlı İmparatorluğu'nda fiyat hareketleri üzerinde görüşlerini şu toplayıcı makalede özetledi: "XVI. Asrın İkinci Yarısında Türkiye'de Fiyat Hareketleri" (*Belleten*, nos. 136, Ekim 1970) (Makalenin İngilizcesi "The Price Revolution of the Sixteenth Century", çev.: Justin McCarthy, *International Journal of the Middle Eastern Studies*, I (1975), s. 3-28). Bu önemli araştırma Sırpça ve İngilizceye çevrildi ve geniş yankı uyandırdı. Bu makaleden sonra yayımladığı *Süleymaniye Camii ve İmareti İnşaatı* (Cilt I: Türk Tarih Kurumu Yayınları, Ankara 1972; Cilt II: 1979) yine özellikle para ve fiyat araştırmaları için malzeme sağlama faaliyetiyle ilgilidir. Braudel, fiyatlarda devrimi, yani 16. yüzyılda büyük enflasyonu, Earl J. Hamilton'un Amerika'dan külliyetli gümüş ithali tezine (*quantity theory*) bağlıyordu.

---

11 Bkz. H. İnalcık, "Impact of the Annales School", s. 80-90.

12 "The Turkish Mediterranean lived and breathed with the same rthyms as the Christian", *The Mediterranean*, I, s. 4.

13 1614 yılında bir Fransız raporu yılda 7 milyon *écu*'nün Marsilya'dan Levant'a gittiğini gözlemlemiştir (P. Masson, *Histoire du Commerce Français*, I, XXXII-XXXIII).

Barkan, bir yandan Osmanlı devletinin kıtalar arası muazzam bir enflasyon cereyanından kendini kurtaramadığına işaret etmekle beraber, "Fiyat Devrimi"ni gümüş miktarına bağlama teorisini ihtiyatla karşılamaktadır.

C. M. Cipolla, M. M. Postan gibi Avrupa iktisat tarihi uzmanları, büyük fiyat artışlarında gümüş hacminde artıştan ziyade hızlı nüfus artışı gibi faktörlerin önemli rolü üzerinde durmuşlardır. Barkan, 1520-1580 döneminde Anadolu'da yüzde 55.9, Rumeli'de yüzde 71, nüfus artışı hesaplamıştır. Bu, gıda maddelerine talebin artışı ve fiyat yükselişi sonucunu verir. Barkan, başka şu faktörleri de sıralar: Tüketim hacminde artış, para dolaşımının hızı, kötü, mağşuş paranın piyasayı istilası.[14] Özetle Barkan, Osmanlı belgelerinde gıda maddeleri üzerinde yaptığı incelemeler sonucu ("İstanbul Saraylarına Ait Muhasebe Defterleri", *TTK Belgeler*, 13 (1981), s. 1-380; "Les mouvments des prix en Turquie") piyasadaki gümüş miktarını esas alan *bullionist* açıklamasına karşı" devletin yaptığı büyük harcamalar ve ticari hareketlerin hacim ve süratinde meydana gelen değişiklikler ve hızlı bir nüfus artışı gibi sebeplerle fiyatların durmadan yükselme temayülünde olması" tezini desteklemektedir.

---

14 C. Cipolla, *Prices and Civilisation in the Mediterranean World*, Princeton, 1956; *Historie Economique du Monde Mediteranean, Mélenges en l'honeur de Fernand Braudel*, Toulouse 1973.

TARİHYAZIMININ RÖNESANSI*

İLK TANIKLIKLAR

"Ünlü tarihçimiz" ifadesinin geçtiği bir kültür-sanat haberiydi. Gazetedeki yazı, Osmanlı tarihçiliğinden, arşivlerin öneminden söz ediyordu. Siyah-beyaz fotoğrafa ciddi bir yüz ifadesi sinmişti. İnalcık ismiyle ilk kez o sayfada karşılaşmıştım. Amerika'da uzun yıllar Osmanlı tarihi dersleri vermesi nedense dikkatimi çekmişti. Bu mütevazı haber, gelecekte uzun süreli bir tanışıklığın ilk adımı olacaktı.

Henüz bir üniversite öğrencisiyken "tarih"e ilişkin dağarcığım elbet vasat sayılırdı. Çoğu kimse gibi ben de genel geçer fikirlerin bir taşıyıcısıydım. *Doğu Batı*'nın yayımlandığı Kasım 1997 tarihlerinde, bu isim aklımın ucunda yer etmişti. İlk fırsatta kendisini ziyaret etmeliydim. Tesadüfler çok geçmeden birbirini izledi. Üniversitedeki sekretaryasından bir randevu talep ettim. Olumlu yanıt çabuk geldi. O günkü heyecanımı anımsayabiliyorum. Mesleğinin zirvesine yükselmiş bir kişiyle hangi konuda neyi konuşacaktım ki? Bu tür tanışmalarda genç ve acemi kişiler şu basit psikolojinin esaretinde kalırlar: "Şimdi karşı taraftan kolay bir soru gelecek, onu bilemeyeceğim!" Neyse ki, düşündüğüm felaket olmadı. Dergimizi tanıttım kısaca; planlarımızı ve programımızı anlattım.

---

* Taşkın Takış, *Doğu Batı*, Sayı: 61.

Dikkatle dinledi ve ansızın elini derginin üstüne koydu. Gayet dinç bir tavırla "Dostum, bu dergiyi destekliyorum!" yanıtını verdi. Hatırladığım ilk cümlesi buydu.

Genel bir İnalcık portresine nasıl başlayabiliriz? Öncelikle ilk karşılaşmada hangi intibayı edindiysem on beş yıl boyunca izlenimlerimden en ufak bir sapma olmadığını söylemeliyim. Hep aynı ciddiyet ve dinç tavırla karşılaştım. Geçen süre içinde İnalcık'ı birçok defa ziyaret etme fırsatım olmuştu. Ve hep bu tavra eşlik eden özel zaman dilimini karşımda buldum. Bazı kişileri ancak geniş bir zaman çerçevesinden bakarak anlayabiliriz. Tıpkı zaman üzerine yazan filozofların "içsel zaman"a atfettiği ayrıcalık gibi, yalnız içsel zamana ait olan ve uzun yıllar korunan nitelikler gerçek yaratıcı kişiliği ortaya serebilirler.

Ziyaretlerim genellikle evindeki çalışma ortamında gerçekleşti. *Doğu Batı* için kaleme aldığı makaleler ile meşgul olduğu dönemlerde, yazıları ciddiyetle okuyor, titiz biçimde gözden geçiriyor, sayfa kenarlarına Osmanlıca notlar alıyordu. Etrafa göz gezdirdiğimde tahmin edileceği üzere, burası bir zanaatkârın atölyesinden farksızdı. Yerlere, koltuklara, sehpa üzerlerine serili bir yığın kitap... Kitapları toparlayacak bir kütüphanenin olmaması ilginçti. Kitaplar tertipli vaziyette durmuyorlardı. Bir sabiteleri yoktu. Sanki evin içinde dolaşmaya çıkmışçasına hareket hâlinde yeni projelerine hazırlanıyorlardı. Bu ortam, etrafındaki her şeyi sessizliğe gömmüş otoriter yaşlı bir insanın değil de, daha çok, yeni ufuklara açılmayı bekleyen özgür ve bohem bir gencin ruhunu yansıtıyordu.

Kendi sınırlarını zorlayan kişilerin biyografilerinde okumaya alışkın olduğumuz bir tahlilden yola çıkalım: Tevazudaki inceliğe değinelim önce. Tevazu, yani insanın kendi sınırlarının bilincinde olma hâli... Gösteriş peşindeki kişi dağınıklığını pek ayırt edemezken, gerçek bir alçakgönüllülük daima kendi sınırlarını gözetler. İnalcık'ın tevazusu bütün ritmine yayılıyordu diyebilirim. Dinleme, düşünme ve sonra da söylediklerini özenle bir filtreden geçirme sürecine. Bu tevazu hâli "Siz bilmezsiniz" üslubundan hiçbir yankı taşımıyordu.

Evet, özenle seçilen bu kelimelerde, sesi ne yükseliyor ne de alçalıyor. Özel bir terim telaffuz edilmiyor ise şayet, harfler uzalıp kısalmıyor. Meslek itibarıyla ağır, uzun ve yorucu cümlelerle boğuşmak zorunda kalan tarihçilerin zaman zaman esinlendikleri gibi, "el'an" diye ansızın cümleleri kesmiyor, "tercihan..." deyip yorucu bir fasla girmiyor. Bazen ince bir mizah ve kısa yanıtlar aydınlatıcı olabiliyor. "Türkiye'de tarihçiliğin bugün geldiği durum..." diye bir soru yöneltiyorum kendisine. Gülümsemekle yetiniyor. Konuşurken var oluşuna derin manâlar katma çabasında değil. Besbelli ki benliğini sıradan bir "vasıta" olarak görüyor. Bilgisinde muhtemelen derinlere kıvrılan bir otoriteyle karşı tarafa hükmetmek gibi reflekslere sahip değil. Meziyetlerini apansız bir silah gibi konuşmanın ortasına sürmüyor veya bir tehdit unsuru gibi yüzeyde dolaştırmıyor. Yeni bir sohbet konusu açmak, sonra sıkıldığında oradan başka bir konuya geçmek; konuşması bu tür keyfî akışlarla sürüklenmiyor. Her türlü idealleştirmeden uzak duran bir anlatım... Yüceltmek ve mahkûm etmek tarz-ı hayatına, çalışma disiplinine bütünüyle yabancı. Şimdiye kadar, yığınla anekdotu peş peşe sıraladığına ve karşı tarafta bir yorgunluk hissi bıraktığına hiç şahit olmadım. Geçmiş zamanların parlaklığından savaş sanatına, saray mutfaklarından uygarlıkların Altın Çağı'na bir geçiş yok. Roma'dan, Avrupa'dan, Bizans'tan, Slavlar'dan, Osmanlı'dan veya parlak bir İstanbul nostaljisinden ardı sıra söz etmiyor. Kralların ve imparatorların şaşaalı hayatları, muhteşem saraylar, dahi komutanlar, mağrur ve muhteris kahramanlar, hikâyeleştirilen sayısız olay ve anlatı sonrasında buradan kalkıp dünyaya dair bir ahlâk ve adalet dersi çıkarmak. Hayır! İnalcık'ta tarihin hiç de romansı bir kılığa bürünmediği görülecektir. Ne kitaplarında ne de konuşmasının herhangi bir yerinde... Tarih, renkli sahneleriyle hafızasında yarı gerçek, yarı hayâlî estetik bir soyutlama düzeyine kavuşmuyor. Tarihsel bilginin doğasıyla büyüleyici bir ilişki kurgulamanın çok ötesinde. Keskin mantık yürütme biçimi kitlelerin popüler kaynaklardan devşirdiği "tarihsel bilgi" açlığını giderme gibi bir misyon doğrultusunda işlemiyor.

Tüm hitabeti gerçeklik üzerine kurulu. Uzun yılların kazandırdığı alışkanlıktan olsa gerek, bu derin yoğunlaşma hâli boşlukta bir şeylerin asılı kalmasına izin vermiyor. Dikkati o vakit konu neyse tamamen ona yönelmiş durumda. Şu denklemin gayet farkında ki, dış dünyayı etkilemeye yönelik fazladan bir hamle kendini gerçekliğin sahasından bir adım uzaklaştıracak, enerjisini boş yere alıp götürecektir. Geçmişte olup biten bir şeyi ışıldatmak, bu yüzden anlamsız ya da şu anda ortaya çıkan alelade bir tatsızlığı "eskiden de böyleydi" dercesine uzak bir zamanın sırtına yüklemek tümüyle saçma! Övgüye değer bulduğu şey ne olabilir? Bu en fazla bir kitap ya da güvenilir bir kaynağın yorumuna ilişkindir. Takdir bilen bir öğretmenin yaklaşımıyla öğrencisinin yaptığı parlak bir çalışmadan veya bir belgeden, bir vesikadan, sanki çok sıcak bir meseleden konuşuyormuşçasına söz etmektedir. Bunun ötesinde ne bir şikâyet, ne de bir sızlanış ele geçirebilmiş bu yaşamı. Hastalıklar, yorgunluklar, takatsizlikler sanki yüzyıllık bu çınarın yanına hiç uğramamış. Şimdiye kadar hafızama kazınan tek yakınışı şu: "Kaynakları karşılaştırmasını bilmiyoruz. Hep yanlış, hep aktarma!... Tevatürler, hikâyeler, masallar!" İşte bizde tarihyazım parodisinin karşı kıyısında duran "tarihçilerin kutbu"nun kısa bir öyküsü...

UZUN YAŞAM: KISA BİR GEZİNTİ

Tarihçilerin Kutbu'ndan okuduğumuza göre,[1] pekâlâ şöyle bir film sahnesi canlanabilir hayâlimizde. Önce, siyah-beyaz kareler... Bir Osmanlı olarak dünyaya geliyor. Babasıyla birlikte halifenin Dolmabahçe'de Cuma selâmlığındaki geçit törenini seyrediyor. Eski dünyanın yıkıntıları arasından Cumhuriyet'in ilk yıllarına tanıklık. Var olma ve bekâ kaygısındaki bir toplumun üyesidir. Gazi Mektebi'ne kaydolur. Bir gün Atatürk teftiş için sınıfına girer. Atatürk'ün coğrafya ile ilgili bir sorusunu bizzat yanıtlar. Sivas ve Balıkesir'de yatılı okul yılları... Okula gidip gelirken Anadolu'nun

1 *Tarihçilerin Kutbu*, Söyleşi: Emine Çaykara, Türkiye İş Bankası Kültür Yayınları, İstanbul 2006.

iğde kokularını yaşamı boyunca hiç unutmayacaktır. Dil-Tarih'in ilk öğrencilerindendir. Hocası Fuad Köprülü sayesinde "ilmî yardımcı" sıfatıyla Dil-Tarih'e girer. Faik Reşit Unat'ın önerisiyle Bulgar isyanları ile ilgili doktorasını tamamlar. Sultan Abdülhamid'in Bulgar meselesinin araştırılması için on ciltte toplattığı ve incelemeye fırsat bulamadığı malzeme üzerine doktora yapmak kendisine nasip olur. Çalışma disiplinini çok erken yaşlarda kazanır. Fransızca ve İngilizceyi kendi imkânlarıyla öğrenir. Yurtdışına gitmeden çok önce tarihle ilgili temel prensipleri edinecektir. Sosyal bilimlerimizde bir hayli geç rağbet bulan "karşılaştırmalı" (mukayeseli) sözcüğünü tarihçiliğe adım attığı yıllarda öğrenir. Yirmili yaşlarda sahip olduğu yöntemin izlerini yetmiş yıl sonraki eserlerinde de görmek mümkün. Düşünsel moda akımlarından ziyade, hep kendi arayışlarının takipçisi olacaktır.

Ve sonrasında kameramız renklenir: Büyük ve geniş İngiliz bahçeleri açılır gözümüzün önüne. İngiltere'ye gider. Richmond Parkı'nda uzun yürüyüşler. Arşivler, müzeler, katedraller, kütüphaneler...Müzelerde dolaşırken Avrupa tarihiyle ilgili notlar biriktirir. Çalışmasının sırrını daima tuttuğu bu küçük çetelelere bağlayacaktır. İngiliz mizahıyla ilgilenir. Bernard Shaw okur. Bir gün İngiliz parlamentosunu ziyaret eder. Heybetli bir adam parlamentoya girer. Aceleyle bir şeyler söyleyip çıkar. Bu şişko ve kurt adam Churchill'dir. 1950'de Paris'tedir. Paris, her genç entelektüeli olduğu gibi onu da büyüler. Ve sonra başka ülkeler, başka geziler. Balkanlar, Avrupa, Amerika ve Doğu ülkeleri.

Geriye dönüp baktığında "şanslıydım" sözcüğünü sarf etmekle yetinir İnalcık. Yalnızca bu kadar mı? Hızla akıp giden zamana karşı sıra dışı bir direnç ve özveriyi hep gösterecektir. Tam da *par excellence* "yaşayan tarih" şeklinde gıpta edilecek bu uzun ömür, Osmanlı ve Cumhuriyet arasındaki çarpıcı dönüşümün bizzat içinden gelir. Bu süre zarfında birbirinden farklı kuşakların alt-üst oluşlarını yaşar. Geleneksel ve modern yaşam kalıpları arasında sıkışan bir toplumun dramatik savruluşlarına tanık olur. "Aşırı Batılılaşma" macerasının ve taklit öğesinin hangi kesim olursa olsun ideolojik-entelektüel tüm gruplara ne ölçülerde sirayet ettiğini, "eski"yi bilen bir kişi olarak rahatlıkla ayırt eder. Bugün bir "metin" olarak okunabilen "yakın tarih"in siyasal ve toplumsal hareketlerinin filizlenişini, ortaya çıkış şekillerini gözlemler. Doktrinlere, doktrinerlere mesafeli bir tutum takınacaktır. Siyaset bilimimizin duayeni (!) Tarık Zafer Tunaya'nın "Yahu ben seni hiç anlamıyorum, sen solcu musun, sağcı mısın?" sorusunun muhatabıdır. Belki de bu yüzden ismi, uzun süre "şöhretli" aydın çevreleriyle zikredilmeyecektir.

Talih ona başka yollardan yardım edecektir. Dil-Tarih'in kurucu hocalarını, arkeologlarını, hukukçularını, dil uzmanlarını, ünlü Alman profesörlerini tanıma imkânı bulur. Fuad Köprülü, Paul Wittek, Ömer Lûtfi Barkan, Abdülbâkî Gölpınarlı, Bekir Sıtkı Baykal, E. Ziya Karal gibi isimler hocasıdır. 1940'lı yıllardaki ünlü tarihçilerin atmosferini, onların bugünden çok farklı kaygılar taşıyan heyecanını solur. Köprülü'nün büyük bir verimlilikle geçen seminerleri, Gölpınarlı'nın klasik edebiyattaki derinliği ve heyecanı, Wittek'in filolojik hassasiyeti ve tabii Barkan'ın çığır açıcı çalışmaları ona çok şey katacaktır. Bugün "İnalcık ekolü"nün varlığına değinilecekse eğer, onun hocaları ve öğrencileri arasında bir köprü gibi durduğunu rahatlıkla söyleyebiliriz. Hem devraldığı miras bakımından hem de aktardığı birikim sayesinde her ülkeden, her renkten öğrenciler yetiştirmiştir. Siyasal'ın en verimli olduğu yıllardan Balkan ülkelerine Uzak Doğu'dan Amerika'ya geniş bir öğrenci listesi uzayıp gider.

DİL VE TERMİNOLOJİ FARKLILIĞI

Yaşamı, mesleği, tarihçiliği ve bilimsel yöntemi itibarıyla İnalcık ismi birçok açıdan incelenmeye değer. Yazımızda bu nitelikleri kısmen açmaya çalışacağız. Öncelikle İnalcık'ın eserleriyle ilk kez karşılaşan bir okuyucu, önünde tarihe ilişkin bir yorumlar derlemesi bulmayacaktır. Gerçeğin keskin hatlarıyla yüz yüzeyizdir. Elbette bu metinlerin bir okuyuşta sindirilmesi zor. Çünkü, çoğu zaman tarihten bir fikri teyit etmek istercesine alelacele yanıtlar bekleriz. Bunun da ötesinde tarih bilimi, ideoloji ve inançların uzantısı olduğu ölçüde değer kazanır (ya da kaybeder). Modern zamanların ürettiği kavramlarla çok milletli imparatorluklar çağına yaklaşmak, Osmanlı'ya modern-ulus devletinin işlevini yüklemek ve de günümüze ait siyasal kavramların ışığında Osmanlı'yı bugüne taşımak sürekli içinden çıkılmaz bir anakronizmi doğuracaktır. İnalcık için tarihçi, geçmişe yönelirken ve bir takım genellemelere başvururken dikkati elden bırakmamalıdır. Bu tehlikeyi önlemek adına bir sahanın klasik bilgisine mutlaka doğrudan ulaşılabilmelidir.

Genel bir üslup olarak İnalcık'ta her şey yalnızca gerçeğin hizmetine sunulmak istenir gibidir. Tarafsız olma kaygısı öylesine güçlü ki, yazılarının girişinde sıkça geçen epigramlara pek rastlamayız. Kişisellik adına ne varsa her şey bertaraf edilmiştir. Henüz sayfanın başında okuyucuya bir ders verilmek, çarpıcı bir sözle fikir aşılanmak istenmez. Köprülü'nün bazen edebiyatçı kimliğiyle keskin tespitlerde bulunarak "mütebahhir bir âlim" portresine bürünmesi, Barkan'ın iktisatçı ve hukukçu diliyle uzun cümleler arasında neredeyse soluksuz kalabilmesine karşılık İnalcık'ta her şey modern bir teknikle sadeleştirilir, yalınlığına kavuşturulur. Yegâne çaba konunun özüne dönebilmektir. 1940'lı yıllardaki ilk yazılarında bile bu sadeliğin izleri görülür. Bilim adamının başarısı laboratuvarının ne kadar zengin olduğunu başkalarına göstermesi değil, ulaştığı sonucu anlaşılır biçimde birkaç satıra sığdırabilmesidir. Yazım tekniğine gelince, girişte birkaç cümleyle mesele arz edilir, sonuç bölümü de benzer kısalıkta toparlanır. Bildiği diğer diller bir yana bırakılırsa, Osmanlıcayı her bakımdan çözümleyen, hangi yüzyıl olursa olsun farklı stillerine âşina bu isim, bir dilin sunduğu câzibeye kapılıp gitmez. (Türkçenin kısa zaman aralıklarındaki değişimini ürkütücü bulur sadece). İfadesini muğlâklıktan ve meslekî dilini olası tüm spekülasyonlardan arındırır. Dildeki bu açıklığın önemli bir nedeni vardır: Uzun yıllar sonucunda biriktirilen zengin malzeme, ulaşılan esaslı bir tez hiçbir haricî süslemeye, birkaç divan beyitine kurban edilmek istenmez! Ve dildeki bu sadelik, tezlerine duyduğu güveni fazlasıyla pekiştirir. Yazdığı birçok kitapta, üç yüze yakın makalesinde hep bir iddiayla yola koyulacaktır. Bu açık üsluba diğer uğraşlarının da katkıda bulunduğunu ekleyebiliriz. *Encyclopedia Britannica* ve *İslâm Ansiklopedisi*'nde kaleme aldığı birçok maddede bunun izlerini görürüz. Ansiklopedicilere göre kural olarak yazılan maddeleri yediden yetmişe -tıpkı sihirli bir formül gibi- herkes anlamalı ve daima konunun özü yansıtılmalıdır. Bu teknik sayesinde gereksiz ayrıntılar dışarıda bırakılacaktır.

Eserlerinin bütünü değerlendirildiğinde bunların kendi sahasında *kurucu* metinler olduğu görülür. *Tarih yazma*nın ne anlama geldiğini düşünürsek, hiç el atılmamış bir sahada nelerin *ilk kez* inkişaf edildiğine bakmalıyız. İnalcık, Osmanlı'nın sınır beyliğinden imparatorluk dönemine, yükseliş döneminden uzun çözülüş dönemine varıncaya dek hemen her sahasında üretkenlikle yazabilmiştir. Tüm yazıları bir arada düşünüldüğünde şimdiye kadar yazılmış genel Osmanlı tarihi kitaplarından ayrılan bir nitelikle karşılaşırız: Terminoloji ve yöntembilim bu farklılığı gözler önüne serer. Modern bilimlerin doğuşu en başta bir kavram ve yöntem sorunu etrafında düğümlenir. Kant'ın "görüsüz (deneysiz) kavramlar boş, kavramsız görüler kördür" deyişinde olduğu gibi kavram ve olgularda bir tekabüliyet ilkesi aramalı, düşünce ve araştırmalar bizzat kendisini sınayacak, doğrulayacak araçlara sahip olmalıdır.[2] Örneğin, Osmanlı toplum yapısıyla ilgili bugüne kadar önerilen kuramsal ve amprik modellerde ciddi bir eksiklik göze çarpar. Osmanlı, kendine özgü dil ve araçlarıyla çözümlenemez. İnalcık; Marksist, Weberci ve Asya Tipi Üretim Tarzı modellerini kapsamlı bir eleştiriye tâbi tuttuğu yazısında bu tür yaklaşımların

2 İngiliz tarihçi Edward Hallet Carr, Kant'ın sözünden şu şekilde esinlenir: "Tarihçi, kendi olguları olmadan köksüz ve boş; olgular ise tarihçilerini bulmadan ölü ve anlamsızdır" (*The historian without his facts is rootless and futile; the facts without their historian are dead and meaningless*). E. H. Carr, *What is History?*, Palgrave, Londra 2001, s. 24.

bir sahanın diline ne denli yabancı kaldığını gösterir.[3] Bu modeller bir toplumdaki karmaşık ilişkiler ağının içine girmekten uzaktır. Doğu'da sanki her şey kaba kuvvetle idare edilmektedir. Aracı kurumların dikkate alınmadığı görülür. Sosyal hareketlilik ve sınıflar arasındaki geçişler, yükselme imkânları tipik durağan toplumların işleyişine göre algılanır. Ya da sipahiler, tımarlar, vakıflar ve ulema sınıfı arasındaki ilişkilerin ayrıntılarına nüfuz edilemez. Üretim araçları ve toprağın işletim sistemiyle ilgili temel bilgiler yoktur (İnalcık, ünlü *çift-hane* teorisiyle geniş bir mekanizmanın işleyişini sadeleştirecektir). Osmanlı toplum yapısına olan bu yabancılık, esasında bir terminoloji yoksunluğudur. Bu hem Batılılar hem de Türk tarihçileri için geçerlidir. Biraz daha gerilere gidersek; Âşıkpaşazâde, Hammer, Naima ve Ahmet Cevdet Paşa gibi isimler kuşkusuz devirlerine göre yüksek seviyeyi temsil ediyorlardı. Ne var ki, eski "müverrih"lerden kritik bir yöntem beklemek, bir *nomenclature* (terimler düzeni) aramak aşırı iyimserlik olacaktır. Çünkü bu isimler kendi iddialarını sınayacak, karşılaştıracak araçlardan mahrumdular. Ebû'l Ulâ Mardin'in Cevdet Paşa yorumu bu açıdan burada anılmaya değerdir. Mardin'e göre büyük bir tarihçi, hukukçu, eğitim adamımız olan Cevdet Paşa tüm yeteneklerine karşın gene de bir ihtisas mertebesine yükselememiştir.[4] Hammer tarihine bir alternatif olarak yazılan *Tarih-i Cevdet*'te konuların fasılalar hâlinde işlenmesi, olay ve olguların dağınıklığı buna örnek olarak gösterilebilir. Terminolojisini kuramamış bir sosyal bilim dalı düşünülemeyeceği gibi kronolojisi eksik bir tarihçilik de tasavvur edilemez. Bu ne bilgilerin istif edilmesi sorunu ne var olanı meşrû gösterme çabası ne de vakanüvistik bir yaklaşımdır. Türkiye'de ders kitaplarından sözde en güvenilir kaynaklara varıncaya dek yığınla hataya rastlanıyor, biçim ve içerik uyuşmazlığı yaşanıyorsa burada

3 H. İnalcık, "On the Social Structure of the Ottoman Empire Paradigms and Research", *Essays on Ottoman and Turkish Social History* içinde, The Isis Press, İstanbul 1995, s. 17-60.

4 Ebu'l-Ula Mardin, *Medeni Hukuk Cephesinden Ahmet Cevdet Paşa*, Cumhuriyet Matbaası, İstanbul 1946, s. 7.

zaman ve *mekân* olguları ayrı yönlerde hareket ediyor demektir. Zaman ve mekân tutarlılığından yoksun bir tarih anlayışı, tarih bilmeyen bir kişinin tarih felsefesinden söz etmesine benzeyecektir.

İnalcık'ta her şey ait olduğu zaman ve mekâna iliştirilmiştir. Kişiler oransız etkileriyle zaman üstü, tarih dışı bir çerçeveden hayata bakmaz. Tarihsel figürler, gerçekliğin üstünü örtmezler. Örneğin bir Fatih portresini her yönden iniş ve çıkışlarıyla takip edebilmek mümkündür. Bir tarafıyla oldukça sert ve acımasız, ele geçirdiği sınırsız otoriteyle müthiş bir kibir taşıyan, tek başına sarayında buhranlara kapılan bir Fatih portresi; diğer yönüyle kanunlar düzenleyen, özgür düşünceli, ulemayı huzuruna davet eden, Rönesans kültürüne ilgi duyan, Floransalıların Galata'daki ziyafetlerine katılan bir Fatih portresi... Tarihsel kişilikler karşılıklı çıkarlardan, hesaplaşmalardan, korkulardan azat edilmiş değil. Araç ve amaç ilişkileri birbirleriyle örülü vaziyette. Fatih'i yetiştiren Çandarlı, Konstantinopolis'in kuşatılmasına muhtemel bir Haçlı tehdidi nedeniyle itiraz ediyordu. Böylesi bir hamle rakipleri Zağanos ve Akşemseddin'in gücünü artıracaktı. Çandarlı'nın yanında büyüyen Fatih, ona küçüklüğünden beri hep hınç besleyecektir. İşte kusursuz bir efendi-köle diyalektiği! Nitekim, İstanbul alındıktan sonra Çandarlı'yı ortadan kaldırır. Hınç (*ressentiment*) tarihin düz olarak algıladığımız ilerleyişinde kendini saklayan bir kuvvettir. Güzel duyguların ortada hiçbir sebep yokken bir anda nefrete dönüşebilmesi gibi hınç da erdemin kabul görüp yüceltildiği bir toplumda kendini gizleyecektir. Saf ve kutsallaştırılmış ereklerden ziyade, eylemlerin ve stratejilerin gerçek sebeplerine inmek tarihçinin görevi sayılmalıdır. *Ankara Savaşı* (1402)'nı değerlendirdiği bir tanıtım yazısında genç İnalcık, bu savaşı "Osmanlı tarihine mahsus münferit, *dramatik bir vaka* olarak değil de, tarihî inkişaftaki yerini ve mânasını tayin etmek"[5] amacıyla ele almalıyız, diyor. Bu küçük örnekte bile onun tarihe bakışındaki tutum görülür. Öğrencilik

5 H. İnalcık, M. M. Alexandrescu-Dersca, "La campagne de Timur en Anatolie (1402)", *Belleten*, XI, Ankara 1947, s. 341-345.

yıllarında Timur üzerine hazırladığı karşılaştırmalı bir "tahrir vazifesi" tam da bu sebepten Köprülü'nün beğenisini toplayacaktır.

Osmanlı kaynaklarının yeterince tahlil edilememesi İnalcık'ın belirgin kaygısıdır. Dikkatinin toplandığı bu nokta, çalışmalarının itici gücünü oluşturur. Tarihe *şimdi*nin gözüyle bakmaz, olayların vuku bulduğu zamandaki kaynaklarıyla geçmişi yorumlayabilme becerisi her zaman üst seviyeye çıkar. Yüzyılları ait olduğu eserleriyle okur ve yorumlar. Tarihin aracısız bilgisini ilk yazılan eserlerde, meselâ anonim *tevarih*lerde, gazâvatnâmelerde, menakıbnâmelerde bulur. "The Rise of Ottoman Histiography" adlı yazısında Tursun Bey, Âşıkpaşazâde, Neşrî, Hamzavî, Kemalpaşazâde gibi çağın farklı yazarları üzerine kapsamlı bir değerlendirme sunmuştur.[6] Elbette bu metinleri *olduğu gibi* naklederek değil, bir "iç kritik" yöntemine tâbi tutarak…Yazarın içinde bulunduğu çağa bakışını, siyasi konjonktürünü ve tüm ihtiraslarını da kaydederek... Bu tür incelemelerin en ünlüsü Bizans tarihçisi G. Pacymeres'in vakayinâmesi üzerinedir. Bu metin aracılığıyla Osmanlı'nın kuruluş tarihiyle ilgili bir tartışma gündeme gelir. Pacymeres, Osman Gazi döneminde Bapheus Savaşı'nı gözlemleyen bir kişidir. İnalcık, Pacymeres'in savaş günlüğü sayılabilecek bu kaynağını her açıdan kritik eder. O dönemdeki beylikler arasındaki mücadelelerden yola çıkarak, Osmanlı'nın kuruluşunun bir sürece yayıldığını ve farklı aşamalardan geçtiğini tespit eder. Beyliğin kuruluş tarihi Koyunhisar (Bapheus) Savaşı'ndan sonrasına aittir ve Osmanlıların ünü aslında bu savaşla birlikte Anadolu'da yayılacaktır.[7]

Geçmişin idealize edildiği sayfalar tarihçinin yorumundaki *kaçış* noktaları sayılmalıdır. Meselâ, *Pax Ottomana* (Osmanlı Barışı) gibi kavramları İnalcık ihtiyatla karşılayacaktır. Buna karşılık, imparatorluğun bir terminoloji dâhilinde etüd edilmesi bu tür

---

6 H. İnalcık, "From Empire to Republic", *The Rise of Ottoman Historiography* içinde, The Isis Press, İstanbul 1995, s. 1-15.

7 H. İnalcık, "Osman Gazi'nin Nicaea Kuşatması ve Bapheus Muharebesi", *Osmanlı İmparatorluğu'nun Kurucusu Osmangazi ve Dönemi*, Bursa Kültür Sanat ve Turizm Vakfı Yayınları, s. 9-38.

abartıları önleyebilir. Devletin ve tebaanın gündelik ritüellerinin bağlamından koparılmaması, kişi ve kurumların ait olduğu dil içinde nakledilmesiyle geçmiş zaman kendi içerik ve formuna bürünür. Terminoloji konusundaki hassasiyeti İnalcık'ı diğer tarihçilerden ayıran noktadır. Bir dile âşinalık ayrıntılarda ortaya çıkar. Örneğin, Osmanlı'da sıradan bir bireyin *şikâyeti* ne anlama geliyordu? Hangi süreç takip edilir? Hangi kurumlara başvurulur?[8] Bir sistemin tamamıyla adalete dayandığını ya da despot olduğunu iddia eden genellemelerin karşısında bu tür çözümlemelere daha çok gereksinim vardır. Bir başka örnek ise unvanlar, hitaplardan verilebilir. Unvanlardan siyasi kavramlar çıkarma yöntemi Köprülü'nün öncülük ettiği bir buluştu. Unvanlar, kâğıt üzerinde basit birer adlandırma, övgü sıfatı gibi dursalar da, diplomasi dilinde hâkimiyetin içeriğine dair önemli ipuçları sunar. *Han, Gazi, Hüdavendigâr, Sultan-al Guzat, Kayser-i Rum* ve *Halife-i Ruy-ı Zemin* gibi sıfatların her biri farklı simgesel değerlere sahiptir.

ANNALES İZİNDE MODERN BİR TARİHÇİLİK

Barkan'ın sözü tarihçiliğimizde önemli bir iz bırakır: "Biz devletin tarihini yapmayacağız, halkın tarihini yapacağız!" İnalcık için Osmanlı tarihçiliği eski usûl bir hanedanlık tarihçiliği değil, sosyal ve ekonomik tarihçilik olmalıdır. Bu yönüyle onun çalışmalarının karakteristiğini bulabiliriz. Klasik tarih yazım geleneğinden bahsetmek gerekirse Hammer, Osmanlı tarihinin bir özetini topladığı kitabında on dokuz maddelik içindekiler tablosunda on dokuz padişahın ismini sıralar. İmparatorluğa payitaht İstanbul'un gözüyle bakar ve neredeyse tahta inip çıkan padişahların bir geçidi sunulur.[9] Hammer örneğinde tarihyazımı devlet merkezli resmî bir anlatımın özelliklerine sahiptir. Bu yazım biçimi, tarihi, bir olaylar yığınına, devletleri de bir savaş makinesine dönüştürecektir.

---

8 H. İnalcık, "Şikâyet Hakkı: 'Arz-i Hâl ve Arz-i Mahzar'lar", *Osmanlı Araştırmaları*, VII-VIII, 1988, s. 33-54.

9 Joseph von Hammer-Purgstall, *Histoire Abrégée de l'empire ottoman*, Parent-Desbarres, Paris 1839.

İnalcık'ın eserlerinin arka planına gidildiğinde ise bütünüyle canlı ve yaşayan bir sosyal ilişkiler ağı buluruz. Büyük tarihî olayların yanında halkın geçim kaynakları da eşit bir seviyede irdelenir. Ticaretin, coğrafyanın, iklimin, gündelik yaşamın, diplomasinin verileri bütünlüklü bir tablo içinde aranır. Disiplinlerin etkileşim ağı geniş tutulmuştur. Ayrıntılı bir mekân ve coğrafya bilgisinden pekâlâ söz edebiliriz. Mekân olgusu sanılanın aksine hiç de ölü bir mefhumu çağrıştırmaz. Mekân zamanla birlikte yol alır, tarihe yön verir. Annales Okulu'nun temsilcileri, mekânın yazdığı "insansız" tarihin güzel örneklerini sunmuşlardır. Tarih yalnızca büyük kahramanların gözüyle okunmaz. Annales, siyasi tarihten çok, sosyo-ekonomik tarihe ilgi duymaktaydı. Onlara göre tarihin yazgısını imparatorlar, ordular ve silahlar tayin etmiyordu; ülkelerin doğal sınırları, ticari güzergâhlar, geçiş yolları, stratejik bölgeler, vadiler, tepeler, denizler ve körfezler "mekân"ın yavaş akan doğasına örnek teşkil eder. Braudel, tarihçiler arasında pek benzeri görülmeyen cesur bir girişime öncülük eder. Akdeniz'i "tarihsel bir kişilik" (*personnage historique*) çerçevesinden yorumlar.[10] Bunu kabul etmeyen tarihçiye ise hayıflanır. Ünlü kitabının ilk taslağı II. Philippe'in Akdeniz politikaları üzerinedir. Kitabı tamamladığında ise Akdeniz'den kalkarak İspanya Kralı'nın dünya siyasetini yorumlayacaktır.[11] Bilindiği üzere Akdeniz, Braudel'in karşısına üç katmanlı bir zaman dilimini çıkarır. Braudel, tarihsel değişimin hızlarını belirtir. İlki, ağır salınımlarla ilerleyen, pek fark edilmese de yüzeyde gelişen coğrafî zamandır. İkincisi, yavaş bir ritme sahip olan sosyal ve ekonomik tarihtir. Görünmeyen dip dalgaları bu zaman dilimine aittir. Sonuncusu ise, geleneksel tarih olarak sınıflandıracağımız, bireylerin faaliyetleri, büyük siyasi olaylar ve devletlerin ihtiraslarla yüklü tarihleridir. Bu hassas zaman dilimi en hızlı ve tehlikeli olanıdır, âni değişikliklerle tarih sahnesinde

10 F. Braudel, *La Méditerrannée et le Monde Méditerranéen à l'époque de Philippe II*, Tome I, Librairie Armand Collin, Paris 1966, s. 13.

11 *A.g.e.*, s. 15.

med-cezir etkisi yaratırlar.[12] Kitleler de en çok tarihin haz veren, duyguları okşayan bu popüler yüzüne meraklıdırlar.

Annalesciler, "ritim" sözcüğünü beğeniyle karşılarlar. Çünkü tarihsel olaylar bütün bir çevreyle, doğa ve iklim koşullarıyla âdeta bir "ritim" hâlinde vücut bulurlar. Braudel'in kurduğu uzun ve geniş zaman örgüsü İnalcık'ı derin bir şekilde etkiler. Toponomi ve onomastik bilimi, yani mekânın ağır hareketlerle tarihe olan etkisini bir belgeymişçesine yorumlama ve bir yerin filolojik analizi İnalcık'ın modern tarihçilikteki özgünlüğünü oluşturur. (Erken dönemde hocası Wittek'ten, Bizans yer adlarından Türk yer adlarına nasıl geçiş yapılabileceğinin tekniğini öğrenecektir.) İnalcık, özellikle Osmanlı'nın kuruluş dönemiyle ilgili araştırmalarında ve şehir tarihlerinde bu üç zaman dilimini bir arada kullanır. İstanbul ile ilgili yazısında görüleceği üzere, bir şehrin etimolojik kökeni, fiziksel ve mahallî oluşumları, kültürel çeşitliliği, Bizans unsurları, Ortadoğu şehir anlayışının yaşam üslubunda bıraktığı kalıcı etki ve Türk-İslâm karakteri bütün bu üç zamanı kapsayacak şekilde bir "ritim" dâhilinde sunulur. Bir şehrin oluşumu karşılıklı etkileşimleriyle iç içe geçmiştir. İstanbul'un eski ve yeni arasında uzanan çok yönlü kimliğinin niçin zengin çağrışımlara konu olduğu böylelikle bizim açımızdan daha anlaşılır hâle gelir. Osmanlı'da ağır ve yavaş ilerleyen birinci zaman (jeo-tarih), sosyal ve ekonomik tarihin konu olduğu ikinci zaman (nüfus, fiyat değişimleri); büyük siyasi olayların, savaş ve barışların yaşandığı üçüncü zaman (tahrir defterleri, yerleşim politikaları, siyasi tarih) İnalcık'ı okumak için elimizdeki anahtar sözcükler yerine geçer.

Zamanın ritmini yakalama konusunda tarihteki her ayrıntı, her bilgi parçası böylelikle değer kazanır. İnalcık, araştırmalarında bütün kaynakları matematiksel bir incelikle bir araya getirmeye çalışmıştır. Tarih, coğrafya, ekonomi kadar geniş bir hukuk bilgisi de söz konusudur. Hukuki metinler çalışmalarını besler ve olgulardaki biçimsel çerçeveyi saptamasına yardımcı olur. Örneğin, uluslararası

12 *A.g.e.*, s. 16.

ticarette kapitülasyonların rolünü incelediği "İmtiyazât" maddesinde, ticari statülerden gümrük kayıtlarına varıncaya dek klasik çağın hukuk anlayışını gözler önüne serer.[13] Diğer birçok yazısında olduğu gibi, arazi kanunları, vergi usûlleri ve çeşitli yüzyıllarda eyaletlere göre farklılıklar arz eden kanunnâmelerdeki istisnalar üzerinde durması onun ne denli kapsamlı bir faaliyet yürüttüğünü gösterir. Bir halkın doğup büyüdüğü, geliştiği bütün fiziksel ortamı ve yaşam koşullarını tarihçiliğine dâhil etmiştir. Gündelik hayatın idâmesini sağlayan maddi unsurları, fiyat değişimlerini, ağırlık ve ölçü birimlerini tarih bilimine uygulamıştır. İstatistik ve metrolojiden faydalanması yüzyıllar öncesindeki gündelik hayata ışık tutacak bilgileri bir bütünlüğe yerleştirme noktasındaki tutkusunu açığa serer. Şehir tarihlerinde ayrıntılı nüfus dökümlerini hep verecektir. Nüfus ve fiyat hareketlerinin gözetilmediği bir tabloda tarih tek başına bir *söylem* (discourse) düzeyinde kalacaktır.

İnalcık'tan hareketle kabul görmüş birçok önyargıyı düzeltme, yerinden etme imkânı doğar. Onun getirdiği yeniliklerden bir kaçını ele alalım. Ona göre, Avrupa'nın oluşumu Osmanlı nüfuzu hesaba katılmadan anlaşılamayacaktır. Genel tarih çizelgelerinde Osmanlı'nın yükselişi "sıra dışı" ve "beklenmeyen" bir hadise olarak yorumlanır. Osmanlı'nın yükselişi tarihin sürprizleri arasındadır. Bu yaklaşımı benimseyen Batılı tarihçiler, Osmanlı'yı daha baştan merkez-dışı bir konuma iterler. Silinmesi güç bir kanıdır bu. Osmanlı deneyimini kendine özgü yapısı ve kurumlarıyla evrensel bir çerçeveye yerleştiren isim ise İnalcık'tır. Bu bağlamda tüm mesaisini adadığı sosyal ve ekonomik tarihçiliği gelecek kuşaklara bırakacağı en önemli miras sayılmalıdır. Bu tezini Cambridge yayınlarından çıkan *An Economic and Social History of the Ottoman Empire, 1300-1914* adlı eserinde somutlaştırır. Onun *Opus Magnum*'u sayılabilecek bu kitabın planı ve teması az önce zikrettiğimiz klasik Osmanlı tarihlerinden ayrılır. Osmanlı, 16. yüzyılda dünyanın ekonomik rezervlerini kontrol altında tutan bir güce sahipti.[14] Osmanlı, yalnız

---

13 H. İnalcık, "İmtiyazât", Commercial privileges, *The Encylopaedia of Islam*, III, 1971, s. 1179-1189.

14 Peter Burke ve Halil İnalcık (Ed.), *History of Humanity Volume V, From the Sixteenth to the Eighteenth Century*, Routledge&Unesco, 1999.

askerî fütuhat peşinde koşan ve kendi ekonomik kaynaklarıyla yetinen (*self-sufficient*) ekonomik bir sistemin özelliklerini barındırmıyordu. 17. yüzyılda Avrupa ve Amerika gümüşü Osmanlı pazarını istila etmişti.15. yüzyıldan itibaren İstanbul, Bursa gibi birçok şehir dünya ekonomisinin antreposu konumundaydı. Floransalı tüccarlar İran ipeğini satın almak için Bursa'yı ziyaret ediyorlardı. Dubrovnik gibi transit merkezler Batı ile Doğu arasındaki ticari canlılığa işaret ediyordu. Doğu Akdeniz'in karanlıkta kalan yönü ise bu bölgede etkin bir Levant ticaretinin varlığına işaret eder. Ticaret, Doğu hammadde ve erzaklarının Batı'ya taşınmasıyla Batı yönünde sürekli genişliyordu. İpek başta olmak üzere, Doğu hammaddeleri Avrupa sanayileri için büyük bir talep demekti. *Türkiye Tekstil Tarihi* adlı eserinde "yükte hafif pahada ağır" ipek ve kumaş ticaretinin ülkeler arasındaki hareketliliği somut veriler hâlinde kaydedilir. Klasik çağdaki rekabetin rolü dikkat çekicidir:

> Merkantilist Avrupa devletleri büyük servetlerin Doğu'ya kaçışını önlemek için pamuklu sanayi kurmayı kararlaştırdılar. Doğu'nun lüks pamukluları Hindistan'ın rengârenk basmaları, Anadolu'nun kaliteli *bogasileri* ve ucuz dayanıklı mavi pamukluları (günümüzdeki blue jean için) Marsilya bir dünya pazarı oldu. Güneydoğu Anadolu'dan yüzbinlerce parça pamuklu, Haleb üzerinden Marsilya'ya ihrac olunuyordu. XVIII. yüzyılda Avrupa'da, İngiltere, Fransa, İsviçre, İtalya ve Almanya'da pamuklu sanayileri kurulması, Doğu tekstil sanayileri için daralma ve sonunda yıkılma sonucunu doğurmuştur.[15]

"SESSİZ METİNLER"

Uzun ve zahmetli bir yol… Fermanlar, kanunnâmeler, antlaşmalar, defterler, diplomatik yazışmalar arşivlerin sessiz sayılabilecek metinleridir. Yüzlerce vesika, binlerce belge tek başına ele alındığında hiçbir şey ifade etmez. Fiyatlardan, oranlardan, rakamlardan deyim yerindeyse buz gibi bir soğukluk yayılır. Tarihçiliğin zor uğraşısı bu sessiz metinleri konuşturabilmesi, tek kelimeyle onlara hayat

15 H. İnalcık, *Türkiye Tekstil Tarihi*, İş Bankası Yayınları, İstanbul 2008, s. 7-8.

bahşedebilmesidir. Oysa, arşivlerde yapılan işçiliğe çoğu zaman küçümsenerek bakılır. Arşivleri kuru belge yığınlarının gömüldüğü yerler olarak görmek kuşkusuz zamana ilişkin eksik bir algılamayı yansıtacaktır. Fernand Braudel, Marc Bloch, George Duby, Emmanuel Le Roy Ladurie gibi kılı kırk yaran Ortaçağ tarihçileri kilise kroniklerinden diplomatik yazışmalara seyâhat günlüklerinden özel mektuplara varıncaya dek Avrupa arşivlerinde ele geçirdikleri her türlü vesikayı çözümleme yoluna gitmişler, Ortaçağ'ın *ancien régime*'in modern zamanlar üzerindeki etkisini göstermişlerdir.

Peki, tarafsız olmaya yatkın görünen şu kelime, yani "belge" sanıldığı kadar masum sayılabilir mi? Belge tek başına *a priori* bir kanıt mıdır? Belgenin kendisinden bugünü aydınlığa kavuşturabilecek bir yanıt için geçmişin tozlu rafları arasından orijinal bir sayfanın çekilip çıkarılmasını mı anlıyoruz? Eğer böyle olsaydı, Barkan'ın tabiriyle bütün belgeler tek başına ancak "iptidaî malzeme" olabilirdi. Çünkü, mevcut bir belge henüz işlenmemiş ve yeterince tahlil edilmemiştir. Analiz edilmeyen belgeler, ham halleriyle bir kanıt sunabileceği kadar, yanlış yönlendirme ihtimali yüksek bir şüphe unsuru da olabilir. Belgenin tarafsızlığına ancak belirli safhalardan geçerek ulaşabiliriz. Bu da belgenin ait olduğu zamanı ve koşulların bütününü kuşatabilmekten geçer.

Marc Bloch'un kurduğu denklem burada zikredilmeye değer. Bloch, Katolik teolojisi için Saint-Augustin ne anlama geliyorsa İmparatorluk Roması için de Afrika buğdayı odur, diyor.[16] Biri anlaşılmadan öteki anlaşılamayacaktır. Mısır, Roma için geniş bir tahıl ambarıydı ve devasa bir çarkın devridaimini sağlıyordu. Bugün önemi pek fark edilmese de, İnalcık birçok çalışmasında bu tür zor denklemlerin üstesinden gelebilmiştir. "Osmanlı Pamuklu Pazarı, Hindistan ve İngiltere: Pazar Rekabetinde Emek Maliyetinin Rolü" başlıklı yazısı,[17] Osmanlı ekonomisinin kapitalist dünya ekonomi-

16 Marc Bloch, *La Société Féodale*, Albin Michel, Paris 1994, s. 14.

17 Halil İnalcık, "Osmanlı Pamuk Pazarı, Hindistan ve İngiltere: Pazar Rekabetinde Emek Maliyetinin Rolü", *Osmanlı İmparatorluğu Toplum ve Ekonomi*, Eren Yayınları, İstanbul 2009, s. 259-317.

sinin bir uydusu durumuna düşmesini, pamuklu gereksiniminin büyük bölümünü dışarıdan alıp ham pamuk satar hâle gelmesinin sonucunu gösterir. O dönemde pamuk pazarında emek-maliyet bakımından değişen dengeler tıpkı modern dünyada tekstil pazarının ekonomik dengeleri şiddetle sarsması gibi bir güce sahipti. 17. yüzyıldan itibaren Hindistan'dan ve 19. yüzyılda ise rekabetin yön değiştirmesiyle birlikte Avrupa'dan yapılan pamuklu ithalâtı imparatorluğun düzenini alt üst ediyordu. "Dirlik ve düzenlik"in bozulmasında ve Anadolu'daki isyanların başlamasında İnalcık'ın işaret ettiği nüfusa dayalı ekonomik sebepler önde geliyordu. 17. yüzyılda artan nüfusla birlikte kıtlık ve iaşe sorunu endişe verici bir hâle bürünmüştü. Bu tür ince işçilikler *Çeltükci Re'âya Sistemi* ile ilgili etraflı makalesinde de görülecektir.[18] Bu yazıda "pirinç" üretiminden yola çıkarak Anadolu'daki üretim koşullarının bir tablosu sunulur. Toprağın nasıl işletildiği, vergilerin hangi koşullar altında toplandığı ve yıllara göre fiyat oranları tespit edilir.

Gözden uzak tutulmaması gereken nokta, 19. yüzyılda imparatorlukta siyasiymiş gibi duran olayların aslında çok daha karmaşık, ekonomik çıkarlara dayanmasıdır. İnalcık'ın üretim ve vergi politikalarına dair geniş araştırmaları, siyasi istikrarsızlıklardaki maddi güçlerin rolünü vurgulayacaktır. Meselâ, Tanzimat'taki yeni vergi rejimi, eski düzeni bozarak Rumeli'deki Hıristiyan tebaanın ayaklanmasını, Anadolu'daki muhalefeti başlatacaktır.[19]

İnalcık'ta ampirik veriler bir hayli zengin işlenmesine işlenir, tabii bu onun pozitivizme kuvvetle bel bağladığı anlamına gelmez. Osmanlı'nın kuruluş dönemine ait metinlerine göz atıldığında kültürel ve sembolik motifleri göz ardı etmediği görülecektir. İbn Haldun ve Vico'nun tarih felsefelerinde kurucu halkların ilahî/ mitsel bir aşamadan uygarlığa geçişinin tasvir edildiği sayfalara

18 H. İnalcık, "Studies in Ottoman Social and Economic History", *Rice Cultivation and the Çeltükci-Re'âya System in the Ottoman Empire* içinde, Variorum Reprints, Londra 1985, s. 69-141.

19 H. İnalcık, "Tanzimat'ın Uygulanması ve Sosyal Tepkileri", *Belleten*, Türk Tarih Kurumu, No: 111, Cilt XXVIII, Ankara 1964.

benzer şekilde, beyliğin kuruluş döneminde *abdâlân-ı rûm* evliyasının moral değerlerine, gâzavat ruhuna dikkat çekilir. Halk inançlarının ve şifahî kültürel kaynaklarının bir topluluğu derin "dip dalgaları" hâlinde saran gücü gösterilir. Halk katında efsaneleşmiş kimi inanışlar ve rivayetler *mit* ile *gerçeğin* hangi noktada buluşup hangi noktada ayrıldığı noktasında tarihçiye ışık tutabilir. O, bu tür inanışları "bâtıl" sayıp bir tarafa bırakmak yerine filolojik bakımdan analiz etme yolunu tercih eder: "Bu anlamda efsane bir realitedir. Efsane belki içeriğiyle değil, tarihin yürütücüsü ve yaratıcısı olarak maddi kazanç hırsı kadar gerçektir."[20] En bilineni, manevi-karizmatik kişilerin şehir tarihlerinde oynadığı roldür. Şehirler, kendi manevi liderlerini yaratırlar. Nasıl ki, Ortaçağ'da Paris'in koruyucu meleği Mont Saint-Michel ise, İstanbul'un manevi lideri de Ebû Eyyûb el-Ensârî'dir. Azizler için Mont Saint-Michel bir hac yeri, uğrak bölgesiydi. Eyüp gibi İstanbul'un birçok bölgesi de zamanla rağbet gören kutsal ziyaretgâha dönüşecektir. İnalcık, "Otman Baba" başlıklı yazısında tasavvuf felsefesi üzerindeki birikimini yansıtır.[21] Bu çalışma bir velâyetnâmenin nasıl okunup yorumlanması gerektiğine ilişkin bir kültür tarihi dersi sayılmalıdır. Fatih döneminde "Kutbu'l-aktab" makamındaki Otman Baba adlı bir dervişin hikâyesi anlatılırken aslında arka planda dönemin dinî ve sosyal hayatı tasvir edilir. Padişah, saray, tarîkatlar, cemaatler, abdallar arasında geçen çarpıcı diyaloglar bir topluluğun iletişim tarzını öğrenmek açısından ilginç bir resim sunar.

BELGEDEN YORUMA

Osmanlı yönetiminin "iskân politikası"nı belirleyen esas güç devletin tımar sistemiydi. Osmanlı'nın sosyal, ekonomik ve demografik

20 H. İnalcık, "Eyüp Projesi: Eyüp: Dün/Bugün", Tarih Vakfı Yurt Yayınları, İstanbul 1994.

21 H. İnalcık, "Dervish and Sultan: An Analysis of the Otman Baba Velâyetnâmesi", *Manifestations of Sainthood in Islam*, İstanbul 1993, s. 209-223.

bilgilerini verecek en önemli verileri tahrir (tapu) defterlerinden ediniyoruz. Köyler, çiftlikler, araziler kayıt altına alınmıştır. Bu defterler aracılığıyla imparatorluğun sistemiyle ilgili veriler toplanabiliyor. "Bir sancakta hangi köyde çeşitli statüde ne kadar nüfus bulunduğu, köylülerden hangilerinin ne kadar toprağı olduğu (çift, nîm çift, topraklı bennâk), hangilerinin topraksız olduğu (mücerred, caba), ürettiği ürün miktarı ve fiyatı"[22] tespit edilebiliyor. Osmanlı fetihleri, yerel âdet ve alışkanlıkları koruyan muhafazakâr bir karaktere sahipti. Bilhassa topyekûn bir "ilga hareketi"nden, "kültür inkıtaı"ndan kaçınılıyordu. Dinî kurumlarda, sosyal sınıflarda, idari yapılarda altüst edici bir değişikliğe gidilmiyordu. Bir bölgenin alınışının çeşitli safhaları vardı. Balkanlarda yerel halklar üzerinde keskin bir Türkleştirme ve İslâmlaştırma politikası güdülmemiştir. Amaç dar bir Müslüman toplumu yaratmak değil, yerli sınıflarla kaynaşan geniş bir yapı inşa etmekti.[23] İmparatorluk bu sayede Balkan kimliğini kazanmıştır. İslâm'ın yayılması ise çoğu zaman doğal bir süreci takip etmiştir. Halkın yukarı tabakayı taklit etmesi bu sürece katkıda bulunmuştur. İnalcık'a göre bu, bir nevi *istimâlet* politikası olarak adlandırılmalıdır. Yani geniş ahaliyi kendine çekme, meylettirme politikası. Gelgelelim, *istimâlet* terimi demokratik sistemin "hoşgörü" anlayışıyla karıştırılmamalıdır. Fatih'in Rumlar, Cenevizliler, Yahudiler ve Hıristiyanlara karşı barışçıl tutumu, istila tehditlerine engel olma amacı taşıyordu. O dönemde İstanbul'da büyük bir nüfus kaybı yaşanmış, Fatih Rum halkını geri getirmek için patrikliği geniş haklarla ihya etmişti. Gayrimüslim tebaanın, farklı cemaat ve zümrelerin mal ve can güvenliğinin sağlanması aynı zamanda devletin gelir kaynaklarını artırmaya yönelik bir çabaydı. Benzer şekilde, Osmanlı'nın Ortodoksları himayesi de

---

22 Halil İnalcık ve Şevket Pamuk (Ed.), "Osmanlı'da İstatistik Metodu Kullanıldı mı?", *Osmanlı Devletinde Bilgi ve İstatistik*, Başbakanlık Devlet İstatistik Enstitüsü, Ankara 2000. s. 1-13.

23 "Stefan Duşan'dan Osmanlı İmparatorluğu'na, XV. Asırda Rumeli'de Hıristiyan sipahiler ve menşeleri", *60. Doğum Yılı Münasebetiyle Fuad Köprülü Armağanı, Mélanges Fuad Köprülü*, Türk Tarih Kurumu Basımevi, Ankara 1960, s. 211.

Balkanlardaki topraklarını genişletme siyasetinin bir parçasıdır. Osmanlı için her şeyden evvel "nizâm-ı devlet" esastı. Bir bölge alındığında oraya Türk göçmenlerini yerleştirmek, Anadolu'daki fazla nüfusu boş ve harap topraklara taşımak ve orayı "şenlendirmek" bir fetih politikasıdır. Osmanlı'nın fetihlerden sonra yaptığı kapsamlı tahrirlerin en belirgin şekilde görülebileceği yer de Kıbrıs'tır. 1572'de Osmanlı'nın Kıbrıs'ta yaptırdığı "mufassal" tahrir bu uygulamayı gösterir. İnalcık, nüfus ve yerleşim politikaları üzerinde ayrıntılı araştırmalarından birini de Kıbrıs'ın demografik ve ekonomik durumunu gösteren defterler üzerinde yapacaktır.[24]

ARVANİD DEFTERİ

Arvanid defteri, bir belgeden tarih yazma metodolojisinin en güzel örneğidir ve İnalcık'ın ilk büyük keşiflerinden sayılmalıdır. Osmanlı'nın Balkanlarda yayılışı hakkında önemli bilgiler verir. Genç yaşta bir araştırmacı, Osmanlı tarihi üzerinde deyim yerindeyse parlak fütuhatını yapmış, arşivlerdeki en eski sayılabilecek 1481 (Hicri 835) tarihli bir defteri bulmuştur: *Sûret-i Defter-i Sancak-i Arvanid.* Bu defter, bir tımar defterinin sureti, yani *icmal defteri*dir. Osmanlı, Arnavutluk'u fethettikten sonra bölgeyi kayıt altına almıştır. O döneme ait nüfus ve gelir kaynaklarıyla ilgili bilgileri buradan ediniyoruz. Bir bölgenin müslim ve gayrimüslim kişileri köy köy, hane hane bu deftere kaydedilmiştir. Kimin nereden geldiği, gelir düzeyleri hakkında bilgiler mevcuttur. Defterde dalgın bir kâtibin yazmış olduğu rakamlar, köy isimleri bile düzeltilir. Yanlış-doğru cetveli çıkarılır, kitabın sonuna da Arnavut sancağının doğru bir haritası çizilir. Açıkça söylemek gerekirse, bu defterdeki satır arası bilgilerden yola çıkarak, beş yüz yıl öncesindeki bir sancağın tam anlamıyla sosyal ve ekonomik bir resminin betimlenmesi

24 H. İnalcık, "Ottoman Policy and Administration in Cyprus after the Conquest", *The Ottoman Empire: Conquest, Organization and Economy*, Collected Studies, Variorum Reprints, Londra 1978; "Kıbrıs'ta Türk İdaresi Altında Nüfus", Türk Kültürünü Araştırma Enstitüsü, *Kıbrıs ve Türkler* içinde, Ankara 1964, s. 27-58.

tahammülfersa bir uğraştır. Çalışmanın güçlüğünü görebilmek açısından özellikle bu eserin "giriş" kısmının okunmasını tavsiye ederiz. Burada görüleceği üzere, Arvanid defteri, eski bir belgenin basitçe günümüze kazandırılmış bir transkripsiyonu değildir. Belge fetişizmi yapmak ise hiç değildir. "Giriş"te defterin yazılışı, tarihi, düzenleniş şekli ve içeriği hakkında kapsamlı bilgiler mevcuttur. Bilgiler bir araya getirildikten sonra ancak bir *yoruma* gidilmiştir.[25]

Bu defter tek başına ele alındığında hiçbir anlam ifade etmez. Defterin okunması ve yorumlanması, buradaki bilgilerin başka kaynaklarla karşılaştırılarak sosyal statülerin, siyasi nüfuzların araştırılması gerekir. Meselâ, Hoca Firuz Paşa, Evrenosoğulları, Lala Şahin, Zağanos gibi kişilerle ilgili biyografik veriler toplanıyor. Defterde Rumeli beylerbeyinin hangi tarihte nerede oturduğu adım adım izleniyor. Tımarların, Yıldırım Bayezid zamanına kadar giden eski durumu ile ilgili kayıtlar araştırılıyor. Ayrıca Arvanid defteri, Kanunî ve Fatih dönemindeki defterlerle kıyaslandığında tahrir usûllerinin temelde aynı yöntemi takip ettiği de görülür.[26]

İnalcık, benzer bir yöntemi, çok geçmeden "Stefan Duşan'dan Osmanlı İmparatorluğu'na" başlıklı makalesinde uygulayacaktır.[27] Bu yazısında II. Murad ve Fatih dönemine ait tahrir defterlerini ele alır. Osmanlı'nın Balkanlarda yayılışının karakteri hakkında temel bilgilere bu sayede ulaşabiliyoruz. Arnavutluk, Makedonya, Sırbistan, Teselya, Bosna ve Bulgaristan'a ait tahrir defterleri yazının esas malzemesidir. Bu defterlerde yerli Hıristiyan ileri gelenlerine, piskoposlara tımar verildiği anlaşılmaktadır. Öte yandan Hıristiyan askerlerinin orduda istihdâm edildiği, tımardan faydalandığı da görülüyor. Yönetici kadrolarda "yerli Hıristiyan sınıfının yerlerinde

25 *Hicri 835 Tarihli Sûret-i Defter-i Sancak-i Arvanid*, Türk Tarih Kurumu Basımevi, Ankara 1954 (Özellikle bkz. giriş kısmı XI-XXXVI).

26 H. İnalcık, "1431 Tarihli Timar Defterine Göre Fatih Devrinden Önce Timar Sistemi", *Osmanlı İmparatorluğu Toplum ve Ekonomi*, Eren Yayıncılık, İstanbul 2009, s. 109-110.

27 H. İnalcık, "Stefan Duşan'dan Osmanlı İmparatorluğu'na", *60. Doğum Yılı Münasebetiyle Fuad Köprülü Armağanı, Mélanges Fuad Köprülü*, DTCF, İstanbul 1953, s. 207-248.

bırakılması" anlayışı hâkimdir. Kan soyluluğu esas alınmıyor, yerel kanunlar muhafaza ediliyor. Sırp Kralı Stefan Duşan'ın kanun mecellesine göre *pronija*'lar satılamaz, satın alınamaz, vakfedilemez. Bu ikta'ların Osmanlı tımarına yakınlığının altı çizilmektedir. Yazıda, imparatorluğun ayakta kalmasını sağlayan *devşirme* ve *gulâm* (kul) sistemiyle ilgili somut verilere de ulaşabiliyoruz.

Kuşku yok ki, Türkiye'nin iktisadi yapısı anlaşılmadan siyasi tarihi eksik kalacaktır. Osmanlı İmparatorluğu temelde, toprağa bağlı, köylü bir imparatorluktu. Osmanlı'nın toprak rejimi, topraklardaki verimliliği artırmak için köylülerin yerel despot liderlere karşı korunması, düzenin devamını uzun yıllar sağlamıştır. Toprak sorunu en eski meselelerden biridir ve etkisi Cumhuriyet dönemine kadar sürmüştür. *Demokrat Parti*'yi doğuran süreçlerden en önemlisi toprak reformuna karşı Anadolu'daki toprak ağalarının ayaklanmasıdır.

TANZİMAT VE BULGAR MESELESİ

İnalcık'ın tarihçiliğe getirdiği yeniliklerden biri Balkanlardaki Osmanlı tarihinin çarpıtılmadan okutulmasıdır. *Klasik Çağ* adlı yapıtı Türkçeden önce birçok Balkan diline çevrilmiş ve Balkan tarihçileri arasında ilgiyle karşılanmıştır. *Tanzimat ve Bulgar Meselesi* başlığını taşıyan doktora tezi geleneksel bakış açılarına karşılık Osmanlı İmparatorluğu'nun Balkanlardaki politikası hakkında özgün bir yaklaşımla ortaya çıkmıştır. 19. Yüzyılda Bosna-Hersek, Karadağ, Bulgaristan ve Makedonya'da ardı sıra patlak veren isyanların yüzyıllara yayılan çeşitli sebepleri vardır. Görünürde bu isyanlar 19. yüzyılın milliyetçilik rüzgârlarına ve siyasi ilişkilerine hasredilmiştir. Devrimlerin etkisi kabul edilmekle birlikte tarih, rejimlerin alelacele değiştirdiği kıyafetleriyle romantik bir çehreye bürünmüyor. Diğer çalışmalarda olduğu gibi burada da imparatorluğun toplumsal ve iktisadi yapısının tam bir tablosunu çıkarma arzusu yüksek seviyededir. 1849-1850 yılında Vidin'deki Bulgar ayaklanması, Osmanlı rejiminden kalan ağalık rejimiyle, köylünün, yani yerli Hıristiyan'ın topraklara sahip olma mücadelesidir. Bulgar meselesi birdenbire ortaya çıkan, komitecilerin tertip ettiği siyasi bir mesele değildi. Tımar sistemi bozulduğu için mîrî toprakları buradaki ağalar kendi aralarında paylaşırlar. Bulgar köylüsü niçin devlet toprağı bize vermiyor da ağalara veriyor diye isyan eder. Sonuçta, Gospodarlık rejimi olarak adlandırılan haksız bir düzen ortaya çıkar ve isyanlar gecikmeden baş gösterir:

> Vidin bölgesinde hemen bütün arazinin, menşeleri çok gerilere giden feodal karakterde mahdut bir Müslüman ağalar zümresinin eline geçmiş olması; buna karşı reayanın, asırlardan beri işlediği topraklar üzerinde iktisaden gittikçe daha fena şartlar altına düşmüş bulunması, isyanın hakikî ve en mühim sebebidir. Gerçekten burada, daha ziyade, angaryaya tabi topraksız bir reaya kitlesinin, Müslüman büyük arazi sahiplerinden mürekkep bir ağalar zümresine karşı ayaklanışını görüyoruz. Fakat bu tipik durum nasıl meydana gelmiştir? Bu ağalar zümresini doğuran âmiller nelerdir? Bunu anlamak için evvela, umumiyetle imparatorluk arazi rejiminde husûle gelen inkişafları kısaca gözden geçirmek zarureti vardır.[28]

> ...Vidin'de reayanın kitle halinde ayaklanması hâdisesi aslında imparatorluğun zıraî-içtimâi bünyesinde husûle gelen derin tarihî değişikliğe bağlanabilir. Burada büyük köylü kitlelerini isyana sürükleyen âmillerin en kuvvetlisi şüphesiz toprak rejimindeki inhitat ve kargaşalık olmuştur ve XIX. asırda hemen her 15-20 senede bir imparatorluğu temelinden sarsan Balkan isyanlarında da bu noktanın umumiyetle en ehemmiyetli bir yer tuttuğu haklı olarak iddia edilebilir. Millî şuurun uyanması, millî edebiyatların doğması, Garp fikirlerinin gittikçe geniş nisbette nüfuzu ve nihayet umumi siyasi vaziyet bu ayaklanmalarda şüphesiz kuvvetle müessir sebeplerdendir; fakat köylü kitlelerinin büyük kıyam hareketlerinde, asıl sebebi, vakıaların gösterdiği gibi, daima toprak ve vergi meselelerinde aramak lâzımdır.[29]

---

28 Halil İnalcık, *Tanzimat ve Bulgar Meselesi*, Doktora Tezi'nin 50. Yılı, İstanbul 1992, s. 83-84.

29 Halil İnalcık, *a.g.e.,* s. 100-101.

BURSA ŞER'İYE SİCİLLERİ

İnalcık'ın ilk büyük keşiflerinden biri de 15. yüzyıla ait Bursa şer'iye sicilleri, öteki adıyla kadı sicilleridir. Fatih dönemindeki bütün kanunnâmeleri inceler. Bu belgeler sayesinde o dönemdeki Bursa'nın sosyal ve ekonomik tablosu çıkarılır. İstanbul alındığında Bursa'nın nüfusu daha kalabalıktı ve şehir canlı ticari bir merkezdi. Şehirdeki hareketliliği bu sicillerde görebiliyoruz. Sicillerde yerli-yabancı tüccarların alışverişlerini, anlaşmazlıklarını, davalarını, ahalinin miras meselelerini, mirasın nasıl bölüşüldüğünü, mirastaki eşyaları, silahları, halıları, mirasın para mı ipek cinsinden mi olduğunu öğrenebiliyoruz. 1478-1481 arasında Bursa Şer'iye sicilleri 3300 vesikadan müteşekkildir. Bu vesikalarda fermanların bir örneği, mukaveleler, senetler, evlenme, boşanma, ölüm ve veraset muamelelerine dair kayıtlar, hukuk ve cinayet davaları, vasiyetnâme suretleri yer alıyor. Vesikaların bir bölümü Arapçadır. 15. yüzyıla ait bu vesikalarda çoğu yerde geçen noktasız rik'a yazısının okunması pek de kolay değildir. Belgeler, kurumlar tarihi bakımından zengin bir koleksiyonu teşkil eder. Memurların faaliyet ve teşebbüsleri de takip edilir. Vesikalar, daha çok maliyeye ve iktisadi hayata dairdir:

> Meselâ bunlardan, Türk tâcirlerinin Mısır'a Bursa ipeklisi ihraç ettiklerini, Bursa'da o zamanki ticaret merkezlerini, buraya gelen İran ve Hint tâcirleri ve eşyalarını, Bursa gümrüğü hasılâtını, bu gelirin nerelere havale ve sarf olunduğunu öğreniyoruz. Defterde suretlerini bulduğumuz Fatih'in fermanları bilhassa alâkaya değer. Vesikalarda askerî sınıfla ulema arasındaki rekabeti de görüyoruz."[30]

Bursa şer'iye sicilleri üzerine yapılan çalışmalarda elli yıl sürecek bir eserin temelleri de atılmış olur. *Türkiye Tekstil Tarihi* bu uzun çabanın sonucunda gün ışığına çıkacaktır.

---

30 Halil İnalcık, "Bursa Şer'iye Sicillerinde Fatih Sultan'ın Fermanları", *Belleten*, Türk Tarih Kurumu, Cilt: XI, Ekim 1947, sayı 44, s. 693-703.

HAS BAĞÇE'DE 'AYŞ-Ü TARAB

Bireyler de tıpkı devletler gibi belli bir aşamadan sonra ruhsal yaşamlarında sanat üsluplarını bulur, kendi rönesanslarını yaratırlar. *Has Bağçe'de 'Ayş-ü Tarab* bu iklimde yazılmış bir kitaptır. Eserde Doğu'da "zarif" olanın üslubu aranır. Doksanlı yaşlarına erişen tarihçi, açık ve simetrik ölçüleriyle tıpkı bir rönesans işçisi gibi kazıdığı önceki tüm eserlerini bu yapıtıyla taçlandırır.

Doğu'da İslâm dininin yanında gelişen güçlü bir *profan* (lâ-dinî) kültür vardır. Aşk, şiir, musikî, şarap, bahçe ve çiçek motifleri zengin üsluplar üretmiştir. Hind-İran saray gelenekleri ve tercümeler yoluyla Yunan mirası, bir İslâm hümanizmi yaratmıştır. Sarayda seçkinler (*zurefa*) sınıfının sıkı sıkıya bağlı olduğu bir dizi davranış kalıpları vardır. O dönemde *adâb* ile ilgili yazılan kitaplar saraydaki eğlencelerden ve ritüellerden ayrıntısıyla söz eder. Ziyafet sofralarında kimin ne şekilde davranacağı, hangi sırayı takip edeceği, ne tarz sohbetlerde bulunacağı bellidir. Bilhassa bu meclislerde padişahın gözü kulağı olan ve kendisini eğitmekle yükümlü nedîmler sayesinde (musâhibler) bu meclisleri gözlemleyebiliyoruz. Nedîmler, şairler arasından seçilir. Farsça ve Arapça şiirler bilirler. Tıp ve yıldız ilminden anlarlar. Padişahı eğlendirecek hikâyeler, fıkralar ve sergüzeştler üretmekte kıvrak zekâya sahiptirler. Yazıcılıkta hünerlidirler.[31] *İskendernâme* yazarı Germiyanlı musâhib şair Ahmedî bunların en ünlüsüdür.

Has Bağçe, halk kültürü karşısında saray kültürünün yarattığı değerlere, yaşam üslubuna bir bakıştır. Doğu kültürünün Osmanlı sarayına etkisi en başından itibaren hissedilir. Şairler, müzisyenler, hattatlar ve sanatçılar… Hoylu Abdal Musa, Şâir Nesimî, Habibî, Fuzulî, Ruhî, İdris-i Bitlisî, Nakkaş Osman ve Lokman gibi Azeri Türkmen sanatçılar Osmanlı sarayındadır. Büyük müzisyen Abdülkâdir Marâgî *Makâsidu'l Elhân* adlı müzik eserini II. Murad'a ithaf edecektir. Cömertlik ve bağışta bulunma âdeti seçkinler sınıfının

31 Halil İnalcık, *Has-bağçede 'ayş u tarab, Nedîmler, Şâirler, Mutribler*, Türkiye İş Bankası Kültür Yayınları, İstanbul 2011, s. 26.

yarattığı "ethos" bir âlemde gerçekleşir. Geleneksel toplumlarda ferdî yaratma süreci *patronage* geleneğine bağlıdır. Osmanlı şâirleri ve sultanları arasındaki patronaj ilişki 1503-1526 dönemine ait in'âmat defterlerinden çıkarılacaktır. Sultanlar sanatkârlarını in'âm, câize ve bahşişleriyle ödüllendirirler. İşret meclislerinin canlı bir sahnesi şu şekilde resmedilir:

> Zürefâya hitap eden İrânî geleneğin temsilcisi klasik şiir, başlıca saray işret meclislerinde gelişmiştir. En seçkin şâirler, saray nedîmleri arasında işret meclislerinde işret ve ziyafetle birlikte şiirlerini sunar, *meliku'ş-şu'arâ* seçilir; câize verilen şâirler arasında sultanın musâhib nedîmleri meclisin seçkin sanatçıları durumundadır. İşret meclisinde okunan şiirlerden *gazel* "bezmin konu ve simgesidir." Lirik aşk şiiri, "şeydâlık" eseri (Fuzûlî) "gazel, bezmle o kadar çok önemli özellik paylaşır ki,... bezmin bir göstergesi haline gelir...Gazel...bezmi temsil eder. Özetle, klasik dîvân şiirinin hükümdarın patronajı altında en yüksek düzeyde temsil edildiği yer, kadîm İran'dan beri işret meclisi, Âli'nin deyimiyle *Mecâlis'ün Nefâis*'tir. Hıristiyan Batı'da olduğu gibi, Ortaçağ İslâm devletlerinde de en eski zamanlardan beri, hükümdarın yaşamında iki şey en yüksek derecede önem taşır: Razm (rezm), savaş ve Bazm (Bezm), yani saray hâs-bahçesinde gecelerce günlerce süren işret meclisleri, Selçuknâme'deki bir kayda göre, Selçuklu sultânı "rezmden sonra bir hafta bezm yaptı" (der.)[32]

ZİHNİYET ÇÖZÜMLEMESİ

Tarih devam eden bir süreçtir. Toplumların hafızasını altüst eden olaylar bile kesintisiz bir hatta ilerler. Annales Okulu'na göre tarihsel değişiklikler bir günde olup biten olaylar değildir. Annales âni değişimleri şüpheyle karşılar. Kısmî bir bakış yerine bütüncül perspektif üzerinde durulmalıdır. Türk modernleşmesinin eğitimden hukuka, kültürden sosyal yaşamın bütün alanlarına nüfuz eden kronikleşmiş bunalımlarının kökenine ulaşabilmek için bütüncül bakış mecburidir. İnalcık'ın kurucu çapta klasik metin-

32 Halil İnalcık, *a.g.e.*, s. 192.

lerin değeri bu yüzden artar. Lucien Febvre, *histoires des idées*'yi, "düşünceler tarihi, dünya görüşlerinin ve ortak zihniyetlerin incelenmesi" olarak nitelendirir. Jacques Le Goff, bireyin zihniyetini, çevresindeki insanlarla paylaştığı ortak özelliklerle ele alma taraftarıdır. Zihniyet, "ortamın koşulları"yla şekillenir. Bu sebeple "total history" kavramı Annales'in nirengi noktasıdır. Yani, bir toplumdaki değişime etki eden bütün unsurların araştırılması... İnanç kadar inançsızlık da, hız ve ilerleme kadar *atalet* de tarihin konusudur. Toplumların *zihniyet çözümlemesi*nde, sosyolog veya siyaset bilimciler daha çok güncellik kaygısıyla "uzun süre" zaman dilimini askıya alırlar. Bu tutum, tahlilleri ister istemez belirli bir yüzeyselliğe mahkûm eder. İnalcık, bir sosyolog olarak kaleme aldığı yazılarda "ben ve öteki" ayırımındaki tarihsel düzlemi konumlandırır. Türk düşünce hayatı her ne kadar "ben ve öteki" sorununu işlemişse de (ki bu tartışmalarda bazen "ben ve öteki"ye tekabül eden, Batı toplumunun kültürel içerimleridir), konunun uzun tarihsel deneyimi ıskalanır. İnalcık, gelenek, modernleşme, kültürel çatışma ve kimlik sorunlarının arka planına ulaşabilecek bir haritayı önümüze koyar. Evet, Osmanlı'daki değişim yüzyıllar içinde aranmalıdır diyebiliriz. Islahat ve Tanzimat dönemi bir başlangıç olarak görülebileceği gibi, bir sürecin kırılma anı olarak da işaretlenebilir. Annales Okulu reform, hümanizm, aydınlanma gibi tanımlamaları zaman bütünlüğünü kesintiye uğrattığı için pek sağlıklı bulmamaktaydı. İnalcık'a göre, Osmanlı'nın Batı ile karşılaşmasında, kültür etkileşimi (*acculturation*) sürecinde kesin bir tarihlendirme vermek imkânsızdır. Zira bir toplumdan diğer topluma kültür öğelerinin aktarılması ağır ve yavaş işleyen bir süreçtir. İsabetli bir hatırlatmasıyla 15. yüzyılda tarihçi Tursun Bey, Galata'yı "Frengistan" diye tarif ediyordu. Gene aynı yüzyılda yaşayan Âşıkpaşazâde'nin "frenkleşmiye" yani "öteki"ye olan tepkisini şu sözleriyle alıntılar. *"Şimdiki zamanda sakalların kendi elleriyle keserler...bu sakal kırkmak âdeti kadîmî Frenk'ten kalmıştır. Frenk'ten cünuplu âşıklar almışlar. Bu yerlere Frenk gelmeğe başlayıcak andan aldılar. Şimdiki zamanda saç gibi oldu ki, avratlar bile saçın* *keserler ve erler sakallarını keserler."*[33] Taşköprülüzâde, ulemanın klasik ilimlerle uğraşmak yerine "hoppalıklara" meyletmesini, oradan buradan devşirdikleri basit el kitaplarıyla kendilerini âlim mertebesinde görmelerini ta 1540'larda yazıyordu![34]

Türk modernleşmesindeki kararsızlık ve gecikmeler toplum ve devlet hayatının geleneksel reflekslerine saplanıp kalmıştır.[35] Bu hususta İnalcık'ın tespiti son derece isabetlidir: "Türkiye'de rasyonel devlet, Batı'dakinden farklı bir şekilde ortaya çıkmış, uygulanamamıştır."[36] Onun devlet, hukuk ve adaletle ilgili klasik çalışmalarından, bir toplumun bilinçdışında yer edinmiş kimi "tortu"ları teşhis edebilmek mümkündür. Tortular, yani kadim eğilim ve refleksler... Osmanlı'daki Doğu mirası çok gerilere uzanır. Osmanlı, idari yapısıyla, "adalet dairesi"yle tipik bir Ortadoğu hâkimiyet anlayışına sahipti. Mutlak iktidar bir kişinin elindeydi. Patrimonyal hükümdar, eski Türklerdeki *han* veya *hakan* ülkesini babadan kalmış bir mülk (patrimony) gibi algılıyordu. Egemenlik ve yasa (*törü*) birbirinden ayrı görülmüyordu. Fatih, İstanbul'u aldığında *sınırsız* bir otoriteye kavuşmuştu. Bu gücün pekişebilmesi adına şeriat karşısında örfî hukuku genişletmişti. Fatih, mutlak hâkimiyetini kanunlarla denetim altına almış ve yaptığı değişikliklerle *örf-i sultanî*'nin yerleşmesinde, şer'î hukuk karşısında örfî hukukun güç kazanmasında önemli bir rol oynamıştır. Günümüz Türkiyesi'nde hukuk ve adalet anlayışında ciddi aksaklıklar, derin boşluklar yaşanmaya devam ediyorsa elbette adalet düşüncesinin toplumsal kökenleri üzerinde durulmalıdır ve örfî hukukun yüzyıllar içinde süregelen ikilikleri araştırılmalıdır. Geniş zaman birimleri her açıdan kurulabildiği takdirde bir zihniyet çözümlemesine varabilmek mümkün olacaktır.

---

33 "Atatürk ve Türkiye'nin Modernleşmesi", *Belleten*, Cilt XXVII, Sayı: 108, Türk Tarih Kurumu Basımevi, Ankara 1963, s. 627.

34 H. İnalcık, *Klasik Çağ,* Yapı Kredi Yayınları, İstanbul, s. 187.

35 H. İnalcık, "Political Modernization in Turkey", *From Empire to Republic* içinde, The Isis Press, İstanbul 1995, s. 123-141.

36 "Atatürk ve Türkiye'nin Modernleşmesi", *Belleten*, Cilt XXVII, Sayı: 108, Türk Tarih Kurumu Basımevi, Ankara 1963, s. 632.

ZEYL: YARATICI SÜREÇ

Tolstoy'un *Savaş ve Barış* adlı romanında iki temel sahne ön plana çıkar. Rus saraylarında, köşklerinde geçen görkemli davet ve eğlenceler, diğeri ise savaş sahnelerinin yer aldığı askerî cepheler. Yaşam sert ve yumuşak öğeleri, iniş ve çıkışlarıyla âdeta her sözcükte törpülenir, dengelenir. Roman "sade ve saf gerçek"liği yansıttığı ölçüde klasik savaş destanlarından ayrılıyordu. Yücelikler, kahramanlıklar en basit şeylerin ardına gizlenmiştir. Tolstoy'un mucizesi, gözlemlerinde, ayrıntı düşkünlüğünde aranmalıdır. Yarattığı sayısız karakter bir diğerinin önüne geçmez. Kişiler doğal gerçekliğinden koparılmadan verilir. Savaşın orta yerinde, köprülerin dövüldüğü bir geçitte bile askerlerin en doğal halleri, şakalaşmaları, aşk ve özlemleri dile gelir. Tolstoy'un betimlemesiyle "alındaki bir kırışıklığın memnuniyetlik ânında ortadan kayboluvermesi gibi" sayfalarca sürüp giden romanda beden hareketleri, jestler, bakışlar sürekli tekrar edilir.

İnalcık, elbette tarihi bilim adamı keskinliğiyle yazmıştır, yoksa Tolstoyvâri bir romancı estetiğiyle değil. Eğip bükmeden, olgular karşısında tam bir dürüstlük örneği sergileyerek. Onun izlediği uzun yola bakılacak olursa bu vasfını hiç yitirmediği söylenebilir.

Peki, bir bilim adamıyla roman yazarının, –her ikisi birbirinden çok farklı eğitimlerden geçmiş olsa da– gerçeklik karşısında yaratıcılıklarını buluşturan ortak öğeler nelerdir?

Var oluşçu düşünür Rollo May, *Yaratma Cesareti* adlı kitabında yaratıcılığın kökenini "karşılaşma" (*encounter*) edimiyle açıklar.[37] Cézanne, ağacı görür. Ağacın toprağa kök salışını, gövdesindeki kıvrılışı ve gökyüzüne doğru "kemerlenen ihtişamı"nı kavrar. Ressamın bakışı, ağaç tarafından âdeta emilir, ele geçirilir. Şair "sözcüklerle evlenir", matematikçi ise rakamlarla düşünür, hayâl eder. Heykeltraş duyguların yansımasını taşta somutlaştırır.

---

37 Rollo May, *The Courage to Create*, Bantam Books, New York 1976, s. 39 (Türkçesi: Rollo May, *Yaratma Cesareti*, Çev.: Alper Oysal, Metis Yayınları, İstanbul 1987).

Auguste Rodin duygularını keskin yüzeylere dokundurarak mermere "şefkat"(tendresse)'i kazıyacaktır. Zihin, kimsenin pek fark edemediği özel bir karşılaşma ânıyla daima meşguldür. Rollo May'e göre karşılaşmanın ayırt edici niteliği, hangi meslek olursa olsun *tutku* boyutuna varan *yoğunlaşma* derecesidir. Nihayetinde, bilincin genişlemesi, buluşların derinleşmesi sayesinde bir tür vecd (*ecstasy*) hâline ulaşılır. Burada ilginç olan Rollo May'in yaratıcı karşılaşma ânının, bir sanatçı kadar bilim insanı için de geçerli olduğunu belirtmesidir.

Yaratıcı faaliyet karşısında "öznellik", "nesnellik" "belgecilik" "entelektüellik" vb. nitelemeler bir noktadan sonra anlamını yitirirler. Kişi araştırma nesnesiyle iradî ve yaratıcı bir ilişki kurgulamamışsa eğer, kendisini kamuoyunun tesadüflere bağlı beğenilerine bırakacaktır. *Savaş ve Barış*, Rusya'da elden ele dolaştığında bile kont Tolstoy "kendime karşı nasıl dürüst davranabilirim?" sorusunu günlüklerine birçok kere yazıyordu. Geçkin yaşına ve şöhretine rağmen, gençliğin dürüstçe atılımlarından pek bir şey kaybetmemişti. Gerçeğin yorumu farklı olsa bile, bu yönüyle bilim adamının tecrübesi sanatçının tecrübesiyle ortaktır.

Türkiye'nin evrensel ölçülerde övünebileceği bir tarihçisi var. Bir farklılık deneyimi, kuşkusuz tarihyazımındaki zanaatkârlıktır bu... İnalcık'ın eserlerine dönüldüğünde ulaşılması güç tüm bu ayrıntılar, her çeşit bilgi katmanı, sert yüzeyler, her sabah kendini tazelemekle yükümlü kılan berrak bir hafızanın zaman ve mekândaki uzun yolculukları, yöntem ve terimlerin katettiği mesafe ve bağlantılar fark edilir. Yaşamı boyunca aralıksız bir çalışma, öyle söylemeliyiz ki bir derviş gibi sürekli perhizlerle desteklenen bu adanmışlık, Türkiye'de tarihçiliğin ufkunu ve sınırlarını keskin hatlarıyla belirlemiştir. Üstelik bu isim, gelecek kuşaklar tarafından her dile geldiğinde, onlar ne derece yükseğe çıkarsa çıksın, ne kadar ileriye giderse gitsin, geriye dönüp baktıklarında bu ihtiyar delikanlıyı imrenerek ama daha çok saygıyla anımsayacaklardır.

HALİL İNALCIK'IN TÜRKİYE'NİN SOSYAL VE EKONOMİK TARİHÇİLİĞİNDEKİ YERİ*

Bu oturumun konusu son derece isabetle belirlenmiş ve bizim araştırma alanımızın büyük "ustaları" özenle seçilmiş görünüyor. Gerçekten de her alanda, sonradan gelenler için yol gösterici olan ve onların karşılaşacağı her türlü "müşkil"in çözümünde yardım eden böyle önderlerin iyi bilinmesi gerekir. Ancak, o büyük ustaları anlatacakların da özenle seçilmesi, büyük önem taşıyan bir husustur. Benden önce konuşan iki "hocam", "hoca"larını büyük bir ehliyetle size anlattılar. Konuşmama başlamadan önce, şu hususu açıklamam gerekir: Hepimiz biliriz ki, alanının büyük ustasını, en belirgin özellikleriyle anlatabilmek, onun eriştiği bilgi düzeyini, bilgi üretiminin yöntem ve hünerini, "gerçek"e ulaşmadaki büyük yeteneğini anlayabilecek bir düzeyde değilim. Bu nedenden dolayı, söyleyeceklerimin, ne ölçüde "Halil İnalcık"ı anlatabileceğini bilmiyorum. Anlatacağım, gerçek "Halil İnalcık"tan ziyade "benim anlayabildiğim Halil İnalcık" olacaktır.

"Hocam" Halil İnalcık'ın bilimsel faaliyetlerinin ayrıntılı değerlendirmesine geçmeden önce, onun en belirleyici özelliklerini sıralamak istiyorum. Hocam, Dil ve Tarih-Coğrafya Fakültesi'nin ilk öğrencilerindendir. Malumdur ki bu fakülte, Cumhuriyet'in ve

---

* Özer Ergenç, "Halil İnalcık'ın Türkiye'nin Sosyal ve Ekonomik Tarihçiliğindeki Yeri", *Cumhuriyet Döneminde Türkiye'de Tarihçilik ve Tarih Yayıncılığı Sempozyumu Bildiriler/18-20 Mart 2010*, ed.: Mehmet Öz, Türk Tarih Kurumu Yayınları, Ankara 2011, s. 7-13.

Ankara Üniversitesi'nin ilk fakültesidir ve benzerleri içinde özel bir ad taşır. Bu fakültenin kurulduğu yıllarda, Türk bilim dünyası açısından giderilmesi gereken önemli olumsuzluklar vardı. Bunların büyük kısmı, maddi olumsuzluklardı. Ancak, bunlardan daha vahimi, düşünce alanındaydı. Türk edebiyat ve tarih dünyasının önderlerinden Fuad Köprülü, 2 Ocak 1927 tarihli *Hayat Mecmuası*'nın 6. sayısında bu hususu, kaygılı biçimde anlatır. "Türk Tarihinin Meseleleri" adlı makalesinde, Fuad Köprülü'nün vurguladığı birinci nokta, Türk tarihi hakkında o zaman yoğun olan ve Batı'dan kaynaklanan yanlış telakkilerdir. Bu yanlış telakkilerin varlığından belki de daha vahim olan ikinci husus, münevverlerimizin "*tahkik etme zahmetine katlanmadan bütün bu yanlış telakkileri mahz-ı hakikatmış gibi kabul etme temayülünde bulunmalarıdır.*" Bu yanlış algılamalar, o zaman "tarih"in siyasallaştırılmasından kaynaklanıyordu. Ancak tehlike bu kadarla da sınırlı değildi. Arka planında siyasal motifler bulunan bu tür algılamaların "tarih"miş gibi gösterilen anlatısı için Batılıların elinde, son iki yüzyılın oryantalizm denilen ve müthiş bir bilgi birikimi sağlamış olan bilimsel çabanın desteği vardı. O zamanki münevverlerimizi, Batı'dan gelen her türlü yorumu, "*mahz-ı hakikat*"miş gibi algılamaya iten şey, bu müthiş bilgi birikimi karşısındaki ezliklik ve kendi ellerinde, bunları "tahkik"e imkân verecek verilerin yokluğuydu. Bugünkü durum bundan farklı mıdır? Biraz önce sözünü ettiğim dönemin üzerinden yüzyılı aşan bir süre geçmiş ve Türk tarihçiliği büyük mesafeler katetmiş olmasına rağmen, benzer bir manzara önümüzdedir. Tarih yine siyasallaştırılmış durumdadır. Bugün Batı kaynaklı "telakkiler", oryantalizmin yerine, post-modernizm denilen yaklaşımın rüzgarını arkasına alıp, 19. yüzyılın emperyalizmini "*küreselleşme*" diye yeni bir ada büründürerek yine gündemdedir. Bu kez yanlış telakkiler, Cemal Kafadar'ın deyimiyle, müphemlik, muğlaklık ve karmaşıklık görüntüsü altında, genel kabul gören sonuçlarmış gibi sunulmaktadır. Üstelik muğlaklık öne sürülerek somut bilgi birikimi de hafife alınmakta ve bu yüzden "*mahz-ı hakikat*" tanımlanamaz hale getirilmektedir. Daha vahimi, Köprülü'nün vurguladığı "tahkik" keyfiyeti, gereklilik olmaktan çıkarılmaktadır. Bugün Osmanlı belgelerini okuyamayan Osmanlı tarihçileri, okyanus ötesinin "teorileri"yle Osmanlı tarihini yorumlamakta ve bunların etkisiyle, "özür dileme kampanyaları" düzenleyen yeni "münevverlerimiz", "İttihâd ve Terakki'nin Toplum Mühendisliği"ni kanıtlayan "nev-zuhur tarihçilerimiz", basın yayın organlarında "kamuoyu" oluşturmaktadır.

İşte bu sürecin içinde, başında da sonunda da Halil İnalcık, gerçek ve büyük bir tarihçi olarak yükselmektedir. Halil İnalcık için, "tahkik" süzgecinden geçirilmeden, daha önce iddia edilmiş hiçbir mahz-ı hakikat yoktur. Onun için hakikat, titiz bir araştırmayla ortaya konulabilir. Ancak, Halil İnalcık'ın ikinci önemli özelliği, hakikati ararken kendisinden öncekileri tümüyle reddetme veya bunlara karşı bir savunu refleksiyle, temelsiz bir böbürlenmeye girme tuzağına düşmemiş olmasıdır. Halil İnalcık, bütün yazılarında tarih ilminin icaplarını yerine getirmenin temel koşul olduğunu göstermektedir. Bunun için onun bütün yazıları, tarih yöntemini kavramak isteyenler için âdeta bir "*okul*" niteliğindedir. Her yazısı, bir problem ortaya koyan, onu çözüme ulaştıran bir bütünlüğe sahiptir.

Halil İnalcık uzun tarihçilik serüveni içinde, en çok bu hususiyetiyle dikkat çekmiş ve her türlü yeni fikre açık olmakla birlikte, onu koşulsuz benimseme tavrı yerine, ondan da yararlanarak daha özgün düşünceye yükselme çabası göstermiştir. Hiçbir yazısında bir taklit, koşulsuz kabul emaresi göremezsiniz. Osmanlı çalışmaları, yine Cemal Kafadar'ın deyişiyle; "*O'nun sayesinde dar anlamda tarihçiliği aşan, filoloji, edebiyat, kültür, bilim, müzik, sanatın her dalı gibi alt kollarıyla standartları olan, geniş ufuklu ve kavrayıcı bir araştırma alanı*" haline gelmiştir. Eserleri birçok dile çevrilmiş ve standart başyapıtlar olarak genel kabul görmüştür. Bu husus, onun hülyasıydı. Seminerlerde bize sürekli, tarihçiliğinin ilk yıllarında, herkes tarafından okunmak istendiğini, bunun için çaba harcadığını söylerdi. Orijinal düşünceye ulaşmış, istediğini gerçekleştirmiş olan İnalcık gibi kaç tarihçi vardır? Eğer, Türkiye'de de bir gün gerçek anlamda "üniversite" kurulacaksa, bunun tek şartı, "Halil İnalcık"ların sayısının artmasıdır.

Sözün burasında, Halil İnalcık'ın sosyal ve ekonomik tarih alanındaki çalışmalarının değerlendirilmesine gelince, bu konuda şunlar söylenebilir:

Halil İnalcık, tarihsel her olay ve olguyu, insan faaliyetinin bir ürünü olarak görmüştür. Bunun için onun bütün araştırmalarında, konu ister siyasal olsun, ister kurumsal olsun, ister bir mekan sorunu olarak ele alınmış olsun; olaylar, hem toplumsal hem de bireysel boyutta "insanî" bir olgu olarak tanımlanmıştır. Halil İnalcık, tarihsel geçmişi bir yaşanmışlık olarak ele alır; olgulara, kurumlara ve mekana bir "hayat alanı" niteliğini kazandırır. Coğrafya, onun eserlerinde hayatın bir parçasıdır ve insan faaliyetlerinin çözümlenmesinde ekolojik olarak ele alınır. Mekan içinde insanları hangi davranışlara hangi etmenlerin sevk ettiğini arar. İnalcık'ın eserlerinde, sosyal ve ekonomik faaliyetler, mekanik bir sürecin değil, insanî kararların sonucudur.

Bu konuda ilk önemli çalışması, *Tanzimat ve Bulgar Meselesi* adını verdiği doktora tezidir. Halil Hoca bu çalışmasında, 19. yüzyıl ortasında Bulgaristan'ın Vidin bölgesinde görülen isyanları ele almıştır. Buradaki yaklaşımı, konuyu sadece siyasal boyutuyla ve bir asayiş sorunu olarak ortaya koymaması ve bu olayların derin sebeplerini araştırmasıdır. Tımar sisteminin çökmesi sonucunda, Vidin'de devlet denetiminin zayıflamasıyla, bu uygulamada esas unsur olan miri topraklar nüfuzluların eline geçmiştir. Bu toprakların çoğu, özel mülkiyete dönüşmüş ve yerel güçlerin nüfuzu daha da artmıştır. Bu da toprakların kullanımını elinde bulunduran Bulgar köylüsünün yaşam koşullarını ağırlaştırmıştır. Bulgar köylülerinin başkaldırısının altında işte bu sosyal ve ekonomik sebepler yatmaktadır. Bunlara bakmadan yalnızca siyasal etmenlere, bu arada bölgede yoğun faaliyette bulunan Rus ve Avusturya ajanlarının tahriklerine dayanarak olayı anlatmak; kuşkusuz meseleyi tek boyutlu irdelemek olurdu.

İnalcık Hoca, her konuya böyle kapsamlı yaklaşmıştır. Balkanlarda Osmanlı fetihlerinin gerçekleştiği dönemde de, Osmanlı fatihlerinin "*istimalet politikası*"nın arkasında, o zamanlar Balkanların sosyal ve ekonomik koşullarının Balkan insanı üzerinde yaptığı etkileri olumlu hale dönüştürme vaatlerinin yattığını açıklamış ve bu politikanın sağladığı olumlu sonuçları, kuruluş ve yayılma dönemini anlatırken bütün boyutlarıyla ele almıştır. Bu bağlamda

Balkan aristokrasisinin de, nasıl Osmanlı kadroları arasına alındığını açıklaması, Balkan Tarihi'ne ilişkin, milliyetçi ve Marksist yorumları temelden değiştirmiştir.

Daha 1950'lerde kendisi gibi iktisadi ve içtimâi meselelere merak salan meslektaşı merhum Mustafa Akdağ'ın bir makalesi münasebetiyle kaleme aldığı tenkit yazısı, türünün en önemli örneği olmuştur. 1960'larda dünyada ve Türkiye'de "geri kalmışlık" sorunu, güncel gündemin en başta gelen konusunu oluştururken, konu tarihe de yayılmış ve Türkiye'nin geri kalmışlığı, hem yapısal olarak hem de Batı emperyalizmiyle bağlantılı olarak irdelenmeye başlamıştır. Bu bağlamda tarih alanı dışından birçok aydın, konuya tarihsel bağlamı içinde yaklaşmıştır.

Bu süreçte Halil Hoca iktisadi ve sosyal meselelerin nasıl ele alınacağına ilişkin her biri örnek bir araştırma olan makaleleriyle yol gösterici olmuştur. Bir yandan Osmanlı toplum yapısının niteliği ve Batı feodalizmine benzeyip benzemediği tartışmaları, diğer yandan Osmanlı toplumu içinde sermaye birikiminin boyutları, varsa bunun neden sınai kapitale dönüşmediği sorularına cevap aranırken, en doyurucu karşılıklar Halil Hoca'nın yazılarında bulunmuştur.

Bu bağlamda 1970'lerde kaleme aldığı "Capital Formation in the Ottoman Empire" adlı makalesi, çeşitli açılardan Osmanlı iktisat tarihi hakkında bildiklerimize önemli katkılar sağlamıştır. Örneğin, ticari zihniyetin ve faaliyetin Osmanlı toplumunda sadece gayrimüslimlere münhasır olduğu düşüncesinin pek doğru olmadığını gösteren bulgular, bu makalede dikkati çekecek ölçektedir. Diğer yandan ticaret sermayesinin Batılı müteşebbislerle boy ölçüşebilecek büyüklükte olduğunun kanıtları, yine bu yazıdadır. Bir başka açıdan seffâr tâcirlerin en çok yararlandıkları iş gücü arasında âzâdlı kölelerin varlığına, yine bu araştırmada dikkat çekilmiş ve bu tespitlerle Osmanlı zihniyet dünyasında ticari düşüncenin sınırlı olduğu argümanlarına karşı ufuk açıcı yeni argümanlar geliştirilmiştir.

Bu tür araştırmaların ardından, editörlüğünü yaptığını ve kısm-ı a'zamını kaleme *aldığı Social and Economic History of the Ottoman Empire* adlı iki ciltlik monumental eser doğmuştur.

Halil Hoca'nın Osmanlı tarihi ile ilgisi, son derece geniş ve çok boyutludur. Toplumun tümünü ilgilendiren meseleleri, makro düzeyde ele alırken; toplum içinde bireyi, duyguları ve düşünceleriyle, sevinçleri ve korkularıyla ele alan araştırmalar yapmıştır. *Şair ve Patron,* bu çabanın ürünüdür. Burada birey padişahtır, padişahın etrafındakilerdir. Yorucu seferlerin ardından sarayda düzenlenen işret meclislerinin anlamı ve seyri, burada yaşananlar, Halil Hoca'nın kaleminden anlam kazanmışlardır.

Tüm bu söylediklerimin özeti şudur: Halil Hoca'nın 70 yılı bulan uzun tarihçilik yaşamında dünyada ve Türkiye'de tarih araştırmalarında farklı yaklaşımların egemen olduğu dönemler yaşanmıştır. Her bir dönem içinde yazdıklarıyla sivrilen, fakat bir sonraki dönemde o şöhretini devam ettiremeyen ya da bir önceki dönemde yazdıklarını bir sonraki dönemde kendisi reddeden birçok tarihçi vardır. Oysaki Halil Hoca, her dönemin en önemli önde gelen tarihçisi olma özelliğini muhafaza etmiştir. İşte Halil İnalcık'ın büyüklüğü de buradadır.

Beş-altı yıl önce Halil Hoca için Milli Kütüphane'de bir toplantı düzenlenmişti. Hatırlayabildiğim kadarıyla bu toplantıya konuşmacı olarak Şerif Mardin, Ahmet Yaşar Ocak, Taha Akyol ve ben katılmıştık. Katılımcılar, hocamızın çeşitli yönlerini açıklayan konuşmalar yapmışlardı. Değerli gazeteci Taha Akyol, konuşmasını *"Halil İnalcık bizim Braudel'imizdir"* diye bitirmişti. Bu benzetme, dinleyiciler tarafından büyük alkış almıştı. Nedense, bu benzetme bende bir burukluk yarattı. Bu buruklukla söz sırası bana geldiğinde değerli gazeteci Taha Akyol'un duygularını çok iyi anladığımı belirttikten sonra, *"Bence hoca, bizim Halil İnalcık'ımızdır"* demenin daha doğru olacağını ifade etmiştim. Çünkü Halil Hoca'nın bütün hedefi bilim dünyasına kendi kimliğiyle katılmak idi ve bunu başardı. Bugün de sözlerimi böyle bitirmek istiyorum. Her bilim alanının bir "büyük"ü vardır. Türk tarihçiliğinin de büyüğü Halil İnalcık'tır.

İNDEKS

1774 Kaynarca Antlaşması 248
1789 Büyük Fransız İhtilâli 184
1815 Viyana Kongresi 213
1839 Tanzimat Fermanı 44
1856 Paris Antlaşması 216
1961 Anayasası 188
27 Mayıs 1960 Askerî Darbesi 188
I. Bayezid 10, 13, 15, 98, 101
I. Elizabeth 140, 209
I. Giyâsü'd-Dîn Keyhüsrev 70
I. Murad 10
I. Selim 44, 103, 104, 139
I. Süleyman 42
II. Abdülhamid 173, 180, 186, 204, 217, 244
II. Bayezid 11, 99, 102, 118, 120, 125, 139, 280
II. Henry 123
II. İzzü'd-Dîn Keykâvus 97
II. Mahmud 54, 57, 58, 59, 60, 111, 214
II. Mehmed 99, 100
II. Murad 16, 47, 99, 100, 107, 116, 118, 131, 196, 305, 309
II. Selim 80, 103
III. Ahmed 104, 111
III. Murad 103, 130, 140
III. Selim 51, 52, 59, 68
IV. Murad 148, 227
IV. Mustafa 54
IV. Rüknü'd-Dîn Kılıçarslan 70
V. Karl 142, 209

A

Abaza Mehmed Paşa İsyanı 110
Abdülbâkî Gölpınarlı 289
Afgan Kralı Amanullah Han 178
Afganistan 178, 179
Ahî Şemsü'd-Dîn 75
Ahî Tuzcu 71
Ahmet Muhiddin 249
Ahmet Rıza Bey 244
Ahmet Yaşar Ocak 320
Akkerman 10, 32, 220
Aksaray 71
Alemdâr Mustafa Paşa 54
Alfred Fouillée 237
Ali Fuad Cebesoy 164
Altın-Ordu 10
Amasya Tamîmi 162, 164
Amerikan Cumhurbaşkanı Wilson 161
Anadolu ve Rumeli Müdafaa-i Hukuk Cemiyetleri 169
Anchialos 17
Angiolello 100, 101, 103

Ankara 21, 27, 65, 66, 71, 72, 76, 77, 79, 81, 84, 97, 99, 111-113, 116, 117, 150, 164-172, 175, 176, 178, 183, 193, 213, 218, 238, 240, 264-266, 269, 274, 279, 280, 282, 293, 301-305, 312, 315, 316
Annales Okulu 281, 296, 310, 311
Antik Via Egnatia 15
Antonio Serra 130
Arabistan 142, 162, 163, 174, 177, 219, 280
Arnavutluk 12, 13, 16, 21, 24, 28, 32-34, 51, 99, 116, 304, 305
Arnold Toynbee 218, 222
Arrân 145
Astrahan 143
Âşıkpaşazâde Tarihi 120
Atatürk 69, 164, 168, 169, 173, 178-184, 187-199, 204-207, 228, 238, 239, 249, 256, 258, 259, 263, 287, 312
Atatürk ve Devrimcilik 193
Atina 11, 15, 30, 247
Augsburg 141
Auguste Comte 244
Auguste Rodin 314
Avrupa Aydınlanma Çağı 34
Avrupa Konseyi 215
Aydınlanma Çağı 34, 180, 181, 202, 237, 244
Azerî Hüseyinzâde Ali 239

B

Baba Saltuk 10
Bâbıâli 59, 137, 141
Babülmedeb 219
Bağdad 47, 70, 77, 145, 147, 148, 219
Balkan Araştırmaları Dergisi 37
Balkan Birliği 36
Balkan Savaşı 241, 245, 259
Balkan Yarımadası 9, 13-15, 31
Balkanlar 9, 13, 25, 29, 30, 36, 37, 216, 217, 221, 288
Banat 14
Bapheus Savaşı 294
Basra 143, 144, 148, 217, 219
Belgrad Antlaşması 141
Bergama 75
Bernard Shaw 288
Beyrut 32, 152
Birinci Dünya Savaşı 35, 42, 172, 174, 182, 217, 218, 238, 240, 242, 247
Bizans İmparatorluğu 9, 13, 17, 90, 94, 217
Boğazlar Mukavelenâmesi 215
Bohemya 120
Bolşevik İhtilâli 183
Bosna 14, 16, 20, 24, 27-33, 39, 41, 126, 216, 305, 306
Buddha 256
Bursa 31, 32, 71, 75, 98, 109, 144, 145, 151, 167, 219, 247, 294, 299, 308

C-Ç

Câhiz 76
Celâleddin Ârif Bey 169
Celâlzâde Mustafa 118

Cem Sultan 11
Ceneviz 129, 133, 138, 220
Cenevre 34
Cevdet Paşa 213, 292
Cezvit 141, 142
Charles Talleyrand 213
Cumhuriyet 168, 171, 172, 176, 181, 182, 185, 189, 190, 200, 202, 238, 240, 242, 243, 264, 265, 287, 288, 292, 306, 315
Cumhuriyet Halk Fırkası 190, 238
Çandarlı Halil Paşa 116
Çar I. Alexandr 214
Çarigrad 19
Çin 29, 113, 189, 203, 230, 233, 240, 274

D

Dalmaçya 13
Damat Ferit Paşa 162
Dimitri Kantemir 228
Dobroviç 10
Dobruca 9, 10, 11, 12, 17, 25
Doğu Roma İmparatorluğu 19, 20
Don Nehri 143
Dörtlü İttifak 213
Dr. Abdullah Cevdet 181
Drava 14

E

Ebû Bekir Râtıb Efendi 51
Ebû Eyyûb el-Ensârî 302
Ebu'l-Hayr Rumî 11
Ebu's-Suud 85
Edirne 15, 17, 28, 30, 32, 38-40, 53, 98, 101
Eflak 14
Eğriboz 13
Eldorado 120
Emile Durkheim 245
Enez 15
Enver Paşa 169, 170
Erdel 14, 28, 32
Erzurum Kongresi 168
Eskişehir 73, 74
Evliya Çelebi 78, 109
Evrenkuş Hadım 98
Evrenosoğulları 305
Evrenuz Gazi 12, 15

F

Fatih Camii Külliyesi 156
Fâtih Sultan Mehmed 87
Ferdinand 95, 142
Fernand Braudel 150, 269, 273, 275, 281, 283, 300
Fethi Okyar 189, 190
Filibe 15, 28
Fiyat Devrimi 120, 135, 277, 281, 283
Floransa 29, 31, 112, 220
Fransa 67, 124, 127, 136, 139, 141, 143, 148, 149, 170, 183, 190, 199, 204, 208, 209-217, 220-222, 228, 279, 299
Fransa Kralı I. François 143
Fransa Kralı XVI. Louis 210
Fransız Bakan Colbert 141

Fuad Köprülü 241, 263, 288, 289, 303, 305, 316
Fukuyama 195, 256
Fuzulî 309

G

Gagavuzlar 10
Galata 220, 293, 311
Garpçılar 181-183, 238, 242, 258
Gazâlî 226, 256
Gelibolu Yarımadası 12
Genç Kalemler 239, 241, 245, 265
Genç Osmanlılar 68, 204
Genç Türkler 237, 241, 244
George Duby 300
Ghandi 163, 174
Girit 13, 39
Gustave Le Bon 237
Gülhâne Hatt-ı Hümâyûnu 204
Gümülcine 15
Gümüşhane 131
Güneydoğu Avrupa Araştırmaları Dergisi 37

H

Habeşî Mehmed Ağa 104
Habsburglar 141, 210, 211
Hâkimiyet-i Milliye 169, 238
Halep 32, 130, 134, 144-148, 219, 220
Hâlet Efendi 58
Halife Abdülmecid 177
Hamid-eli 32
Harbiye Nâzırı Rızâ Paşa 67
Hegel 203
Henri Bergson 256, 257, 269
Hercegnovi 13
Hicaz 156, 180, 240
Hindistan 32, 139, 143, 144, 148, 162, 163, 166, 167, 172-177, 217, 273, 277, 299-301
Hoca Firuz Paşa 305
Hoylu Abdal Musa 309
Hürmüz 139, 144, 148
Hüseyin Ali Bey 146
Hüsrev Paşa 59, 60, 111

İ

İbn Battuta 10, 72, 74, 75, 78, 120
İbrahim Paşa 101, 110, 139
İctihâd 182, 183, 242, 258
İçtimâiyat Mecmuası 239, 241, 256
İdris-i Bitlisî 309
İkdam 240
İkinci Dünya Savaşı 178, 271, 277, 278
İkinci Meşrutiyet 173, 181, 182, 241,
İlbasan 28
İpsala 15
İran 31, 32, 95, 113, 116, 120, 128, 130, 131, 142, 144, 145, 146, 147, 148, 149, 152, 157, 178, 179, 219, 224, 254, 299, 308, 309, 310
İshak Paşa 99
İskenderiye 32, 129, 144
İsmet Paşa 171, 177, 189, 190
İstanbul 2, 13, 15, 19, 24, 26, 29, 32, 34, 37, 38, 48, 51, 53-57, 61, 65,

67, 72, 73, 76, 78, 97, 100, 101, 106, 109, 112, 114, 115, 116, 118, 124, 129, 132, 137, 140-143, 147, 150, 152, 153, 156, 161-169, 176, 177, 186, 188, 194, 211, 213-215, 217-221, 227, 228, 237-239, 242, 246-248, 252, 264-266, 278, 280, 283, 286, 287, 292-309, 312, 313

İstiklâl Mahkemeleri 167

İşkodra 39, 40

İtalya 13, 16, 29, 31, 119, 120, 122, 129, 149, 183, 275, 281, 282, 299

İttihâd ve Terakki hükûmeti 182

İzmir 12, 75, 144, 145, 148, 161, 163-165, 170, 217, 218, 247

İznik 208

İzzeddîn Keykâvus 10

K

Kadro 192, 272, 275

Kafkaslar 139

Kahire 144, 148

Kalenderî 75, 226

Kanunî Sultan Süleyman 78, 209

Kapıağası Gazanfer Ağa 104

Karadağ 13, 306

Karamânî Mehmet Paşa 99

Karamanlı Rüstem 116

Karatay 97

Karatova 131

Karesi Beyliği 11

Karlofça 210, 228

Kasrışirin Antlaşması 148

Kastamonu 126, 196

Kâtib Çelebi 44, 110

Kayser II. Wilhelm 217

Kâzım Karabekir 164, 171

Keban 131

Kefe 139

Kemal Paşazâde 58, 100

Khass Balaban 97

Kıbrıs 118, 143, 217, 220, 231, 304

Kılıçzâde Hakkı 181, 182

Kırım Harbi 215

Kırşehir 70, 71

Kilidülbahr 219

Kitâbü'l-Fityân 76

Koçi Bey 45, 47

Konya 70, 74, 78

Köprülü Mehmed Paşa 110, 227

Köstence 28

Kudüs 141, 156

Kuman 9, 10

Kurtuluş Savaşı 171, 189, 218

Kutadgu Bilig 44

Kuva-yı Millîye 167, 240

Küçük Mecmua 237-239, 264

Küre 32

Kütahya 32

L

Lâtin Amerika 199

Le Monde 277

Lehistan 32, 139

Leipzig 34, 75, 112, 250

Liebesney 158

Lizbon 32, 143, 144, 146, 219
Lloyd George 161
Lozan Antlaşması 170, 171

M

Macaristan 14-18, 21, 42, 115, 120, 127
Machiavelli 100, 280
Magna Carta 56, 57
Mahmud Paşa 156
Makedonya 12, 16-18, 20, 24, 33, 87, 126, 244, 305, 306
Malta 127, 238, 264, 266
Manastır 28, 30, 39, 40
Manisa 49, 101
Medine 162, 174, 177
Mehmed Ali Paşa 59, 60, 214
Mehmed Birgivî 227
Mehmet İzzet 263
Mekece Zâviye Vakfiyesi 72
Mekke 144, 148, 162, 174, 177, 182
Mekke Şerîfi Hüseyin 182
Meksika 120, 126, 130, 231
Menavino 101, 102, 103, 112
Mesembria 17
Messire Barnaba 98
Metternich 212-214
Mevlânâ Celâlü'd-Dîn 71
Mezopotamya 113, 114, 248
Mısır 59, 60, 67, 104, 107, 114, 120, 127, 139, 141, 143, 147, 157, 180, 181, 214, 217, 219, 245, 248, 281, 300, 308
Mısır Valisi Mehmed Ali Paşa 214
Millî Tetebbu'lar Mecmuası 241
Mondros Mütarekesi 161, 162
Mora 13, 15
Moskova 32, 139, 146, 220
Muhammed İbn Abd al-Wahhâb 201
Musa Çelebi 99
Mustafa Âlî 144
Mustafa Kemal Paşa 161, 169, 170
Mustafa Reşid Paşa 60

N

Naima 110, 292
Nakkaş Osman 309
Namık Kemal 204, 236, 241, 244
Napoleon 212, 214
Navarin felaketi 59
Niğbolu 28, 30, 32, 98
Nizâm-ı Cedîd 53, 54
Nizip 60, 214
Nürenberg 141

O-Ö

Odesa 34, 211
Ohrida 15
Orhan Gazi 72, 73, 75, 98, 109
Osman Gazi 71, 73, 98, 294
Osmanlı Devleti 13, 19, 24, 26, 34, 35, 37, 42, 51, 58-60, 67, 69, 73, 78-80, 86, 91, 97, 98, 112, 114, 120, 136, 138, 141, 142, 143, 145, 146, 148, 156, 168, 169, 174, 175, 209-217, 233, 234
Otuz Yıl Savaşları 210
Ömer Lûtfi Barkan 24, 275, 289

P

Pakistan 224
Pan-Türkizm 239
Paris 12, 34, 94, 97, 112, 150-154, 216, 244, 247, 269, 275, 288, 295, 296, 300, 302
Paris Barış Konferansı 247
Paul Wittek 289
Pax Mongolica 29
Pax Ottomana (Osmanlı Barışı) 294
Polonya 209-211
Prusya 211, 214

R

Râmî Mehmed Paşa 228
Risale-yi Falakiyye 95
Rıza Şah Pehlevî 178
Rodop 28
Rönesans 35, 220, 293
Rusçuk 28, 40, 54
Rüstem Paşa 108
Rusya 33, 34, 57, 62, 141, 142, 183, 199, 210-217, 220, 230, 232, 242, 314

S-Ş

Saddam Hüseyin 232
Sadrâzam Hilmi Paşa 53
Sakız 220
Saltuknâme 11
Samuel Huntington 221, 249
Saraybosna 16, 30, 31, 40
Sarayova 28
Sarı Saltuk Baba 10
Selânik 15, 17, 25, 28, 30, 39, 40, 118, 135, 178, 237-239, 241, 244, 245
Selçuknâme 100, 310
Sened-i İttifâk 55
Serasker Said Paşa 67
Serbest Cumhuriyet Fırkası 190
Serez 15, 30
Sévres Antlaşması 166, 167, 218
Sırât-ı Müstakîm 242
Sırbistan 14, 15, 16, 24, 34, 62, 126, 305
Sırp Çarı Stefan Duşan 17
Silahdar Ali Ağa 104
Silahdar Çorlulu Ali Paşa 111
Silahşörnâme 102
Silistre 28
Sivastopol 211
Sofya 15-17, 28, 30, 37, 39, 40, 99, 116
Srebrenica 131
Sultan Abdülmecid 68, 171, 176, 177
Suriye 77, 115, 139, 145, 147, 180, 219, 280
Sühreverdî 74, 77
Syrmia 14
Şam 32, 144
Şark Meselesi 212, 218
Şems-i Tebrîzî 71
Şeyh İzzeddîn Rifâ'î 75
Şeyhülislâm Ali Cemali 44
Şeyhülislâm Ata'ullâh Efendi 53

Şeyhülislâm Dürrîzâde 166
Şinasî 204

T

Taftazânî 201
Tan 192
Tanin 177
Tarık Zafer Tunaya 289
Tarih-i Âl-i Selçuk 97, 112
Tatarpazarcık 28
Tavaşî Şerefü'd-Dîn Mukbil 72
Tebriz 179, 219
Tepedelenli Ali Paşa 51, 58
Teselya 15, 33, 305
Tevârih-i Âl-i Osman 112, 116
Tevfik Paşa 166
The Müslim League 162, 174, 175
Trablus 144
Tuna 10, 13, 14, 17, 21, 25, 38, 54, 219
Türk Yurdu 239, 240, 242, 252, 259, 265

U-Ü

Umur Gazi 12, 75
Ümit Burnu 219
Üsküp 16, 28, 30, 40

V

Vakıflar Dergisi 72, 155, 279
Varna 10, 25
Vasco da Gama 144, 219
Venedik 13, 14, 17, 18, 21, 29, 31, 32, 34, 101, 109, 127, 129, 130, 133, 134, 138, 139, 142, 145-149, 210, 220
Vidin 14, 65, 306, 307, 318
Viyana Kuşatması 210
Vodena 15

W

Wallerstein 273, 274, 275, 281
Washington Post 230
Weber 200, 201, 202, 203, 204, 205, 233, 234, 251, 262, 263, 272
Wilhelm von Humboldt 203

Y

Yakup Kadri Karaosmanoğlu 189
Yalova 189
Yani Cantacuzenus 12
Yazıcızâde Ali 100, 112
Yemen 219
Yeni Gün 238
Yeni Mecmua 239, 252, 253, 257, 262, 265
Yenişehir 28, 30, 40
Yugoslavya 31
Yunan Dışişleri Bakanı Eleutherios Venizelos 217
Yunanistan 15, 32, 35, 51, 212, 218, 230, 249
Yusuf Akçura 239, 272

Z

Zablina 131
Zitvatorok Antlaşması 142
Ziyaeddin Fahri Fındıkoğlu 263
Ziya Paşa 185, 244
Ziya Gökalp 187, 201, 223, 229, 238-250, 264-266